中国当代民间史料集刊 4

华东师范大学中国当代史研究中心 编

茶厂1957年整风大字报

本集刊出版获得东方历史学会资助

中国出版集团 东方出版中心

出版说明

《中国当代民间史料集刊》是一套记录1949年以还中国历史的资料丛书，由本中心组织编辑。这套丛书收录的是流散于社会的各种民间文献，包括日记、笔记、记录、信函、小报、表格、账册、课本等等。与已经出版的许多中国当代史资料不同，这套丛书以反映社会底层的政治、经济、文化状况和日常生活、人际交往、家庭关系、个人境遇等为内容，为读者提供记录底层历史变迁的原始资料。

相对于中国古代和近代各种民间史料，中国当代民间史料数量更大，种类更多，抢救、发掘的难度理当比前者要小得多。但实际的情况却颇不乐观。由于在相当一段时间里政治运动频发，特别是经历过"文化大革命"以后，许多私人记录性史料大量抄没、毁坏或遗失。而各种运动过后，尤其是改革开放初期"拨乱反正"，也曾将大量个人材料交还个人处理，或由组织代为销毁。再加上单位变动频繁，过去曾经保存在单位里的各种油印资料或个人记录材料，也不断地被处理或销毁。所有这些都使得原本应该浩如烟海，取之不尽的当代民间史料，如今竟成急需抢救的"国宝"。

近十几年来，意识到并重视当代史料搜集和抢救工作的民间人士和专业研究者，已不在少数。但十分遗憾的是，这方面的工作迄今为止仍处于一种分散游击、割据自守的状况。由于收藏者多将自己搜集到的史料藏诸深山、秘不示人，从而使得原本就显得十分稀少的民间史料愈显其缺。

历史研究，关键在史料。当代史料通常有几类，一是官方档案文献；二是口述或回忆；三是影像或录音；四就是民间记录的各种文字材料了。在所有这些史料当中，官方档案的形成、留存和开放，都难免会受到时政的极大影响，因而具有很大的片面性；口述回忆史料因时过境迁，加之当事人的主观意向和记忆误差，也极易造成对历史的误读。至于影像录音之类的史料价值，自然局限更为明显。因此，当代史料当中最大量的，也是最能够真切反映社会当时各种情况的，恰恰是这些民间史料。如今，当代中国历史的研究正方兴未艾，已有越来越多的学者和学生开始关心和研究当代历史的问题了，但因为民间史料查找不易，除极少数近水楼台者外，真正能够利用民间史料来做研究的学者和学生，还寥寥无几。

本中心成立不久，但深信应该在这方面有所建树。因而不惜大家动手，不取分文，费时费力并以极为有限的财力资源，编辑出版这样一套丛书，以利推动民间史料的整理与出版，进而逐渐打破现在史料收藏过于分散、难以利用的情况。

必须说明的是，本中心在民间史料搜集上着手较晚，故我们所推出的史料无论从面上，还是从点上，都不成系统。同时，由于整个当代史料的整理和出版工作在全国范围也都还只是处于起步阶段，无论编辑还是出版工作都还有一个摸索适应和逐渐规范的过程，因此，在许多方面都难免存在着缺失甚或不当之处。凡此种种，还有望各方读者包括原文作者及时提醒和指正。

本丛书的编辑，遵循反映历史原貌的原则，各种文献一律按照原文体例、格式、文字录入编辑。文献中的错别字以[ ]符号订正，漏字以( )符号填补，衍字以〈 〉符号注明，辨认不清的字以□符号标明，明显语句不通处用括号说明，当加标点而未标点处仍依原文。出于维护原始资料所有者名誉的考虑，书名隐去了单位或个人所在地名称，请读者谅解。

这套丛书由韩钢、杨奎松主编。《茶厂一九五七年整风大字报》原始资料由该茶厂当年整风办公室汇编，这次由赵阳初校、肖安淼二校并整理。另需说明的是，原汇编资料征集时即缺第一类，现为了方便使用，特将原第二类改为第一类，其他各类依次递进。

华东师范大学中国当代史研究中心

2010年7月

目　录

第一类　党群关系

1—1　对党支部的意见

“整歪风”　编号：4号　日期：57年

党的支部，应该是群众核心。我们支部，为啥官僚到极顶？如不相信，可说几点事例证明。同志的入党报告，从来不作回音，当然就谈不到培养，稍差到[倒]有批评，(以)致不接近群众，也不深入基层。在发展党员任务，是单凭个别党员影响去寻，今天找你谈话，明天支部批准，造成入党同志，平地身值千金，改变平时形态，处处骄气凌人，不敢说他德才不够，可以讲是党性不纯。值此整风运动，支部呵，赶快要从思想深处挖掉歪风，以整党的队伍，团结在群众当中。

办事员：柯汉钦(群)

“这是什么样的组织原则”　编号：39号　日期：57年

打了入党申请书，却不见支部来与你谈心，交换意见，指出缺点和努力方向。但是支部需要某一个人，入党时，就拖进党，马上打报告，即时就填申请。我要问一问，党支部对吸收一个新党员，是按的什么标准？工作是不是有过考测？

办事员：方博良(团员)

“对入党报告不闻不问的单支书”　编号：68号　日期：57年

要入党，报告上，可知道；过一载，到现在，没信回，没条件，应该是，谈一回，指缺点，更应该，是□□，速来考。不是呢，单支书，没一回，为何在？

是不是，年纪青[轻]，过几载，再解决，上要求，发展党，不一回，先无数，后再来，请问你，这样做，对不对，看一看，歪作风，真不好，赶快改。

办事员：胡通宙(团员)

“党支部，我的入党申请书看到了吗？”　编号：69号　日期：57年

我在今年第二次向党支部寄了一份入党申请书，是从商干校里寄来的，直到现在都没有听到支部组织上讲过一句话，也没提起这件事情，是遗失了吗？

不会吧！那为什么支部里连一句话都没有呢？真叫人想不通，现在我要问：党支部，这是什么道理，什么作风？难道说工作竟忙得这个地步，连一点点的时间都抽不出吗？

办事员：黄子锭(团员)

"党支部不抓生产，就要产生官僚主义" 编号：87号 日期：57年

党支部是企业中的领导核心，但我觉得我厂的支部，很少以支部的名义来研究生产中的主要关键问题，表现在行政和工会在布置工作的步骤不一致。团组织往往在生产中亦不能起保证作用。本年在生产上，科室人员面向生产，作风有很大的转变，但带来了许多问题，如思想问题、组织分工问题、领导干部作风问题等。开始工作就有一些乱，支部亦不是不知道，可是就没有及时采取措施，加以解决。我觉得支部在企业中的各项工作，不管是执行政策、培养干部、关于群众生活等，如果离开了生产就做不好工作，他[它]必然要产生官僚主义。

车间主任：徐柏林(群众)

"献诗一首" 编号：103 日期：57年

支部领导坐高楼，三个主义全部有。听说积极就捧场，落后份[分]子谁自流。双次报告求入党，谈话指缺都没有。出了差错首批评，不看客观论情由。

办事员：洪仁山(团员)

"我对支部工作的意见" 编号：124 日期：57年9月25日

1. 发展工作做的[得]不正常。平时不注意培养，结果"屎急打毛[茅]厕"，形成有拉的现象。如顾××、潘××等，都是等到要发展才叫他们打报告的，因此形成她们思想基础不强，因而影响质量。

2. 对预备党员的思想教育不够，如平时考察较少，使很多同志不能认识错误和改正缺点，因而影响了党群关系。对正式党员除会议外，平时也是有些不管的自流现象。

3. 产生的根源是有关党的专职干部工作不深入，应要立即引起重视和纠正。

办事员：胡士田(党员)

“　　” 编号：125　日期：57 年

厂领导各称强，各自主权不商量！工作不深入，光坐听汇报！党员也不加培养，见了唱高调。群众提意见，打的报告，一张又一张，垃圾箱里可不少。出事后攻碉堡，肯[被]动战，打得多，主动防御找不到。

警卫员：邓云生(群众)

“我们党支部的特权思想” 编号：132　日期：57 年

在 55 年我对婚姻问题上闹了一些思想。我认为这个问题党组织虽然帮助我解决情况，但是吃力不讨好，也是由于党支部死啃教条所造成的。在新的党章上基本上没有这种规定，党员结婚一定要党支部决定，婚姻法上也找不出这一条，可是在这个问题上跟我为难了很长时期。在 57 年 1 月 12 日《人民日报》对有些党组织决定党员的婚姻问题特权思想也进行批判。

我们厂领导存在着严重的官僚主义!!!

由于这一问题上我跟领导上碰了几次，给领导干部一个坏影响，所以领导干部对我看法也就两样了。表现在工作上：(1) 我要求从仑[仓]库保管员的工作上调动一下，但领导始终不肯，只是用工作需要，服从组织分配等语来答复。后来我没有办法，只好打退职报告。当然厂领导是同意退职，但是报告转到市材建委员会，他们没有同意。我也没有走成，工作仍旧没有动，直到今年我病好后才变动。但是到现在还不知道究竟是个什么员，就是填表格，我不知填什么员?! (2) 由于我以上这些事情给领导干部的影响是极坏的，所以在工资改革的时候，被列到下面去了。工资改革是有政策的，我虽然缺德少才，但我的资(历)不长也有几年吧，工改政策有适当照顾资历这一条吧？我认为领导同志有这样两种看法：一种是某些同志会接近领导，特别有好感，在评工资提高一些。像我这种人，说话来粗里粗气，三句话不投机就要碰起来，并且经常挑[调]皮，倒倒[捣捣]蛋，工作大不好，好跟领导碰顶子，常常要生病，难怪领导……自然不会有什么好感啦。(3) 我来茶厂已有两年半了，平常时候从来没有找我谈过一次，也没有在工作上或生活上给我一些帮助。等到问题闹得严重的时候，才来找你谈两次话，就能解决问题呢？根本不可能像仙丹一样就起作用。但是问题没有得到解决，这思想怎么会通呢？以上这些情况是我个人认识与看法，也说明厂的领导上是存在着严重的官僚主义作风。

办事员：周明(党员)

“党支部官僚主义不应该” 编号：147 日期：57 年

支委一手包办胡林辉为主任，大吃大喝吃几回，逢时逢节都请到。我认为是糖衣炮弹打进来，他的入党条件从何来？

据说提拔干部德才最要紧，请问胡林辉的德才从何来？请支部多多来思考。为何另眼来对待？

工人：钱立木(党员)化名：戈金

“向党内同志进一言” 编号：158 日期：57 年

党支书，在高楼，办公室内安安坐，帮助同志既不多，深入群众实在少。党员作风也两样，使人产生神秘感，这样长久搞下去，党群关系难搞好，但愿同志听我言，莫忘我党三件宝，联系群众为第一，从今就把作风改。

办事员：方葆民(群众)

“单支书，我的入党报告看见了吗?” 编号：215 日期：57 年

我打了两次入党报告，到现在一点音信都没有，难道说季节工没有入党条件吗?

我的入党报告是不是遗失了？为什么到现在都没有下文。

工人·吴爕旺(群众)

“党支部领导原则化” 编号：272 日期：57 年

团支部工作本身有缺点，必须立即来改正。我认为党支部对团的工作具体帮助少，想着一抓也是原则化。一提就是问题多、思想多，怎样解决，三言二[两]语无啥啥。来一个解决思想发动青年原则化，下面无办法，结果是无啥啥。应该怎样抓？赶快想一想。

车间主任：王宗庭(党员) 办事员：毛其林(党员)

“知心话” 编号：354 日期：57 年

我厂支部对吸收新党员没有做到真正按照党员八大标准办理，很多同志入党是领导(个别的)同志凭印象所培养出来的。根据党员标准是有些距离，也有个别同志入党是一手包办的，所以有些党员经不起考验。入党后，骄傲自

满的情绪就出现了，以为已经是一个了不起的人，造成党群关系不好，群众不敢接近党员，甚至有个别党员还说别的党员跟群众在一起是一派。这种说法，从何说起？难道说党员就不能和群众在一起吗？党员应该脱离群众吗？你自己不肯接近群众，还不许别人接近吗？从这些方面就能看出我们支部有的党员质量何在。恳求党支部二[两]位书记同志今后应该对这种党员多多教育，也是作为今日边[建]党中的教训。

化名：炎日

"入党条件是什么？"　编号：356　日期：57年

胡鲍俩，入党前，说觉悟，不出众；说工作，很平常。为什么，也入党？大概是，家乡里，带土产，与支委，一同尝，打拼伙，共吃□，说话里，捧捧场。就凭这，来入党。

办事员：方炳剑[钊]（团员）

"我对支部意见"　编号：361　日期：57年

1. 从去年下半年来对加强政治上的团结教育做得不够。有些领导同志，在生活上团结了起来（如扑克、麻雀牌、吃饭）。

2. 胡贞禄同志宗派主义活动存在的，支部知道吗？它损害了多少积极性，为什么不开展斗争、批评？这不是纵容了这种活动发展。

办事员：张逢济（党员）

"支部吸收工作为什么这样草率"　编号：369　日期：57年

吸收一个党员支部应作慎重，但是我们的支部就没有这样做，而且急忙忙草率了事。如胡春来入党工作是做得比较草率急促的，临夜赶报告，几天就通过。请问他的八项条件是这样完整了吗？即使齐备，也不应这样急促，造成他骄傲，经不起打击。

办事员：方三槐（党员）

"怎样靠拢组织"　编号：375　日期：57年

有×××同志说："要思想进步就要靠拢组织。"这很对。

但是我一直到现在还是对靠拢组织不熟悉,不知道要怎样才算靠拢组织?是否要在生活上经常的鱼、肉、汤、土产,就算靠拢组织了。

办事员:方增良(团员)

"申请入党"(相声) 编号:379 日期:57年

鲍××:(笑嘻嘻地讲)我太荣幸了。自从到苏州茶厂,先入团、后入党,先进工作来评上。还有领导(吴应瑜)非常心爱我,还给我当众来表扬,威信就此群众立。我要千金重谢吴课长。

黄××:(失意地)多亏你的手腕妙,能拍能捧又能唱。

胡××:(轻松地)以前和你是一样,幸亏遇到吴课长,有意存心来培养。不管缺点怎么多,首先把我送入党。

黄××:那你应该谢谢你的恩人哪!

胡××:是呀!买些鱼肉从生活上来捧上。

黄××:(苦恼着)忆昔当年把心伤,亲手捧着申请书,进于吴课长(党的组织委员)。心内卜卜[扑扑]跳,夜寝不能忘。一日复一日,日子过得长。如石沉大海,一无声音响。二次申请提,还是如前样。究竟缺在那[哪]一点,令人难思想来难思想。是不是不会拍不会捧,不会唱不会请客吃鱼吃肉请吃汤?

办事员:黄子锭(团员)

"该考虑汇报的真实性" 编号:404 日期:57年9月26日

我们厂领导,坐楼听汇报。问题小研究,结论下得早。好坏未分明,大帽头上套。不信举个例,看看就知道。在我们厂里,有这样的人。三寸不烂舌,全厂多闻名。讲马列主义,她似乎很精。要讲实际事,不如任何人。为追求入党,就出卖他人。汇报不确实,言语不对证。小问题扩大,不够加味精。一心骗入党,危害人痛心。汇报是好事,不应有虚言。为自己光荣,售同志生命。欺骗党领导,危害很多人。

化(一群人) 办事员:洪仁山(团员)

"支部书记通通气" 编号:434 日期:57年 月 日

职工代表会议的名额,事先和刘支书研究的,大概没有与单书记联系,反说我讲话不老实。事后，单书记几次和我讲职工代表群众有意见。还有一次，当着胡厂长的面说，一女工有这样的意见。现在领导为什么对潘玲娣二样看法，大组长也不做，代表也不当？这种讲法我认为不妥当，会影响厂长之间、课长之间的关系。实际上潘不当大组长，因为试样小组更重要。支部支书不通气，我们具体工作很难搞。

代课长：陈国英（团员）

"我们的党" 编号：457 日期：57 年 月 日

难道对我有缘[怨]吗？我们在五六年五月八日递的申请要求入党报告书，一点信悉[息]都没有，难道我们与你无缘吗？

工人：洪志明、方义茂（团员）

"对支部组织工作上一点意见" 编号：457 日期：57 年 月 日

苏州茶厂党支部，在组织发展工作上存在着任务观点。例如：1955 年 11 月底支部发展二[两]位同志加入党时，就是抱着任务观点，并没有顾到质量问题。

工人：王渭生（党员）

"党支部书记吃的是什么饭" 编号：458 日期：57 年 月 日

支部为什么只做前一阶段的政治思想工作，等到入党之后就信都不问一个？尤其对党员课长一级干部，像胡林辉入党之后，提拔为车间主任之后，就极少见支部进行对他的教育。是否他已经升为主任，只有他教育人而没有支部对他的教育呢？

工人：王渭生（党员）

"慌慌忙忙的单书记" 编号：459 日期：57 年 月 日

一个星期四的傍晚，单书记一本正经、急急忙忙下来布置晚上的组织生活，内容是几个同志的转党问题。我当时问她是不是有转党报告？她回答说：有几个有，有些没有。我当时很奇怪，一个人的转党，必须要本人的申请，为什么这次特殊些呢？是不是党章又有新的规定？

工人：王渭生（党员）

"向党组织进一言" 编号:461 日期:57年 月 日

党的组织太官僚,入党报告当纸屑。提缺指差全无有,条件到底多少高?有些同志入了党,是才高还是德高?资历不长德不备,群众之中不突出。为党负责将言问,支书应把责任挑。

办事员:柯汉钦(群众)化名:逆耳

"要求党支部给予具体帮助" 编号:470 日期:57年 月 日

已经有好几年了。我打了第二次入党报告。朱厂长有一次跟我谈话,他讲:你的入党问题,要经过长时间的锻炼,自己从各方面努力的[地]创造条件吧。这几句话,我都牢牢的[地]记在心头。

我想长时期的锻炼,不知要长到何时呢?因此我就抱着积极争取、耐心等待的态度,但是后来支部就没有提到这事了。我想到现在时间的确也可说长也可说不长,因此要求支部给我更具体的帮助。

代课长:陈国英(团员)

"支部官僚主义听回[汇]报,实在令人恕心" 编号:531 日期:57年 月 日

我有这样一事情。在今年我的转正时,在党小组会上讨论我的转正。胡林辉主任在会上向我提出意见是[时]说,我在二车间劳动纪律与工人闹不团结,严重的[地]对工作不利。又朱炳庚组长说,我在二车间劳动纪律差是事实。不尊重胡林辉做车间主任,布置任务不执行,特别是对胡林辉闹个人地位。但是领导不深入了解群众,就根据朱、胡二[两]位主任的意见决定我的转正了吗?要我对胡林辉闹情绪继续检查。请问支部领导同志,是不是他们两人代表着党内与党外群众的意见吗?是不是失炳庚任二车间主任,要胡林辉与他不闹意见,对我入党想要把我踢出去吗?请党支部领导对这个问题也要三思而想。

工人:钱立木(党员)

"质问党支部为什么不按照党中央精神来执行工作" 编号:535 日期:57年9月29日

方瑞茂未入党就欺骗组织,入了党还是欺骗,并对党保证。但是保证(后),欺骗还是欺骗,在转正时仍欺骗党,但一骗再骗,发展到使人不可思议的

地步。可是事实证明了他。

同志们曾捡到情书和家庭不堪的行动向支部反映，支部对此不加考虑，相反的提拔为工会主席、支部的委员。这样做法，不禁使人〈不〉问提拔的德才在那[哪]里？他没有当支委的资格，就必须按纪律来处理。

“党支部会说了一句老实话，入党延迟了三年”

我在1954年春打了入党报告。在54年9月间在支部大会上讨论通过的入党问题，首先要我介绍历史情况，我是老实的[地]说我的历史比较复杂。因为我在旧社会年数多，家庭生活困难，和抗日逃难的[有]关系，到过地方多。党支部同志只注意听我历史比较复什[杂]的一句话，不注意听我详细介绍历史情况，也不分析研究。多数同志就说该同志历史比较复什[杂]不能吸收入党，因此我入党(被)延迟三年。

办事员：徐凯明(党员)

“党支部是这样的培养、考察预备党员的吗？”　编号：767　日期：57年　月　日

一个同志入党后在支部大会上所提的缺点，在支部来讲，在预备期间一定要很好的[地]考察培养，使之很快的[地]克服了，平时多加强督促联系。当然主观的还在于本身如何积极努力克服缺点，争取做一个名符[副]其实的共产党员，但支部考察培养也重要的啊！可是我们的党支部尤其是单支书在这方面工作做得很差，平时不严加帮助教育，到了转正期间，问题就来了，就在这[说他]工作一大堆的毛病不能按时转正，再要延长一个时期考察。〈可是〉在具体同志来讲，这是他本身有问题，不符合标准，不能马虎转正。可是支部为什么平时日常的培养考察工作不做呢？一定[直到]出了问题去做，或到了转正时，发现这么多缺点再谈话，支部恐怕也有责任吧！

课长：顾盘珍(党员)

“支部对征求群众意见为什么变成形式主义”　编号：849　日期：1957年　月　日

去年胡春来入党转正前，支部曾召集了一部份[分]群众征求意见，当时出

席会议的人可以说每个人对胡春来的入党条件都是有意见的,提出了很多的意见,给支部参考。结果这些意见事实上没有发生作用,胡春来照例转正了。既然是这样,就[又]何必征求群众意见来一个形式主义呢?

课长:翁世声(群众)

“党支部是否教育党员尊重行政职权” 编号:853 日期:57 年 月 日

在最近一两年来,我厂里从车间到科室,党员同志增多了。这是党的力量加强,也是大家高兴的事情。我们课内党员同志(是)比较多的,有几次党员同志在工作时间内出去参加党的活动,从行政领导来讲,毫无疑问的[地]要支持。

但是有些同志走了,行政领导一点不知道,有起[些]工作来找人找不到。

课长:颜宝书(群众)

“党支部征求群众意见是否形式主义” 编号:854 日期:57 年

记得去年党支部召开群众会议。为吸收新党员和一些预备党员转正问题,要我们群众提意见,当时全体同志对〈有〉胡春来工作不踏实、不肯吃苦、有捧上压下的坏作风(提了意见),转正问题应加考虑。请问支部对群众意见吸收了吗?

办事员:郑尧珊(团员)

“想不通的一件事” 编号:881 日期:57 年 月 日

党支部,我有这样一个问题一直在我思想上想不通。直到今天,我还是希望支部给大家解释一下这个原因,即〈是〉吸收党员,本厂究竟(是)根据〈的〉什么标准条件来衡量吸收的?召开群众会议又是起啥作用?如顾盘珍同志和关[吴]宜章同志谈情说爱,双方影响了工作,在工作时间两人躲来躲去的[地]吃糖谈话,并且顾盘珍还影响了自己的夫妻关系。当时单股长和吴股长(当时职称)拉也后不开她俩,以后人事股长单正兰设计把吴宜章调出去。吴宜章走了以后,顾盘珍就被吸收了入党并还提拔为人事课长。因此我就猜不透这里面到底啥样谜?像这种人的德究竟在那[哪]里?

又如鲍清和入党前，召开了一个小型群众会议吸收群众对鲍清和的意见。当时多数群众对鲍清和提出很多很多的缺点和不同意入党的意见，可是会后没有几天鲍清和已是党员了。请问群众会上提的意见不作数，那又为什么要吸收群众意见呢？这岂不是形式主义吗？

办事员：赵织云（团员）

“请问党支部以下几个问题”　编号：904　日期：57 年　月　日

一、我们党员每月缴纳的党费做什么用的？据说党费是办党的教育事业的，如新党章出版后就应该由党支部〈来〉发给每一个党员来学习的，可是现在都要我们自己买，这是什么道理？

二、党中央这次提整风，上从中央下至每个基层，从党员到每个干部、工人都要参加这次整风运动。可是我们党支部恰对两位党员放在运动之外，不叫她们投入运动。她们是不是茶厂支部党员之一，她们是不是站在运动外旁观的特殊党员？为什么不叫她们来一起参加整风运动呢？

三、阮秀英一不是干部、二不是工人，为什么她在我们支部过组织生活呢？为什么不把她转正到居民街道支部去？是不是因为她是保卫课长的爱人，怕她泄漏[露]保卫课的秘密，还是怕泄漏[露]农村跑到城市来的秘密？现在她既不参加厂整风运动，又不参加居民中的整风运动。难道她就挂上过[个]共产党员的名吗？以上的问题，请快快答复。

办事员：周明（党员）

“为什么敷衍了事，对党负的什么责？”　编号：921　日期：57 年

调入中茶来工作，五三年的春来令，黑板报上大报到[道]，伙食混帐[账]弄不清，宗庭贪赃买手表，佩曾相遇问原因，翟恒一见哈哈笑，一双半是贪污人，刘除团藉[籍]被调出，团内人则略批评，贪污不但不处理，相反热爱仍重用。不上[过]几年青云上，有的已作领导人，媚上欺下劣根性，整风时期改改清，有的本是通讯员，会讨好提升办事员，搞伙食犯有重罪行，再搞伙食为啥因，一面讨好提拔人，一面再把贪污行，一千斤米来八百，二百送往家中存，其他一笔糊涂，不知所云啥原因，至今还是搁一边，我们不悉内中情。翟恒来自农工队，群众有这样反映，笼用使他再贪污。要求这事弄弄清，中茶贪污何其

多,椿椿[桩桩]贪污不能破,杜绝贪污国家事,领导应做啥事情,如果再不理理清,惩前毖后怎能行。

办事员:宋伯荣(群众)

"组织真保证?" 编号:934 日期:57年 月 日

今天有三位同志向胡士田同志提出了他在恋爱中的非共产主义道德行为。当他在看大字报时说:"没这事,可以组织保证。"首先请问组织是出来保证你没这事(的)吗?同时你也懂得先有客观存在,才产生人的意见[意识]。你没有这事,为什么三个同志向你提意见呢?他们联合了来中伤吗?他们与你何仇何恨?最后我要向你提出这是阻挠批评的行为!

办事员:胡通宙(团)、任衡(团)、程宗炳(群)

"关于建党问题" 编号:974 日期:57年 月 日

从同志们揭发的胡林辉、胡士田、胡春来、鲍清和等同志的入党情况看来,我有如下的感慨:(1)党员的八项准则有些变了样,至少在这些同志身上变了样。我感到都是从讨好领导进去的,如果是按照党员标准吸收党员,何至有送礼、吃的、喝的?(2)党员的质量降低,党的威信随之降低。不见胡春来、鲍清和、胡士田的骄傲自满情绪在与日俱增吗?胡春来的工作情况又是如何呢?引起同志对党怎样的看法?(3)〈由于〉这些人的入党,会使人们有这样的错觉,感到和旧社会的拍马相仿,多少助长了歪风。(4)由于某些党员的作风不正派,不但在群众脱离,(而且)造成党与群众的隔阂,因此党支部今后吸收党员时要特别注意质量。对已入党的这些同志也要严加考核,重予审查以维护党的威信!

办事员:耿怀敏(群众)

"闲谈之中奇闻" 编号:1098 日期:57年 月 日

我们厂里真有这样一件奇怪的事情。听说我们厂里党支部在今年下半年改组后,一般党员知道有五位支部委员,不知道那[哪]位担任那[哪]项工作,(更)不要谈支部工作、教育党员群众等项工作。党员连得一个顶头上司都不知道,是不是笑话呢!难道是委员分工又属于保密范围之内吗?使人们难以匪[理]解。

办事员：程宗炳(群众)

“对党组织确定培养对象的意见”　编号：1108　日期：57 年 10 月 11 日

过去党组织培养对象有些偏重“言”(嘴里会讲一套)而忽视“行”(工作是否肯干)，因此形成“拍马”之说。我记得有一个同志曾经是培养对象，可是二[两]年还不成熟。除去那个同志不努力以外，我认为组织上在确定培养对象时是犯了主观的毛病，或者是有宗派情绪在作祟。

课长：韩作人(党员)

“向党支部与刘支书提个意见”　编号：1201　日期：57 年

刘支书，别性急，伲来向你作汇报。你为何，这样急，简简单单就算了。

团工作，水平差，还要请求都帮助。为什么，要指示，三言两语就是了。

共青团，党助手，研究计划律外算。在过去，会议上，很少莅临来参加。

团员们，长[常]盼望，要求给伲来指示。要进步，打报告，迫切要求来入党。

都要求，党支书，经常给伲来谈谈。思想上，有苦闷，及时解决能提高。

伲希望，党支部，团的工作都关心。

办事员：毛其林(党员)

“福建来到苏州茶厂”头尾三年观后感　编号：1232　日期：57 年　月　日

我从 55 年来苏州厂至今年头尾三年。在这三年期间，使我回忆着在福建工作和学习的情况，领导对我们工人各方面都很关怀。我不说其他问题，就学习来说，的确领导上不但关怀而且大力支持。如工人到党校学习，一期一期，一批一批，不但长工得到去党校学习的机会，而且季节工人也同样的[地]一批批去党校学习。

但是我由 55 年至 57 年在苏州厂工作以来，头尾三年。也同样的[地]看到去学习的同志也一期一期，一批一批，这不是领导的关心。我初步看清原来都是干部同志啊。

技工：陈颜清(党员)

“我对建党工作上的意见” 编号：1241 日期：57 年 月 日

支部在培养对象工作上都是由领导负责的，特别是〈在〉去年以来。例如：培养人都是由支部决定的，有些培养人对[的]培养对象都不是本部门内。这就很难说做好思想工作了。再说，一般党员难道没有培养对象的权利吗？这样做会对建党工作带来损失的。

办事员：张逢济(党员)

“中茶公司的警惕” 编号：1308 日期：57 年 月 日

中茶公司领导真糊涂，肃反刚过警惕无。希奇希奇 2%(原文如此——编著)组长做，笑话笑话领导同志要 2%向同志传达城工会议，怪者怪者领导同志要他掌握学习会议，不懂不懂同志们提出后领导只当耳边风，请问请问领导同志你们的意见究竟如何？

公安局：马骥良

“为什么(三)” 编号：1387 日期：57 年 月 日

为什么朱炳庚能入党，并且当选为支委？是不是因为他工作疲疲备备[惫惫]，上班看书看报和睡觉(觉悟低的表现)，工作上没有犯错误；又因为他作威作福，脾气一发，开口骂人滚、滚、滚(品质恶劣的表现)，群众怕他威信高；还因为他对组织上有意见当面不提、背后发牢骚(无原则的自由主义表现)，领导上认为他服从组织表现好。

办事员：蒋士增(群众)

“ ” 编号：1412 日期：57 年 10 月 16 日

苏州茶厂党支部：

近来你们厂整风运动中，有一种涉及我爱人——赵织云同志的事，问题还很严重。为此，我写这封信来谈一些情况。

你们大字报上所出现这样一个问题：顾盘珍同志认为赵织云同志和吕金凯有恋爱关系，因而影响了顾盘珍同志和丈夫的感情。也有同志为此责问赵织云同志，要赵织云同志坦白，并且揭露吕金凯。这是不确实的。吕金凯对赵织云的反常现象，很早以前我就知道。吕和顾的感情不好我也知道。不错，吕经常深夜到赵织云同志房间里去，不是谈和顾的感情如何不好，就是谈些赵织云如何漂亮的无聊话。赵织云对此很有意见，但碍着个顾盘珍同志的丈夫，不好说什么。赵织云曾一再征求我的意见，我总认为顾盘珍同志一度和前旧房有过不正当关系，吕可能嫉恨，想在别人身上找到些什么。当然这种做法是极错误的。他本身对顾盘珍同志不负责，对别人也是不负责，是道德败坏的表现。我当时为了希望顾盘珍同志夫妻感情和好，曾要赵织云同志不要去冷淡他，而去多多的[地]劝劝他，要他主动培养对顾盘珍同志的感情。赵织云同志这么做了，但没有力[用]，〈也〉没有取得顾盘珍同志的谅解，也没有取得领导上的帮助，这是缺点。后来吕约赵织云同志去说。赵织云同志和我商量后，向陈国英谈了这个情况，并且把事情告诉顾盘珍同志。我的意见是要顾盘珍同志也主动向丈夫靠拢，双方努力。但谈的当时，顾盘珍同志因误会而哭了，赵织云同志也没有详细说明，以后又一次造成误会。赵织云同志也谈到吕的不良行为，也严词拒绝了吕要赵织云同志去看电影、坐三轮车的无理要求（当然还有比这更坏的，我也不愿写出来，赵织云同志也为此不准备继续为他们和好的问题用心）。这些，我都及时知道的，也逐渐为此生气，看出吕品德有问题，要赵织云同志警惕。过去我总不好意思要赵织云同志一棍子撵他出去，抱着与人为善，叫赵织云同志从中劝劝他。想不到今天造成很多误会，赵织云同志的缺点是不应该不及早向领导汇报这个问题。我过去也不太在意，以致误会越来越大。话得说回来，顾盘珍同志要□□爱情，这是可以理解的；有同志同情顾盘珍同志，也是可以理解的。但我也希望能把我这封信公布，以免去误会。尽力向真正的不良行为作斗争。

　　此致

敬礼

苏州市五峰山〇〇九九部队第五支队政治处丁临渊

1—2　对共产党员金钰铭的意见

全文：人事课金钰铭为啥不遵守制度　大字报：92　日期：1957年

提起自由车意见一大堆。为了保管自由车，将自由车锁匙望[往]传达室里推,订出制度要遵守可是人事部门不一样,一是拿了一号车,放在自己部门内。

办事员:胡通宙(团)

全文:令人难思之处　大字报:625　日期:1957 年

十月五号下午大字报的时间,我为了找一份国务院的指示,须[需]要用三四月份的《人民日报》。问遍了全,大家都说只有人事科有全月全套的《人民日报》。当时我找到了金钰铭同志□了今年三四月份的《人民日报》。当时我打算坐下来慢慢的[地]找,而好心的金钰铭同志都老陪着我,看样子他是要与[等]我找好了马上放回去。我当时感到很不好意思,就马马虎虎的[地]找了一遍,没有找着也就算了。

事后,我想想对金钰铭同志的这种行动感到惊奇。是不是为了不给我看人(民日报)不可能,给了我看又怕我发现《人民日报》里的秘密?是不是这些《人民日报》都由人事科划上了红圈,变成了机密文件?是不是里面夹着肃反材料?当然我打这些问号未免可笑,然而我也曾想过,金钰铭同志对我找国务院的指示有这样好的兴趣吗,而对待其他事情有这种好心情吗?这就是令人难思之处。

办事员:吴光森(团)

全文:太气人了　大字报:320　日期:1957 年

人事课金钰铭讲话真不实际。我有一次休息时,把干衣服换,他当时看见说我好像是个小开。请问你,我是不是小开〈吗〉?

炊事员:袁金保(群)

全文:神气活现　大字报:391　日期:1957.9.28

人事课的金钰铭是个中共党员。他性情急燥[躁],态度生硬,与他谈些事情大声大吼的,使人不满意。跑起路来大摇大摆,神气活现。这种态度和作风是否符合共产党员态度谦逊的条件〈吗〉?

办事员:江仲元　化名:秋天(群)

全文：人事工作讲人情 大字报：575 日期：1957

因我有个侄女，家贫，〈意〉想到机关学校读书。问到金钰铭同志，他回答家属不好读。虽如此，又为什么别人的家属好读呢？我不懂是否炊事员与干部又有两样呢？

炊事员：张立圻（群）

全文：金钰铭 大字报：603 日期：1957

金钰铭你写的五张大字报有四张半是抄的，请你把肚皮中的大字报贴出来！

办事员：张逢济（党）

全文：金钰铭同志 大字报：680 日期：1957

请你赶快放下温情主义吧。拿出你的大胆、勇敢精神来尽到党员的责任。

别人向人事课课长提出很多的意见。可是你呢？整天〈的〉与她在一个办公室里工作，难道说一点意见也没有吗？她工作中的缺点你应该比别人看得更清楚，可是你为什么不向她提呢？请问你这是什么思想在作怪？

办事员：赵织云（团）

全文：金钰铭、郑尧珊你们站的什么立场 大字报：669 日期：1957

整风运动的意义与目的从党内到党外不知讲了多少次，难道你不懂吗？你们大字报一共写了几张，昨天与今天又是怎样蒙过去的？你们还要留恋过去，你们站的什么立场？〈还〉是文化低，还是甘愿做运动的绊脚石？这样可耻的人难道还称[配]得上共产党员和共青团员的光荣称号吗？要求整风领导引为重视。

办事员：方三槐、程宗炳、胡士田、吴元骏、方增良、洪仁山、姚庆云、方金石、黄子□、胡通宙、胡春来、吴文坡、柯汉钦

全文：不务正业 大字报：717 日期：1957

在每次评奖时人事课有一个历史性的缺点，就是思想教育工作差。换句话说，人事课的日常工作没有做好。

问题倒不在于本身工作没有做好〈的问题〉，而是本身工作不做，专去管不该人事课管的事。例如：舞票就由人事课干涉起来了。金钰铭竟正式通知传达室，到单位这来的舞票要送人事课或交给我〈好好〉，一律不发好了。又“麻将牌”至今还在人事课睡大觉。又一次农机厂开舞会，金钰铭也来了。我还认为他是来学跳舞的，后来据吴××说他是来看看那[哪]些人来跳舞的，为什么人事课本身工作不做而去管麻将牌、舞票呢？为什么千方百计的[地]去调查跳舞者何人呢？跳舞是不是正当娱乐呢？使人费解！

再论：在新中国里对一切不正当的娱乐早就禁止了。难道本厂人事课就不知道吗？

办事员：胡通宙(团)

全文：笑面老鬼　大字报：741　日期：1957

笑面老鬼金钰铭，对人教育方法要耐心，主观性不要过强，尽心听别人的话，帮助同志要从内心出发，不要打击同志，使得别人不开心。

炊事员：袁金保(群)

全文：金钰铭是坐难关　大字报：764　日期：1957

·月份我家中生活困难，打借条。头　关已经陈国英批准了，拿到上头上，金钰铭那里：工资才发了，你为什么又要借呀？我吓得真可怕，但我还要问你比工会主席职权大吗？那[说]我加入了互助储金会，不能借。难道向〈给〉你借吗？岂有此理。

警卫员：许关泉(团)

全文：金钰铭在整风运动中是抱什么态度对待的？　大字报：794　日期：1957

整风运动开始以来，我们厂中掀起了三次鸣放高潮，而你对待鸣放态度怎样的？老是抱着观望、漠不关心的态度对待。很多同志向你提出批评，你就抄人家的东西写一下，既不具体又不指名，就这样挨时光混过去吗？我们很不满意你和刘本清、单正兰、王文田、胡贞禄、顾盘珍等一道工作的，难道就一点不肯帮助领导整风吗？身为中共党员，你〈是否〉响应党的号召没有？你〈是否〉

尽到一个党员的责任没有？群众都轰轰烈烈的[地]投入运动，而你还站在运动外面？

我们要你赶快端正态度，我们等待你的大字报！

办事员：汪仲元、宋伯荣、黄子锭、姚庆云、柯汉钦、胡士田、耿怀敏、吴光森、方增良、赵登周、方三槐、洪仁山、方葆民

全文："寄语"之十九　大字报：800　日期：1957

提起了我的笔，写起了我的战友——金钰铭这样的一段。

一、为什么要扭扭妮妮[捏捏]？写大字报到今天为止已经有廿一天了。你一共写了几张，提了些什么意见？难道还撕不破情面吗？你说文化低组织不起来，从今天下午来看，事实就不是这样。我希望你要坚持下去，讲出心里话干到底。

二、刮刮[呱呱]叫的金嗓小钢炮。钢炮是用钢制造的，而你的炮还可能包上一层金，所以打起来分外流利；也可能是机关炮，要就不打，一打就是连出四五炮。如：为什么女工都要见，你回避而过？难道女同志都不讲理吗？难道又是封建思想在作怪吗？难道女工不是人吗？你向□□开的炮，对吗？作为人事干部你说搞不清，这未免太过份[分]了。

三、"包公"。你对待男同志是怎么样的呢？眼睛一弹，面孔放得三丈长，人事部魂飞魄散，那[哪]能讲出心里话？再讲一开炮三间房外都听到，小鬼见□阎王越想越苦脑[恼]，那[哪]会身心愉快工作搞？人心是肉做的，难道你的心不是肉(做)的吗？可是你□完全具备了大公无私的精神呢？曰：非然也。真所谓是一个不干不介[净]的"包公"。

四、"直言"。我是口直心快的，讲过就没有。我这样不好，我要改过。小钢炮同志一次、二次……几十次，你的保证是否做到？你说坦率直爽，我已觉察到原来是当面背后各一套。就说我的缺点你又不是不知道，为什么当面总是好、好、好？这样的虚伪做作，实在有害同志之间团结牢(原文如此——编者注)。

办事员：胡士田(党)、柯汉钦(群)

全文：金钰铭的确不同了　大字报：801　日期：1957

我俩过去同在合总茶厂工作时，平时有说有笑，关系到[倒]也不差。在淡

季里(停工时)领导上把我们调到外面去工作(这样是为了避免吃闲饭的人太多)。每年如此。可是厂里吃闲饭的人很多,为啥每年调来调去,老是我们这几个人(这里面是有疑问号的),吃饭拿工资的还是那几个人?为什么领导上不把他们换换班呢?那时候你与我思想上〈与我〉一样搞勿[不]通,对领导上有些不满的意见。

自从五五年你我又一同调到公司里来工作,在这短短的二[两]年中,情况大不相同了。因为你年青[轻]积极,领导看重了你、培养教育你,结果你已经光荣的[地]参加了党,这点是值得高兴的。可是当了党员,身份高起来了,态度说话都傲慢生硬、主观更强,真像做了领导派头,使人难以亲近,这是什么在作怪呢?

从这次整风运动来看,就可以知道你的立场:抱着观望态度的[地]摆着领导架子来,等待群众提意见。你是一个共产党员,(却)站在运动圈子外边,是不是符合共产党员的标准?你看到了大字报,〈你〉就匆匆忙忙的[地]写了几张。这是用挡箭牌的办法,是不是?

办事员:姚庆云(群)

全文:知无不言,劝人为善　大字报:834　日期:1957

组织委员金钰铭,眼睛瞪得亮晶晶,捧上欺下经常事,目中无人独多心,对待同志粗暴性,一点小事发雷霆,这样态度存下去,人家当你神经病,救济问题偏面性,弄得人家气愤愤,工作很少深群众,心理问题有偏面,群众疾苦你不管,到底做点啥事情,有名无实不相称,脱离群众有你份,党的整风来提醒,好比一针强心针,今后如何来改正,要你自己下决心。

办事员:关正中(团)、冯国臣(群)

炊事员:沈凯(群)、袁金保(群)、张立圻(群)

全文:金钰铭你回答一下　大字报:838　日期:1957

在城工会议学习时,有人提出吴应瑜到沪治病是否符合劳保条例?金钰铭毫不思索地(意思是很熟悉条例)回答条例规定:只要是职工,不管是否特约医院,认为无法治疗时始可转院。听说苏州医院不肯出证明。

试问金钰铭同志,你那套条例是那[哪]里来的?在你解答时是为了替你自已[己]辩护，还是替吴应瑜辩护？究竟你在玩的什么把戏？

办事员：耿怀敏(群)

全文：想到就里　大字报：865　日期：1957

提起金钰铭，开口吓杀人。态度极生硬，说话似命令。走路两手摆，好像显奇才。说话声音高，如同小钢炮。看人光瞪眼，使人心胆寒。为啥这样说，眼见和实践。想起一件事，是在五五年。为了迁户口，找你把话谈。你在闲谈笑，突然面孔板。迁动户口事，你就不用管，天津来联系，不用你答复，将来怎么办，我自答复你。经过二三月，换换鲍清和。天津来信问，送上请你看。开口总问我，这事怎么办。我说金钰铭，叫我不用管，办好答复我，迄今无一言。鲍言他出门，半月有余间。目下工作多，没有时间办。羊马惜羊马，我复有何言。我想这件事，值得提意见。不但态度硬，宗派有关系。请你快些改，共过社会关。

办事员：赵登周(群)

全文：钢炮回头打“三害”　大字报：922　日期：1957

回想老友金钰铭，素来是热情接近人。分工时间并不久，老友的神采风光还是旧。二[两]样的是，情怀活跃已变形。看见同志冷淡淡，见了工人眼向天。男工女工怕接近，金嗓的钢炮一触响连天。最大的不懂，当今鸣放高潮中，你为什么哑口无声站后边，是不是级位例(原文如此，“例”疑为“列”——编者注)在被整上，还是党员不须来鸣放。可是面子撕不下，还是党内不要提。难道朝朝整天相接触，刻刻时时在碰头。领导一点无错误，半点意见不粘身。你这样温情是啥事情，我要问你党要整风怕什么，是不是更好巩固党的领导权。为全国几亿万人要过那美好的社会主义的明天。赶快拿起你的小钢炮，描[瞄]准了敌人把它掩护在身的“三害”打得干干净净。

办事员：柯汉钦(群)

全文：鼓上蚤时迁——金钰铭(之一)　大字报：956　日期：1957

人事工作在睡觉吗？(原文如此——编者注)是的，它似睡而非。不！它类似有这样的人——时迁。

话且说来,请看,同志们的分工他还不知道呢,似睡而非。他还把同志当做王崇伦制造的万能工具胎一样去制造一切生产上需要的东西呢?话且说来,请看职能课的职责他还不知道呢!工段工人相互之间思想状况他还不知道呢!

话且说来,吃了饭,拿拿薪水做些什么呢?(下续)

办事员:张逢济(党)

全文:金口玉言(名词新鲜) 大字报:961 日期:1957

封建王朝帝王说话,谓之"金口玉言"。可以推及律令,真正是联邦国家联邦法律,唯吾独尊。

且看我们的人事干部,金钰铭果然名符其实的金口玉言吧。吴应瑜去上海医病的事,群众意见纷纷。金钰铭挺身而出,向群众解释劳保条例规定,可以随便到那个医院……这就和国家规定的《中华人民共和国劳保条例》第十三条规定的精神完全对不起头来。

试问(是)我们国家颁布的法令准确,还是金钰铭的金口玉言解释准确?否则一定是人事上另外有一套,保密法令需要再作一次解释。

金钰铭捍卫领导威信(实际是掩盖错误)的精神是可贵的,但是用之不当弄巧成拙。共产党员要有勇气,老老实实承认错误。何必强词夺理,死不认错?

办事员:蒋士增(群)

全文:金钰铭的鬼脸 大字报:1101 日期:1957

一、落地开花炮:金钰铭是人事干部,所以他找人谈话的机会比较多。谈话是想解决思想问题,可是相反,跟金钰铭谈话的人总是个个气愤而退,为什么呢?因为你的开炮太历[厉]害,落地就开花,开起花来打到人家闭口无言。谈话就是帽子先来。你不是以理服人,而是以帽子服人。服不服,先扣上帽子为后来□□□□给人家帽子就不服。

二、顶头上师[司]:金钰铭是党员,是人事干部,工会组织委员,储金会的干部。真所[可]谓名家红人,谁不了解他的威名?除非是□子。是不是帮助同志有成绩呢?不,□全靠他的金嗓子上了名,几百个女工那[哪]一个不怕他？(引用女工言)女工曰："哑[呀]！金钰铭来了，快点退下。"真所谓小鬼见阎王，干部、工人也在他的手下。借款要问到你，救济也要问到你。汪仲元要借款你硬霸着不借，还盛气凌人、威风凛凛。

三、落花有意：金钰铭是党员，但对男女关系上还存在着严重的封建残余。如他和×丝厂的一位女工(中共党员)恋爱起初很亲热。每逢星期天请来吃饭，双双逛马路、逛公园，真是一对未来的好伴侣。可惜"落花有意，流水无情"，被一阵邪风括[刮]散了，什么原因呢？据说金钰铭听了×××的闲话，信以为真，当时大吃一惊，睡在床上，乾[肝]火上升，愤怒的火焰冲上云宵[霄]，天将破晓，就唤醒胡士田同志去质问对方。事实上对方根本没有结过婚，完全是谎言乱语。当然说此话的×××同志应该负责，但是金同志也应该负责。为什么呢？《婚姻法》上没有规定结过婚的妇女不嫁给没有结过婚的男人，何况〈是〉对方确实没有结过婚，这是不是思想上存在封建残余在作怪吗？

四、严重的温情主义：金钰铭同志共产党员，在整风运动中你做了什么？写了几张大字报？这些大字报又是对那[哪]些人提的？难道你几年来跟领导上接触一点意见没有吗？是不是领导上宠爱你，撕不下面皮来呢，还是什么？作为一个战友不得不提醒你一句，再不要温情主义了。

办事员：胡春来、方三槐(党)

1—2 对共产党员胡春来的意见

全文：真的支部对你没有教育吗？ 大字报：631 日期：1957

鸣放近月余，大家向有关同志提了不少意见，但是胡春来同志不是诚恳的[地]来倾听大家意见，虚心的[地]来检查自己的错误与缺点，反而写张大字报怪支部对他平时教育少(没有贴出来)，把问题推向客观。真的支部对你平时少教育吗？请你冷静热[考]虑一下。我记得在转党入党的会议上好多同志一晚未睡足觉，对你的[提]意见难道这不是教育吗？为了你改正缺点，专(门)召开了好几次会议，不是帮助你是来磋磨时间的吗？

党群会议上向你提的意见也不少，难道这又不是教育吗？好几次个别谈话这不是教育吗？是谈家常吗？党内党外大会小会都不是教育，请问你怎样才算是教育呢？

车间主任：朱炳庚(党)

全文：两种不同的看法　大字报：685　日期：1957

去年运输工作还是储运搞的，具体负责调入工作是任衡同志。去年九月九日任衡同志因公出差，调入工作移交给胡春来同志（党员）做。当时任衡同志离开厂时已造表四份，详细交待清楚，〈并〉还说过以前的问题由他自己负责。那时课长也讲过，以前的问题由任衡回来处理，以后的问题由胡春来负责。可是他就没有负起责任来，等到上级要我厂全部调入数字时再抽出四位同志来搞调入数字。有一天，王文田来向我了解这个情况。我说胡春来要负责。当时王文田马上就说："胡春来的工作不谈。任衡的工作为什么搞得这样乱？"这里我要问，为什么胡春来的工作坏就不谈了，难道他是党员就可以优待吗？我认为，这样来对待同志是不对的。

办事员：程宗炳（群）

全文：请问胡春来　大字报：774　日期：1957

你说对吴应瑜有意见，说她笑面老鬼，说她是……但你为什么不开腔，不写大字报？是不是她提拔你入党了？是不是怕她说恩将仇报，还是因为……

办事员：程宗炳（群）

全文：胡春来，你值得骄傲吗？　大字报：875　日期：1957

理论我想不多讲，总之每个人都不能骄傲，而党员同志胡春来你也不能例外，可是你为什么不戒骄戒傲呢？是不是你样样高明，事事出众呢？就是你有骄傲的本钱也不须要骄傲，你何必要神气活现表示出众呢？蓝[篮]球场上你的神气好似入林猛虎，我受过了你的侮辱，所以我近年来不愿参加蓝[篮]球运动。这与你的骄傲给我的影响是有关的。望你快快改过，少给同志难受。

办事员：洪仁山（团）

全文：揭开胡春来的真面目　大字报：1089　日期：1957.10.11

一、攻心战术，得来党藉[籍]：

胡春来是怎样入党的？是吴应瑜双手捧进党内的。吴应瑜本身是要人们奉迎，人所皆知，土产亦我所欢喜的人（原文如此——编者注）。胡春来就抓住这一重要环节，投其所好，争取入党。请看胡春来去年的作文薄[簿]中，把吴应瑜捧得天无双，世间无对，伟大的母亲，真的吴应瑜比他的母亲还伟大，还慈爱。再如吴应瑜同志好吃，这一特点马上被胡春来所注意，所领会。杭州沙核桃、香榧子经常买了放在抽屉里，待其方便，立即献上，徽州火腿□苏州立刻烤了奉承。吴应瑜好看越剧，胡春来亲到戏院买了戏票打电话回来恭迎大驾光临，为吴应瑜所赏识。认为知我心者，唯此子而已，才一手包办，推荐入党。且看胡春来对同志如何眼睛朝天，目中无人。旧时老同事看不起，就是厂内的老工作人员也不放在眼内。到那[哪]一课那[哪]一课就对他有意见，工作上有意见，生活上也有意见，作风上更有意见。

二、眼高手底[低]，好吃懒做：

胡春来在短短的二[两]年中，已三易其位。先在秘书课部门做总务工作，成天不做工作，东张西望，被某些同志誉如秘书课的头子，看来他也有积极的地方；再着[者]他在秘书课做的唯一工作与念达小学交涉屋子问题，弄得本厂名誉扫地。这都是他的工作不负责任（的）结果。后来调来储运课搞外勤工作，一直埋怨领导有眼不识泰山，大材小用。夜里装车到车站去，就喊吃不消，领导不照顾，可是经常骑脚踏车出去，是去医院看伟大母亲——吴应瑜。今年上半年领导派余尚青去皖组织货源，他怨声载道。去年搞调入工作一团糟，反说任衡搞坏了。现在又去车间办公室管花，天天坐在办公室里等文华管花的同志打话把花送上门来，虎邱[丘]不愿意去，连杨安浜也不高兴去，今年一年光临未满十次。

三、吹牛说谎，抬高身价：

对私改造后，我们来厂的欢迎会上，周韵竹就在背后告诉别人说你是汪瑞裕的工会主席，王素芳又说你是汪瑞裕的团支部书记。我厂汪瑞裕出身的职工很多，大家心中自然明白。这不是胡春来的吹牛，是什么？再看去年任衡去川时，明明有移交清单（调入数字）交代清楚，但年终核对调入数字时，你却说任衡没有移交，来推脱自己的工作做乱责任（这移交单今年任衡回来时还在，看见在铁丝纲[网]里，最近才由颜课长打草稿把它几张纸用去，可由任衡、颜宝书为证）。请看胡春来同志为了抬高自己身价不惜吹牛，为推却自己责任不惜嫁祸于人。

四、大风大浪、锻炼英雄：

大字报上把你的大名写上了，你就很不高兴，马上态度改变，本来有说有笑,现在不理不采[睬],一付[副]冷冰冰面孔叫人看见使人难受。难道我们这样〈的〉真心实意的[地]帮助你,是错了吗?同志不要难过,要有勇气站起来,成为优秀的革命战士。

办事员:程宗炳(群)

全文:胡春来!快点改! 大字报:1090 日期:1957

胡春来同志,你欢迎人向你提意见吗?我看你一点也不欢迎,是在反对,是在恨,你说对吗?不信请看:黄子锭贴了你的大字报,你马上就对他不理不采[睬];方增良提了你的意见,马上对他又是不声不响;程宗炳给你写了大字报,对他又是来了个敬而远之。你这是什么态度?又是什么心里[理]?同志醒醒吧!站起来,仔细地看一遍同志们向你提的意见。拿出共产党员的勇气来!勇敢地、彻底地改掉。考虑勇敢点,快点改吧!

办事员:方炳钊(团)

全文:胡春来的本领 大字报:1167 日期:1957

一、采取假积极的手段骗得领导信任:你从五五年五月份来到苏州茶厂,采取吹牛屁[皮],放空气说:"我在汪瑞裕是团支部书记,是工会主席。"虽然你厂后没公开讲过,可是这些话是从哪里来的呢?是出在周韵竹、王素芳俩[两]位同志口中所谈,可是你(不)讲人家怎么能了解呢?难道这二[两]位同志在拍你的马(屁)吗?由于这些屁空气被送进了我们的领导同志的耳中,所以领导上对你一见中[钟]情,是一位了不起的人物,是政治觉悟高,是超群的人物。当时分配你在秘书课搞总务,可是你做总务工作时做了些什么〈工作〉呢?人家工作你吃东西,好像在监督别人的架子,拿人家的成绩给自己添光;在总结时把周连生交下来的办公用品不算钱,都作为自己节约的成绩;在年底去支援批发部工作时,要你到太仓去,你不愿意,去了二、[两]三天就跑回来,到吴应瑜那里报功劳。这些都是你欺骗领导得到信任的手段。

二、拍马屁钻进党内:你在秘书课,工作的时候经常跟吴应瑜讨好,并且摸到了她的性格。你就灵机一动,对她〈的〉拍拍捧捧。真灵!牛肉包子、大肉面,吴应瑜真[正]欢喜这样的人,所以你就买了很多小吃东西来奉承她,并且经常同出同进,晚上下下馆子请请客。平时〈间〉别人工作你闲着,相反的是,星期六晚上和星期日大家休息，你忙得不可开交。忙跑戏院买好票，再把另[零]食买几包，然后再来接吴大股长。这是苦了你的腿却甜了你的心。接着再把明天小菜排一排，哪样称你股长的口味，借次[此]机会探秘密。“入党要些啥条件？我的条件够不够，缺少哪些请你股长来指明。”“你的条件差不多，可以打个报告来申请，内容究竟怎样写，回去我再详细来告(诉)你。”你的入党条件真正好，有党支部组织委员来掌[撑]腰，入党时群众对你意见很多，可是吴应瑜却把你拉进党内来了。

三、脱离群众，高人头：你入党后对〈一〉同志是看不起的，原来你对你们一起来的多年老同事都很接近的，可是入党后就不同了，你所接近的人也变了，自认为我是党员了，身价也高了，所以要与领导同志及个别你所看得起的党员在一起。请问你跟群众在一起是不是〈要〉降低了你的身价？你懂不懂共产党员要善于联系群众的道理，你是否用八项标准衡量过自己？我们共产党员是做人民的勤务员，不是叫你做人民的老爷的！请你想想看，你所联系的是哪(些)群众？胡贞禄、吴应瑜、蒋守信、单正兰、顾盘珍、朱炳庚等同志。以上是你所经常接近与联系的同志，其他同志为什么你就不接近？这是由于你脑子里滋长了与群众不同、高人一头的思想。请你很[好]好想想，有没有这种思想？

四、打击别人抬高自己：你经常在吴应瑜及其他领导同志面前说鲍清和骄傲、主观等坏话，把自己又说成怎样怎样能干，所以你和鲍清和二[两]人勾心斗角的[地]闹对立，互相看不起，请问你这是党员的品质吗？我记得有一次在楼上开党小组会，在漫谈时你说我同吴光淼、颜宝书、任衡经常在一桌子吃饭，是一派，别人插不上的。请问你，我们属于哪一派？是不是别人插不上？你去问问汪仲元、赵织云等同志在不在一桌子吃过？你这种说法用心何在？你当着面都能给人家戴上一顶大帽子，可想而知在人家背后又是怎样？

五、名不符[副]实的瞎火党员(指打不响的子弹)：你来茶厂以后，领导上分配你：一、在秘书课做总务工作；二、〈你〉到批发部下乡做推销工作；三、到储运课做运输工作；四、管理铝罐工作；五、到车间做分配花的工作。以上的工作，你那[哪]一个工作完成了？做好了？那[哪]一件工作做出了成绩？你身为共产党员就应该以身作则，做到积极带头，可是你却恰恰相反，不能带头，并且领导早分配你工作你不愿，还要讨价还价。这是党员的态度吗？也就说明你已经瞎火了。

六、老牛式的工作作风：今年春天课部分配你去管理铝罐工作，可是你表现得不大高兴接受这一工作，所以你在工作中采取消极怠工、慢腾腾的作风。下去工作时，吊儿郎当，东荡荡西走走。人家知道这个工作是你搞的，你是管理员；如果不知道的人认为你是那[哪]来的大干部下来视察的。在铝罐要装箱运出时，你也是慢腾腾、不急不忙。再说在储运课工作时，如到火车站装车或送运费等工作都是表现得不慌不忙，人家几次来电话催你，你才去。在去年三季度有一次火车站装车，你却不去，结果搬运工人把茶叶装错了。还有一次因你工作不负责任，把装车吨位算错了，多算两吨给人家，结果损失国家财产六块多钱。这些差错事故都由于你工作责任性[心]差，作风拖拉所造成的。

七、盲目〈的〉骄傲自满、目中无人：你自入党以后就大不相同了。在商训班跟你一起来的同志，有哪一个比得上你？你来到中茶没有多久就入了党，从此你自认为是一个党员，所以你的骄傲自满的思想也跟着滋长起来了。比如：你与鲍清和的关系是不够好的，互相看不起，因此经常勾心斗角，对其他同志是敬而远之。又如去年在女工中组织了一个女篮球队，你是她们的老师。头一次和人民银行赛球胜了，马上就打电话回来报信。这是不是想显显你的威风呢？回来后你还讲"我要就不搞，要搞就要搞好"等语。可是好花不长，在第二三次都吃了败仗，你就垂头丧气，今年就不搞了。这些是不是你的盲目〈的〉骄傲自满？

八、只能受表扬，不能受批评：你是一个有觉悟的人，难道就不懂得批评与自我批评的道理吗？作为一个党员应该虚心接受群众的意见，可是看你的"虚心"在那[哪]里？我记得有一次在储运课小组开生活检讨会，大家对你提了一些意见，最后有朱炳庚对你提出了批评，可是你的情绪一落千丈，几天不高兴，工作也没有劲了。在这次大鸣大放中，有很多同志写了你的大字报，你的态度马上起了变化，本来与这位同志经常有说有笑，可是大字报一出，你脸孔就变得冷冰冰。请问这些是"所谓"你的虚心吗？

办事员：周明(党)

全文：胡春来的马屁实足，不费吹灰之力得来学习小组长　　大字报：1183　日期：1957

胡春来在商训班里拍我们的学习组长王素芳的马屁，每逢星期天送王同志回茶厂，买东西给他[她]吃，步不离左右，谈天说地，一见种爱[钟情]。试探王素芳口风，从中多了解厂里的动态，使可归口（原文如此——编者注）时要行用拍马屁的手段糊调领导。

办事员：吴正中（团）

全文：胜与败 大字报：1206 日期：1957

胡春来是厂里男子蓝[篮]球队长，也是女工蓝[篮]球队的负责人。请看他在与人家比赛后的两种不同表现：这场球要是打胜了，他是笑容满面，大声的[地]说，某一只球不是我要失，某一只球我在怎样紧张的情况下投进，某一只扑□我打得好，某一只球不是我跑得快投不进；要是打败了，是板起面孔，怪你怪他，你不跑，他不走，张三瞎投球，李四失球多……

去年由胡春来负责组织了女蓝[篮]球队。国庆节参加了市里比赛，第一场打胜归来，请听他的话吧！“我早就讲过，要就不做，要做不是差的。刚组织时还讲过，三个月保证出去比赛，今天证实了吧，不是差的吧！”第二、第三场打败回来，乌[鸦]雀无声，从此看不见女球队的活动，更看不见女球队出厂比赛了。胡春来，我诚恳的[地]劝告你，这种作风赶快改。从今天就要改，要彻底的[地]改。

办事员：方炳钊（团）

全文：摊底牌 大字报：1079 日期：1957

1058号大字报里有这样一句话：“吴、单二股长说胡春来过去在私营店时表现很好。”那么现在我们就来看持[待]他的表现吧！

一、劳动纪律：早上楼下开门营业了，他还在三楼上甜蜜的[地]睡觉，或者是还在球场上打球；下午营业时间睡觉，营业时间更要看书看报；晚饭后，楼下还未打烊，他已在二楼打台球了。

二、管伙食：每天早上去菜市场首先是汤包一笼，红金牌香烟一包，再加上记帐[账]时笔头开花。有一次，茶□商人已经回到杭州半个月了，他的伙食帐[账]上还是每天客菜一只。五一年过春节，卅多人吃饭五天。酒水桌上单水果一样，他支帐[账]就是卅元（实际最多吃掉不满十元）。

三、各次运动：五反运动，既不是骨干又不是积极份[分]子。五反运动开始已有一个很长的时期了，他还在家乡。工会几次去信，还是拖拖拉拉不快来。在对私改造中，既不是积极份[分]子，更不是骨干，常常和落后群众一起发发牢骚,讲讲怪话。

四、社会活动:工会里没有做过组长,也没有做过委员,更没有当过主席;在青年团里,只做过一届支委,并没有当过支书;参加文娱活动,更是冷热病。

五、工作作风:不说他好坏,只说他那时是全店(70多人)闻名的〈叫他〉"胖大海"。可想而知他是怎样的一个人了。

办事员:方炳钊(团)

全文:三字报　大字报:19　日期:1957

胡春来,是党员。拿薪水,四七块。早到晚,做的啥?扒台子,刻钢板;刻三天,印出来。王金龙,与苏三;夜里到,赶排戏。一把抓,管全台。上办公,无精神。东走走,西搭讪。讲分工,他管花。接电话,跷大腿。多少花,怎样分?要数字,推勿开。一支烟,嘴里叼。糊糊涂,全不管。下农村,去调查;走千户,掮铺盖。怕困难,他不干。提意见,不理采[睬]。搞余兴,劲头来。请客单,他包办。打蓝[篮]球,凭情绪。不高兴,甩勒甩。整作风,坚决改。快争取,做模范。

办事员:吴光淼(团)

化名:冬去

全文:风前谈之十一"以小人之心度君子之腹"　大字报:1150　日期:1957.10.12

党员胡春来在一次党小组会上的高论是"周明、吴光淼、任衡、颜宝书四个人坐一个桌子上吃饭,是一派,旁人插不进去"。究竟是什么派?作为局内人的我找不出根源,只有胡春来以第五者的立场心中有数。"以小人之心,度君子之腹"这俗语加在胡春来的头上,尺寸一定合适。可想这个党员的水平。难怪有人说胡春来入党是捧□的。其德乎!其质乎!何在矣!

办事员:吴光淼(团)

1—2　对党员方三槐的意见

全文:方三槐的宣教工作为什么这样不主动?　大字报:784　日期:1957

我和三个主要工作委员去联系工作时,感到〈再〉吃力的是宣传工作。当然传宣(传)工作跟不上须[需]要,我也要负责任,作为共产党员的宣传委员,也要负责任。如那次国庆游行和活动来看,开始说由你负责,结果连印一张家属卷[券](入场卷[券])也未搞。又如黑板报,你是自己亲手来负责,但出一期要催一期。我在这里进一言,工会工作也是党的工作一部份[分],希望你今后把我厂的宣传工作搞得更活跃。

办事员:周韵竹(团)

全文:揭开方三槐葫芦盖 大字报:897 日期:1957

一、骄傲自满,目中无人:走起路来轻飘飘,眼睛生在头顶上,再加上 180 度的近视眼,这样连五尺的人在你眼里有几个?比如我们本来都是多年的老同事都被看不起,就是全厂的几百人中又有几个人在他眼里呢?说起来大话连天[篇]意味着自己本领超出,连个别领导也看不起,这样对吗?请你考虑考虑!

二、隐瞒组织,骗得了先进工作者:在去年计划课做统计工作时,为了"博得"领导上的信任,因此不惜一切手段虚造假帐[账],成了"大功",威震天下,一举评上了先进工作者的称号,并溜进了组织。现在对虚造假帐[账]是否真心认识了呢?是值得考虑考虑考虑!

三、冷酷无情、忘恩负义:不要说对待同志无情和负义,就是对亲阿哥也是如此。你记得吗?你来苏州,是谁带你来的?是谁照顾你的?但是你对(他)的态度又怎样呢?一连串的看不起、冷眼相符[向],好像怕他要来剔你一块肉似的。人又要问你,你对家庭负担了多少,你知道吗?据人家说,大部份[分]都是他负担的。这一些你想过了没有?这样态度是你所应该具有的吗?也应该考虑考虑!

四、肚子里的"鬼把戏":你对鲍清和非常不满,意见纷纷,到处宣扬鲍清和如何如何等。据说你和他是在勾心斗角,并有势不两立之态。这样的态度又对吗?更应该考虑考虑!

五、我不讲顶凶:对组织也好对同志也好从不讲半句知心话。人家有意找你谈谈,但你总是吱吱[支支]唔唔[吾吾]几句,或者干脆半天一句不啃[吭]气。我们真不了解,是不是说了知心话,组织上就讲你落后吗?是不是同志听了你的知心话会说你落后吗?不!这正是你所常说的"我不讲顶凶"。你采取这样的态度是否对,彻底考虑考虑!

办事员:胡春来(党)

全文:方三槐 大字报:1459 日期:1957

你站在什么立场上讲话,你帮助党整风的态度是怎样对待的?你是共产党员吗?991号大字报大老板比小老板心还要黑。请问你大老板是那[哪]一个,小老板是那[哪]一个?大老板是不是共产党,小老板是怎样的人?请你讲出来,你是〈否〉用夸[张]形式来向党进攻吗?这是党教导你的?

办事员:金钰铭(党)

1—2 对党员周明的意见

全文:周明的真相 大字报:1088 日期:1957.10.11

一、吊儿郎当:共产党员周明进苏州茶厂来后,劳动纪律一贯是吊儿郎当,思想懒汉[散],工作时间看书是常有的事。例如:他看书的方法很巧妙,他把书放在办公台的抽屉里,表面上看来好像是在办公,其实一本正经在(看)书。有一次在旧操场你用几只箱搭起来,一个人缩在里面看小书。据说,你还请了病假去压[轧]马路。这是党员应有的态度吗?

二、个人利益:你复员到苏州茶厂来后,工作一直不安心,打报告到市委,数次写信到复员军人建委,并且亲自跑去要求调动工作。组织对你屡次教育,不但不改,相反认为组织上不照顾你这个光荣的复员军人。

对工资不满,强调资力[历]第一,以为自己对国家贡献大,应该享受。一个共产党员是为了这些,这能说明什么呢?应该吗?

三、与组织闹对立:周明到中茶公司后,跟组织上是很不平静的,一闹再闹,真所谓孙悟空大闹天宫,完全是一付[副]复员军人的架子拿出来,这就是他自称的"天不怕,地不怕"。我们来说说,他闹的是些什么?婚姻、工作、地位、金钱、名誉等等,还有什么呢?请教。

四、乱发牢骚:对领导有意见,不分场合随便乱发牢骚;工作分配不确当,说领导看不起你;对工资有意见,说领导不照顾你,太偏重德才,不重视资力[历],看不起转业军人;还有救济房屋等的牢骚。你说应该吗?组织性纪律性,你忘了吗?

五、生活挥霍：周明复员回来，有好几百元钱，但是来到苏州茶厂后，差不多天天上馆子、跑酒店，鸡鸭鱼肉，酒气熏熏。乱吃乱用，没有几个月几百元的钱就化[花]光了，后来打报告要求救济。党组织不止一次进行教育，可是你还是继续挥霍。这难道是共产党员应有的生活作风吗？

六、宣扬夸张：周明进厂后到处宣扬自夸，"老子天下第一"，功劳第一，口口声声为国家立了多少大功，中国已跑了半个了，怎样怎样，当面对人说："自己如果有文化的话，早当上一个官了。"请问你我们的革命事业就是为了做官吗？

办事员：方三槐、胡春来(党)

1—2　对共产党员周永水的意见

全文：自从入了党　大字报：732　日期：1957

我们课内有这样一位同志。没有入党前，态度很谦虚，能联系群众，做到有事同同志商量，并能和同志交换意见，但是从参加了党，就大变了样。他不用讲什么，从外表上就知道他是一个共产党员，面孔铁板，骄气十足，有事不大请求领导，自己主观决定。同志们工作有问题，不是从解决问题出发，而是态度很生硬的[地]批评。对同志有意见，当面不提背后乱讲，人前不说人后是这个同志不好，那个同志怎样。这到底是什么原因？这是不是一个共产党员应有的态度。

办事员：郑尧珊(团)

1—2　对共产党员顾应根的意见

全文：顾应根同志　大字报：780　日期：1957

我要问问你，在去年肃反运动的时候，你为啥要我坐在橙[凳]子上动也不能动呢？要坐得毕恭毕正[敬]，像泥水木雕一样，并且找我个别谈话。你凭什么资格，奉谁的命令？这是什么道理呢？直到现在我不明白。我自己认为坐得很好，当然我也晓得要发言的，集中思想要把会开好。

炊事员：沈凯(群)

全文：顾应根同志　大字报：1264　日期：1957

我有一个奇怪的问题，我要问问你，请你忠诚老实的[地]答出来。今年三月份,你在秘书课发工资少了拾元钱,查了很长时间无下落,结果是你身上赔出来。然而今日整风鸣放中,同志们都在为这事鸣不平,要求领导赶快查出来。可是你呢?都是不声不响的,只当没介事。因此我就觉得你这样态度奇怪,觉得你赔钱赔得又服贴[帖]又窝心。

办事员:赵织云(团)

1—2　对共产党员毛其林的意见

全文:团支部书记搞的什么主义　大字报:816　日期:1957

此人讲起来很面熟,就是二车间的毛其林,平时对人家来讲先就笑盈盈,一付[副]伪善的面孔,真是和霭[蔼]可亲呀!据他的联系群众局面是广泛的(广泛指女工团员一部份[分])。他对男工团员怎样呢?开口就是说见徽州人怕,请问你怕的是什么?是不是怕徽州人对你都不捧场,不奉承?是不是徽州人都说你与女工团员不能够……而男工团员×××对你提的意见,相反的,说人家在徽州怎样……来打击人家。男工团员意见纷纷,你也没有进行帮助教育。这当耳边风,不是积极来解决问题,从中搞宗派主义,把男女工人团员划成一条鸿沟。请问你用心何在?

车间主任:胡林辉(党)

全文:两箩玉兰花　大字报:1576　日期:1957

党有这种令人难解的工作之风,竟有对于□于国家财符[富]漠不关心的态度。事情出在十月六日,虎邱送到二车间玉兰花九罗[箩],二另;每罗[箩]四十斤,另头廿一斤和五十五斤四两,共计四百四十三斤四两。还有二罗[箩]茉莉开花,荷花。收购站送货单签了字,全部按上列数量收到,但是下堆领花样,毛同志少领二罗[箩],计八十斤,每斤二元三角二分,值一百八十多元。为了这个问题,我们多次问虎邱了解,他们拿出送货回单给我们看,上面二车间已签字全部收到,再把当天的产量□起来也相符。一车间没有□花,久华没有借(原文如此——编者注),还有什么理由少报两罗[箩]呢?但竟有这样对国家财富无动于衷的态度,多方找寻借口。说电话里只有说这些,又说如果这批茶叶多,下花香味也不像多两罗[箩]的香气,制□也不像多两罗[箩]的□□。他又说,验收签字是不看罗[箩]数的,只要签个字收到就是了。这真是理由吗？还是错了要坚持到底呢？一个好的共产党员应该放下个人架子。2094 批 9.19 号开准 10 月 23(日)才报出报表地下又起了□乱，你知道吗？这也是国家财符[富]呀！请你再不要(当)耳边风了。

办事员：方金石(群)

1—2　对党员(胡士田)的意见

对胡士田的意见：

全文："主观，本位严重的胡士田"　(号码：549)　日期：57 年　月　日

胡士田是党员，本位主义太严重。试问：大方条茶返工岂不应该？茶叶发霉你说不负责？工作乱糟糟，遍地茶叶堆；场所如有空，不准别人堆；质量不符合，强说合规格；态度雄纠纠[赳赳]，见了要避开；差错出了还隐瞒，共产党员不应该；请你想想看，你对国家财富负了多少责。

风紧杨小组

全文："王国在那[哪]里"　(号码：687)　日期：57 年　月　日

车间的两位主任为啥放弃拣场的领导？因为你的理论真好，像马列主义的讲师，而且主观强来态度硬。二[两]位主任见了你，好像小鬼见阎王。

请看筛簸场工人为什么不愿来拣场工作？这点弄得我莫明[名]其妙。(据张逢济等同志反映)请你不要变相闹独立王国，赶快克服骄傲自满，很好地从整体出发吧！

办事员：金钰铭

全文："对胡士田同志大字报(——)霉茶问题看法"　(号码：691)　日期：57 年　月　日

霉茶的事故出在车间里，当然从我们车间领导〈来〉检查起来，是负主要责任的。工作作风是存在很多缺点。对工段工作督促检查不够，但在拣场工段来讲，对这个霉茶的事故发生不能推推光光。P042 批茶在六月底就做好了，7 月 7 日拣场将各号茶的定额测定好了。当然到 7 月底后没有上拣问题，原因

是多方面的,安排上不妥当是主要的。这且不多谈。茶叶在没有上拣以前,茶叶堆在拣场里(大门口)匾簸箕压在底下,难道你〈是〉关心了吗?还是听任自流呢?在发现了霉茶之后,你马上说,这批茶叶是制胚工段没有交给我,不关我事。还在岗报上说,发现了霉茶就进行总动员全面上拣,两天就拣好了。我知道,根本就没有进行总动员,是共同安排上拣的。你想想这种态度应该吗?请深思。

课长:王宗庭(党员)

全文:"胡士田你对待女工的态度要改改" (号码:716) 日期:57 年 月 日

我经常听到你说,女工不管不行,因此你这种作风贯彻到日常工作中去了。因此在回答女工问题时,带女工开会时,和在广播里做[作]起报告来,给女工一个影响,说胡士田又来给我们训话了。同时在某些问题上,当女工向你提出意见的时候,你不但不虚心,相反给女工戴上一个帽子。例如有一次关于你在广播里通知下大雨不来,下小雨(来)的事。由于你通知得不够明确,而造成女工在下雨天来了再往回跑。当时女工向你提出来,你(有)一些不虚心。又如在第一期评比中,女工对某些人提出不够先进生产者的意见。你当时非但不考虑,相反在广播里批评说,这是一股风,吓得女工再也不敢提,有个别女工反映说,不要提了,要说我们是右派分子了。再如有些女工提出说流水作业很□还可以从二面出茶,是否试试看?但你由于不是自己提,故至今也未采纳来试试等。根据以上情况,因此我建议你这种所谓管女工的态度要改。

办事员:周韵竹(团员)

全文:"低[抵]债" (号码:747) 日期:57 年 月 日

我看了胡士田的知心话,说胡贞禄在当股长的时候,事故惊人,没有检查,而现在茶叶霉了,胡厂长却说,那个〈的〉责任不应当抵债,过去负责任要检查,现在责任,尤其要负责。茶叶不应该霉,胡士田你是个共产党员。这种言论,能使人嗅出香气吗?

办事员:张逢济(党员)

全文:“胡士田同志:值此整风运动期间,互相畅谈知心话,我对(此)有这些看法”（号码:766）　日期:57 年　月　日

(1) 你到茶厂工作已有几年了,在工作成绩上都有很大的提高。但在这些提高的面前,你滋长了不少骄傲自满情绪,自以为有了不少本领,因而你对待同志不是那么谦虚谨慎,而是骄傲自大、态度生硬。你往往要求人家怎么样,因此使得同志不敢接近你,相互之间思想上无形有了距离。

(2) 苏州茶厂有几个同志值得你看得起的? 据我知道刘厂长、吴应瑜等同志是比较看得起的,就是同志们有缺点,你也应当互相帮助。

(3) 我总感觉你总有些个人崇拜思想。你称吴应瑜同志是伟大的、质朴的母亲。不可否认,吴应瑜对你是有一定的帮助和培养,但是你的提高与党的培养分不开吗? 我看呢,有些地方太过分了吧!

课长:顾盘珍(党员)

全文:“你想想我眼睛瞎了怎会跑到拣场来”（号码:772）　日期:57 年　月　日

“同志”是解放后的新名词,它含有特殊意义与阶级感情。古语云:读书明理。而身为中学生的胡士田,大书、小书、厚书、薄书不知看了多少。党对你关于“同志”关系的教育,更是难以计数,但你呢? 我记(得)在今年八月份,陈国英同志在作报告,各课室的同志都到齐了,十分廿分钟过去了,你为什么不来开会呢? 第一次麻烦王宗庭同志到拣场来找你,第二次方三槐又来叫你,你还没有来,第三次一个倒霉的我来找你。不知什么地方触犯你,你却以粗暴的态度对待我,骂我瞎了眼睛。

同志,你现在想想看,你的态度多么傲慢! 如果发展下去,请问同志关系那[哪]能搞得好?

课长:朱炳庚(党员)

全文:　（号码:798）　日期:57 年　月　日

敬爱的胡士田同志醒醒吧!

你的能力相当强,理论水平高,笔头似作家,工作有本领,领导工人四五百,事情不简单。可惜是骄傲自大来滋长,一切事功归于己;目中无人太严重,

认为领导同志不及你;领导能力确实不及你。你对我帮助也不少(业务、工作、理论),此情难以忘,同寝室如兄弟。平时交换意见少,大字报上墙来交换,请你撇开来回答,骄傲自大改不改?

办事员:金钰铭(党员)

全文:“看看胡士田的底(乱批评)” (号码:927) 日期:57 年 月 日

一、乱批评:现在胡士田在拣场里的威风很高。女工们都很怕他,怕他什么呢?怕他在播筒里乱批评,所以大家都恭维他,有点东西请他吃。据他自己说,还有人准备请他看戏呢。企图如何?当心点吧!

二、小鬼见阎王:有个女工要组织上转到无锡(家在无锡)去工作,没有同意。据说这是肖宝成挑起来的,事情大闹了一番。有一天肖宝成凑巧从无锡到苏州来,人事上为了把事情搞清楚,找了拣场上负责人胡、王来谈话。谈话不是商量的[地]研究分析,而是肖小鬼见到了胡阎王。胡面铁青,批评再批评,讽刺[刺]再讽刺[刺],打击再打击。我不讲肖宝成如何难受,连在场的顾课长(都)弄得很难堪。我刚刚跑过听了一二[两]句,觉得很心酸。可是胡士田呢?是一付[副]阎王相,真叫小鬼难受。

三、老鼠见猫:我〈闪〉车间有四个主任,可是没有一个主任不怕他。到底怕他什么?(这)就是怕他这些:(1) 拣场是他的独立王国,(2)〈要〉商量工作要称他的心;(3) 一不对马上给主任扣上帽子;(4) 再不对掼纱情(原文如此——编者注);(5) 对人冷酷无情,尤其对你的上司;(6) 自己一切都好,别人不能提意见;(7) ……

四、不能提意见,提意见就是右倾:流水作业法刚开始,总不免人家有些意见。不提(就)算(了),一提你不耐烦,一本马列主义马上搬出来,高帽子就戴起来。这是要不要社会主义的问题,难道社会主义是你一个人的吗?

五、几个问题:你对吴应瑜没有恭维过吗?跟他[她]经常在一起吃吃喝喝,群众没有看在眼里吗?肃反审干是你们一起搞的,一点偏差都没有吗?对私改造你参加的,一点偏向没有吗?为什么不写些大字报来表表心?

办事员:方三槐(党员)

全文:“伟大的母亲吴应瑜” (号码:953) 日期:57 年 月 日

看到了767、594号大字报,想起了吴股长(应瑜),又回忆了胡士田的创作《伟大的母亲,吴应瑜》。当时,我们提出有崇拜思想,词句不当。“这是我的创作(看法)有什么不好写?”对,对,这是你的自由,任何人不能干涉的。请问你,她做了母亲,其爱人在那[哪]里?想必你肚里吃萤火虫。吴股长(应瑜)经常给你戴帽子。吴应瑜平时的生活作风,你是否轧一脚?

希望你的大作不要来夸张,不要崇拜思想来。改不改由你自由,不过这个小意见作你参考吧。

办事员:金钰铭(党员)

全文:“试问胡士田同志” (号码:867) 日期:57 年 月 日

在过去的日子里,我曾听到您讲过,找对象,首先第一个条件就是政治面目问题。讲得更明朗一些,就是要对方是一个共产党员。这个理想很伟大,使人闻之而敬佩也。今天我才看到朱炳庚的大字报写着,肖××与顾××多年恋爱破产之事,原有第三者的你在场捣鬼。

啊!原来您是这样的找爱人,真是缺德,缺德,痛心痛心!

办事员:黄子锭(团员)

全文:“为女工说一句话” (号码:) 日期:57 年 月 日

胡士田官僚主义太严重。女工说话不对就扣帽子,吓得女工有意见不敢提。对人家理论一大套,自己实际做不到。工作时间常与邢××谈点啥来谈点啥。这次厂内演戏,招待员别的女工均无用,只有选定他[她]。你说厂内不可乱住人,为啥可以留她住?打花拣花也不公,老是叫他[她]几个人,大概生产能力就是她。别人问你要工作,摇头回说没有没有,吓得女工再也不敢向胡要工作。评奖会上别有用心把名提,大家意见朝朝关。胡说人家有恶意,还说这位姑娘很自然。问问你,这是啥道理来啥道理?

女工:顾惠敏(党员)

全文:“新的X光” (号码:893) 日期:57 年 月 日

厂里有部新的X光,这X光(的)所有人就是胡士田,他能透视人家的思想。例如××人问他,你××搞得怎样?他说,我的思想不存在,她的思想有意思。再问你谈过吗?没有谈到这个问题。

奇怪!奇怪!既(然)二[两]人没有谈到这个问题,为什么胡士田知道,别人在爱他?一定他有一部新的X光,能照见人的思想,所以晓得顾××在爱他。

办事员:林佩珍(团员)

全文:"胡士田,你为什么要发动女工来" (号码:899) 日期:57年 月 日

女工开拣前夕,我们考虑到女工蒸饭问题的费用。当时,厂务会议上研究,开始打算不收费用,后来考虑到数百只饭盒子蒸饭由伙食团来负担,干部工人又要有意见,后来决定还是收点柴火费吧。全月三角,一次一分,这是厂务会议的决定。不过没有请示胡士田,因此秘书股遭到胡士田反对。〈据〉胡厂长〈反映说,并〉扬言说要发动女工来斗。这问题现在觉得很奇怪,你要发动女工斗谁呢?是向工会斗,还是向厂务会议斗,还是向秘书课领导斗?还是想……斗?最后我要问,是女工意见,还是你的意图呢?

课长:朱炳根[庚](党员)

全文:"胡士田一手遮天!" (号码:937) 日期:57年 月 日

你好大的骄傲自满,目中无人。全厂的人没有一个人能有你的本领,你忘记党对你的教育和培养吗?为啥对同志要打击,排挤呢?看来喜笑颜开,装成一股[只]小兔样子,是多么活泼呀!内心的□□吗?不,思想深处,还有一个不可告人的秘密,妒忌人,打击人。举几个细小例子:

第一,你与朱炳庚同志一同在业务二股工作时候,你与他是什么态度?朱炳庚同志去年升了课长,你对他又是什么态度?妒嫉[忌]手段;面和心不和;有意打(击)别人;运用笑容面孔,肚内总是存在疙瘩……你真没有意见吗?

第二,你与顾盘珍同志,同样采取打击别人的行为,就没有采取互相帮助态度,相反用尽心思。

第三,你对胡贞禄同志,你就瞧不起。认为厂长不在你的眼下,莫说群众更不在你眼下。你的本领真大吗?

第四，独有你领导别人，不能别人来领导你。如果你来请示，领导没有依你主观的意见，暗地来打击报复手段，表面上虚伪一套，实际中强调部门先进、强调特殊、强调需要。例如车间里面到拣剔调（原文如此——编者注）女工做几个钟头工作，可是与你打交道也要打几个钟头。这不是你骄傲基本手法吗？

第五，用巧计采用投机方法，把祸事往别人家身上一捞。我们就看过你一次岗报。今年的茶叶霉变，与你一点责任没有吗？你又在鸣放中用巧妙投机方法，先来一张大字报车间茶叶霉变嫁祸于人，模糊群众思想，掩盖你的责任，认为你本领大。施这种巧妙手法，对吗？可是事实总是事实，骄傲、主观、投机、巧妙手法是要揭穿的。你还是勒马回头，做一个忠实共产党的儿女。

课长：胡林辉（党员）

全文："胡士田一手遮天（之二）" （号码：1055） 日期：57 年 10 月 11 日

第六，威风呀！威风真威风，操纵拣剔掌大权，辖下几百个女工到[倒]也不差，（超）出过京外天子。啊呀！还有点思想搞不通。苦闷呀！苦闷真苦闷，没有提拔为课长级。不错，到[倒]想起来了，×××对我说，提拔我做课长，可是没有轧得进。提拔又杀[刹]车，真算我运气不佳。越想越苦闷，你看这些课长，那[哪]一个比得上我？我的文化呀，理论呀，业务都不差，这些人有的这样那样。全厂的人只有刘厂长、吴应瑜的话还把他听几句，再[其他]都不在我眼下（这个人骄傲透顶）。

再看工作吧，我每天对女工都要训过四五次。这些女工不训不行，不服贴[帖]呀！高兴起来就找这个谈那个谈，多么快乐呀！女工意见乱纷纷。他妈的，把他压下去。这些女工不压不行（这个人是全厂官僚主义典型）。

第七，好一个恶毒人面兽心，你的阴谋本领真不差！你在玩弄的什么阴谋？鸣放中，别人〈家〉真心真意向你提意见，你相反地对人家向你提的意见来写大字报辩驳打圈子。你的知心话讲完了吗？真的没有吗？请问你在鸣放中端正什么态度吗？你不要戴着积极面具掩盖阴谋吧？

课长：胡林辉（党员）

全文："胡士田会恋爱" （号码：954） 日期：57 年　月　日

看见大字报，想想肖宝成，大家都认识，与位顾同志谈起恋爱来。大家都说好侣伴来好侣伴。时间已有三四年,他俩心真相授。今年春风吹来了,恋爱风波掀起来。很多吃一惊,大家都问肖宝成,啥原因来啥原因?三言两句说我个性合不来,从此就破了。可怜真可怜,含着眼泪往外跑。群众议论来纷纷,啊,她是党员呀!啊,肖宝成是团员啊!可能是不相称呀不相称!基本的原因是胡士田来凑一脚。他俩行动表面做得真正好,讲起道理人人都欢听。在从道理来分析,一想再表才明确。胡士田你对同志关心真周到,群众基础相当好,值得我钦佩来学习。关心同志、学习关心同志要普遍,可惜你留在个别。党小组长胡士田,帮助组内同志理应当。为啥其他同志帮助少,单独个人帮助到?深夜确实帮助效果大,顾同志的工作真不差。群众议论纷纷传到肖宝成的耳朵里,想想搞不通,立即向支部来回[汇]报。当然组织进行来了解,胡士田立即向组织来表示,我的思想不存在,她的思想有意思。请问到底那[哪]个有意思?你对他[她]失恋心里是亮堂堂,还是对她帮助,还是对她来支持?你买了共产主义道德品质书籍交交关,看了一遍又一遍。你的脑子很清爽,事情就如此吧!

办事员:金钰铭(党员)

全文:"越剧" (号码:989) 日期:57 年 月 日

昨天看到一张大字报,作者就是金钰铭。上面写的什么事,让我详细说分明。肖顾恋爱史,全厂多知情。岁数既相若,身份又相称。歌唱金嗓子,飘飘舞人轻。情投多意合,早备结终身。同志均称赞,一对有情人。又谁知好事多磨难,半路上冲出程咬金。只怪你职低党未入,绝不可怪我爱虚荣。自古来门当求户对,从今起一刀两断不留情。这件事究竟谁搞鬼,原来是"帽子专家"胡士田。

办事员:余尚青(群众)

全文:"口是心非——胡士田" (号码:1037) 日期:57 年 月 日

(1) 金钰铭揭发你破坏肖宝成的婚姻问题,你不仅推得干干净净,在昨天的大会上,还公开的[地]怪金钰铭不应该写这张大字报。难道你不是党员吗?整风只能整别人,就不许向你提意见吗?

(2) 你昨天在大会上说,组织上召开工人会议是专为收集工人对张逢济的意见,你说对组织上有怀疑。我要问问你,整风可不可以采用各种形式的会议呢?你对自己的组织有怀疑,那末[么]你相信谁呢?

(3) 你在鸣放以来,大字报写的数量也不少。为什么到今天为止,关于你自己有关系的对私改造政策方面的意见一字不提呢?难道一点意见都没有吗?

(4) 真凑巧,肖保成又回到苏州工作了。他的大字报你看见吗?好一个口是心非的人啊!西洋镜总要戳穿的。你这种损人利己、卑鄙龌龊,是一个共产党员应有的吗?

办事员:余尚青(群众)

全文:"恶劣份[分]子——胡士田" (号码:1038) 日期:57年 月 日

胡士田身为共产党员,领导整个拣场几百工人的思想工作,不好好的[地]以身作则,以共产主义的品质道德去影响群众、教育群众,相反的利用职权以威协[胁]利诱的卑劣手段来出卖同志,破坏同志的幸福。

尤其令人可忍孰不可忍的是,他为了达到自己不可告人的勾当[目的],不惜采取恶劣行为,竟敢假借党的名义找肖保成谈话,威胁肖保成和顾惠敏破裂(详细谈话请看肖保成大字报),引起群众纷纷不满,对[使]党的威信受到不应有的损失。这样人面兽心的人,配当一个光荣的共产党员吗?建议支部把这种臭恶的人清除出去。

办事员:余尚青(群众)

全文:"西江月" (号码:1097) 日期:57年10月12日

胡某居心叵测,张君用意安纯。互相利用订同盟,鬼鬼崇崇[祟祟]为啥?

群众眼睛雪亮,大家嗅觉灵敏。香花毒草两分明,是是非非立辨。

注:胡某指胡士田,张君指张逢济。

办事员:余尚青(群众)

全文: (号码:1099) 日期:57年 月 日

胡士田同志:女工反映在,嘴唇薄肖肖,说起话来像喜客人,行动像媒婆样。事出有因。供你检查。

办事员:郑尧珊(团)

全文:“缺德、缺德、真缺德” (号码:1189) 日期:57年 月 日

我昨天看到有一张大字报上,揭发是党员——胡士田,拆散人家已有三四年的恋爱。这是多么令人可恨,又何以不令人愤慨呢?拆人家的墙脚,你有什么意思呢?是否你的用意,将他俩拆开,和你谈恋爱呢?如果是有这种坏作风理想,又该当何罪呢?你的党[觉]悟和政治思想是比较高的,难道你一个党员比群众差吗?

像顾惠敏进厂来是一个孤女,无处依靠,完全(靠)党对她的关怀和培养。去年吸收入党,她的作风思想你是知道的。进了苏州茶厂不知谈了多少的恋爱,化[花]费了人家多多少少的钱和精神和经济,温暖的帮助,到现在将肖同志一抛。如果看是不合意的话,亦不会等得四年之久吧!

胡士田同志你没有看过大众电影院(放)映〈出〉(的)《如此多情》吗?她的开始和结果,是何样落场的。胡士田同志,你回忆回忆,像你(这样)年轻的人走生路要很好虑为幸。你当无所谓,人家看你无知识的人,希望你赶快扭转错误思想。

工人:方耀坤(群众)

全文:“关心人的第三者” (号码:1209) 日期:57年 月 日

看了大字报使我回想起这样一段事。事情是这样的:

大约今年四月间,有一个星期天的上午,胡士田跑到西中市,一本正经的[地]对我谈话。他开始问我:“顾惠敏同你的关系怎么啦?”“蛮好!”我毫不在意地点了一下头。

“怎么?”他又追问一句,“顾惠敏昨晚还请我看绍兴戏的哩。”我说了例子来证实“蛮好”的理由。“不见得罢。”他继续说,“据说你们的关系搞得不太好。你们如果如有意见,不要放在肚子里,应该思想见见面,互相交换交换。是不是找他[她]来谈,我帮助你〈的〉。”

“咏!顾惠敏同我出去的时候,我一再征求他[她]的意见,她怎么不提?为什么在别人面前对我有意见呢?”我想。

这时,我们就由外面转移到我的办公室去坐下来谈了。

“顾惠敏对我说,借你25元,一次20元,一次5元,她总要还你的。”接着他严肃地对我说,“用金钱来做感情基础,是不正确的,应该在政治上帮助她,

否则你们的关系是不能巩固的。”

“我的天呀！我真莫名其妙，这是什[怎]么回事?”我越想越奇怪，“难道我接济她的生活困难，做错了吗？难道我没有在政治上帮助她吗？不对，不是她说的。我从五四年以来，在她不拣茶叶时间，那[哪]个月不接济她十来块钱？为什么她说借我25元呢?”这时我的思想有些紧张，我问他：“真是顾惠敏说的吗?”

“是呀!”他肯[恳]切地回答。他最后说：“你们的关系发展下去，是危险的!”

从此顾惠敏对我的态度就大有变化了，再去[也]不像过去那样有说有笑了。对我说起话来态度生硬了。我请她来玩，她也不来了；我到她宿舍里，也是那样待[爱]理不理的。好像我们彼此恋爱关系，已踏上了破裂的边缘。当我调至无锡的第二个月里，有次来苏，偶而[尔]遇上了顾惠敏，她用坚决的口吻说：“我俩个性不合，我不谈了。”我听到她说这一句，就好像晴天霹雳落在我的身上，我愣住了，我流下了泪来。

大字报的揭晓使我明白了，原来胡士田的那番谈话是别有用心的，是正准备做不可告人的第三者勾当。胡士田你出卖了同志，把痛苦建筑在我的身上，你的共产主义道德在那[哪]里？你的良心又在那[哪]里〈去了〉？我同顾惠敏四年多以来的关系，一直是互敬互爱，互相帮助，互助进步。我体贴她关怀她，从没有亏待她。我把她的政治上进步，学习上提高，生活上困难，都好像是自己的进步、提高和困难，因之我们彼此关系发展得很正常。正要向着共同生活发展的时候，就好像十层楼梯已经登上了第九层楼梯的时候，半路上来个第三者破坏了我们已登的九层。这是个什么品德的人？

无锡站：萧保成(团员)

全文：“胡士田官僚主义”（号码：1231）　日期：57年10月14日

胡士田，是党员、拣场的领导。他一贯的作风是听喜不听忧。提到好的，喜[嬉]皮笑面；提到差的，面孔一板，眼睛一凸，眉头一皱，真是十足的官僚。

例如：

1. 二季度评奖中，先进小组与个人名单初步确定后，交小组讨论。他在话筒里说，同志们可以广泛的[地]提意见。当然小组会开展了热烈的讨论，提意见。有人提到五级工陆××在贯彻不讲话制度中做得不够。这是实事，可是胡士田官僚面孔一板,说没有这么一回事。这难道是人家瞎说吗?

2. 有人向五级工邢××提出意见,因邢同志不实事求是,抄[炒]二次毛□说是一次,本身是小组长,不能以身作则。胡士田说,这是谁提的,是恶意的,说人家是瞎说。胡士田为什么要这样压制人家对邢提意见?其意如何?

3. 五级工在开始小组计件时,我们不晓得,办法也没交待,到九点才告诉我们,因此,我们小组里当天没有达到定额。而胡士田在第二天早广播,说五级工集体计件后,产量显著提高,热情很高,真是笑话。定额没有达到,哈哈,原来是自说自话。

4. 为了2064批五级胚反工,专开了大、小组长会议(我列席参加)。当我在会上提意见的时候,胡士田对我面孔一板、眼睛一翻(这种态度对我是家常便饭了),因此旁人不敢开口。会后人家对我讲,他对你眼睛一凸。我认为这种态度〈还〉是压制批评,(还)是有其它[他]用意呢?

潘玲弟(党员)

全文:"看了胡士田的题为揭发我厂的宗派主义集团的大字报后" (号码:1271) 日期:57年 月 日

看了胡士田的题为揭发我厂的宗派主义集团的大字报后,使人值得深思。

内中有几个人在对待目前运动中的态度确是不够端正的,但这些例子是否就能证实是集团?那就不一定。要知道这次帮助党整风是人人有责,它并不是像肃反和三反时所谓"坦白从宽,抗拒从严"。因此(不是)只说你有问题,什么问题要你自己交待,而是要我们大家把心里话说出来,帮助同志克服缺点,更好的[地]担负起建设社会主义的任务。胡士田为什么不把心里话全部说出来,拿事实来证明这到底是不是个集团?为什么把大字报贴在肚子里?这到底是什[怎]么回事?请你说说明。

办事员:林佩珍(团员)

全文:"一封信"是对合作化的污蔑? (号码:1482) 日期:57年

谁都知道解放几年来,由于党的正确领导,人民生活已获得了改善。不拿我们城市工人来讲,就拿农村农民方面,在旧社会那些无依无靠的鳏寡孤独无衣无食无人问,路毙的乞丐是各地有。可是解放后农村合作化了,农业社中有五保,鳏寡孤独的人都有了归宿，过着饱暖的生活。而胡士田身为共产党员，自己都恶毒的[地]拿自己有劳动力的家庭说成“冷天只有喝西北风”“王小二过年，一年不如一年”，使不明真相的人容易误解为农村生活悲惨到使人难以想像[象]。其用意是不太善的，他已忘了党对他的培养和教育，莫怪如此言论。

办事员：林佩珍（团员）

全文：“出尔反尔的胡士田”（号码：1483）　日期：57 年　月　日

看了胡士田题为敲锣打鼓不是胡闹，到底是不是？全凭公论，既然不是胡闹，是先进办法，为了把运动进一步推向高潮。那么，为什么你却主张把现在你认为属于讽刺性的毕业证书也要使用敲锣打鼓办法呢？出尔反尔究竟用意何在？

关于你说找江部长是根据我平时的要求，（江部长）才找我的。这不知是指我当天，还是前几天？要〈如〉是前几天，那末[么]这个要求不单是我一个人有，有好多人有。为什么却看定了我？既是根据我的要求，那末[么]任衡、程宗炳难道他们也跟你说过有这个要求吗？要说当天有，那就根本是做梦，而且事实根本不是这样一回事。当天你对我说：“江部长来了，找你反映一些情况。”我上去后才知根本没有这回事，老实说，这[那]次我们是上了你的当。

敲锣打鼓送大字报是用全体组员的名义，为什么却连我们的组长王宗庭也不知道？胡士田既不是组长又不是负责人，为什么竟这样自作主张？

办事员：林佩珍（团员）

全文：“这个迷[谜]使人不解”（号码：1496）　日期：57 年　月　日

我不懂胡士田在搞什么？为拣茶女工自叹一诗是他提供材料和要为女工说句话。我们写的时候，他也在一起研究，当时并没有反对意见。而等到大字报与漫画张贴出来了，看到余尚青等驳斥，而胡士田也凑一脚，来批驳这首诗与漫画。这个迷[谜]使人不解。不知其中有何用意？我也不去研究它，反转来讲，不过[虽然]我们这首诗与漫画的描写当然不是（为）整个而是仅仅为少数和个别女工还是有的，但不能否认没有这种事实。既然党号召我们叫我们有啥说啥，我们这样写，难道就不能写吗？就要扣上一个立场观点的帽子吗？我认为这不大适当吧？

办事员：姚庆云（群众）

全文:“我的要求” (号码:1498) 日期:57 年 月 日

关于 938 的文章中,作者发表意见,使我思想〈的〉模糊。我要求作者,你既然提出集团的问题,就应该把集团的材料进一步的[地]揭发。刘支书在会议上再三的[地]指示,帮助党整风,要深要透,达到消灭三个主义。我们应该抱着〈一个〉诚恳的态度帮助党整掉歪风,可是你放的[了]这一炮后,到现在就听不见声音了。这是抱着〈一个〉诚恳的态度吗?你的大字报上不是写的[得]很清楚吗?有组织,有方针目的,有纲领。你就不应该把这些材料揭发出来吗?难道你还有顾虑吗?我想,你是站在党的立场上帮助党整好风,就应抱着〈一个〉正确的态度,实事求是,有啥说啥,把问题摊开来才是好的。

办事员:方瑞茂(党员)

全文:“谁是第三者” (号码:926) 日期:57 年 月 日

看了金钰铭揭发胡士田“恋爱”的一件事,我心底里有些话怎样也压制不住。我虽没有爱情的经验,但也理解得一些人情味,有的人为恋爱失败而厌世,也有人改变了原有的本性。谁做了第三者,谁就是敌人、凶手。肖××与顾××恋爱了三四年,今春忽然破裂。你知道肖××的心情吗?我听得他在睡梦中隐约的哭声。同志,你觉得难受吗?如果你把自己的幸福、快乐建筑在朋友的悲惨、痛苦上,还觉得是幸福吗?那可说是人类以外的人。一个受过党的教育培养的人更不能用锐利的钢刀来挖好朋友、同志热血沸腾的心。同志,你的手(不)觉得发抖吗?

办事员:洪仁山(团员)

全文:“苏州相声”(三人演说) (号码:1168) 日期:57 年 10 月 10 日

甲:朋友,长远勿见,呣笃好。

乙丙:蛮好,触祭得落,拆得出,睡得着。

甲:小张今朝奈勿勒厂里。

乙丙:今朝国庆节是俚格结婚日脚。

甲:真格!奈末有糖吃哉!

乙丙:对啯!有糖吃哉!

甲:顾惠敏搭肖保成啥辰光吃糖。

乙：啥辰光，奈是吃不着哉。

甲：啥格事体啦，阿是已经结婚哉啊！

乙：勿要谈哉！俚笃断脱哉！

甲：奈哼！断哉！

乙：嗳！断哉活，老早断哉！

甲：为了啥个事体介！

乙：说起来长勒。

甲：奈讲出来听听看。

乙：噢，我来讲罢，□笃听啊！前头格事体勿讲，就讲讲眼睛面门前格。自从奈调出起仔，顾惠敏就入仔党哉！亦做仔生产大组长，学习文化亦是模范，过歇辰光是初中生哉！团里响亦做仔总支委员，真格了不起。

甲：呀！挟格小姑娘，进步真快！

丙：是咽，进步是快格。

乙：有咽！就是刚刚说个，俚个眼睛变仔样哉！思想狭变仔样哉！

甲：对咽，入仔党，思想末是要变咽，眼光末狭就勿对哉！

乙：唔！眼光看得真远，奈立勒俚门前头俚是赛过当奈□介事。

甲：呵是，眼睛瞎脱哉！

丙：勿是介，眼睛勿曾瞎。

乙：眼睛是勿曾瞎，身价是高哉！

丙：我看勿对格。

乙：呀！对哉！俚对奈(对丙讲)勿是蛮有意思介，应勿光是看到奈外头，奈里响格五月上六月市狭看得蛮清爽咽！

甲：啊！好看到俚格响得勒！

乙：是咽！再说贵格肖保成，好几转搭俚说要求结婚，俚裁勿答应，□首来，速信回头俚，勿谈哉！就此断绝关系。

甲：阿是真格，一刀两断，断脱哉！格末肖保成呐哼！

乙：肖保成啊！伤心得来，哭仔好几转，来寻我伲格党支部说闲话，工作来狭□末劲道，饭吃勿落，夜里末睡勿着，身体轻脱仔好几斤。

甲：真格！

乙：真咽！啥人骗奈，肖保成是唱歌勿高兴哉！

甲：佢指顾惠敏做得出格种事体，是要缺德该！

乙：真茄啊！要缺德□哉！作孽呀！

丙：作孽勒！罪过勒！我看勿见得。婚姻法郎勿是说得蛮清爽，恋爱未好自由。

甲：呣笃格支部盎找佢谈。

乙：我听见说，谈是谈格，佢说得蛮漂亮，婚姻自由，呣笃勿好干涉我。

丙：我是格党小组长，搭佢谈仔好几转，我伲谈到深更半夜里。

甲：谈点啥脚。

乙：谈点啥勤，谈点缺德事体。

甲：是个共产党员，做格是缺德格事体，搭小组长谈谈，亦是缺德，真格要死格哉，阿要现世啊！

丙：我看倒勿见得。

作者：办事员方炳钊(团员)、翻译：办事员吴光森(团员)

1—2 对党员张逢济的意见

全文："能目中无人" 编号：327 日期：57年 月 日

共产党员张逢济，技术员兼工段长。你的眼界确是[实]高，说什么王宗庭是外行人，不懂茶叶。你说什么徐柏林业务水平差，我看你这样说法不对经[劲]。是否领导上没有把你提升？你还是个老毛病，骄傲自满害煞人。希望你今后要改正，不改就不行。

工人：洪志明(团员)

全文："张逢济"问题之一"你不能忘本" 编号：653 日期：57年

党为了培养你，化[花]费了很多的人力物力，派你往福州茶厂学习几个月。你回来后在生产上是做了一些工作，大家是看在眼里的。可是你太忘本了，太骄了。你看不起厂长，看不起王徐主任，看不起翁××，看不起方瑞茂，看不起一切人……说他们不懂技术，这不懂那不懂，样样不替[如]你。作为一个共产党员是否应该这样？请问你，你的技术从何而来？

办事员：方三槐(党员)

全文:"独主王国"问题之二 编号:654 日期:57 年 月 日

你当了制胚工段长,好像这个工段就是你个人的。处处为这个工段争名夺义[利],宣扬本工段成绩。昨天党团员大会上你提出来,口口声声不要车间办公室,也就是说由你全权掌握这个工段,直接厂领导。我请问你,你这是一种什么如意算盘?〈还〉是从整体,还是为个人名义行事?

办事员:方三槐(党员)

全文:"技术高于一切"问题之三 编号:657 日期:57 年 月 日

在大会上、小会上,在平时,都可以听到张逢济口口声声强调技术高于一切,就技术如何如何重要,说他自己技术怎样怎样。几[似]乎苏州茶厂只有他一个技术人员,甚至有关技术问题他可以不服从厂领导的指示,(不要)职能部门的协作。这是什么歪风?

办事员:方三槐(党员)

全文:"破口乱骂人"问题之四 编号:658 日期:57 年 月 日

拣场刚刚开工不久,有些工作还没有接上。第一批茶叶拣好是有几天了,你要我把拣头数字搞给你。因为没有及时搞出来(这在我是应该受批评的),你催了我几次。有一次你问我是不是搞好?不等我把情况说明,马上破口乱骂,讲我是吃什么饭的。我听了很气。即使我有缺点,应该受批评,这样破口乱骂(也)是不〈是〉应该!

办事员:方三槐(党员)

全文:"处处出风头"问题之五 编号:660 日期:57 年 月 日

大家知道张逢济的风头主义是十足的。到处好表现自己,除了以上提出外,还有其他地方。凭良心说,他写黑板报稿子是比较多的。可是他写的稿子一定要给他出在第一版,而且连字都不要改,原封不动的[地]写上,否则他不乐意。对他的来稿,编辑是没有权力修改的。这是为什么?真的稿子能反映全面吗?

办事员:方三槐(党员)

全文:“自由主义”问题之六　编号:661　日期:57 年　月　日

二季度评奖,张逢济同志不是没有意见。据我了解,在会议上没有提过,而在背后听说他不满。他说搞生产的这次为什么一个都没有评上?生产上不是有很大成绩吗?顾名思义,就是我张逢济,茶厂独一无二的技术员、制胚工段长,为什么没有评上?

办事员:方三槐(党员)

全文:“权力大于车间主任的张逢济”　编号:799　日期:57 年　月　日

今年制胚工作成绩真不小,工段长领导真有方。弄得制胚工人闹得不团结,你的用心又何在?工作主观骄傲比得上,群众意见乱纷纷。组织为了挽救你,立即召开党群座谈会。缺点提了一大堆,会后痛改前非从[头]做起。不到二月又再犯,你是工人出身真傲慢。理应体谅工人辛勤苦,可惜现在忘了本。你的手法真真妙,车间主任和同志被你弄得啼笑皆非二脚跳。

挑拨专家张逢济

10 月 3 日上午九时,四位主任在研究工作。忽然来了一位工人王子国同志来问徐主任拿花色拼配表。工人说工段长听[叫]我来问你拿。一不算过了半小时,又一工人洪本位同志也来找徐主任拿花色拼配表。请各位同志来看,张同志的手段真不差。是不是挑拨领导与工人之间的关系?请问你制胚工段的具体工作是不是主任的担任?想必您工作太辛苦。

请问你此次全民来整风,工作态度就无组织。请问你的业务领导是那[哪]一个?大概是制胚工段直属厂长室。车间办公室同志对你工作态度工作作风是否有意见?请你再三思改,赶快不要无组织,抱着诚恳、谦虚都称赞,对不对作参考。

办事员:金钰铭(党员)

全文:“霹雳火秦明——张逢济”　编号:955　日期:57 年　月　日

提起张逢济的脾气,真是令人可怕。我去年在生技课为了联系工作,经常和他接触,尝过他的滋味,看过他的面孔。现在回忆起来,我还感到有些寒毛□□呢!

他的脾气怎样呢?一时实在无法表形容。却看他写一张大字报题目是

《鼓上蚤时迁——金钰铭》，因此我想起了梁山泊的一名好汉霹雳火秦明。虽然秦明的脾气不及他（秦明是嫉恶如分[仇]，但对待同志还是友好的），不过霹雳火三字还可适用于张逢济同志的。说了半天究竟是什么事呢？请不要慌，我来举几个例子帮助他回忆：

1. 我在生技课时向他联系工作。他多次这样说，那[哪]个叫你这样的？我说是徐课长通知的。他马上面孔一板说，叫你们课长来。意思说是我配不上和他谈。

2. 施景贤因业务较生疏，有时问问他，照理应该很好帮助同志，提高业务水平，共同好好工作，可是他总是生硬态度，铁青面孔，碰得施景贤流眼泪。

3. 去年党支部为了帮助他，曾召开过支部□大会议。同志们针对他的态度提了很多意见，可是过后仍是仍然故我、一本不变。

4. 在整风运动中，作为一个共产党员的张逢济，在今来看了大字报769号金钰铭写的“权力大于车间主任的张逢济”后，怒气冲冲的[地]说，我要很好的[地]给金钰铭写一张大字报呢。接着在组内向大家说，金钰铭怎样怎样……本来大鸣大放的时候，向任何人都可以提意见，但是今天张逢济向金钰铭提的“鼓上蚤时迁——金钰铭”的大字报动机是什么？

张逢济同志，你整别人的精神勇气是好的。希望你同时也要虚心接受别人的意见，骄傲自大的气焰赶快收起来吧。

办事员：余尚青（群）

全文：“思想保守，自高自大”　编号：992　日期：57年　月　日

制胚工段张逢济不接受领导布置工作，阳奉阴违。如制胚工段今年增加打梗工序，你就不同意，不但不去领导，连人也不安排，弄得工人无头无脑，打梗工作无处抓，付拣号茶搞得乱糟糟，少的少，多的多，张家的帽子李家戴，袋茶底面不相符，梗头多的热热昏，弄得拣场的工作团团转，定额定出不准确。我曾向你来反映，你回我讲这（指茶）不是□□茶，如要打梗影响则质量差，一直搞到七月底，厂长亲（自）下去并派韩课长来抓。结果呢？我要问问你工段长，讲一讲是好呢还是差？又与拣场钱立木、碰碰抬□比技术，弄得质量无标准。他讲好啦你讲差，制胚工人有意见，说是我们是做死工作，工段长讲怎样做，我们就怎样做。不必讨个帽子头上加。这种独裁太过火过分的，迷信自己

要不得。制胚上大方少了十馀[余]担,到底原因你可查?快把歪风来改正,自高自大要失脚。

办事员:柯汉钦(群)

全文:“奇怪” 编号:1025 日期:57年 月 日

大元帅帐下,为啥少了一员亲护大将?我在大字报上看到宗派集团的榜上大帅、参谋、众将等大小三军都在内,为什么单单缺少一名亲护大将张逢济?我根据胡贞禄和张逢济二人的平时生活和工作的关系,我往往见他俩真是亲如骨肉。

工人:方义茂(团员)

全文:“张逢济在搞鬼” 编号:1161 日期:57年 月 日

关于方瑞茂在岗报上发表大方的制造问题和霉茶产生的根源,当你看到时,心中有不服,自己也考虑检查,相反叫我俩要到岗报上发表一篇,把霉茶产生的根源推到方瑞茂的身上去,否认原报批评。请问你,要我们这样做,你的用意何在?是否你二人有意见,要我们来替你出气?可算你真聪明,手法真巧妙。你想借刀杀人吗?妙计!妙计!

工人:方义茂、洪志明(团员)

全文:“活关羽张逢济” 编号:1163 日期:57年 月 日

张逢济骄傲之一:你往往对人言,制胚经验有一套。好像厂内任何人都不替[如]你,我曾记得韩课长向你找出有关无篱的篱网要改进。你何不去考虑来答复,随口拿来说不行,反说韩课长不根据具体情况来瞎搞。请问你,群众反映□茶分不清你知道吗?你为何把意见当耳边风,是不是样样都要你想出来才算是结合具体情况吗?再问,你不同意根据是何在?

张逢济骄傲之二:三班制的工作,人家提出来有困难,你对人讲〈更说〉不困难。客观原因你很多,数字差错、其他部门调入人数多,难免要产生。人家说,制胚有成绩,你就笑喜喜[嘻嘻];人家提到制胚有缺点,你就眉头一皱面孔板,再不然开口就说你懂什么?是不是捧捧你场,你的本领现得出?谈着你的缺点,是否你风头显不出?请问你,你一人的智慧有多大?

张逢济骄傲之三：方工段长和姚工段长从杭州参观学习经验回来，看到当时制胚工作有混乱，向你提出意见，特别是姚三槐向你提的[得]比较多。你不但心中不耐烦，还对人说要和姚工段长去做去比，看看到底那[哪]一个有一套？是否显显你的本领和高才？若不是，请问你的用意何在？

张逢济骄傲之四：你曾对人说，方瑞茂对制胚工作不懂什么。你对制胚的经验的确可算是一个高才的人物。我曾有这样的一些问题难搞懂，为什么56年的拼配搞得比较顺流[溜]，一般也能符合出厂规格？为啥今年的拼配，往往造成不符合规格？那[哪]样不合符[乎]标准呢？半成品到了花楼上，还要再复配堆调剂外观和内质。这是什么道理？是否这就是你的技术与众不同之处吗？这样的技术员实在大材小用了。

工人：方义茂、洪志明（团员）

全文："骄傲自满的张逢济" 编号：1165 日期：57 年 月 日

第二个表现，要研究体制工作，就不是他的眼里。只有张逢济提出三路五路的操作方法行的[得]通，其馀[余]的都行不通。在实际上他就是做拼配工作的同志，大家都知道的，大小□□□□□□别人向他提意见，他还说保证出厂，实际在烘房的地上□□□。

第三个表现，在拼配工作多一斤一两都知道的，实际上不是多就是少。向他提意见，反过来说人家不执行制度。请问一级大方少十几担，到何处去呢？

第四个表现，有一次我们联系工作，他要到烘房拼配。因为鲜花上市，烘房的地方需要用，没有同意他，但是他不是采取联系的态度，回过头来说，去年我一个人搞，同样几十担花□下去。

第五个表现，什么时候与他联系工作，总是思想上不耐烦。别人叫声张逢济，他当你嘴放屁，尤其是在开会问题表现的[得]更突出。不管车间会议、生产上的会议，高兴就参加，不高兴就不参加，再叫声张逢济，他吹口气跑了。

第六个表现，谈起制胚工作就是科学理论化，实际工作上拉拉过。全厂的干部都参加义务劳动，他以为自己功劳大。我叫他参加印花，他反而说一声谁的责任性？你们想想，气死人不气死人？

骄傲的面目

大权在手：张逢济是一个共产党员，我们应该承认他。但是从他一身的骄傲来看,就没有一点共产党员的气味,他自己以为制胚工段就是我是一个共产党员,大权在手,作威作福。向他提意见,反过来说叫人家执行制度吗?同时在工作上的问题,那[哪]一个不听他的命令?什么工作都不行,在任何一件事必须要通过张逢济,没有得到他的命令,谁要动就谁负责。尤其是在两个〈对〉工段长的面前搞鬼,在方金云的面前来一套,在姚三槐的面前来一套。不但在[使]两个工段长〈的〉不团结,而在整个制胚工段都有意见。反过来说,只有赵子龙一身都是胆,在制胚工作上提出三路、五路、十路、八路的办法,对质量提高多少?但是到现在制胚工作究竟怎样呢?表现在那[哪]里呢?

1. 骄傲的本钱呢?从张逢济的历史的一般情况(来看),很简单。他是在张恒有茶楼学生意的,一般的经验,擦台、扫地、淘米、洗菜、跑腿、寄信、挑水、烧饭等工作,在茶叶工作上〈不〉仅是我认识你你认识我的问题。你们有多少的本钱?

2. 他是在53年进苏州茶厂的,在□簸场上工作。大大[家]知道他有多少本钱和经验呢?就是在业务上懂得一点皮毛。是在什么地方表[学]的呢?还是母亲的肚皮里带来的呢?还是自己天生的呢?有没有值得骄傲呢?

在56年的工作一切免谈,在57年的工作上谈谈几个问题。

第一个表现,要谈到制胚工作,开口福州,闭口福州。福州是好的,不等(于)就是你的福州,哈哈!

办事员:方瑞茂(党员)

全文:"张逢济与胡贞禄的生活关系" 编号:1187 日期:57年

53年建厂我二人,录用工人几十个。其中之一张逢济,两年季节工,经常与贞禄生活作风不融合,星期日的生活是家常便饭。因为我与贞禄关系真不好。到底生活融合不融合,你的肚里亮晶晶。54年去福建深造业务技术。呀,长年工当中一个都不够培养条件,季节工人中没有第二个,只好着你去福建。时间二三月,生活费用谁负担?公家负担吧?公家不好报销,怎么办呢?我暂时给你垫垫,我看张逢济和胡贞禄早无缘份哉!(工人反映)

办事员:金钰铭(党员)

全文:"张逢济好本质" 编号:1188 日期:57年 月 日

胸宽畅[敞]像海洋,对待工人很直爽。真像个工人出身好本质!几十个工人和你融合在一起，你工作作风态度全厂工人都称赞。你连[使]得整个车间办公室的同志亲密如兄弟，群众齐声称赞张逢济确实是一个全心全意为人民服务的勤务员。这么多廉洁公正，又谦虚又可爱。早晨出去读书。打开窗户工人冷不冷？我不管。深更半夜搞名堂，回宿舍无人给他开电灯，勿开电灯宿舍跑马厅。工人向他提意见，请你声音低一些，反说我有事。到底啥事情，原来搞名堂。

办事员：金钰铭(党员)

全文："我对张逢济的意见"　编号：1202　日期：57 年 10 月 14 日

张逢济原是在茶叶店里出身的，"五反"以后就失业了。1953 年由劳动局介绍来厂工作，在这几年中对他的进步是很快的，不论在政治上、工作上、文化上、技术上，都有了很大的进步。对于他的进步，我想也是与党的培养所分不开的，但是在今天对他的进步已变成了自高自大、骄傲自满、瞧不起人的表现。例如：(1) 在技术上以为自己是厂内独一无二的技术员：五六年贯彻一套新的技术操作规权，他说是他一手搞出来的；(2) 自高自大：五六年车间的生产是他具体负责的，他说五六年的工作搞得很好，五七年的工作说是搞得很乱。既然五六年的工作搞得很好，为什么去年工人反映说今天的花挑在肩膊[膀]上不知印任何个批呢？(3) 性格暴燥[躁]：同志们与他联系工作，总要争吵起来，面孔放下来〈来〉对待人家；(4) 态度恶劣：假如工作不称他的心，就面孔铁青来对待同志。如在今年我给他做了一个时期的成胚报表，有一次我把一批茶胚拿去化验，因为茶胚样不全，没有拿去化验。他就以这样的态度放下来说："报表给我自己来做。"

对于张逢济的态度问题及他的缺点，领导上与同志们不止一次地向他提出，要他改进缺点，但他在日常生活里没有引起重视。我今天也提出这样的善意意见，希望你在这次运动中很好地〈来〉得到纠正。

办事员：吴元骏(群众)

全文："谁也不如你"　编号：1221　日期：57 年　月　日

首屈一指技术员兼制胚工段长张逢济，苏州茶厂唯我独尊。大骂主任吃干饭，厂长制胚技术不如我。工段长技术上没有系统的理论指导，更是不如我。

审检课根据我的拼配数量提升 70%,更加证明他们不懂外形内质,茶胚技术因子不如我。

办公室有几位同志算他懂点技术,又没有到过福州实践,不如我。

毛茶定级不能结合具体情况,不如我。

工人技术与我对比起来有天壤之别,不如我。

财计算出的分级制率耗工不切实际情况,不如我。

机械工程我在福州实践过,福州的机械你们没有见到,不如我。

无我参加不能制订次级茶叶,简化制胚操作规程,不如我。

一切人对我的技术不恭而敬之是□的不懂技术的重要性,不如我。

就是江苏省里的茶叶系专科毕业生郎宝森理论有,经验缺,不如我。

省里连一张制胚报表的设计还不如我旧年的,真气愤人,不如我。

这样看来,我的技术不仅在苏州茶厂省内组织经验交谈,也证明我的制胚技术有理论、有经验、有实践、有先进,要算是名列前茅了。

办事员:方金石(群)、方瑞茂(党)

全文:"谁也不如你"(二)　编号:1342　日期:57 年　月　日

话说张逢济却原来有了"不如我"的资本,冲昏了头脑,大脑神经失去知觉,性情变得怪僻。有日来大骂车间主任吃干饭,甚至对一般同志也不放松,一切事情没有对他惟命是从,就挂着铁青的脸,质问别人你吃了饭干什么?开堆的又是什么?他说我拼的堆不合格也应该烘、没有他□□□□□□不能印花也得烘。不合格的茶胚霉乱要别人负责。如此对待工作,真谓尊严难犯。从此就为英雄霹雳火秦明本色,望者生畏,闻者长叹。

(按:霹雳火秦明是水浒(中)个性最难合的 108 将〈中〉之一)

办事员:方金石(群)

全文:"花样百出的张逢济"　编号:1332　日期:57 年

第一,挑拨离间:55 年与你在福州初次遇事,你处处表现对人装成一股[副]皮笑肉不笑,面善心似狼,面孔奸雄的臭相,对人两面三刀、口是心非。请问你,在花茶实验组搞的什么鬼?挑拨各个厂的同志搞不团结。挑拨龚柏与巨清萍的关系，到龚柏的面前说巨清萍讲你过去当过反动道门；又到胡景晖面前说我讲胡景晖不懂技术；又到陈学诗面前说我讲他骄傲自满；又到各个厂同志面前说溶花茶实验对比不要他们参加，你又到我面前讲他们都是外行。这些意见含义是什么？不是你张逢济搞的鬼吗？

第二，抬高自己：处处地〈方〉夸大个人作用，只能听人奉承赞扬，不能受人批评。55 年 12 月底〈边〉，进行制胚操作规程实验。在制胚车间门口，为了付脚茶处理没有统一思想，你当面打击我，你说在福州制胚实验，胡林辉懂得什么呢？都是我张逢济搞的。今年九月十五号部分季节工人调到工地，本厂安排劳动力问题。你又当面打击我，谩骂我和徐柏林同志，你骂我们吃干饭的。像这种类似打击人的手段，请问你用心何在？只有人家奉承赞扬，你就皮笑颜开。如果人批评你，就对人家压制批评企图报复。这都是你一贯的手段。福州花茶实验组你捡的茶样又在从中搞鬼弄虚做[作]假，有意的[地]把茶样捡得不匀，玩弄我们。这是什么态度？另外在工作上，摆出一付[副]铁青面孔，总是自称内行，自以为是。例如你与周永水问题，你到我面前说周不懂什么，有意的[地]在茶胚拼配(时)〈有意〉为难的[他]，把茶胚拼得偏高偏低。例如：(拼配中有什么号数茶不能拼下去，而你就相反的意见，偏不承认)周永水今年到车间里去拼过几个堆，而你就把今年所有拼配中拼得偏差的都是说周拼配的。可以说在全厂与你有联系工作的同志没有那[哪]一个见你不头痛。我们知道你张逢济几年来受党的培养是有很大的进步，就没有那[哪]一个像你那样闹对立，总以为了不起，我的技术全厂第一。我认为你嘴上一套。请问你，如果你张逢济不在苏州茶厂，难道苏州茶厂就不能制胚吗？

第三，作风恶劣：可以说你的作风一贯坏，工作中唯有你独一无二，对别人专闹对立。到制胚车间工段里搞宗派，拉拢人、打击人，有意的[地]打击姚三槐，在工作中暗弄他，说老姚懂得啥？又在制胚上地[把]一、二车间工人搞得不团结，你说二车间工人挑拨是非又思想落后，这是什么含义？向你提意见的人都是思想落后吗？不错，凌炳辉对你作风上及生产上是提了不少意见的，而你却用残酷的心对待人家。例如姚三槐向你提出准确意见，毛茶付制一、二、三号茶直上抖机，结果是这样做你就冷酷心肠对付他。你运用偷天换日方法把工人的成绩(算作自己的，)你一手遮称[天]。你对制度不执行，惟[唯]老子独一、车间办公室布置你任务，称你高兴就答应几句，如果不高兴的话面孔乌凶，任务非但不执行,还自布置一套。今年制胚生产任务,数月完不成,你是一个工段长,要你负主要责任,而(你)相反地在背后说不管。难道你做一个工段长一点责任没有吗?把全部责任推卸到车间主任身上吗?开口总说今年工作不如去年,难道工作不是前进而是倒退吗?〈只〉也要请你来考虑,去年制胚工作是你搞的,而今年同样是你搞的。只(是)又是什么道理,去年制胚实质每人平均 280 斤的产量而你虚报 350 斤,你用意何在?为什么欺骗领导?这难道说对革命事业负责吗?

主任:胡林辉(党员)

全文:"谁也不如你(三)" 编号:1371 日期:57 年 月 日

谁说张逢济原来有了"不如我"的资本,技术上个人崇拜,抗[坑]杀人家的建议。当岗报揭发"我的遭遇"一文中,45、48 两批大方"史无前例上轧头机","叫我长不长来园[圆]不园[圆]","拣了一遍又一遍"。这一严重事件的揭发,引起各方面的注意。不久见他在岗报上答复,竟得意忘形地说,充分利用机械生产比手工先进,综合技术因子各方面检查,没有失掉外形内质的特色等等。分析这些话,完全故弄玄虚来遮盖这一揭发,分散人们的注意力,千方百计推卸岗报揭发应负的全部责任。当大方未制前,我们提过几次意见,上轧头机要影响外形外壳,内质不匀。这些善意的建议,你口似悬河地说,成绩是肯定的,缺点是有的,暂时的,不能保守思想。言下之意,一方面是要以惟命是从的技术观点,另一方面想蒙混对于技术提出不同的建议,一朝权在手便一意孤行。一级印过花后又要重复□出来,这样做不仅是技术的错误所引起,同时拼配也是敷衍了事。总之,45、48 两批大方技术路线根本错误。损失之大,返工次数之多,也是史无前例的。

办事员:方金石(群)、方瑞茂(党)

全文:"张逢济" 编号:1518 日期:57 年 月 日

张逢济,你看了大字报有什么感觉吗?

办事员:金钰铭(党员)

全文:"风前谈之十二、讽刺、嘲笑!何故?" 编号:1157 日期:57 年 10 月 13 日

十一日下午全体干部大会上,党支部英明、正确、伟大,作出了朱炳庚领导

整风不力、拉下来的决定。会后车间储运小组另行产生了新组长张逢济同志。事隔仅半小时，张逢济因了[而]上楼，对着朱炳庚说："组长，我向你请假。"大家看看，这是什么态度？这不是讽刺、嘲笑，是什么？张逢济这样做应该吗？你忘记了团结—批评或斗争—团结这个公式吗？刘支书讲整风小组长要站在运动前列，领导大家下定决心把整风搞好。你忘记了吗？整风是不容许夹杂任何个人主义情绪的。

办事员：吴光森(团员)

1—2 对党员的意见——工人中党员

全文：如此多情　号码 566　日期：57 年

瑞茂与某某，情意脉脉温。沪滨同游乐，誓了山海盟。鸿雁传密语，择吉好成婚。暑假回家转，半夜不回程。二[两]情难分离，好似燕双成。家妻糟糠子，何无儿女情。

办事员：张逢济化名□□(党)

全文：违反党纪　号码 261　日期：57 年

你同×××的关系，曾经党的教育，你也有保证。至今还保持着密切关系，甜话密[蜜]情已危险，赶快回头吧。

全文：方瑞茂二三事　号码 1131　日期：57 年

本位主义：方瑞茂是烘印工段长，工作上无原则的本位主义。例一：车间之间的本位。在花楼上强调特殊，剔肥拣瘦。雨花不要，次花不要，好花独拿，造成了劳动忙闲不均，茶叶质量的损失，工作意见纷纷，形成了车间之间的对立，好事自己来坏事往人家推。例二：工段之间的本位。劳动保守，人多不肯调出，泄(义)气用事。有一次为了托制胚工段，夜里出一次花，而制胚工段工作紧张故没有答应，因此存心不良，想把借给制胚工段的人调回，并说下一次再向我们要半个人都不行。哈！利[厉]害利[厉]害。例三：小组之间的本位。他主要是负责花楼的，因此对待烘房好似□鬼子一样，对待花楼是亲儿子。有一次烘房烘下来的花胚无处堆放，要放上花楼，而他故意推说花楼没有空地方，实际花楼有地方，只要动一动〈办法〉是可以腾出一块地方。再(者)他对烘房工作的安排和其他都是采取与己无关的态度,这样的本位主义真是可想而知了。

闹不团结:对同志有意见当面不谈,背后乱谈,有意伤害同志的威信,以这样的手段来拉拢人做他的战士。他对张逢济本来是一对齿唇相连的同志,可是现在面和心不和,心内隐瞒着“血海深仇”。同时工人有意见,不及时反映,不进行解释。如二[两]次由于花的产量估计不足,车间之间出现不匀现象,他在下面不进行说明,相反在工人中加油来煽动工人对领导的不满。这些行动你的企图是什么?岂不是打击别人抬高自己吗?再有什么呢?可耻,可耻。

违法乱纪:方瑞茂你是个有妇之夫。你与谢国桢[珍]搞不正当的男女关系,党早已不止一次进行教育,他[她]也下个保证。可是现在的事实呢?教育管教育,保证管保证,你还是搞你的,没有断过。你还是陶醉在甜言密[蜜]语、谈情说爱中。听说前些日子,她还提出来要你买球鞋、买衣服,你还提出要求结婚呢。结婚这是多么一个“喜讯”呀!看一看你的爱,多深刻呀!告诉你,你是有妇之夫,是一个共产党员。这样乱搞男女关系,多危险呀!赶快回头罢!

办事员:胡春来、方三槐(党)

全文:工段长的态度　号码 505　日期:57 年

七月份花楼出事故,我的手被弄伤,到现在还没有好,经医证明,须息几天。我就向方瑞茂请假。而他都象[像]毫不痛痒的[地]回答,现在任务忙,不能休息,第二次又说做做轻的工作。不知他怎样对待我的,也不知他什么出身。我的手还没有好,请他看看怎样解决。

工人:洪有顺(群)

全文:方瑞茂　号码 1171　日期:57 年

你对整风态度端正了什么?请问你寄了几张大字报?请问你,是否拿不破情面?请问你,是怕人提你的意见?请问你,是否想混过这一关?请问你,整风与你有无责?请问你,你为何不行动抱起头来睡大觉?告诉你,再不回头,怎肯放你这一天?同志醒醒吧!

工人:方义茂(团)

全文：请求支援、打倒整风中的威风　号码1200　日期：57年

大字报揭发了方瑞茂生活一贯腐化，乱搞男女关系后，他经常在宿舍里咆哮如雷，追查叮咛是那[哪]一个，叫着要看事实。要事实给你事实看看。一、你在去年借了回家之名，到上海与谢国珍密会。你到杭州还寄信给她，她在给你的信中还要买白糖、球鞋。谢国珍给你的信已说明得很清楚了。二、你寄信给谢国珍问他[她]能不能结婚？谢国珍表示，我们友谊是巩固的，因尚在□□时间，结婚要影响□□的。你在宿舍里说信是有的。虽然[确实]有，请你将6.30，6.7，7.13日谢国珍给你的信拿出来，给大家看看。

那[哪]个领导支持你，请你说出来。大字报揭发你把公债抵帐[账]后，你在工人中说不服，不服！说人家没良心，整风是要过去的，看整风过去以后你怎样？指郭绪志。你还说死了(也)记住这〈这〉事。人家向你解释，你说向领导也是这样讲，领导上也说这样提不应当。那[哪]个领导支持你这样？请说出来，难道揭发你就没有良心吗？我们寄大字(报)帮助党整风都是没有良心吗？你要不要整风？请问你。

看你的对白，你真的是说要搞好整风，又要不误生产吗？

日期一九五七年十月十一日晚上十时左右：

方瑞茂(看见了张逢济进我们宿舍)：整风生产两不误。

张逢注：对的。

方瑞茂：哼，对的。闭起门，整风生产不管了？

张逢济：那[哪]里有这回事？不是有胡林辉你和几个工段长吗？

方瑞茂：到现在车间还提出要开夜班(实未开)。日班都烘不到夜，开堆单不下来。

张逢济：你能〈不好〉主动一些吗？昨天车间开会，主任不是叫你们大胆一些吗？主动一些吗？

方瑞茂：生产都不管(火起来了)，我到上级(不是指本厂)都要这样讲。没有这个道理，整风生产都不管了。

是不是不管了，这已说明清楚(不说主任，张逢济也关心情况的)。不是领导不管生产，是你怕整掉你的坏作风，整掉你的坏作风！

工人：洪志明(团员)

全文：整风中的歪风　号码1224　日期：57年

方瑞茂是一个共产党员，党支部支委，工会的付[副]主席，烘印工段的付[副]工段长。照理讲，在这次运动中应该积极的[地]支持工人群众大胆的[地]鸣放，来帮助领导改进工作作风，而方瑞茂不但自己不投入整风，反而把群众写的大字报在群众中乱讲，指在工人中。事情是这样。方瑞茂从一九五三年到一九五六年，共借郭绪志35元，因为郭绪志在今年十月一号结婚时，方瑞茂借郭绪志40元。从这情况来看，郭绪志应该应除掉35元还少方瑞茂5元，而方瑞茂用尽一切方法把55年—56年两年中的公债抵，反而要郭绪志还方瑞茂四十元现钞。

郭绪志为了帮助党与同志来整掉歪风，就在十三号写了几张大字报，把这种事情说明和揭发方瑞茂的作风。方瑞茂看了几张大字报以后就在工人中（宿舍内）讲郭绪志〈一〉无良心，甚至讲到整风之后看郭绪志怎样过。

什么叫良心？我想从这情况来看方瑞茂真有良心。不，他完全（用）资产阶级思想意识来对待同志“良心”两字。这是什么用意？

整风之后怎样过？我想方瑞茂你意图是什么？是否在整风之后郭绪志在你手中，你要报复是不是？

借领导之名可以掩盖自己的丑恶面目：在运动中自己借领导之名来掩盖，讲郭绪志做事不应该（指郭绪志不应写大字报揭发他的鬼恶面目）。我们认为方瑞茂这样说法更不应该，希你要很好考虑来自省。

死都不忘记：为了这件事，在群众中竟敢说死都不忘记，与郭绪志要结下海底冤仇。难道你还能成为一个共产党员吗？还能成为一个领导吗？你这样的态度我坚决反对。今天要狠狠的[地]整，把你的歪风完全彻底整干净。

工人：王渭生（党）

全文：方瑞茂你的企图何在？　号码1182　日期：57年

你大家债，以公债还，你想把人家搞得什么地步？把人搞得苦[哭]不得笑不得。方瑞茂你难道连国家的政策就[都]不懂吗？你是一个共产党员又是支部委员，工会主席，人民检察通讯员，车间生活工段长。难道你真不懂吗？我看你是明知故犯，你认购的公债是你的认识。为什么拿公债来当债还呢？你既然来推销你认购的公债，你何必要认购呢？你认购的公债并非〈是〉真的，你的行动完全是违反国家政策的(公债券第八条明文规定),这是违反政策的。从大字报上的揭发,你的野心还没有消。去年在支部大会来检讨,但是你还没有〈来〉去掉。你怕你爱人要来,〈这〉是不是这回事。一九五六年你的爱人下来,你对他[她]怎样态度?请你赶快回头是岸,请把你这套把戏快收起来吧!

工人:郭绪志(党员)

全文:知心话之五　号码 325　日期:57 年

甲:老兄你忙吗?真是一日不见如隔三秋。

乙:我有点事想问问你老弟。

甲:好啊!你讲吧。

乙:你们厂里有个方瑞茂吗?

甲:有啊!他是印花工段长。

乙:这个怎样?

甲:好啊!好啊!真的好呀!领导上也相信他。因为他老实肯干,今年连续评他为先进生产者,最近又选为党支部委员。

乙:作风呢?

甲:真朴素。

乙:听说他过去和×××有些私情,现在怎样呢?

甲:这个问题有[早]就解决了,他是有妇之夫。

乙:(摇头)哈哈你真是登[蒙]在鼓里。目前是藕丝连情更深,准备今年良辰吉日配成婚。

甲:哈哈,不要瞎讲好罢!

乙:不信,6、7、8 月情书却在这里,暑假还寄给他钱呢。这样还(不)算数,还要三更半夜月下谈私情。

甲:(惊讶)岂有此理?身为共产党员不向组织讲实话,我要象[像]包公为秦香莲一样打抱不平。

乙:他再这样下去的确不对。

甲:(想)家有妻小人(即小孩——编者注),还要谈爱情?支部应重视,须要搞够[个]清(楚)。情意虽然重,法纪难容情。

办事员:胡士田(党)化名毅

全文:“方瑞茂一贯的作风” 号码 1158

一、违法乱纪

你从 1953 年到 56 年向郭绪志陆续借陆续还，到 56 年还欠 35 元。为什么不能及时的[地]还给他？而郭绪志在 56 年度中曾经问你要过。而拿你来讲，用一种花言巧语的手段来对侍[待]同志，想把你自己购的公债来抵。难道你不知道这是违反国家经济建设上的第八条的规定吗？不能作货币流通，为了该事情在 56 年组织上曾经对你进行教育。你有什么理由不办？相反的，在这次伟大的整风运动中，又继续这样做起来。郭绪志在结婚时，你曾经讲过，到你结婚时候我借给你五十元。事后是这么一回事。真是好同志不能所想象的，反而把 1955—1956 年两年公债来抵，少郭绪志五元！

二、讨好领导

你跟胡贞禄生活上是要好的，经常打打平伙，吃得酒醉薰薰[醺醺]。你是从处处来讨好领导。今年有一次胡贞禄向你借钱，你当时没有，而你是想尽办法到郭绪志处借了 30 元给他。郭要你还，你说不是你自己用的，是胡贞禄借的，一直拖到年底再[才]还。如果其他同志向你借钱你有这样殷勤吗？这是为什么？

三、乱搞男女关系

你跟谢××乱搞男女关系，领导上对你屡次进行教育。你在转党的时候，为了这个不名的问题，一次又一次的[地]通不过，要你下决心改过。照理讲应该吸取这个教训，可是你是怎样的态度呢？现在还是和他[她]勾勾塔塔[搭搭]。去年你老婆从乡下来到这里时，有一天从你的袋里抄[掏]出一大叠情书，内容有说有笑，真是幸福呢！〈真〉无所不谈。你去年回家还特地去看他[她]，真是舍不得离开呢！但是你对老婆呢？又完全是另一种态度，而是冷淡、威胁等手段无所不施，今天叫她回去明天又叫她回去。她好像是你眼中钉，非拔掉她不可。这是什么共产主义道德呢？

工人：王渭生(党员)

全文：方瑞茂这套把戏玩的[得]真不错 号码 1196 日期：57 年

从 1953—1957 年你的经济还没好转，到底是怎么回事？关于产生以后，你想还欠债的借口，跟人家借几年的钱用公债代。对方不接受，你讲先放你那里，等以后再给我(35元)。怎么讲说党内流通不要紧，说不要对外人讲花言巧语来欺骗。

话说起来也很长，我结婚等钱用。他也答应借给我十五元，连欠35元共50元。几次三翻[番]跟我讲，但到最后给了40元，其中35元公债本来先放我此地。他第一次对我讲的，第二次想把35元公债作给我。在那时我无法只好答应15元，得寸进尺的方瑞茂第三次对我讲把十五元统统给。他讲家里要钱，不然他的爱人在十一月就要下来。你拿工资不算，你的钱到那[哪]里去了？以公债来还债，企图是来推销他存的国家公债。既然你有这样的企图，那么好把公债三十五元统统还给你。

工人：郭绪志(党员)

全文：方瑞茂的靠山真不小　号码1124　日期：57年

从大字报上揭发的材料来看，对他是毫无帮助的。不信请看下面事情。当我厂整风运动时候，还把国务院的法令当作儿戏。如方瑞茂向郭绪志借钱四十元，就是拿公债券来抵押的，虽经支部教育，仍是无所作用。这次郭绪志结婚，由方瑞茂代借钱四十元。方瑞茂要郭绪志还清，而方瑞茂向郭绪志借的钱仍旧拿公债来抵押，这不是奇怪的见闻吗？国务院明文规定公债不能作为抵押或流通，方瑞茂偏偏这样做了。这〈是〉不是靠山不小吗？注：这是十月十二日发生的事情。

工人：陈顾清(党员)

全文：问王谓生同志　号码773　日期：57年

五五年在烘房里派你产生废料，不但工作不负责，拖拖拉拉搞不清。催催你还要吓唬人，你这是什么劳动态度？难道你就凭仗自己能吓唬人，不须[需]把工作做好就行了吗？

办事员：方金石(群)

全文："你看对不对"　号码445　日期：57年

王渭生，是党员；出身工，身脱产。有多年，坐高楼。逍遥在，东跑跑，西溜溜，惬意惯。吾辈是，干部为。五七年，下放来，搞生产，到制胚，料筛机。接上手,面孔板;勿乐意,闷勒头;口勿言,有意见;怨难开,群众见。想勿开,为勤务。为人民,怕工作,怕吃苦,表面露。党组长,带头行,勿应该,调拣场,脸开来,笑咪咪[眯眯],精神来。为什么?两样待。其原因,不知在。望今后,快扭改。

工人:祝金生(群)

全文:王渭生两面黄　号码1262　日期:57年

(一) 一付[副]阎王相:王渭生是中共党员,党小组长,拣场技术员。自从由制胚工段调至拣场后那一天起,给我一个又深刻又广泛的印象。啊,原来拣场里来了一个新阎王!这是[使]女工们多么不幸呀!从此女工们天天心惊肉跳,躲躲缩缩,避而远之,不可相近。即使我也要抱着极大的勇气和他交换一句话,是一二句,再多〈也不〉也不敢了。要不,我总是尽量不去见阎王。多么的可怕,故女工们在他手下啼啼哭哭,有冤无处伸[申]。有一次,四级工王月娥,受了他的气,大声放哭,说她宁可回去,不要再拣了。多么危险呀!你对人是多么冷酷无情,〈赛〉于[比]《冷酷的心》电影片中的荷兰鬼还要怕人。

(二) 死人不管:未讲以前,先把他在拣场情况介绍一下。我们拣场里有一张生产纪录表,上面有付梗量、上板下板时间、拣剔组别等。这上面有一部份[分]须[需]要技术员填的,可是我们算数字的人,方涵如和我碰到他拣剔问题,他总是摇摇头,不能下手。不是上板下板时间不全,就是数量天差地别。你抱了很大的勇气去问他,他回说,时间长了,怎样知道?不但防[妨]碍我们工作,还苦了我们双腿。意见提了不知多少回。他就是这样死人不管,活在不管,死了更不会管。

办事员:方三槐(党员)

全文:敞开思想和王渭生同志谈知心话　号码805　日期:57年

王渭生——共产党员怕吃苦。

一九五六年领导上把你调到批发部去工作。你怕麻烦,不到批发部去工作。你能说〈是能〉吃苦吗?

今年党决定把你调到制胚,你工作不久就要求调动工作。你能说吃苦吗?

王渭生——你对工人群众关系怎样?

工人都说你尊严难犯。开工不久,你就同工人范安云闹了一场,搞得范安云到上海去时对你还有意见。

到工场就同方耀坤闹意见，方耀坤谈后对你都很有意见。你能和工人打成一片吗？

王渭生——你对革命工作是这样吗？

1. 某些轻身100多斤，经过研究同意整理拣场后，你拿了一个样给汪文忠，汪文忠给我看，我说要整理一下。结果选了700多〈个〉斤去选，选出物只有三斤多。茶叶根本与你拿来的样不同，后来才知道你们已把不需要选的，和要整理的已拼起来拣了。你们为什么这样做呀？

2. 你回忆回忆看你对国家财富是这样的吗？工人经常向我讲，你堆的茶叶经常接交错(大方我且不谈)，在制品搬了就走。有一批我发现有一袋开了口，茶叶流到地上(地点在老拣场和宿舍之间，当时地上堆了很多箱盖)，工人指我看是你王渭生刚搬走茶叶。你看见了吗？似乎党把你下放，你不满意吧？你不满意不应该把国家财富遭秧[殃]。王渭生同志平常我觉得你的尊容很难犯，交换意见也少。我用大字根[报]同你谈谈知心话，你不要见怪呀！

办事员：张逢济(党员)

全文：拣场——垃圾堆 号码1572 日期：57年

课室同志不了解吧，我们过去也不了解的。拣剔的内幕我今天才知道，揭露一下吧。拣场上的大簸箕、小簸箕、大扁小扁、干净的样盘、箱子〈里〉、箩盖〈里〉、纸箩里，都有一小堆、一大堆的地脚茶或夹什物。

因工作需要，昨天我们顺手一下，就把它并了十几家火[伙]，简及[直]是碰到就是垃圾。老工人说，做了这么多年纪，没有看到这样工作的。我们也想起去年，拣剔是何等清洁呀！还有簸篇、样盘、小簸箕、大簸箕东一只西一只，布袋东一堆西一堆，五花八门摊得零[凌]乱。老工人说，“真要命，这种新的场面”。我们也想起了去年工具是放得何等整齐。有同志说对拣场意见很难提，今年和拣剔上打交道真是前[全]世一厥[绝]。

为什么这样呢？我们想除管理人员外，必需[须]向钱立木、王渭生提出意见。钱立木好说懒做，工人称他“说书先生”。他不是埋头苦干是无心做工作，反正是八小时。共产党员应起模范作用，就问钱立木、王渭生你们在工作中起了那[哪]些模范作用？

工人：洪志明、方金云(张逢济整理 党员)

全文：先天下之优[忧]而优[忧]、后天下之乐而乐　号码1164　日期：57年

钱立木，你今年工作分配在拣场。请你自己思想深处来想想吧！你是个共产党员，你对先天下之优[忧]而优[忧]，在[但]你优[忧]的是什么呢？大概“职和权”吧！你工作消极皮[疲]沓，不肯向前。这又是什么用意呢？你是不是领导分配工作都答应，实际问你呢，说不知。产品交接工作你负责，茶胚副产问到你呢，也是推不知，你们自去寻。明确的分工，新旧拣场工区布置要你带照应，你是袖手旁观对待人。如黄之标在拣场工作不熟，处处闹对立。张逢济也叫伤脑筋，质量要由你作[做]主。忽松忽紧，配尽[全凭]你的心。茶叶反[返]工好几批，国家要损失多少金？这些责任谁来负？是不是你技术上不认真？茶叶上下模板放到你肚里，搞定额的同志费脑筋，牢骚意见无处放。女工头上生净寻，非要大家听你唤。你的工作自忖心，要问你党员是否应该这样做，争权夺利为自身。此算是革命干部，爱国又爱民。

八月份你的工作稍减轻，你又掉转〈低〉头动脑筋。女工只管七个组，实数不上[到]八十人。炳田忙的[得]就要死，你是面面看着不举手前去帮助人。现在呢？炳田调到工地去，车间调来王荣根。领导考虑王工作不熟，与你工区相对调，但你相反把他当个运输工，吃力苦事吃他(指王)去做。你自己呢？一天到晚磨洋工。我在搞定额，你要指挥我去做替工。

收茶叶，查质量，提前上班还要讲我到的[得]曼[慢]。我也不懂，到底是搞定额呢，(还)是技术工？你与炳田来比一比，愧[亏]你称为六级工。工作怕苦专偷巧，功劳谱上记你名。拣场同志大家都(像)你(这)样，领导同志就要大大伤脑筋。你是个革命到底的好同志(共产党员)，把我们的话仔细评一评。后天下之乐而乐，是不是你这样的乐；先天下之忧而忧，是不是你那样的忧？世间多少便宜事，投机取巧，可算你第一人。当头棒喝警醒你，不平之处有人鸣。

办事员：柯汉钦(群)、胡通寅(团)

全文：向钱立木进一言　号码453　日期：57年9月29日

钱立木，是党员。做工作，不向前。光支[指]派，凭嘴言。事[使]拣场，有意见。工作上，不兑现。对领导，肚里疑。对女工，面上现。真官僚，女工怒。又主观，不爱面。六级工，啥条件？该想想，入党愿。此作风，快改变。

作者笔名：忠告

（对）工人党员——汪文忠的意见

全文：向汪文忠进一言　号码190　日期：57年9月24日

想起五三年多风光，人人把你老王[汪]称。啥人不当作你是大好老，烘房工作一把找[抓]。你说怎样是怎样，啥人敢和你强强[呛呛]看。不是你面孔摆起，就是你眼睛弹。你的工作主观，我们的劳动是埋头苦干。不管工作好不好，只要把老王[汪]天天叫。五三年的工资评定你一手抱[包]办，是不是为生产出发，还是说面孔大小呢？还是根据按劳付酬的原则办事，这种资本家爪牙作风。对生产是不是行呢！希望你赶快把作风改。

工人：张胜柏（团员）

全文：继续向汪文忠进一言，报复思想要不得　号码924　日期：57年9月24日

事情出在五四年，月份是在十月里，地点出在新仓库，工作是在称包旗枪。他自己称得不准，多多少少出入四五钱。自家〈我〉不快，还来怪人家，还是[朝]别人发脾气。我们称了三十担，他还只称十来担。我把事情反映（给）厂长，他□和厂长商量。我们提了意见，结果叫人事课把我们工作一停。

工人：张胜柏（团员）

全文：向汪文忠进一言　号码452　日期：57年

五三年汪文忠，在烘房一把抓。拿郎[榔]头撞板[扳]钳，神气大党宣传。光拍上压下面，提意见扣帽子。工资额凭他言，到现在几十元。搞不通苦难言，他工资啥条件？凭什么站人前，茶叶凭主观，提意见讲试验，到后来质量变。无实际说大言，这作风要改变。

工人：吴燮旺（群）

对工人中党员——顾惠敏意见

全文：向顾惠敏同志说明一个情况　号码1552　日期：57年

看了顾惠敏所作的一张大字报，其中谈到国庆节文娱活动的交待问题，因此有必要拉出来说明一下。那次文娱晚会的节目，除了本厂的三堂会审以外，其余几个节目都是第一文化馆的。为了使人家有个满意的感觉和尽量照顾人

家的方便,因此请了刑××代为照应。而他是第一文化馆的文工队员,人面又熟悉,故请了他,并无其他用意。作者责问胡士田同志为什么恰恰请他?这一点请作者谅解,因为不是胡士田同志请的,而是我们请的,与胡士田无关。

办事员:胡春来(党员)、方增良(团员)

全文:"如此多情" 号码791 日期:57年

共产(党)员顾惠敏,骄傲自大太严重。狗眼窝看人赖[懒],自以为自[是]先进者,人家都是落后人。我看你看法不(是)事实,你的估计太低了。天下世界万万人,难道只有你先进?你(这)个党员立场站不稳,见花采花都是你,连爱人也要拣过[个]不停。你和肖保成同志,恋爱已谈三四年。为什么晴天起霹雳,欺骗别人不应该。是否你已有别人爱,害得对方呜呜哭?哭得实在太伤心,你不能见新丢旧,忘恩无[负]义没良心。你要回头想一想,办事是否可以此样?这种作风不正派,请你马上就要改。

办事员:唐润洁(团员)

全文:落花有意,流水无情 号码365

肖保成和顾××几年的恋爱关系,象[像]平地一声雷的[地]宣告破产了。肖保成遭此打击,曾流过伤心泪,真叫局外人事情费解。

大字(报)揭发真相大白,原来其中有人在搞鬼。胡士田拣场工段长,帮助休贴无微不至,近水楼台先得月。顾××舍远就近把旧情甩。这桩事组织上作过解释,胡工段长忙把心迹来表明,说什么我的思想不存在,她的思想有意思。难道你真是坐怀不乱的柳下惠?岂不是落花有意随流水,流水无情待怎生?

办事员:蒋士增(群)

全文:长恨歌 编号:1253 日期:57年

长恨歌,为谁作?苏农药械郁任叔。任叔青年工作好,工资收入蛮蛮多,军队复员多响亮,政治地位不算差,件件都好缺一样,只身孤影莫奈何,苦心四处找佳人,玫瑰多情在拣茶,一见倾心谈恋爱,情投意合喜心窝,春游无锡双双去,车疾如电似着魔,顾女惠敏忘所以,郁君任叔尝鲜花,晴天霹雳飞来祸,平地风波脚断踝,昨日情言犹在耳,今朝咫尺变天涯,从此鲜花归别姓,终心[身]

长恨泪滂沱。

办事员：余尚青(群)

全文：见貌变色的党员顾惠敏　号码1104　日期：57年

顾惠敏对待同志有几种手法：

例如：一、吴应瑜因为是秘书兼人事课长，又是党支部委员，在厂内能掌大权，所以顾对他特别崇拜，百依百顺曲意奉承。

二、施景贤与吴应瑜是同乡人，讲起话来情投意合。施靠近领导有一巧妙，一套手法，所以顾又对施忌一脚。

三、对第三种同志就大有不同，因他不会吹不会拍，没有吹拍本领和巧妙手段，更重要的(是)没有担承[任]党政工团任何职务，还是一般同志。顾就对他轻视，冷言冷语的态度来对待。

四、再看顾对自己的恋爱问题。从大字报揭发到现在为止，已经谈了五个对象。顾与肖的情况(我)虽不十分了解，但也了解一些。因我们住在一个房间，经常听到顾谈起和肖的关系。据说在政治文化、生活等方面确实肖对顾很关心的，帮助很大，算来有四五年了。据说〈已经〉结婚的日期也确定了，忽然晴天霹雳现在中断呀！

原来顾又招到一位如意郎君，他有名誉地位，又(是)聪明活泼小青年。顾惠敏，你想肖心里多痛苦呀！这种态度是否合乎共产党员标准呢？希党支部考虑。

办事员：郑尧珊(团员)

全文："西洋镜"　号码1194　日期：57年

(一) 自以为是、狂妄自大：

共产党员顾惠敏，态度骄[傲]慢，瞧不起同志，更瞧不起女工，像煞是个党员(并据[具]有女王之称)。组织女子篮球队，定要选她做队长，否则不干。与人家比赛她定要上场，否则就不高兴，并以冷言热语讽刺其他同志。领头的事是高兴，被人家领头就扫兴，真是太骄了。

(二) 工作拖拉，名誉队长：

你是监督岗长，女子篮球队长。到现在做点啥？也可以扪心自问一下。

监督岗活动了多少次,向你要材料强调困难,或说拣场没有问题,真是没有毛病吗?有的,这完全是不负责任。篮球队长呢?今年来一次没有活动。领导上催你搞起来,高兴起来敷衍几句,不高兴起来,强调队员不高兴。不了解的人听起来真是使人同情她的困难,名誉队长。

(三)自私自利、个人打算:

顾惠敏满脑子的金钱主义,处处为自己打算。在糊铝罐时,你的质量天下第一,而数量并不落后人家。叫你反[返]工,满口怨言。工资不正确,当面不提意见,背后大发牢骚,煽动全体女工大闹不满。不安心拣茶工作到处找出路。去年新疆来招生,你和女工们闹了一番,闹得女工们天昏地黑,而你对组织不满意。只[这]不是为个人利益打算吗?

(四)奉承拍马,好大喜功:

顾惠敏是一个听喜不听忧的党员。人家对他[她]提意见,他[她]若是一百个不对,千方百计来否定一切。若是批评了你[她],好像受了天大的委屈似的,一哭再哭,哭了还要哭,哭得使人家不敢向你提意见。你把提意见的人看成是眼中钉仇人一样。如果有人表扬你一二[两]句,满屁股都高兴,马上摇头摆尾,洋洋得意,眉飞色舞的。多么开心呀!

(五)喜新压[厌]旧、抛肖爱胡:

顾惠敏,你与肖保成恋爱三四年。感情一点没有,可以维持这么长久吗?你说一点没有感情,岂不是笑话吗?今年破裂了,为什么破裂的呢?原来你又爱上了一位有地位、有能力能说能行的小青年。这是什么恋爱观呢?我们来看你的恋爱历史吧!第一是蒋士增,第二是关宜章,第三是肖保成,第四听说又与药械厂×××人闹过,第五胡××,第六外面又有了,这是共产党员的恋爱观吗?

(六)违犯[反]党纪、抗拒领导:

有一次支部书记要找顾惠敏谈话,是一个党员应该服从,即使一个群众也应如此,但是结果受到他[她]无原则的拒绝。回头[话]□支书说个人问题我不谈,我有要事。一个共产党员,这样无组织无纪律的行动,我们能容忍吗?坚决不能,我们要保卫党的组织和纪律。

办事员:方三槐、胡春来(党员)

全文：西洋镜观后感　号码：1356

作为一个共产党员，首先是具备高度的组织性和纪律性，如果没有做到这一点，就不够资格做一个共产党员。难怪在很多大字报上写着，你的党员是拍马拍来的。

且看你的组织性和纪律性吧！糊铝罐时，为了工资的不(正)确，你煽动女工吵闹。〈(顾惠敏)。〉

警卫员：陈风鸣

全文：玫瑰多刺终难插，郁君腿断失情郎　编号：1252　日期：1957.10.14

群众社十月十四日讯：据可靠方面消息，顾惠敏的玫瑰已从第五位的身上衰退。据透露，第五位多情公子名为郁任叔，在苏州农叶[业]药械厂任职。二[两]人一见倾心，爱情发展甚快，已双双撑[牵]手同赴无锡叙情。郁氏不幸在游锡途中乐极生悲，无意中跌伤脚踝，急行就医。据医院表示要休养二[两个]月，郁至今就[仍]在医院养伤。但与顾惠敏接近者表示，顾与郁之感情已日渐疏远，顾似另寻如意郎君，匹配佳偶。谁能雀屏中选玫瑰？将愿为第六位幸福青年再度盛开。

编者按：惠敏如此多情，殊为少见。玫瑰一年谢而复开一次，何故此玫瑰□□欲放，受玫瑰者一时温柔欢乐，失玫瑰者终日懊丧颓□？玫瑰外表多刺，不易触碰，然此玫瑰外表无刺，内心则冷酷无情。劝奉幸福青年遇此玫瑰，引以前五位失玫瑰者为训，应提高警惕。此玫瑰终有一日谢而衰败不能复开。

办事员：周明(党员)

全文：越剧：半打恋爱　号码1442　日期：57年

拣场有个顾阿惠，年龄已到十九岁，开始恋爱谈起来。第一谈的蒋士增，因为不是党团员，提升起来有阻碍，不称心就不爱她[他]。念头一转他人来，一转转到关宜章，看他团员又漂亮，心里很想欢喜他，不知他心怎么样，真巧饭厅来见面，知心话儿讲起来。谈话本是好事情，反而弄得打起来，多亏来了冯国臣，将他俩[两]人解劝开。旁人觉得很奇怪，事情经过来了解，不知他们为恋爱。第三次恋爱谈起，转业军人厂里来，与她婚姻来追求，阿惠嫌他面貌丑，文化低来却难配,三次恋爱未谈成。四次爱情接上来,此人本是肖宝成,俩从[两人]性格合得来,阿惠生活有困难,保成热心帮助她,感情一层厚一层,恋爱时间三四载。阿惠本是多情女,中途外面找新爱,药械厂里郁任叔,利用文娱谈起来,每日搞得深半夜,健康身体有妨碍,工作效率提不高,做起事来无劲道,放工时间还未到,恋爱思想准备好。阿惠胃口交关好,情人越多越喜爱。管理拣场胡士田,生得聪明谈论高,为了门门不落空,想尽妙计脑筋动,抓住士田不放松。士田交了桃花运,精神觉得蛮轻松,从此俩[两]人情意合,心腑言语说不完。别人向她提意见,她见士田就回[汇]报,广播筒里来批评,吓得大家心里跳。阿惠听到有苗头,脸上露出迷迷[眯眯]笑,我的事情成功了。

勤什人员:冯国臣、方增禄

全文:风前谈之四,多情与无情　号码 1149　日期:57 年

拣茶工女共产党员、团总支委员顾惠敏朝秦暮楚,一级级往上爱。一枝不放的玫瑰,已经插上第四位可爱的人的胸襟。第四次爱情开始了,消逝了的三位没富[福]人儿,算是你们的倒霉。你们应该祝福这支[枝]又盛开了的玫瑰,永远插在这最后一位的胸怀。我为你们吟诗一首:

不放玫瑰衰又开,插遍痴男三胸怀。有情人时却无情,含羞献给第四位。

办事员:吴光森(团员)

全文:良药之六,爱的是什么　号码 1138　日期:57 年

顾惠敏爱的是什么?爱虚荣,爱地位。过去她是一个女工爱蒋士增,因为〈是〉蒋是干部。后来又爱关宜章,因为她[他]是团员。入团以后又爱肖保成,因为肖保成是团小组(长)。现在你入党了,爱的是胡士田,因为他是党小组长,拣场负责人。你爱的是什么?爱的(是)官衔,爱的是地位,爱的是三员一长,爱的是资产阶级思想。

办事员:任衡(团员)

1—3　对办事员的意见

全文:对周韵竹的意见　号码 205　日期:57 年

周韵竹作风太坏,同志领导分别待。对领导吹牛拍马,大言不惭不应该;

对同志暗暗打击，藉[借]以把已[己]身价抬。当面交换意见无，背后都是把人害。别人委托事不干，反而说人无交待。领导找去把话谈，弄得是非真难堪。既把领导威信失，与己又有何体面？小讲大□他[她]最严，表现我与领导近。别人不知我先晓，洋洋得意忘己形。工作好像热情高，可惜有点不牢靠。出纳工作别人做，一天事情半天了。而她则是日经夜，表现积极人前耀。反正领导多偏爱，磨磨洋工又何碍。记得五四年之春，西山收茶□子紧。出纳工作交股长，带着瓶子下乡行。回来股长办移交，她说少钱四快[块]整。赶快厂长来回[汇]报，生怕领导疑自身。责任推向江股长，结果是非没弄清。其实终归使人疑，走时为啥不交清？回[汇]报情况不确实，单凭自己小聪明。想当然某人怎样，党群之间筑堵墙。提意见不说自不，反谓别人有感想。这样手法实在妙，歪风不可与日长。

办事员：耿怀敏(群)

全文：想到就说　号码197　日期：57年

周韵竹同志是一个聪明的同志。你受到党的培养，先后被评为劳动(模)范、先进工作者，这样才能发挥了你的积极性。我们虽联系少，但是由下面的二[两]件事实却知你滋长一种骄傲自大的情绪：

(一) 我记得五三年向你报销“六神丸”药费，你说这是剥削行为。不错，那年我的工作名义是“协助工作”，但你也应该按厂里的制度向我说明，而不应该给我扣上一顶帽子。试问这是从何说起？是不是骄傲自满的情绪呢？

(二) 你与周永水联系工作，打算找某工人同志开会。你说，叫他发牢骚吧！请问你这是怎样对待同志？是否当面不说背后乱讲？我看还是骄傲自满在作怪吧！这些逆耳之言，请你听进去改改吧！

办事员：赵登周(群)

全文：“四角钱的风波”　号码831　日期：57年

五六年八月间某早上，我在财务课前茶桶边拾到四角钱。我认为是我刚才倒水掏手帕时掉下的，数字又刚和周永竹还我(的)饭票钱一样，因而不加[假]思索就放口袋里(后据宋伯英讲是老翁掉的，我并不知道)。不想这事竟引起了一场风波，背后全股同志大加议论，又在检讨会上要我检讨。当时说明情况后,始解疑云,而周韵竹仍〈还〉批评我,政治品质问题,说什么与我还四角钱时间不同等等。

我对这个会有意见,对周韵竹更有意见。既[即使]认为我不对,翁课长在会前(也)应该先和我交换意见,不该允许同志们背后议论我、毁我名誉,也不该冒失的[地]叫我检讨。事实真相不明,检讨什么呢?

周韵竹更不该在我说明情况后,因凭主观乱批评。既(然)认为与还我时间不同,为什么不提出有力证据?既(然)无证据又怎能批评我品质有问题?这样信口开河,视一个人的名誉品质如敝屣,又是什么政治品质呢?

办事员:耿怀敏(群)

全文:周韵竹素描　号码932　日期:57年

一、没有自由主义:

别人议论某事某人,他[她]不满意,事后谓〈人〉某人家庭妇女习气太重。一天到晚东家长西家短,一点革命气派都没有。今天在[又]说某人政治学习差,思想不进步;某人生活不会安排,负了债要救济;某人如何,如某人怎样怎样。真是自由主义!

二、尊重领导:

过去江股长在时,她认为江股长不过是“三反”后才提拔起来的,没有什么了不起。于是走厂长路线,刘本清调来后又走刘股长路线。财务的二[两]个股长分别对待。

三、作风正派真无私:

五三年朱德正家属来厂,翟恒替朱夫人盛饭。别人认为拍马屁,她认为不满。出来打抱不平,说这不是拍马屁,同志之间可以这样,就是拍马屁,拍共产党的马屁也是应该的。

四、尊敬长辈:

在饭堂里我们经常可以看到,王忠庭的母亲左手抱孩子,右手拎饭篮,站在他[她]的旁边讲话。她好像不[没]看见,自顾吃饭。

五、对待同志态度谦逊:

托儿所的保育员同志感到她总带有浓厚的干部味,要是和他[她]交换交换意见,总要教育一下别人。

六、对人诚，关心同志：

某同志家庭生活困难，要求救济若干，而背后则有[又]说这位同志生活不会安排，不应救济。

全文：周韵竹素描之二 号码 890 日期：57 年

七、诚实忠厚：

五五年十二月间某日，我买了一百多斤木档，准备晚上送回家去。适巧通知收听一刻钟的广播，当时托周韵竹代我请假，他[她]答应代为请假。但第二天一早吴应瑜找我谈话，训了一顿说我为什么不请假就回去？翁课长也不知道我请假。

八、实事求是：

胡春来刚调进厂时，她在财务股放空气，说胡是汪瑞裕的工会主席，而实际上(是)小组长。

五三年因成本划不出去，我对某同志批评。她说我和×是由财政局带来的老成见，藉[借]机报复。事实上我和×在财政局时，仅相交很短时间，一切都不了解。

九、虚心接受，紧密团结：

五六年肃反结束时的某小组会上，林佩珍批评她对蒋士增的救济问题，影响组织与群众的团结(蒋的储金会供款，周说这种情况组织上应该救济，款子又不是没有)。她马上反批评林佩珍，在背后把施景贤说得一钱不值，当时施也在场，使同志意见加深。

十、保守机密：

厂务会议上的决定不到一小时，财务股的同志就全部了解。某人要调到那[哪]里，某人工作如何，安排等等。(连)课长都有些吃惊。

十一、聪明伶俐：

过去财务股在对过时，电话铃一响，他[她]就知道是某[何]处打来的为了某[何]事。同志偶然身体不舒服，她就会知道这位同志闹什么思想问题。

有一次我问胡春来借脚踏车没有借到，当时有些不舒服，过去也就忘了，而他[她]说我为这事闹思想问题。实际上我根本没闹思想，也不要闹。

刘厂长的爱人生小孩的事如何如何。

注：尊重领导一节中最后应加上“造成二[两]个股长的不和。”

办事员：耿怀敏(群)

全文：保劳主任关心人，不要关心太过份[分]　号码351　日期：57年

看到一张大字报，作者大名周韵竹。具体内容说点啥，关心施景贤不够。举例分配房屋等，真叫人来吃一惊。要住宿舍人很多，为啥只提施一个？是否为了张致人？假如要提施景贤，领导照顾还不够。那么就要请问你，还要如何来照顾？且听拣场来反映，施怀身孕身体弱，要求把工作减轻。每天工作三四时，零食小吃不离口。医院看病象[像]上班，安步当车散散心。每月工资四十七，不知做的啥事情？后来调到保健室，无啥工作真惬意。劳保主任关心人，有关[些]关得太过份[分]。不要光讲漂亮话，实际行动为要紧。自已楼房二[两]间住，为啥不肯让一间？对待群众的疾苦，关心照顾要普遍。

结束语：你说什么领导不关心施景贤，我认为是捏鼻头做梦，说梦话。

办事员：蒋士增(群)

全文：请领导注意　号码542　日期：57年

看到一件奇怪的事情(现已贴在对面)。为了了解其情况，上楼再把周韵(竹)的大字报看端详，确实是一张满团皱重贴上。巧遇党员(人干)金钰铭，请问为啥撕下又贴上墙？不料摇头说不晓得，不晓得。真是睁眼瞎讲话，在此望风时你们两人。为啥还这样还这样？

"按"事实真相：撕下的周韵(竹)，贴上去是金钰铭。

办事员：胡肇桢(群)、郑尧珊(团员)

全文：劳保主任周韵竹关心的是什么人　号码1　日期：57年

厂长喜日到，忙煞关心人。学习时间里，东走又西跑。到底为的啥，为了喜事忙。组内同志们，热心等组长。新房布置好，组长才来到。身为小组长，如何这般样？股长吴应瑜，平时生病多。这位关心人，又是费煞心。苏州有医院，还是不称心。不管厂制度，支援去沪滨。住了大医院，这样还不好。关心动脑筋，再把窍门找。发现装牙齿，窍门找到了。制度难报销，救济也很好。主动提意见，来把人情送。关心什么人，原来是领导。秘密兼人事，支委职位高。提拔有权利[力]，方可青云上。脱产搞工会，究竟做的啥？

办事员：胡肇桢(群)笔名孟

全文：奇怪的事 号码 347 日期：57 年

楼上有张大字报，贴在会议室对面。作者大名周韵竹，上午大家都看过。下午忽然变了样，满面破皱不像样。想必你已一[经]来过，谁人重新劝上墙？你的下来为何因，是否有点难为成[情]？还是因为未批评，所以你就不虚心。现在正在大鸣放，这种态度不应该。

办事员：胡肇桢（群）

全文：名词新解：锦上添花 号码 257 日期：57 年

劳保主任周韵竹，锦上添花关心人。特别难忘领导者，全厂闻名吴应瑜。养病上海已年余，过节送礼且不提。且举一件小事情。听说装满口牙齿，三四十块要自理。东求意见西打听。报销不利给救济。说是经济有困难，每月只有三十九。上海地面花费大，区区钞票不顶事。可以可以来考虑，请大家来评评看。吴的生活太惬意，吃吃喝喝无负担。住[治]疗医院看门珍[诊]，不花自己一文钱。自理费用公家垫，按月一次二[两]次扣，根本不需要救济。锦上添花大不必，雪中送炭太迫切。

办事员：蒋士增（群）

全文：周韵竹实事求是吗？ 号码 1225 日期：57 年

“有啥说啥”1208 号大字报，当中有一段不是实事求是出发。正如作者在大会所发表的意见谈到，因写错大字报，怕旁人要驳，因此把大字报撕掉。我想这〈是〉并不是她的真正思想反应，而是生搬硬套，装[弄]虚作假，牛头不对马口，东拉西扯来混过关。例如房子问题，说胡厂长讲的你有一间房间要退，叫我来和你商量一事。事情刚刚相反，胡厂长根本不知道，他怎么来给你讲呢？我又怎样能和你讲呢？是不是你心血来潮了吗？脑子发热了，在瞎说八道吗？又有何根据呢？

办事员：胡通宙（团员）

对赵织云同志的意见

全文：赵织云的态度 号码 1292 日期：57 年

昨夜，顾盘珍揭发吕金凯恶劣行为后，同志们心里发出了[感到]无比的愤怒。今天看了1287号大字报揭发赵织云与吕金凯问题。在[到]昨天白天为止,赵织云是站在运动最前线,写了不少大字报,如揭发隐瞒同志也叫树立威信吗?(原文如此——编者注)和[可]想不通一件事等等。为什么今天态度突然起了变化,一声不响,沉默寡言?在上午看大字报时间,很优[悠]闲的[地]织着绒线,又未向组长请假〈请〉。躺在传达室老陈床上养神息气,领导上请你身不动,问你不开口。

是不是你的知心话讲完了呢?在整风运动中劳动纪律松弛,是一个光荣的共青团员应有的态度吗?请你再三深思,端正态度拿出勇气来帮助党整风,揭发吕金凯的可耻作风。

办事员:郑尧珊(团员)

全文:向赵××同志提一点希望　号码1248　日期:57年

我在这里诚恳的[地]向你提出,为了帮助党整风,为了帮助吕金凯同志与我一切不健康的作风,希望你大胆的[地]揭发,帮助吕金凯(改正)一切缺点。对我来讲,听说你对我也有些隔阂,由[尤]其是在吴宜章问题上。我在这里表示,愿通过整风虚心整掉我一切歪风,消除同志间的隔阂。痛虽痛,但越痛才能改进自己的缺点,因此我愿意通过整风把我一切不健康的作风和思想意识整掉。在此期待着你的批评和揭发。

课长:顾盘珍(党团)

全文:"赵织云同志"　号码61　日期:57年

秘书股的赵织云同志,整风工作两不误。你做到了吗?储运课九月十九日有一份电报,发往屯溪茶叶厂通知该厂将207担老青片改调浙江制药厂。结果秘书课的赵织云同志,将屯溪茶叶厂的叶字漏掉了,电报发到了屯溪茶厂。因为电报内容与屯溪茶厂无关系,所以被退回来了。赵织云同志,你明知道〈了〉发生了错误,但是还不肯承认,说什么储运课交待不清楚,这个责任不能负。难道你不以储运课的原稿文字为凭〈呢〉,而想把差错嫁祸于人?一字之漏,使电报打了来回。几个电报虽然是小事,耽误了时间这个损失,多么的大呀!请问你——秘书(股)的赵织云同志,整风、工作二[两]不误。你做到了吗?

办事员:吴光森(团员)

全文：探月行　号码1300　日期：57年

共青团员赵织云，你的态度不端正。领导把你职业指，后方工作要定心。自从进了茶厂后，你的工作不安定。听见人家提意见，盛气凌人恨在心。谈起你的觉悟性，受过军事教育深。开起生活检讨会，不如我们一般人。领导教育不算少，乱点烟火岂安纯？平门踱入人民路，国庆节中探月行。整风运动高潮进，搞清思想最要紧。

办事员：方瑞茂、方金石

全文：赵织云的态度应该吗？　号码1291　日期：57年

今天上午十一时三刻，刘厂长找赵织云同志开介绍信。我找遍了也没有看见她，走到传达室门口，方增云[良]也在。他把嘴翘翘，示意在老陈房里。我就跟老陈讲，你去请他[她]来开个介绍信。可是等了好久也未来，刘厂长却等这个介绍信，吃过饭去开会，于是我再下楼去找她，她确[却]睡在老陈床上。当时我就问她是不是身体不好？她不响。我说如果有思想搞不通，可以找支部书记谈谈。而她却说"阿要滑稽"，你赛过新X光机，人家没有思想问题，你都说有思想问题。我也忍不住气了，跟她说理。她说："我不能休息休息吗？"大家知道整风学习是有纪律的，学习时间她却躺在床上休息。这就不应该。我们提出后，她还不马上来参加学习更不应该。我希望赵织云同志在整风运动中，一方面应该帮助领导整掉歪风，同时对自己的缺点也应该改正。以这样的态度来对待学习，我认为是不应该的。

代课长：陈国英(团)

全文："感慨"　号码1287　日期：57年

看了人事课长顾盘珍的1247号大字报"揭开吕金凯的深处来看"和1248号向赵××同志提一点意见，我表示同情和支持。可是为什么对破坏自己夫妇的第三者赵××讳莫如深而以××符号来代替〈代〉，使人难解其中用意。

为什么顾盘珍对自己亲爱的丈夫和赵××初恋的心情和深夜漫步〈漫步〉的途径了如指掌？我想这位宝贝丈夫总不能对妻子如此老实。我厂女干部百家姓上第一名的是独一无二的，众所皆知大家心照不宣。

打开天窗说亮话，她就是有夫有女的赵织云！

再看看赵织云 880 号的大字报,可又偏偏不凑巧的吕金凯同志告诉别人说顾盘珍要穿的[得]漂亮吃得好,这么高的要求,我那[哪]能吃得消?个性感觉都是又难合好。这些会话被顾盘珍听到,又是哭哭啼啼一场吵(摘录原文)。

我不禁要问问赵织云同志,吕金凯告诉别人是指的谁?把[让]这些实话被顾盘珍听到又是谁?

从同志们闲谈中的事实来看,赵织云接到吕金凯的信,□时相会□得尽兴而归。再把信给顾看,把吕的话传达给顾听。怪不得小夫妻吵吵闹闹哭哭啼啼,原来是别有用心的第三者从中作崇[祟]。

我诚恳地希望赵织云同志为第四者——你热爱的丈夫和女儿着想赶快回头……把你的"吕金凯的事,与我无关"(的)说法收起来吧!勇敢的[地]站在整风运动的前列,向吕金凯恶劣无耻的作风彻底的[地]揭发,坚决的[地]斗争。

办事员:蒋士增(群)

周连生同志问问你　号码 583　日期:57 年

我在去年补发工资的时候,为啥少发我 20 元零 2 角呢?你的意图什么样吗[呢]?

是不是你认为我不识字,不会算帐[账]?

可是听顾永根一取就来,〈是〉不是你发工资没有结算表〈吗?〉就不可以向财部课取数吗?

炊事员:朱小炳(群)

送周连生同志良药方　号码 724　日期:57 年

提高[到]周连生,厂里响大名。领导培养他,能把总务抓。因为节约好,先进评上了。揭发贪污事,叫他来检查。前后来对照,令人吃惊呀。回想五五年,一年到下边。因为寒流到,夜冷不□眼。无奈借棉被,暂时以御寒。先对领导讲,又对连生谈。一日复一日,□眼二[两]三天。结果拿不到,只得夜熬煎。天津寄到了,才解心中烦。寄语周连生,同心想想看。对待异乡人,如[为]何心石坚?今天大鸣放,你们提意见。请你快改掉,欢度社会关。

办事员:赵登周(群)

对联 市社送来 号码1370 日期：57年

送吴光森同志：留念

骄傲自满冲昏了头脑，整日里辛辛苦苦，老子是了不起的人物；飞扬跋扈填满了胸膛，风[疯]狂的[地]摇摇摆摆，尔辈是一个什么东西？

市社黄新林赠

梦里的郑尧珊 号码811 日期：57年

在整风运动的高潮里，你仍旧不开动脑筋，养得肥而胖。你写了一百零二张大字报，其内容还有深厚的温情主义，对人提意见连姓名都没有。一天到晚叽叽咕咕影响他人静思，昨日迟到情有可愿[原]，今天迟到又何故？

你平时是个自由主义者，在这运动中就这样自由吗？你平时是意见最多的人，现在又为什么不放呢？你是一个共青团员，是党的助手。这样的行动，难道符合这样的准则吗？

（赵登周 方三槐 方增良 姚广云 胡士田 柯汉钦 吴光森 洪仁山 王忠庭 黄子锭 汪仲元 任 衡 耿怀敏 熊忠汤）

全文：不动脑筋的郑尧珊 号码872 日期：57年

你为啥在这次鸣放中，不动脑筋？难道你没有一点意见吗？是不是你有情面观点或替你做月下老人，所以你对他没有意见？你这种什么态度？同时在这两天大家都是轰轰烈烈写大字报，你为何在学习时间里还要去影响别的同志学习呢？你自己做了思想懒汉，请你赶快醒醒吧！

通讯员：顾永根（党）

全文："对洪仁山同志的意见"

请问洪仁山同志，你这样对待对学习和业务两不误？

在昨一车间有两批产品成箱，一批已成品一批半成品，半成品在等装箱。对以上两批产品经过水份[分]检验，□出水份[分]，通过汇报科领导。科领导就派你亲自下车间检查，你满口答应，但是背后动也不动，写了半天大字报。等到四时半将近写大字（报）的时候了，我、吴王忍耐不下去，连催了你几次，如果再不下去检查就要装好了。

你当时难以推却,就下车间去打了一个圈子。回到化验室,对我说我[在]车间里转了三个圈子,没有找到方瑞茂。再说水份[分]超过不是我们审检课的责任,为什么要我干着急,他们检样不是与我们检样一样吗?

结果样产还是车间检来。我的看法,你这样的看法和说法是不正确的。我们审检课负的什么责任?为什么领导上要你去做检查工作?方瑞茂并没有到别的地方去,他在装箱间开箱检查样本。你为什么找不到?

再说今年检样工作绝大部份[分]都是车间里检来的,极少数是审检课下去检的,因此检样产生大,样不符。水份[分]超出茶叶反[返]工,国家遭受损失。这难道与审检课分得开吗?特别你是担任检样工作的同志一点责任也没有吗?刘厂长早就布置给我们一小时写大字报时间。如果时间不够,可以抽出一些业余时间来写。我们的看法在不影响生产的情况下,还是可以写的,但是绝对不能把工作一脚踢开不管,光写大字报而不工作。

我希望你贯彻边整边改的精神,在工作中加强一点责任心,快点克服。

办事员:郑尧珊(团)

1—4 党群关系

"为什么我和党有距离"之二　号码320　日期:57年

五二年我厂成立工会,又建立工人纠察队。条件第一是工作积极,为人清楚就可以参加。当时我也报名来申请,批下来宣布却无我名,也来有任何解释说明,至今思想上一团疑云。

五七年工会执委改选,群众提名我做候选人。临到开选举大会前夕,单股长突然找我谈话,说什么上级指示意图,要加强工会领导核心,〈故〉所以候选人无你名。现在看好似宗派主义。

办事员:蒋士增(群)

知心话　号码321　日期:57年

一九四九年全国解放,我辈小职员政治上翻身,接受党教育,忠诚与老实。学习结束后回苏州城,生活无着落。家有五口人,失工救济处登记。把业就,介绍信□离业登记处。临时工作人手少任务紧,日夜积极干为的是转正。任务结束作个人鉴定,工作忙无时间想了两者。组长李真金隔夜小广播,说留局工作有我名,(为)何后时大会宣布都无我？几次三番向领导话情由,谁知还为的社会关系。我姑夫给□伪法院首席,临今放去台湾与我无关。说什么不符合干部条件？跑工商局不知有多少次,刘局长表态想给我安排,介绍到茶花信购协会。隐瞒蒙敝[蔽]可捷足先登,老实交待者受这般对待。这些事我多□白提过,答覆[复]是不明白吱吱[支支]唔唔[吾吾]。主观上我要求向党靠拢,组织上拒人千里不爱理。即使说我落后也要教育,思想上袍[包]袱背至今不脱。事物都在不断发生变化,不要把人看成死落后。落后反动也应该教育改选[造]。我看不是党的□新政策。凭什么□□□对待干部,宣传宗派主观？三者皆有。

办事员：蒋士增(群)

谦虚认真,戒骄戒躁——摘(自)党章总则　号码 339

请看我们厂里有些党员,自高自大,骄傲急躁,党(原文如此——编者注)说好听话,理论不实际。

只听：胡厂长在大会上报告,决心下厂房上搞□个月。

闻悉：顾课长小组会上发言□□□□□一房间。

又闻：五课长闲来无事谈谈心,下保证把偷窃案破几个。

群众：对这些空头交□会引起很大反感。也许主观愿望很差,客观效果却相反。

觉得：这些党员领导干部言行不一,只凭主观。

请你：你下决心把缺点克服,多锻炼符合党章要紧。

办事员：蒋士增(群)

对照之下　号码 401　日期：57 年

对一般同志提了意见不确实,可以说有则改之无则加勉;对领导提了完全正确的意见,则是追求姓名,影[印]象改变。

一般同志工作不认真,要吃批评;党员同志工作不干,管也不管。一般同志要求房子,说实在困难;党员要房子,就可以叫人家搬。一般同志迟到早退要吃批评上黑板;领导同志不遵守制度则是理所当然。一般同志要求照顾生活困难,不管;党员同志虽不困难,却尽先照顾。

办事员：耿怀敏(群)

领导上接触群众办法少　号码 44　日期：57 年

随时都可以看到厂领导、党支书、人事课长，〈听〉接触的不是课长就是党员，再就是为了工作才接触的一些人，而对其他同志则见了面就是瞪眼睛，无话可说。这说明领导上给了在工作上有接触过党组织生活□，缺乏与群众接近的办法，因为对同志了解不够帮助也少，造成领导与群众的隔阂。

肃反以后，领导上要求同志们多谈心。所谓的谈心不只限于了解，包括生活、思想、兴趣、爱好等多方面。领导上为什么不从这此[些]方面去了解帮助同志，以达到与群众打成一片的目的呢？

办事员：耿怀敏(群)

记一次民主生活会　号码 71　日期：57 年

淡季车间研究民主生活会，党员带头发言真热烈。批评群众工作磨洋工，劳动纪律松弛更严重。轮到发言的个个是党员，批评的都没有自己份(按实际上党员也有被批评的这些现象)。党员发言毕，就散会。群众要求再开同样会，也可把自己意见来谈。可是至今未开过批评会。

是不是只有党员批评群众，群众就不能提意见？这是党员比别人高，还是宗派主义的存在？请领导这次民主生活会的党员同志多多考虑。

办事员：方炳钊(团)

我有这许多意见　号码 145　日期：57 年

(一) 支部书记单正兰，遇事面容真难看，处理问题凭形象，种种□事实难堪。信任同志凭私面，大公无私有偏见。

(二) 党员威信特别高，旁人看见却害怕。领导同志□□领导同志不是一视同仁，形成同志不接近领导。(四)(原文如此——编者注)、领导同志不以身作则，自私自利更严重。(五) 请问领导上提拔干部是否根据德才兼备，还是根据不□才？□主任、王课长是怎样提拔起来的？可想而知，如何使人口服心服？(六) 领导同志帮助同志解决隔阂不够，往往是是非不明，引起同志之间纠纷。(七) 为什么将我看厂的工资减少，难道说我还不如一个勤务人员的工作水平吗？为什么这样对待我，难道说不影响我的工作积极性吗？

办事员：吴正中(团)

“实在不公平” 号码148 日期：57年

领导伤了同志的真正自尊心，提了意见认为无足轻重，闹思想问题。责任全在自己，与领导党无关系。向党支委反映情况，和同志们诉苦谈心，反被批评为自由主义，打击领导威信。数年来思想多苦闷，再反应[映]等于零。到头来说一句领导没什么，再解决自己负责任。如此说来，同志的自尊心不如领导的威信要紧。这种事情实在不公平。

办事员：耿怀敏(群)

“谁不相信谁” 号码316 日期：57年

我经常听说领导对我不相(信)，也不□听领导或其他人说，“领导相信不相信你，□在你相信不相信领导〈领〉”。究竟谁不相信谁，没有结论。

俗云：话不说不明。这是产生问题的根源。

存在决定意识。不能说是□□□观吧。

办事员：耿怀敏(群)

领导对群众 号码446 日期：57年

领导对群众看法有三种：对党员一样看法；团员又是一种看法；对待群众呢，又是另一种看法。我不知道为什么有这种看法，是不是因为是群众呢？

工人：方金石(群)

党群关系为什么搞不好 号码454 日期：57年

今年三月间，有一次车间主任布置召开一次生活检讨会。会议开始工人中的党员、团员同志就抛开群众先去开了一个秘密会议，让群众在一旁坐冷板凳。党团员的会结束后，接着检讨会开始了。在会上都是党员轮着发言，把群众批评一番。不久时间到了，群众还没有换着发言。会后，群众向小组长提出要求继续再开一次会。组长虽然同意，但是一直拖延不开。群众把这情况反映到人事课，也没有下文。

后来在一次大会上听到了胡厂长的报告，批评群众不团结。群众心中很不服。

请问：党员这样做是不是搞宗派主义？只让党员讲话，不让群众说话。

这样做对吗？胡厂长这样批评群众，是不是偏护党员？单听党员的话，不向群众了解情况。这样做对吗？像这样做法，党群关系搞得好吗？

工人：方耀坤(群)

肺腑言　号码525　日期：57年

五〇(年)初参(加)革命，对党政策认不清，因此思想多模糊，工作起来没有劲。组织让我去学习，半年改造始清楚，复三反大运动，关心把党□靠□。谈到茶厂来工作，日以继夜从不停。学习勇于谈思想，从不避重去就轻。以期彻底来改造，为党事业献终身。我以历史属过去，彻底认识只算终，因此不以他为重(原文如此——编者注)，黄也尚属不光荣。只要争取来先进，想能重新做新人。何况党也这样说，这样做去总不错。可是事出意料外，不禁使我包袱重。我厂成立纠察队，条件一一说分明。只要历史已清楚，即可允许来加入。一般热心涌胸怀，既然过去不光荣，正好多来做事情，从而弥补终心[身]恨。因而积极把名报，可是没有被批准。起初我并不介意。留待日后再争取。后来听到有人说，皆因历史不敢信。环顾所有批准者，皆为清白□年人。心中开始起怀疑，旧社会做了几年事，就此丧失人权利。怎能重新来做人，为此思想多苦闷。开始觉得党不信，又遇厂长来打击，处处把我当外人。周韵竹会上把人刺，好象[像]积极也不真。思来想去真难过，政治生命从此尽。工作虽还照样做，积极性一厥再不提。弟妹多位帮助我，要我不要多疑心。可是实事摆面前，怎样叫人来相信。反省并无大坏事，政治关键全交清。一心一意跟党走，为何把我当外人？五四年的大编整，使人惶惶心不安。若论工作我肯干，若讲历史自由天。当然我未被束□，而终感觉心胆寒。自此更觉意消沉，哭诉无门心间酸。想党政策是否变，因此不能把人宽。参加工作非一日，屈指算来整十年。仍然对人不信任，终究不如党的人。忆起弟妹一句话，哥哥生性最坦率，胜过同样经历人。而党因何不了解，事先没有当亲人。……(待续)

办事员：耿怀敏(群)

肺腑言(之二)　号码640　日期：57年

朱厂长因何打击我？在反官僚主义时，我提意见比较凶。××贪污事件□，涉及厂长多从[纵]容。厂内制度约别人，厂长何以例外行？服务会议没头绪，东拉西扯少中心。问题摊开不解决，半日过去无结论。工作布置太琐碎，每课几个热水瓶。不找关键找事务，股级领导作何用？遵党号召反官僚，不意[料]对我意见深。工作缺点找不到，其他方面打击人。撤销工会干部职，学习组长复来停。按[安]装喇叭原胜任，劝高一□找他人。蓄意伤我自尊心。向党支委来反映，反说自由主义重。别人工作出披[纰]露，我反陪着受批评。更有同志来挑拨，因而使我意消沉。经他这样施打击，心虽不平复何云？胳膊终难扭大腿，何况又犯党亲人。这种作风实在恨，对照党的原则评。应该检查和反省，弄犯无人同情我。皆好厂权力重，谁肯（为）我损自身？弟弟要我诉支部，厂长支书原一人。这种事情不做好，因为无法把理评。

再来谈谈吴应瑜，原在一般内工作，相互情况了解清。自从调离财务课，受人挑拨距（离）深。动辄摆起领导架，没头没脑乱批评。人事课加厂长，两面夹攻对一人。究竟我有何错误，为何不让来改正？当面交换无意见，分明有意打击人。

办事员：耿怀敏（群）

肺腑言（之三）　号码637　日期：57年

思想初步得改进，尤其领导多指教。这样能使鼓励人，再接再厉来提高。不谈千里把人棺，打击新芽嫩幼苗。若说本人有缺点，亦应是非来分晓。从小使人做明镜，彻底对照来除掉。含糊蒙□来搪塞，怎么不叫人乱推敲？这样只有加负担，领导责任何推销？宽的政策领导行，应该多多来对照。挫打同志积极性，于自与人有[何]和好？自是心中更郁闷，愈把历史包袱挑。肃反运动甫开展，心海喜气冲云霄。□如党所公布，搞清历史丢包袱。为此情绪甚积极，想尽办法向党讲。可是可[却]遇吴应瑜，一再打击打人□。嫌我材料交的[得]晚，又说政策只未看。三反情绪自带来，反说别人态度。当时心中甚凉凉，更恨□□□人害。肃反运动一结果，理该愉快丢包袱。结果事反与愿为[违]，说我还要再考虑。若说仍旧有问题，如何不帮我搞清？被捕出来反革命，□给迅速下结论。一般历史的同志还使包袱愈加重，对照政策来衡量，实在叫人弄不清。参加革命过八年，大小运动过多遍。翻来覆去查历史，至今犹尚未结案。包袱何时真正丢，只赖领导抓紧办。不能一直没结果，使人思想半□虑。阻碍积极性发挥，对党事业何利为？

办：耿怀敏（群）

肺腑言(之四)　号码 633　日期:57 年

经过肃反,领导上为了广泛联系群众,春节期间作了一次访问。从我思想上,确实感到领导和被领导已无距离,这种形式也确能达到相互谈心的目的。对于如何了解,群众帮助,使同志靠近领导是一个非常好的办法。可是在平时就不同了,工作忙是客观情况。刘厂长一天到晚像(满)腹心事似的,用手摸着头,眼睛看着地,即使和同志们对坐,也是瞪着眼没话谈。这是什么因故呢?我不认为工作忙,而是领导上没有把与群众打成一片作风贯彻到日常生活中去,也就是说工作作[做]法不很好。

要使同志靠拢党和组织,在〈要〉领导上就应该主动的[地]多联系。首先打破同志与领导的距离,消除同志的顾虑,把同志真心视作朋友,无所不谈。谈则谦虚,这方算谈心,方能达到与群众打成一片的目的,方能共同搞好工作,才能杜绝思想问题的发展。

这种做法是比较困难的、细微的、麻烦的,但人的工作本来是这样。任何粗线条的、简单的理论一通的做法都将会造成相反的效果。

领导上不妨试试看。先从少数同志做起,然后推广,不要专坐在办公室里听汇报。就不会产生片面、主观等毛病,也不会造成同志与领导有距离,更将消灭同志之间的不团结现象。

办:耿怀敏(群)

为什么我和党有距离

□大五三年,三反与五反。肃清机关内,贪污和蜕变。思想大改造,人人受锻炼。苏州茶厂里,派来工作队。组长名彭飞,人称老狐狸。争权夺名位,拉拢或□善。真是有一手,无中会生有,谋害前首长。党员周其昌,还加韩作人,当作老虎揪。为了追数字,拿我使劲整。说在解放前,贪污数百万。老虎□凑齐,看看没办法,只得弄虚假。这样还不行,大会还要□。不能再忍受,当场把案翻。请求送法院,真假来辩明。彭飞没奈何,不了而了之。怀恨在心头,胡乱作处分。留职停我薪。家有五口人,依靠工资活。忍气又吞声,口服心不服。恨煞老狐狸,三反结束后。要想当经理,和朱德正斗。令人看不惯,周韩两同志,如今整风中,才把心话讲。彭飞朱德正,按照党标准,检查与反省。

办:蒋士增(群)

向领导进一言 号码579 日期:57年

我感得[觉]我厂最大的问题,是领导与被领导之间不能溶合[融为]一体,有距离,所以这样不单是一方面有问题。但领导者能深入群众与群众打成一片的话,这些问题是能解决的。

譬如我们厂长、支书、人事课长经深入群众,克服高高坐在办公室的作风,那么各课的分工问题、同志与同志之间的意见问题,就不至于犯片面,解决问题也能及时得多。有了问题,对同志进行帮助教育也就用不着一板正真[经]的谈话,也就不至于引起同志的思想所谓更不通。因为谈话由于接近成了谈心,意见不存在了,思想工作是经常性的,决不能当作一阵风。

办:林佩珍(团)

领导与群众的思想关心不够 号码607 日期:57年

我有这样一个看法,从厂长、人事课以及课内的领导,对于群众的工作和思想是关心不够的,平时很少同群众攀谈和对工作的了解帮助。以我来说,来厂工作到如今,计算一下没有谈过二[两]次话,因此对自己工作上的缺点是不知道的。今后要求领导对这方面要多关心一下。

办:吴元俊[骏](群)

从批评与自我批评看三个主义 号码723 日期:57年

在我思想上一直存在批评是有阶级的,具体的[地]说就是上级批评下级,领导批评被领导,党员批评群众可以直言气粗,毫无顾虑,反过来,下级(被领导)批评上级,群众批评党员,那问题就麻烦了。即使说意见100%的正确,也会碰到一鼻头灰,甚至扣上一顶帽子,还得小心打击报复。"存在决定意识",我不是空口说白话,借大鸣大放向党倾述[诉]几年来受的怨气。

一、新三反后,王子英(党员人干)调动工作,秘书课开会帮助她提意见。我举出事实,说她自由主义,说话不注意,可能泄密等缺点。王子英当场面孔一板,矢口否认。结果弄得不欢而散。会上也无人支持,事后很懊悔,心想假如不是讲走的话,那就麻烦多了,还是抱定明哲保身少说为佳。可是我怀疑党支部对抗拒批评的党员,为什么不予以批评教育呢?

二、前年,我因为既要负担老家生活、小家庭要生育、〈要〉子女儿生病,自己负担医药费六七十元，又失窃一个月工资三十多元。接二连三的意外事故，弄得我走投无路。刚好碰上五六年救济大开放，工会先后救济三四次，生育、失窃各二十元，帮助还债医疗费十元，使我从困难的境地挣扎起来，衷心感谢组织上的关怀。可是劳保主任朱炳庚（党员）在大会上提名批评我，安排不当家里用一走做。试问我妻难产卧床二[两]月多，身体虚弱又要照料小孩，更缺乏经验，如果不用走做帮助家务叫我们怎样办呢？我又没有特权在工作时间堂堂皇皇的[地]回去淘米浇菜做家务。为什么你对自己和陈国英因为胡吃滥用安排不当负了债而捞到的救济，群众反映很大的人不给予应得的批评呢？又批评我家属来搭伙还有意见，是好事办坏了。真奇怪，我个人要求达到了还有意见，这算什么逻辑呢？原来是我和徐柏林交换意见时曾谈到领导上对我家属搭伙问题不一视同仁，我对这事有意见。现在已来搭伙这意见就没有了，请问朱主席根据什么捕风捉影，瞎批评群众的？

三、我妻来厂不久，一次为借打电话，二次为小孩子服药找开水到办公室来了几次，当然免不了影响几分钟的工作。人事课顾盘珍党员马上找我谈话批评这种现象。为什么对经常类似情况都不闻不问，而对偶然的情况非常热心呢？肯定的[地]讲经常闯车间跑办公室，是领导同志的家属。人事上管不着吗？请大家心平气和的[地]来分析一下，这种批评能使人口服心服吗？作为一个党员领导干部难道没有调查分析的责任吗？可以不管三七二十一随心所欲瞎批评群众的特权吗？难道对领导同志和自己的缺点不能开展批评吗？是不是这样党员干部认为群众吃吃排头无所谓？请虚心的[地]检查有没有什么主义在你的思想上作怪。

办：蒋士增（群）

一言难尽　号码 792　日期：57 年

〈据〉我们来到厂后，厂里的领导上对我们的看法（是）与众不同的，认为我们是部队里整编出来的淘汰份[分]子，不是思想残废，就是身体残废；说我们脾气丑[臭]难领导，看不起我们转业军人，看〈成〉我们是无用之材[才]。

在工作上，不给我们适当的[地]安排时间，不理不问。有人请假领导上只管批，不管工作怎样，也没有支持，所以我们平常加班加点。在星期六和星期日人家休息看电影，我们都要在工作加班干。保卫课长下达正式通知要我们执行,我们严格的[地]执行了,结果又说我们太死板了。那么你的通知干啥呢?

对我们的政治和文化生活活动不给我们时间,像我们四个警卫有□□□□了,反而说我们不愿学习的□正因时间问题。我们连开会听报告也不通知我们。人家提出意见,倒把我们训了一顿,说我们为什么不听报告,他就不考虑时间。我们〈不〉以同志要求进步,向支部呈报告二[两]次要求帮助,支部却理也不理。在我们提意见后,支部却批评我们要求太高,想一步登天,绝对拒绝正意[义]的进步要求,使我觉得失望。

在服务会议上我们互相提出意见,这是完全应该的友谊,却胡厂长一手包办,对批评者压制打击,包屁[庇]了被批评者,完全剥夺了我们的政治权利。我们有的为结婚请假,领导反而无理批评人家,连我们的婚假也要剥夺。这种情况,转业军人只得要求调动工作,或闹不安心,打报告不干。领导很同意,把[巴]不得我们这样。这是领导上的愿望,也可说是调虎离山计。

我们转业军人就是这样不好吗?实际情况也不会。我们厂里一共四个转业复员军人,内有两个党团员,两个转业的。在部队来讲,批准转业要有条件,否则就不会转业的。有的同志老实得连讲也怕讲得,这比在其他单位都很好。为什么□到该厂来就要变□的呢?看来还是应该领导上来考虑的。如果领导上存在关心〈的〉同志、照顾同志出发,实际上是不会有这种情况吧?我们领导上能从爱护同志出发,自然而然就会消除这种情况的。

办:周明(党)

警卫:陈凤鸣、许关泉、邓云生

个别的党员老爷　号码:795　日期:57年

拣场工段分三个拣剔区,每区都有一个管理员。在九月中旬,旧拣场的管理员方炳钊调到建筑工地去工作,以后因此拣剔工段要调一个管理员去代替老方的工作。这时烘印工段长调方耀坤去,可是老方听请[说]是去搬搬驮驮的,因此就不高兴去。可是急坏了胡士田同志,就找主任调了王永根去。可是整个拣场有三个管理员,二[两]个是党员,一个是群众,故此在工作的分配上,就有差异。自从老王到了拣场就不是代替老方的工作,而是在那里搬茶叶,一天搬到晚。而二[两]个党员呢?则是一付[副]老爷相,每天只是检查检查质量,茶叶不去扛。什么叫吃苦在前享乐在后呢?难道一个共产党员对党常教导我们的忘了吗?

办:关元俊(群)、胡通宙(团)

有这样的"欺人" 号码:817 日期:57 年

谈起宿舍大组长,实在有些不公平。就是为了厕所大便事,明知我母亲到了本厂宿舍,没有进过一次女厕所,不知那[哪]一家的家属,自已[己]不识路,大便得一塌糊涂。他[她]不了解实际情况进一步模模[摸摸]清,把我母亲一把抓到厕所里,问我母亲泻不泻?我母亲弄得莫明[名]其妙,吓得登[哑]口无言面孔青,不知什么事情。原来说我母亲大的便,有这种笑话事情!你为什么人家的家属不敢拉,拿我的母亲吓我的娘?这是什么意思?是否我没有做官,你有两面手法?大家想王文田不是一个共产党员,还会做出这样无道德的事情。

对待一位老年人,七十多岁的老年人,当然没有个党员思想前[先]进。你不能看见厂长课长吃得开拍,你就不能看见办事员的家属吓。

这种卑鄙龌龊的手段,我希望你不要在宿舍里架子摆起来。人家都知道你是共产党员课长太太,这种作风一定要改。

办:唐润洁(团)

"好事办坏" 号码:840

凡事要依靠群众,从实(际)出发,这样样样事情然[都]可以做好;而主观主义者,然[却]不是这样,因此就将好事办坏了。不信,看下面的。

一、去年季节工结束时,当时人事课还有把握帮助他们解决淡季工作问题。就几个领导问题坐在办公室主观主义的[地]排排级,摸摸底,确定留下了一批人,帮助淡季介绍工作。解决职工的困难是种[件]好事,但是在当时的做法就没有实际出发,领导预先开了空头支票(因工作没有定案)。另外留下的人,其中有一些并无这要求,留下又不好推却。结果意见纷纷,好事办坏了。

二、去年工资改革后,上级提出关心人(这是正确的并且今后这[还]要继续这样做)。当时发了一批补助救济金,其中就有一部分不是经调查了解的,亦[而]是仅凭少数几个人在办公室里主观确定的。结果没有补助的有意见,说不合理;救济到的而[却]没有困难,就说漂亮话,说是意外之财。这不是又把好事办坏了吗?

三、最严重的在支部发展党员时,亦犯上主观主义的。在新的形势下,党为了发展新生力量,扩大组织,大批的[地]吸收新党员。这是我们的喜事,是关系我们六亿人民的大好事。但是我们的支部平时对同志不[留]意考察培养,等到工作赶不上形势需要,就来个任务观点(据说,因为我详细情况不知道)。为了发展,有临时给填表。试问这样没有经过长时期考定,这样草率的[地]吸收党员对党员的质量,对党的事业起了些什么影响?因为这些党员在入党前没有经过考验,入党后就产生了骄傲自满情绪,产生脱离群众。仅凭主观,这不是把好事办坏了吗?

主任:徐柏林(群)

知无不言,实事求是 号码964 日期:57年

一、吴应瑜分配工作不结合身体情况出发,歧视冷淡与[他]人。以前我(从)蔬菜公司调到茶厂工作后,当时由吴应瑜分配我在秘书课打字。我认为不但不恰当,而且由于我的文化水平低,对打字的职务不相识[符]。我疑问的是吴应瑜再三赞扬鲍清和会打字,那么□□的是,拿对这位能干的现成的打字员不利用,还是有名无实还是职务太低而不配他做?这是吴应瑜的私爱,〈不但〉如此的对待。可见的是吴应瑜花样有二[两]套:一套对很嫌疑冷淡瞧不起;另一套的是对鲍清和的喜[嬉]皮笑脸,话[花]言密[蜜]语,无不欲言,简直是吴应瑜的心复[腹]肺腑,言无不听,计无不从。如此看来,我便是鲍清和的对头了。不,我与她[他]今日无怨,往日无仇,仅仅是领导作风不能一视同仁,以此有此〈置〉感。

二、吴应瑜只顾鲍清和的面子,就不顾我的□□。为了打字,鲍清和向吴应瑜讨好,说我不虚心学习,没有诚恳学习的态度。因为吴应瑜借着机会夸他人之口,掌[长]他的威风。她以往说鲍清和肯虚心学习,你看他的成绩可快,吴应瑜还表表功,没有从头至尾一套功劳表出来。认[令]人吃井[惊]的是,鲍清和在苏州茶厂干了那[哪]些功绩,待我来表吧!来到苏州茶厂当收发,公文遗失好几只。登记编号混乱不堪,打只电报磨时光。翻来翻去翻不出,调卷公文调不出。积压公文他好手,公事任意下面丢。再说你的记忆力,公文给人带

去他不察。敷衍了事他好手,□领导他他又差。压倒别人抬高了,领导说他顶能干。趁着机会打击我,领导那[哪]里来了解?有一次为了印刷事,向领导把话垮[夸],信口开河都有他。这样例子是属实,请问领导是否会了解?

三、我到苏州茶厂后,在精神上很不愉快,主要领导上对待人,手段有二[两]样(态度)。首先拿我自己表明,受到大会小会批评有四个[次],而鲍清和大会小会表扬。明显例子来举明,对待同志有偏心,大事[是]大非分不清。张牙舞爪的鲍清和,由于领导太信任。形成这样的鲍大人,上下里外都管到。那[哪]个大胆不尊[遵]令,他就向上面奏一本。马上就来究原因,情况不了解,马上就批评。使人头脑摸不清,被批评的同志气愤愤。今次且把他提醒,此种作风要改正。

四、金钰铭戏台上的跑龙套,我是被领导教育数次[人]其中之一个。当然教育是帮助同志改进[正]缺点,是一种[件]好事。可是金钰铭就不是这样,往往很暴躁对待人。我认为是不够妥当的,不但不能使人接受,而且也可算是打击别人。有一次小组会上批评我,硬我压服人,要我表示态度。况且他对我的情况平时不够了解,为什么这样采取马后炮?这种教育方法不改正,唯恐今后类似情况发生更加伤人感情。应该抱着拯救的方法,才能使人心服。我们此作风不仅是他有,依我看领导也是本着杀鸡警[儆]猴的方式。这样下去可能把别人踩死,再不要朴[泼]冷水,应该独立思考、全面了解吧?

五、厂领导伸手不见五指。开窗说亮话,领导教育我们个人利益要服从长远利益,可是厂领导上就不以身作则。例如边[整]改后要批通(告),三大领导的工资。厂长竟不同意,说什么胡厂长家境困难。我想家境困难同志很多,只有你胡厂长困难吗?可想而知,我认为胡厂长事实情况不是这样,而是装出一付[副]苦相吧。

试问胡厂长你今后如何教育别人(群众),这不是自私自利个人利益打算吗?你的妙计手段真不差神不知鬼不觉的手段,使人难猜。开口说别人不节约,吃甲菜乙菜,你都要管到。可是你自己为什么不节约呢?未免厂长太烦神了,上管生产下管民情,还要管到别人生活头上来了。希望今后少管闲事,多管你应管的事。

六、厂领导关心是培养其中之一,无微不至的个别心腹,而不是厂内几百个人中的集体。鲍清和不仅是吴应瑜心腹,而且是四大领导心腹,因此特别关心培养，主要是鲍清和卖力与厂长□情 。反映情况凭他三寸不烂之舌，揽贤厂内，报虚不报忧的作风，还有三更半夜与刘厂长写鉴定。一天十几次跑厂长室和人事室，忙忙不堪，所以说他如果不是厂长的心腹，他能如此甘心情愿为厂长服务呢？这样来看，这不是领导上的官僚宗派主义之一。

七、鲍清和一贯作风捧上压下，他的好戏是对上扇子扇扇，对下放暗箭，表现是压制批评。人家对他批评无动于衷，与人家辩驳，对别人马列主义（方增禄说和我日常的看法）（原文如此——编者注）。在企业里挟上欺下，拍经理的马屁，触瘪[蹩]脚，挑拨同志之间的关系，在商训班耀武扬威的[地]放架子。

八、主观主义、目中无人、自由主义小广播——鲍清和他的主观主义表现在工作中。不依他的方法去工作就要威胁人，或者说人不虚心。经常看我不起，业务水平低时常冷言冷语伤人心，并自由散漫，与张三这样说，李四那样说，手妙不同使人模糊不清。

九、我不知怎样靠拢组织。组织叫我们靠拢组织，相信组织是对的。我不知如何〈怎样〉来靠拢？日常生活中很少体现组织上的关怀、培养、照顾，好象[像]隔了一条河，需要组织上用船来渡我们过去，不然的话插翅难以飞过，所以说组织上对一个同志不要估计太死，应当谨慎教育、培养成人。我的意见是人民的厂长是厂里的当家人，凡事顾前又要顾后，处理问题、了解洗耳倾听，避免片面，多深入下层，不能（只）顾抓生产，轻的行政管理就不管了，应该统筹兼顾才对。党支部书记是厂内核心，才（要到）领导群众中去，掌握厂内整个乾坤，全面了解情况，对同志诚[郑]重负责，处理问题大公无私，执行上级指示和厂内外群众路线联系，（和）群众谈知心话。试问我厂里党支部是否做到？

办：吴正中（团）

究竟那[哪]一个在搞宗派小集团？　号码296

一个人要求进步，要求靠拢党的组织原是好事。

一九五六年我调在市采购局。在打入党报告之前，曾经找采购局人事科科长又是党支部付[副]书记张林同志交换过意见。她向我指出，要我把在中茶公司搞的宗派小集团在入党报告上作详细的分析和批判。她又说，我们本系对你情况不了解，这是四茶公司在移交人事关系时向我作介绍的。

试问：几个人生活的爱好、意见相投，能不能说成是搞宗派小集团的根据

〈又何在呢〉？

请作这种情况介绍的人，扪心自问，用心何在？究竟那[哪]个在搞宗派小集团？

办：吴光森（团）

看看车间办公室的歪风　号码968　日期：57年

车间是厂的最基层的战斗单位。基层工作的好坏，关系着我们整个工厂的生产。车间工作有问题，产（品）质量没有保证，车间工作赶不上，那么我们的兄弟课室，如财计、审检、储运都要跟得团团转。今年在领导的重视给车间配备了力量，整个车间共十九人，实际只有十七人，唐志平负责二车总务，全当出差外出，其中车间主任四人占23%，党员6人占37%。这个阵容是比较坚强的，可是我们今年并没有把工作做好。我们的工作很乱，事故很多，这里与我的工作无能无力、思想意识等有问题是分不开的（我的歪风请大家揭发）。

这里我要谈谈我们还有三个主任和部份[分]党员等同志的歪风：

一、我们四个车间主任四条心，表现在我与胡王之间、在胡宋之间、（在）胡王之间，总之在各个主任之间。这些互相之间的隔阂，有她[它]的历史根原[源]和近因。这是分述如下（我的歪风再一次请大家提出）：

1. 胡主任的思想狭隘，骄傲自大、目中无人是严重的。胡主任与我有意见〈的〉隔阂的，现在我们再不能面和心不和下去了。这里我提出下面几点意见供你参考。

甲，你过去与钱立木之间有意见，这问题我记得曾与你们解决够[过]的。钱是过去工场[厂]负责，不谈当时你有没有妒疾[忌]，可能从这[那]时候你就对我有意见。从去年你提拨[拔]了主任后，厂务会议上我提到工厂的工作乱。你能说不是事实吗？这事你对我亦是有意见的。今年一车间茶叶调二车间分[份]量不对，你认为一车间今年是我领导的，同样把工作搞得一塌胡[糊]涂，乱七八糟。你如果是善意的[地]提出是很好，可是这里你是带有幸灾乐祸的态度的。

乙，从工人方荣乡同志的揭发，五四年合总茶厂评奖工作，你在这里头不是丧失立场了吗？这事情应引起你今后很好的警惕。

丙，自从你入了党、提拔（成）了主任，骄傲自大、目中无人的态度是严重的，表现在与你联系工作时，很难顺利的[地]解决，总要从中碰一碰。另外你与朱炳根[庚]同志之间的关系，我看亦不是太平常。这与你的骄傲自大情绪分不开的。

2. 再谈王主任吧。由于今年车间的分工把你分配担任拣场工作、机务和定额管理，而对主要生产安排就没有你的份，是不是在你的思想上就产生了大材小用？为了安排六月份的工作，你责问了胡厂长。结果你就与胡厂长吵起来，从此以后我们二[两]人就再没有像玳玳花季那样有研究、有商量。一年来的工作差不多是自己锣鼓自已[己]打。

3. 再说朱炳庚。当了车间主任以后，没有放下领导的架子，虚心学习业务，在工作中不搞具体工作，那就必然是指手划[画]脚。胡林辉说你外行，工人亦就称你二流子。这种作风不改，那就是漂漂荡荡，没有正业的二流子。

二、再(谈)党员的歪风。

1. 骄傲自满到顶的张逢济。记得去年我在生技股的时候，在生技股的同志可以说没有一个同志〈没有〉不碰过你的钉子。有许多事情正在研究的时候，你就可以来一个不理采[睬]转身就走。张逢济呀！党对你的培养和教育，我看是尽到一定的责任的，从业务上曾带你在福州学习，从政治上培养你入了党。就是我们非党群众亦是对你帮助不少呀。记得去年党为了吸收非党同志，对党员征求意见，召开支部大支[会]邀请我们参加。在会上我们好些同志都是实事求是的[地]向你提出了金玉良言，而你到现在改了多少呢？从今年已[以]来，我们工作在一个办公室，我感得[到]许多问题〈感到〉和你难以商量研究。现在只举一二[两]个例子给你思考。有一天胡厂长要召开有关人员研究低级茶的操作规程，我曾到拣场请你四五次，姚三槐同志亦去请你三四次，结果回答是等一等，结果等了一个多钟头你才临驾审检课。结果你又是怎样的尊重厂长和技工的意见呢？

又在九月底胡主任和我在安排生产，没有注意到拣场第二天要停板。你立刻谩骂吃啥格饭的？最成问题的，你发现拼配表没有了，你就向车间主任替你解决。你看看凭你的文化水平并不是不能划[画]一张表格。再回头来看看我们办公室的同志，在这一天能划表的同志，那[哪]个同志工作不比你忙？当时要你自已[己]划而没有分配其他人划，你就指使工人来问我要报表。这里要问问你，你的企图是什么？是否有意制造内部的矛盾？

又胡士田的歪风。胡士田是负责整个拣场工作的。由于你的骄傲自满在工人中曾造成不良的影响,主要从其他工段调人去拣场工作时,其他部份[分]的工人同志已发展到不高兴去拣场工作。这是什么原因呢?你太把你自己的部门看得重要了。我记得有一次,走过拣场你责问方炳钊说,谁叫你把磅秤借给他们的?以后不要借给他们。试问你用这种态度来对待我们一个车间的各个部门的工作,这样又怎能使得我们部门之间步骤一致,共同解决生产问题呢?

车间主任:徐柏林(群)

会说会讲有功德　号码994　日期:57年

从工资改革谈起,我觉得在我们厂里的工资不很合理。我不知道(是)根据什么标准来确定的。若讲德才和还适当照顾〈资〉的话,那就做得更不合理了。

例如,胡春来每月拿工资47元。而他的德才怎样呢?从大字报已经揭发出来就可以看出,讲资(历)他达[踏]进社会从头带尾不过十二年,而经历了27年茶叶事业的方葆民拿工资44元。这二[两]位同志的德才资可以比比看,方葆民除掉不愿吹拍捧骄傲和会说漂亮话等外,什么也不低于胡春来。当然不止胡春来一个,还有鲍清和等。我想这些同志除了会吹、会拍、会捧和多说漂亮话、虚报成绩、欺骗领导等以外,其余真正本领并没有什么突出。正因为他们会这一套,所以取得领导的好感和表扬,而那些少说漂亮话、忠于革命事业负责的工作埋头苦干成为完成任务而努力的好同志,如程宗炳、方葆民、方炳钊、方涵如、赵登周等同志反而得不到领导的好评。德才也有折扣,资也没有了。可是这些好同志仍是死心蹋[塌]地的[地]干下去。

敬爱的领导同志,这批忠实的人并不是不会吹拍捧等虚伪一套,而是他们不愿意那样做。他们欺骗领导是可耻的,是要受良心责备的,而那些虚伪吹拍捧的法宝总有一天会戳穿,在进步的道路上,总有破产之日。共产党需要的人是忠于革命事业,而这批好同志也愿意保持自己一贯的光荣——实事求是。

办:洪仁山(团)

"谈家常事"　号码1046　日期:57年

我到苏州茶厂后,当时给我一个很深刻的影响:苏州茶厂机构庞大,机关气味重，官僚气味十足。表现在领导与被领导之间，职员与工人之间有沟有墙。

过去合作社，茶厂的同志刚并过来时，由于对这种环境没有适应，因此在出出进进的时候，往往还是聚集在一起。我记得当时领导上对过去的合总茶厂看法是另眼的，说那里的干部自由散漫，工人情况复杂。这些情况从表面上看，的确过去的合总茶厂没有国营苏州茶厂神气，可是我们过去在职工之间关系是很密切的，吃过饭是围紧柜台里有说有笑。讲劳动纪律吧，合总茶厂自建厂以来，从来有过整□，淡季中连炊事员亦不满十人，而我们总是没年没月、无时无节的[地]轮流值班，保卫着我们的工厂。在57年普选时，遗失了一只茶机[几]和一张抬[台]子。我们下了决心，很多同志出去找了好几个居民委员会，结果还是找了回来。再说我们过去每年年终时，总要盘点资产，在厂里那[哪]怕是一根装脚柴也要把它秤过，最小的一根穿针〈到〉也要把(它)找出来。可是我回顾现在，领导深坐龙宫宝座，无事不下三宝殿，谈不上与群众有说有笑了。

苏州茶厂的确是家底大，财富多。从厂长起到财务课长止，一年之中添了那[哪]些财产，少了多少东西，是心中无数的。在二厂移交时，我记得有一份财产清册。现在我们把清册(拿)去二厂盘点盘点看，凭这[哪]些事实又凭什么印象要把二车间合总说成一团漆黑，劳动纪律散漫，工人复杂呢？这是不是官僚主义者没有深入了解？这是宗派主义在作崇[祟]呢[吗]？

主任：徐柏林(群)

谈家常(之二) 号码1195 日期：57年

在这里，领导与领导之间、领导与被领导之间、同志与同志之间、工会与行政之间、××与××之间，遇到了问题不能很好的[地]商量研究，要争、要吵、要砸帽。

1. 在厂长与厂长之间：刘厂长要这样，而胡厂长要那样。刘厂长来一个声色俱厉，胡厂长就来一个不声不响。结果呢？胡长厂可以在群众之中散布刘厂长不熟悉业务，事情做坏了可以讲这是刘厂长决定的。

2. 在工会与行政之间：行政决定问题，可以不尊重工会的意见；而工会呢，工会干部可以这(样)讲，群众有意见我可不负责任。为什么呢？行政有些主观，工会有的是群众。群众选出来的生产委员大约没有事先尊求胡厂长的意见,他就可以说选举有什么用,还不是领导上决定的。

3. 在厂务会议上,同意秘书课提出女工蒸饭收费的问题,因事先没有与胡士田商量商量,他就可以拒绝执行,因为他拥有几百个女工。

4. 胡春来、胡士田等是吴应瑜一手培养的,他们是可以崇拜吴应瑜是伟大的母亲,对母亲的意见〈是〉惟[唯]命是从。胡林辉是(和)胡厂长关系密切(的),请示工作一定要胡厂长,而是他人提意见就不大服贴[帖],因为各有各的□得来。

5. 厂长、车间主任、审检课长、生产工人向张逢济提出了一些有关生产上的意见,他就可以不理采[睬]。因为他们都是门外汉,或是理论一套没有实际经验,或是有实际没有理论。

6. 新拣场的基建计划明明在厂务会议上讨论过的,可是拣场图样打出后,领导和课长同志都能把责任一推,说不知。因为这种会议的质量不高,和课长同志们的责任心太差。

7. 车间把雨花分配(到)二车间后,朱炳根[庚]就可以说,你叫我用这花,质量不负责任。为什么呢?怕影响了批评。

8. 在具体工作和具体部门之间:遇到事情时,车间推是储运课做的,储运推应该是车间做的。储运有事问车间,得到的答复是去问财计。问财计说是车间。为什么要推来推去呢?这里职责划得还不清。

9. 在具体事情和具体同志之间:遇到事情时,甲要这样做,乙要那样做。因为甲对乙德才还不大服贴[帖],可是乙对甲亦不够卖帐[账]。

为什么有这些现象呢?这里有自大自高、骄傲自满、看苗头、碰地位、比资格、看本领、比技术、个人崇拜和宗派主义在作怪。

主任:徐柏林(群)

误会　号码 1265　日期:57 年

过去吴应瑜和胡春来,经常在一起吃吃喝喝、谈谈笑笑,我以为在谈恋爱,现在才知道是培养胡春来入党。这样的方法培养党员有些不当!

办:耿怀敏(群)

为什么　号码 1397　日期:57 年

为什么我厂整风领导,还是高高在上,不愿下马和群众密切联系,打成一片？兹抄《毛泽东选集》(第)920 页“领导方法的若干问题”，文件中：(三)一九四二年的整风经验又证明，每一单位的整风，必须在整风过程中形成一个以该单位的首要负责人为核心的少数积极份[分]子的领导骨干，并使这一领导骨干和参加学习的广大群众密切结合，才能整风完成任务。但如果只有广大群众的积极性，而无有领导骨干去恰当的组织群众积极性，则群众积极性既不能持久，也不可能走向正确的方向，和提高到高级的程度……仅供领导同志参考三思。

办：蒋士增(群)

良药之一：帽子公司经理　号码 1133　日期：57 年

我们有些领导和党员是帽子公司经理。不信请看看：

三五知已[己]——小集团。

□支□午——资产阶级思想。

闲谈工作缺点及人物——自由主义。

不参加或少参加社会活动——思想落后。

对不正确的批评辩驳——不虚心。

与领导感情疏远些——不靠拢组织。

思想不通——觉悟低。

处理业务主动积极些——自高自大。

多请示多汇报——怕负责任。

与领导上意图有抵触——不服从组织领导。

小干部戴一二[两]只帽子问题还不大，戴多了就会把眼睛遮盖了。这[会]看见一团漆黑，一无是处。

办：任衡(团)

闷在肚里的知心话　号码 789　日期：57 年

一、自新“三反”之后，领导上给了我一个“盖棺定论的结论”：该同志本质太差。我查了一下自己的祖宗三代，也和旁人家史对比一下，虽不算好，但也没有被[比]人家特别不光荣的地方。本人成份[分]是学生，不算好也不能算太坏。那么本质太差的历史源[根]源在什么地方呢?

查在新“三反”之前，我也是被培养的积极份［分］子之一。请问，新“三反”之前我的本质就不差，可以培养的积极份［分］子，而新三反之后就突然变了吗？这是多么让人匪［费］解。

为什么要说“本质太差”呢？本质太差换句话说就是“孺子不可教”，是替领导卸脱了教育干部的责任，另一方面也在群众中造成一种对落后份［分］子的歧视。这也是给落后份［分］子一种压力，这种压力是［会］使落后份［分］子永远翻不过身来。

请问这样对待落后份［分］子是帮助了，还是打击了？

二、工作做得好了说是该同志的能力强，工作差了是该同志的觉悟差。领导上就用这样的逻辑来否定落后份［分］子的积极性（社会主义觉悟），而把工作中的缺点确［却］提到觉悟程度来批判。例如五三年我建议了海运，五四年海陆联运；五五年□车装车数量，五六年同线同方向另并整车运输方法。前两个合理化建议是苏州首创，现在不仅是我厂而是许多单位都吸取了我们的经验，为国家积累了财富；后二［两］个也都由外贸部及合总茶叶局在先进经验汇编中向全国介绍。但这些合理化建议在本厂既没有获得奖励，也没有得到表扬。是不是我厂从来就不奖励与表扬先进经验的创造者呢？不，而事实上其他许多人的先进经验都奖励了，表扬了。是不是以上合理化不值得表扬〈的〉呢？不，也不是的。只是因为提合理化建议人是个政治不开展的落后份［分］子，所以这些合理化建议就都归入“该同志能力强”业务熟而理所当然的了。

至于“觉悟差”的批评，我也不是一次二［两］次而是好几次了。如五五年我就不至［止］一次为托收时间过去了几小时而受到批评。其中我厂财务制度规定：当天托收。这制度是否合理不谈（中央规定是三天，至今如此）。我们且说这些事故的原因，是因为外勤没有及时送支票去火车站拿回托收单。但那时的外勤是谁呢？是新任股长俞祖发。俞祖发自升任股长后，领导既没有宣布去［取］消他的外勤职务，也没有派一个外勤人员来，而这些延误时间都推到我的身上来。

三、对个人的看法要影响小组的荣誉：这也是有例可看的。自我任储运小组工会小组长以来，我们这一个小组就从来没有获得奖励和表扬，但是我们小组在全市同工种竞赛次次都获得红旗（每次总结都是经过工会主席及厂长看过盖事[章]后送给市里去评的)。为什么在市里能评到红旗,而本厂连表扬都没有过呢?其主要原因是工会小组(长)是个落后份[分]子,因而在我们小组里就有了一个空洞的(也可以说是莫须有的)缺点——政治空气薄弱。这个"缺点"就成了我们小组的致命伤,但这个意见自更换了小组长之后就随之消灭了。请问,是不是我们小组的政治空气从此就好转了呢?这不能[禁]使人怀疑,这是因为领导上对落后份[分]子的看法而贬低了整个小组的成绩。

四、人不可能离群独居,在世界上生存就是要交一些朋友,但领导上对落后份[分]子是怎样看待的呢?与一些男同志交往密切些,时常在一起玩玩,就说是小集团;与女同志要好些就说是资产阶级思想;而领导上对小集团抱怀疑态度。据说还要某同志交待在一起时说些什么话,这多么让人匪[费]解其意。与女同志要好些,说是资产阶级思想,而领导上还在小组会上专题"教育帮助"。请问人应该有感情吗?是不是可以有要好与不要好之分呢?男同志与女同志除(已婚)爱人或女朋友(未婚)的这些关系之外,还可以有一些知已[己]朋友等类的感情呢。

从这些说明什么呢?只能是领导上对落后份[分]子的看法是落后份[分]子的不管什么言论、行动,领导都是从坏处去分析,从坏处去想。这样就使落后份[分]子的形象在领导的脑海中〈就〉愈来愈落后了。

五、到底是领导与我有距离,还是我与领导有距离?刘厂[长]与各方面联系工作的时候也常常是直接与具体经办同志接触。在储运上来说,仓库程宗炳、物料徐凯明等都直接与刘厂长谈过业务问题。其实刘厂长到储运课来得最多的是为调入工作,但刘厂长谈调入工作时都是去找颜课[股]长,而由颜股长再来问我,有时候颜股长不在的时候,刘厂长宁愿等〈等〉颜股长来了再说,而从来也没有谈过业务问题。为什么其他业务刘厂长都能与经办同志直接联系,而对我的业务从来要转一个湾[弯]呢?这大概不能说我与领导有距离,应该是领导自己和我有距离吧!

刘厂长还在会上批评说,"不要说阶级觉悟,就凭良心",你就不能在休息时间先去一趟火车站吗?我不知道为什么实际做外勤工作的人,就不要凭良心去火车站一趟,而与这一工作有关的内勤不去火车站则要凭起良心来了?

"不要说阶级觉悟……",换句话说已经不能以阶级觉悟要求了,也就是阶级觉悟低,不能谈阶级觉悟了,就凭良心来论吧的意思,这样的批评是实事求是的吗?

办:任衡(团)

风前谈之九:拍马成了“专家” 号码 1154 日期:57 年

黑板报的内容,决定了读者欣赏的兴趣。“强扭的瓜不甜”是句成语。鲍清和主办的黑板报,大事[肆]宣传胡厂长的各种报告,硬要群众说读后起签名运动,统计人数,检查效果。他忽略了签名中滥笔[竽]充数的因素。不管瓜甜不甜,扭了再说。这种道地十足的拍马承奉,可谓成了专家。

办:吴光森(团)

风前谈之一:妙论马屁经! 号码 1146 日期:57 年

记得事情发生在一九五二年,朱经理的太太由丹阳来到厂里。周韵竹同志对他[她]生活上的照顾真是无微不至,连〈得〉吃饭时还要派人恭候添饭。有个同志说,“新社会里还用得着这种腔调,真是拍马屁”。周韵竹同志听到了,哼起高调,“就是拍马屁也是拍党的马屁”。妙论!妙论!拍马屁也拍出了经验。

办·吴光森(团)

他、她的想法 号码 1250 日期:57 年

五三年苏州茶厂学习,新来的“保育员”钱同志外表端正,有文化。课室里有些干部,他和他们见人家这样,发生[出]“惋惜”的感觉。这个说:他这样好人儿,为什么做这工作?那个说:可惜!可惜!按说话的现象来看,好似为钱同志鸣不平,但从实质上,是看不起保育员的工作。的确,他和她的工作是有前途的,难道“保育员”就没有前途吗?试问建设社会主义,少那[哪]一项工作能成吗?今天整风提出来,请有这样讲法的人,他或她想想看,对不对。

办:赵登周(群)

“心里话” 号码 1227 日期:57 年

领导,领导,你接受了党的任务、党的委托。我们是应该无条件的[地]服

从你，尊敬你，相信你。

领导，领导，你的言行是我们的旗帜。你指向东，我们不敢往西。这是服从领导的基本之一。可是你的言行有转移，并非出□本意，事是结合实际的问题，你不说，我不知，只当他是无的放矢，看作奇事，看作怪事。

我想起五六年第四季度，真对我照顾。胡厂长三番五次向我提，家属工作解决了，赶快去信到这里，叫人欢喜、感激！

刘厂长也叫徐韩领导专致意，家属工作他能代办置，叫人听了欣慰、感激。家属来到这里，等待佳音赏赐。一月二月过去，三月五月无消息。怎不使人暗着急，生了异疑，□时怎么讲？事到如今，一字不提。岂不是无的放矢，叫人看作怪事，当作怪事，使人失意悔当初，不该到这里。到如今丢了那里，空在这里，只落得两处空空，一事无成。向谁诉？向谁诉？

办：赵登周（群）

第二类　生活福利

2—1　对职工宿舍的意见

眼开眼闭，放任自流　号：78　日期：57年

健康的身体是革命的本钱，这是大家懂得的道理。食堂里不讲究卫生，暂且不说。

我想谈谈集体宿舍的一角，使人顶恶心的就是一口井。集体宿舍的开[井]水，对我们单身汉来说，最大的用处就是洗脸和漱口；而对小家庭的人们来说，用场可就大了，淘米、洗菜、杀鱼、烧饭、刷马桶、洗尿布、(倒)痰盂、拖地板……样样都要井水，真是不可一日无它。

照理这是很自然的现象，怎么会使人恶心呢？请看：每天早上六多钟，井边围满和蹲满了人们——小家庭的主妇们、保姆们——争先恐后的[地]等着两只吊桶。刷马桶要用水，倒痰盂要用水，洗尿布要用水，拖地板要用水，水、水、水……一连串的要用水。井边左上角的一个阴沟洞，就是这些用过了的井水的贮藏所。水流千里归大海，何况近在咫尺的阴沟洞？洗过了尿布的水，拖过了地板的水，淘过米的水，洗过菜的水，杀过鱼的水，水、水、水、……一连串用过了的水，怎么不会往井里流呢？

大家应该相信，有事实作说明，一点一滴的水确确实实流到了井里。我们要求大家替我们想想，我们洗脸漱口就是用的这种水？臭气提醒了我们，又怎么不叫我们恶心呢？

小家庭的主妇们、先生们，你们可以是眼不见为净。难道这样臭气闻不到吗？难道这种混浊的东西看不到吗？请你们不要再装聋作哑，眼开眼闭，听之任之，放任自流。为大家想想，也为自己想想，再为革命事业想想，不要再让污水归大井，不要再让我们永远打恶心。

作者吴光森，笔名刺猬

为啥只有我分不到　号：106

代理课长陈国英，分配房子不公平。内有二[两]位健康者，加上这个有病

人。分配房子先讲过，先要照顾有病人。睡在里面真难过，提出不是别事情。厂内病人五四个，一个房间一个人。一说为了健康者，更说分配不公平。独我这个有病人，好说了不同情。仍是睡在马路旁，一房同住三个人。

办：方炳钊(团)

请问总务老爷　号：293

季节生产结束后，季节工人住在厂内为啥要我们出 2.36 元的房金？还是住的茅□房。这样高价房金，比大车旅馆还要高。是不是淡季里房子当作旅馆出售？政策上有否规定？

请领导上答复!!

工人：张盛林(团)

新宿舍　号：299　日期：57 年

翻修新宿舍，据说工人宿。旧屋变新屋，工人未住着。借名为工人，结果领导到。新床添很多，都为厂领导。工人睡的是，全是木架床。

工人：汪文忠(党)

劳保福利　号：316　日期：57 年

干部往[住]的洋房，部份[分]工人往[住]的厨房。今年工人又增多，仓库出空做住房。里面竹塌木头床，桌凳一只都没有，全靠几双旧板箱。

工人：方灶水(群)

大家实事求是拆墙填沟　号：410

今年三月里，我知道熊忠谋同志为了找房子很着急。结果陈国英同志对我说，有人反映据熊忠谋说，“不搬亦不会把我赶出去”。当时我感得[到]不是事实。在回二厂的路上，我与熊忠谋讲了这事。当然熊很气愤，我亦很后悔。在此我提出如确实有人反映，就应该实事求是。如果没有人反映，陈国英亦应该实事求是。这样也可以免除隔阂。

主任：徐柏林(群)

对施景贤为什么不关心　号：433

领导为什么对施景贤不关心？是不是他是个办事员？可能张致人在此工作领导就能关心，例如房屋分配等。

办事员：周韵竹(团)

问问总务　号：508

五五年，我们的季节工作结束以后，无安[处]往[住]，就借本厂往[住]。往[住]的是流铺(宿舍老拣场)每月要收我们房钱二元二角三分。如果不相信，还有收据存在。这是不是中央规定，还是我们厂领导规定的，还是总务上规定的，〈却〉我们不知道。为啥要出这样大的房钱，是根据住房的租金吗？加重我们的负担。请答复。

工人：汪加根(群)

中茶新村　号：667

老批发部房屋在批发营业时候，地板破烂，屋面漏水。秘书课不肯收理。批发部退出后，秘书股就大兴土木，彻底翻新。批发部的同志说，它是中茶新村。

劳保主任报告，职工宿舍用了多少钱。请问秘书课修这房屋的用意何在？是否为多数职工谋福利呢？

办：余尚青(群)

二[两]条心　号：715

记得在一次秘书所召开的会议，陈国英提出房子分配问题，并提出胡通宙是调二车间去工作的，他今天会后就可搬走，又[于]是弄出一间，但还有一位主任也调二车间去的，连名字也没有提到。请问陈代课长，是什么道理？为何叫我一个搬去呢，是否他是个主任呢？共产党员呢？莫非又是何用意呢？使人匪[费]解。

办：胡通宙(团)

住宿舍的□条件　号：719

我们厂里的职工宿舍要夫妻俩都参加社会工作的才够条件。这样的条件，我到现在还是弄不懂。我想职工宿舍是福利事业，应该照顾经济困难的职工住。如果夫妻都有了工作做，收入增多，经济很好，在外面租屋也不困难。只有负担重□一个人收入的同志，在外面租不起好屋，只好住破屋，职工宿舍反而住不着。这是什么道理？

办：余尚青(群)

记一次会议　号：884

职工会议时，大家很诚恳的[地]提出了关于宿舍问题。领导上仿佛郑重其事的[地]召集了会议。奇怪的是，参加会议的都是平时对房子爱提意见的人。难怪会议一开始，×××就提出了质问。不仅他有这样想法，〈而〉连我也有同感，特别是参加这次会议有几位大官员，如单支书、顾课长、陈国英。因为以前对这种平凡会议是不参加的，这更(引起了)(让)我对该会议产生怀疑，不知有意用来教训我们的，还是怎样。如果不是用来教训我们，为什么会议内容事前毫无(丝毫)准备，一无头绪，争争吵吵？同时在讨论中提顾课长派出一个房间，韩课长的房间搬到化验室(现在的广播室)的意见。由于会议不是诚心来解决问题，或者是会议大家没有准备，结果不欢而散。但是在会议尾声，记得陈国英与到会者说，今天会议到此结束，研究一下再来开会研究等语。随着光阴的消逝，不觉渡过半载余，还没有见陈国英同志把会议开。这使人〈觉得〉对该次会议犹豫起来。我这个意见是否正确？请考虑，因为这是我的感想。

办：胡春来(党)

这也算民主吗？　号：1553　时间：57.10.22

关于□职工宿(舍)电费的摊派问题，是和每个寄宿的职工同志都有直接关系的。可是秘书课为什么不召集有关的职工或由职工产生的代表来开会研究决定，而听说是随便拉了几位同志去谈一下，就算把这事情决定了？问题究竟是怎样解决的，也没有听见谁来传达或征求意见过。这样做也算民主吗？这是假民主。

办：方葆民(群)

搬场忙　号：1328

五五年五月间，我由商训班分派来苏州茶厂工作，到现在为止，计算起来将[刚]好二十九个月。在这不长不短的二十九个月中,我住的地方已经是第八次搬场了。平均计算每年就要搬场三次以上。这样年年搬场,季季搬场,是不是令人满意呢?

还有办公室也无计划的[地]搬场。这样即[既]浪费时间、人力,又浪费财富,□五六年生技科搬场就浪费了300元以上,人力更是无法估计,弄到同志们精皮[疲]力尽,一肚子意见。希望今后要有计划的[地]搬场。

办:洪仁山(团)

不明白　号:1474

其他单位警卫员住房不收房金和电费,在我们厂里要收房金和电费。这是什么道理,为什么哩?

警卫:郑云生、巫杨林

2—2　对伙食的意见

管管炊事房　号:33

炊事房的意见多,到处可听亦可闻。领导装聋又作哑,对待吃事不关心。事关身体健康弱,岂能当作细小节?非但工会行政管,支部厂长亦应抓。

办.方增良(团)

炊事房的窍门　号:105

秘书〈秘〉课领导下的炊事房,真是偷懒不成样。人家食堂洗碗又洗筷,他的窍门有方。今年买进一批新饭盒,应该是派到好用场。虽[谁]知饭盒进了苏州厂,他们来了要主张。这次购的新饭盒,要讨还洗辞头的前帐[账]。你们如果要吃饭,顿顿汰合自家来。几快抹布拿上手,滑得像把猪油渣。还有混[浑]水三大缸,卫生条件且不谈。闻上气味也够脏,要求你算一算□□,几时才能清这笔大帐[账]。

办:笔名:石

形式的伙委会　号:192

伙食委员会关[管]啥?二车间伙食不关心,开会研究从来有!形式主义要改变。

工人：吴承权(群)

虎头蛇尾陈国英 号：195

季节工人回到厂，工会动员来把荒地开。会上分工有步骤，工人开地课室播种。不论晴雨和疲劳，六七十岁的家属主动参加把地开(胡厂长的母亲王课长父亲)。资金花掉若干元，只指望改善食堂生活好。虽[谁]知道，结果落成□打堆。本厂工人辛苦不算〈儿〉，弄得这样的下场。怎样对得起六七十岁的老年人，问问你良心何在?

工人：何炳茂(群)

虎头蛇尾 号：210

工会发动群众劲头大，工人业余时间把荒开。种了蕃[番]茄又种瓜，工会抽出资金真不少。结果收获没有啥，浪费人工真不少，抽出资金埋在黄土下。

工人：王永根(群)

问二车间伙食房 号：243

工人买鱼为啥贵一分，主任买鱼为啥低一分? 道理何在? 9月23日中午，全体同志买红烧鱼，每只是二角。晚上工人下班后去买，便宜了一分，为一角九分，然后来二车间胡主任，就改了一角八分。伙食团呀，到底谁好贪便宜货?

工人：章金钱(团)

天平不准，一边高低 号：248

管理厨房干部真是奇，单独批评工人不合理。养成炊事员作风有问题，使得工人意见不敢提。青菜一角八斤真便宜，每碗五分坚定〈決〉不移。请你看，值不值? 想想要把意见提，又怕要把批评吃。炊事员一共有六位，连只饭盒却要自己洗。请你看合理不合理? 如果不相信，拿个张立圻来比一比。以前在城里大家都欢喜，调一个厨房里。大家见他一肚气，人家向他提意见。他就一篇大道理，不作[怪]他来只怪你。养成他的落后已到底，赶快帮助来得及。

作者化名：鸣

三言二句

伙食房，真糟糕。不谈起，还要好。要谈起，真烦脑[恼]。排□□，老一套。经常是，红烧肉，又膀蹄。素什景[锦]，酸菜汤。讲□□，谈不到。烧豆腐，苦如药。菜□大，数量少。两种菜，油水差。□□面，真正好。伙食房，搞不好。煮粥饭，计划差。多的多，少的少。粥不够，吃不饱；粥馊了，全部[倒]掉。讲卫生，没做到。洗碗水，真龌龊。饭桌上，蚂蚁爬。意见提，放后脑。领导上，也知道。但只是，不去抓。故如此，搞不好。

办：耿怀敏（群）

耳边风的厂长　号：460

提起炊事房，人人都难免有意见。到底搞的[得]怎么样？大家都难谈。提出食堂制，应按制度规定。反而象[像]往年，集征应按成本算。恰恰是相反，菜价〈是〉不一套。提出食堂制，大家都难言。□问伙食团，这不是茶饭馆。又不是马路上摆饭摊，这里食堂是自己办，又要赚谁的几个钱？

工人：郭绪志（党）

嘴上一套　号：498

陈国英嘴里吱哩吱咕一大套，我们不要听，只讲做不到。叫工人卫生要好，他管的茶桶从来不洗。日茶夜茶都不倒，是个拉[垃]圾桶。喝了不卫生，生病〈同〉还要扣工资，自己倒霉。厨房有馊粥，要工人来吃，不吃就是浪费。

工人：薛德章（群）

胡主任工作安排不周到　号：503

胡主任，调我到一车间，为什么，伙食不很好安排？等我们，进厨房把饭来吃。弄得我，小饭馆吃上一顿。结果是，口袋里钞作怪。

工人：洪吉臣（群）

金钰铭，请你答复一下　号：506

事情出在二十五号早上，准备吃了粥上班（七时左右），可是大家都没有吃饱（约五人），只能吃得一碗。我不知道伙食团是怎样搞的？不吃饱能不能工作？是你们伙委会叫他这样做的吗？

工人：汪荣旺(群)

希望有关领导管管炊事员强硬态度　号：519

炊事员张立圻服务态度一贯〈不〉强硬。同志们向他提意见，他从来就是不虚心。开口就说，要吃就吃，不吃就拉倒。你们做日夜班，搞生产有什么了不起？王崇伦一年完成四年任务，也没有什么了不起。现在已发展到动手打人。今天刘厂长在会上还要说，不能怪他。请问刘厂长，是不是和他同乡关系，说这样的话？领导到底要不要管管炊事员。

工人：张盛柏(团)

太主观　号：910

最近我厂食堂把每星期吃粥二[两]次改为吃粥四次，引起了许多〈吃〉吃客有意见。就因为领导上事先没有和群众说明理由，而是在更改后才命令大家执行，因此大家不满那种做法。如果事先和群众说明道理，大家懂得节约粮食的重要性，也定会消除意见的。例如五六年后期，布票对折使用，大家为什么没有意见？就因为事先和群众说明道理的法宝，问题是秘书课太主观，而引起大家的不满。

办：洪仁山(团)

为什么不改？　号：941　日期：57.10.9

饮食的卫生与否关系着全体职工同志的身体健康。我厂伙食房里的清洁卫生工作一向搞得很不好，大家曾向秘书课提了很多意见。在鸣放期中，大字报上对这方面的问题也一再贴了不少，可是秘书课却视若无睹还不改进。这关系最重大的□□题又最轻而易举的事情。如建议工作时间戴上口罩的改进意见也没有接受。现在在盛粥拿菜同时又要和人说话的时候，还是唾沫四溅，给粥里、菜里增加了许多鲜味，给各类病菌创造了开辟新大陆的有利条件。

我要向秘书课大声疾呼，请关心关心职工们的身体健康吧。

办：方保[葆]民(群)

要吃山芋　号：1562

为了节约主粮，党号召大家吃一些山芋。这几天来市场上很多，居民已普遍吃起来。可是我们单位里不吃，道理何在？

办：方三槐、胡士田、姚广云

三言二语来谈谈　号：1059

火烧再着急，事先思想无所谓。小灶用煤烧完了，慢慢联系再买。水灶停水这[怎]么办？生产用煤借出来。这类典(型)现象多得很，必须赶快来改进。

办：毛其林、蒋忠钦

有头无尾　号：1436

在农村荒山变良地，在我们工厂良地变荒地。第二季的时候，工会为了改善职工生活发动大家在炊(事房)四周种上蔬菜(原文如此——编者注)，买了不少种子种下去了，种下去了好久无人管理。结果去了本钱荒了地，乱[浪]费了大家的劳动力。大家看看对不对？

警卫：邓云生

利用荒地，美化环境　号：1547

利用荒地，美化环境。生产新品种，增加收入。建议在厂内空地种植玫瑰香花，扩大香花来源。提出下列参考意见，请领导考虑。

一，充分利用厂内的空荒地，消灭杂草丛生。

二，可以美化环境。

三，生殖力很强，肥料自己有。实际不需经常施肥，只需每天[年]入秋季节在花的□□，锄松，则来年繁殖更盛。

四，可以用来印花，做好自产自销，增加新品种，而且可以降低成本。

五，玫瑰花期最早，而[且]香气不易挥发，便于掌握印制。

六，充分利用女工采花，工资支付按采摘质量评定。

七，收□快。栽种三年后，收花正旺期。估计一般最低每棵产量以一斤计算，全部可收 20 担鲜花，每担以 64 元，则有 1280 元的收入。如果印制花茶可收回成品 80 担(每担下有 25 斤)，如以中级的茉莉花茶全部算征，可收

1983680 元。(原文如此——编者注)

八,如以 200 棵花树,只需一人值管。

九,繁植[殖]容易,只需在每年的黄梅季节以嫩苗检裁[栽]就行。

十,如果栽种 2000 棵的话,只需要积[集]资 200 元(花苗来源可到湖□□江等地采购)。

十一,印花剩下的花蒂,可以卖给药材公司。如果鲜花太多,可以卖给三吴化工厂。玫瑰花精也是出口的高贵产品。

办:方增良、方金石

2—3 对困难救济的意见

打开一个闷葫芦 号:3

根据工会规定,〈有困难的〉会员生活确实有困难,必须经过本人申请、小组同意、主席批准。据说陈、朱二[两]位工会主席,去年都得到了工会救济款,救济几次,救济多少,当时根据什么条件,经过什么人批准?

这种做法群众是很有意见的,我也同样。请工会有关负责同志把这二[两]位主席的救济情况向我们公开一下,打开这个闷葫芦。

办:徐凯明

意外之财 号:65

我忆过去,上级关心。干部生活,找厂工会。临时挖井,为了任务,立即排队,随便提名。当夜取□,送到彼手,名曰补助,小儿助学。突时其来,心感肺腑,只有我党,才有只[这]事。相隔一年,杳杳无声,是不关心,只说不定。任务观念,好有交待,只叫什么,漠不关心。

办:唐志平(群)

我对救济工作的意见 号:111

为什么救急不救穷,偏偏救在自己腰包里,却是适当的事情。反正同志们又看不到,救了我自己怕什么?难道说这样做就对了吗?真正生活困难的同志算是得到解决了,还是救济的数字太多了?

办:赵织云(团)

救济的条件是什么？　号：203

我的家中有四人，每月收入卅余元。妻子虽把茶叶拣，但是收入也不多。家庭生活实困难，柴米油盐难维持。打个报告谈救济，工会又是批不准。请问救济的条件究竟是什么？有困难的不救济，究竟救济是啥人？

工人：黄国维(群)

工会要怎样才能救济呢？　号：204

我家中最近因孩子生病，经济发生困难，要求工会予以救济。报告上去了，一星期批下来是“自己解决”。这样对职工困难漠不关心的态度还不是官僚主义吗？

工人：胡灶林(群)

救济困难职工有什么标准？　号：205

我和黄之标的家属在厂间糊铝罐，比其他人还要先进厂。为什么回头(词义不明，疑是“辞退”——编者注)我和黄之标的家属，而其他人仍在糊？是不是季节工的家属低于其他家属呢？请答复。

工人：胡灶林(群)

救济的标准是什么？　号：214

去年我的家属生病有困难，小组同意救济十五元，结果批准了六元。朱、陈还说，六元钱要做几天工。请问这是什么意思？你们经常有救济，请问这是按什么标准？

工人：吴爕旺(群)

救济金“三块”　号：218

自从去年商干校做临时工回来，本身生活有困难，想来想去无办法，打张借条借十元。多亏同志提醒我，叫我前来找工会。打了救济报告十五天，跑掉了脚皮和双腿，工会发了慈悲心，救济金额只三块。只好闷头苦脑[恼]自己来。

工人：汪仁寿(群)

救济按啥标准 号：221

去年我母亲生病，会上提出要求救济。结果领导回答是，救济你，大家有意见。故不同意救济。我看了大家大字报，朱、陈主席经常有救济。问问看他们凭什么标准，经什么人批的？

工人：吴文清(团)

三字板 号：227

陈国英，是主席。地位高，年终列。讲救济，第一位。季节工，做□□。回家乡，大会上，说的是，有困难，寄信来。结果是，无人问，白信□，寄黑字。八分钱，已花掉。等四[回]信，望欲穿。白信□，纸篮丢。无□□，擦屁股。纸篮里，找□□。找到了，这信□，才回信。季节工，在家中，靠三社，工会里，无法想。

作者□□

为陈国英算一笔帐[账] 号：384

说国英，收入不算少。夫妻俩，合计百余元。按人口，每人平均廿几。生活上，不是困难有余盈。为什么，年终补助有他名？讲金额，十五廿比大家大。钱愈多，生活愈好愈愉快。问一问，她[他]凭什么能救济？原来是，工会主席他亲手抓。

办：黄子锭(团)

心里话 号：447

请问，怎样才算关心同志们的生活疾苦呢？是否打一张申请救济方算困难呢？真正的困难在那[哪]里？是否同志来向你谈，你可不可主动的[地]来向同志交换意见。我不懂关心意义何在？

工人：方义茂

前中茶工会，人民邮局寄信是否会遗失吗？

1955年因我经工改后，经济较困难，全家迁移徽州。一时有困难，当地政府证明，随手把信寄，自徽州寄苏州。工会是否收到，整数月无音信。开年返苏后,□来把信来问。主席委员说,你信没有收到过。今天我不信,今解放已八年。未听局失信,难道我信来失?

工人:朱云林(群)

心里话　号:572

心里有句话,直[值]此鸣一鸣。去年大会上,说的[得]直[真]好听,回到家乡里有点小小困难,一定来解决。会上来提明,寄来一报告,未见一回音。过了月,去了一封信。农村有三社,自己动脑筋。看这样寄真是气杀人,救济还没有,到[倒]是吃批评。今年大会上提起救济事,救济几千元,做的大事情,老爷一条裤,工人是什么?如在岗位上,答复你几元。可是这样看我们季节工。低头想一想,我们是做工,生病无法想,有苦肚里吞,寒酸无处诉,领导可见量。

工人:方重安(群)

有这样一位同志　号:586

苏州茶厂有这样一位同志。去年领导上为了关心同志,帮助解决一些(长)久〈末〉以来因病负债、生活困难的同志,使其更安心工作。照列[理]来谈这是好事,可是就在今年国庆节晚上值班,有个同志谈起了去年的救济大出□流。有这样一位同志救济了三十元,存入银行,以购买高等呢绒。这是我们工作上的官僚主义。可惜这位同志你可曾想一想,这是国家的钱,而竟然救济救出胃口来了。后来又来一张报告,二十五元结果未批准,工作情绪就一落千丈,说什么国营企不如私营企业自由,有什么了不起,顶多卷铺盖回家。这位同志,为了本着互助提高的精神,在此整风期间,向你进一言,国家的钱是来之不易的。我们要用在真正须[需]要的地方,如要穿得好一些,这是很自然的事情,但靠救济是不光荣的。

课长:顾盘珍(党)

救济问题到底谁负责　号:185

救济问题存在多,不该救济的拿到钱。抓救济的有优先权,真是近水楼台先得月。请问为什么问题这么多?究竟谁是支持人?工会主席陈国英?他说决定不是一个人，有党支部，有人事课长，还有工会〈会〉负责人。可是党支部和人事课长都说不知道，救济问题到底谁负责。□□领导把真□露，今后在救济问题上莫要做局外人。

办：林佩珍(团)

为什么会出现这种救济　号：824

去年上级来号召，做到关心人。明明□来凑人数，人数倒有三十几。内有生活困难和欠债，难道真是这样吗？为什么他本身能见眼的困难，负债有能力偿还的人，还要救济？在[再]说没有这样情况，有事为证。如工会主席陈国英，他的负担虽然重，但是爱人每月平均□三廿元。□□买床招待客人负了债，这种困难人人会出现。何况并不是还不起，凭什么也拿救济？为什么会出现救济款子银行存？更奇怪的是在会下讨论时根本没有这个人的名字，而在发放时也拿到了钱。这个人是谁？那就是我们那么不应救济的季节工藩玲娣(那时停工期间，假如救济为什么别的季节工没有?)。这是否他[她]是厂长老婆，还是因为讨论时对胡贞禄救济有人反对，就来一下偷天换日勾当，拍拍厂长马屁？我更要请问这些不应该救济的如何处理？

办：林佩珍(团)

不应该救济的钱追回来　号：912

救济金，我们厂里已经成为送人情的礼物。不该救济的给救济了，如宋伯荣、陈国英、吴应瑜、胡贞禄、胡春来等不知道凭什么条件要救济？难道你们的生活还不适意吗？救济金是国家(对)工人们的关怀，也是工人群众的血汗，我们决不允许将国家的钱、大家的血汗任意挥霍，因此要求党支部把不该救济的钱追回来。

办：方增良(团)

同感之鸣　号：939

我看了程宗炳写的大字报，上提的意见我非常同意，这个要求，同时我也有同感之鸣。希望领导深入检查，把不该救济的款子追回来。再是周连生贪污和偷窃的款子也要求领导上立即追回来，并给予适当的处份[分]。

办：赵织云(团)

吴应瑜凭啥条件救济？　号：946

吴应瑜每月工资58元，虽然现在只拿60%的工资，算来还要拿到34.8元，比起方涵如、吴正中的工资还要多，她又没有负担，为啥一次又一次的[地]救济补助呢？是不是因为他[她]是课长，所以要用特殊的待遇来照顾呢？如装□的费用工会不可□□，后来就用补助的方法来解决。这又是什么人想出来的办法呢？工会主席、劳保委员，你们这样掌握劳保条例的原则，为什么允许将国家的财富〈给以〉来送人情呢？

办：周明(党)

气愤的对比(之一)　号：967

胡春来去年下半年，工会无原则的[地]救济了十五元钱，据说是朱炳庚给[知]情的，说什么弟弟要读书。请问弟弟又不是直系供养亲属，家庭生活真好，而且又是工改期间。明明知道工改后要补到一大笔钱，按理就不应该救济，但是工会里主动的[地]救济了。

吴文清去年年底，母亲生病用了许多钱。因为劳保制度规定补到的直系供养就管。生了病，只给自己倒霉，是没照顾的。母亲有病儿子要医，总不能让亲生的老母亲病死。没有钱怎么办？□□申请□□要求工会救济。按理应该毫无疑问的救济了，但事实却意外，还不够救济条件。什么人可以救济，什么人不能救济？救济〈还〉是凭人情，还是凭地位，还是凭职权，还是凭党员？我们要知道救济金是我们的血汗钱，不是私有财产，随便送情的。我们要你们这些自私自利、见钱眼开的同志，朱炳庚、陈国英、胡贞禄等自觉的[地]退回来，退回来。

办：黄子锭(团)

看大字报有感　号：997

一、工会救济金，是救济有困难的职工，没有困难，就不应该救济，也就说不能拿有用的钱，用到没有用的地方。如果救济错了，不但没有解决困难职工的问题，相反〈的〉造成没有困难的浪费。见大字报提出，把不应该救济的钱追回来，我非常同意。再建议行政领导、工会领导先追，然后再追其他同志的款。因为领导带头做了错误，在整风□□改正错误也要起带头作风，但这并不是放松追回其他的款。

二、劳保条例实行，家属得到享受医药费的待遇，在本市家属已经享受到了，可是在异乡的家属，没有特约医院就不能享受。这是什么道理？说得直一点，不是好象偏[像骗]人吗？为什么住在上海大医院就能享受，不是也没有特约呢？不解！不解！

办：赵登周(群)

请问？ 号：1026

请工会主席、前任合总茶厂工会的胡林辉。

问，工人生活困难，有当地政府证明。这是真困难，还是假困难？我问你们政府是否相信呢？我先请问胡主席，由邮局寄苏州西中市九九号工会主席收。这样寄的信收得到吗？(何一去无音)证明现在还存在吗？请退还我。

再问陈国英主席，去年我们由工地寄来一信，有□□同志要求工会救急，还有政府证明。你们还想要中央证明吗？你的回信寄得不错，口口声声季节工(工)资大，又讲劳动保险条例规定季节工淡季不得享受工会救急。这问题我看了几次劳保条例，找不到那样的规定。请主席立即回答，那事[是]那[哪]条？工会救济费，是什么□□□出的，季节工人工资大，到底是大了多少？请答复。

工人：凌元金[淦](党)

关心人的工作是一阵风吗？ 号：1419

五六年十二月，领导上为了关心人对一些生活困难的职工同志进行补助救济，□对因病负债的给予还债，来关心职工生活疾苦。我本人家内人口众多，收入很少，因此〈在〉生活收支不敷。领导为了照顾我们生活，有一次会议上顾盘珍开会说，对我的问题今后要每月补助，现在决定五七年第一季度每月补助五元。在我一、二、三月份领导上关心的钱都拿到了，但是到了四月份就没有了。是不是我的生活好转呢？不是的，我的生活还是过不去。对[从]四月份起没有了补助，我看是不是对关心人的工作一阵风过去了？

办：吴元俊[骏](群)

2—4 对劳保的意见

对我如何关心　号:456

自我身体□弱有了肺病后,休闲了几十天,现在渐渐恢复。领导上仍然派我到炊事房去工作。可是群众有意见,怀疑有肺病□□□,怕传染别人。建议领导考虑另行分配吧!

袁金宝

劳保条例的两样对待　号:713

吴应瑜生病本□特约医院,认为无须去上海医疗。奇怪的是,他[她]凭什么不按劳保条例办理,公然去上海,并且喊来〈让〉车接送(按规定由本人负担)? 费用全部报销。相对的工人胡德焕同志因生急病请来医生急诊,尽管费用三元多,就要秉公办理,全部□□。

请问,(为什么)劳保条例对待党员课长与工人就二[两]样呢?

办:熊忠谋(群)

这是否符合劳保条例　号:844

秘书课吴应瑜作[做]事对人对己二[两]个样。别人借了公家钱,限时限刻要收还,自己有病要求多,痰盂旧的不好要买新的,房子分配要称心拣。

为什么对人马列主义,对自己却自由主义? 难道你不了解上级指示,像其已借不收还,不再新□□。为什么你都本末倒置,□□来办。

办:林佩珍(团)

请问如下几个问题　号:750

1. 劳保条例的规定,直系供养亲属生病的医疗费可报销一半。但是除了本市以外,在异地的家属□没有享受过,理由是没有特约医院。这样做对吗?

2. 吴应瑜、周连生二[两]位同志在外地医病,所住的医院是特约的吗?

3. 对吴应瑜、周连生两位同志的医疗费□期报销,是否有期限?

4. 对小孩死后是否有补助金。

办:胡春来(党)

这是否合乎劳保条例 号：1076

秘书课长吴应瑜，身体有病是真情。由于病情复杂难治愈，医生劝他[她]多休养，但是未曾提起转医院。有人为了表示更关心，提议转到上海去医治。按照制度不随心愿，要特约医院无法治疗才能转医院。本□医院坚决不肯行证明，认为无此必要往上海送。可是为了表示对吴应瑜另眼看，急急忙忙往上海送。上海医院不肯收，是个妙计费心机。打电话喊来□厂车，奇怪的病人走上车，如今每月支出二[两]百多元。

请问：为何不按劳保条例办事？到底谁是热心的发起人？

办：林佩珍(团)

关心人 号：1080 日期：57.12.11 下午

刘厂长和工会主席对季节工人的生活疾苦方面没有真正的[地]关心。实际事例如下：

我在七月份在会议室开执委会，由工会布置七月份的工会工作，提到季工人的病假工资，当时的决定是要搞其事。当时由金钰铭讲，刘厂长这是全口头上布置，怎样叫我们具体人去做？□□□□，□□□□。如果厂长把这事的实况请示上级。另外还有劳动保险条例第二十七条规定，各企业季节工人试用人员劳动保险待遇的标准，高于第三十六条的规定者，□□□□规定支付。

厂长、工会主席，你们到底是怎样来关心季节工作[人]生活疾苦？

工人：凌元金[淦](党)

“职工福利”的变化 号：1261 日期：57.10.10

随着社会主义建设的发展，职工福利也应该不断提高，但我们厂里的职工福利事业，又办得怎样呢？相反地却在逐步的[地]降底[低]了。不相信请看二[两]年来的变化：

一、过去供给洗脸水，现在取消了。

二、过去职工宿舍不出房租，现在要出房租了。

三、过去公家供给□□等用具，现在要租用了。

四、过去电费全由企业支付，后来职工出一部分，现在全部由职工负担

(包括照明路灯)。

五、过去政治、□□学习费全部由公家支付,现在学习书籍常自理。

六、过去报纸公家订,现在各人自己订。

七、过去公家供给大家大便用的□纸,现在自己掏腰包去买。

八、过去伙食房添碗添筷公家买,现在大家的伙食账里购买。

九、过去夜班点心费二角,现在改为一角五分。

十、过去冬天有柴火费,现在没有了。

十一、过去……现在……了。

哈哈,公家的负担移交到职工身上来了。

有许多福利事业公私合营厂没有取消,为啥我们厂要取消呢?

办:方增良(群)

劳保　号:6

劳保条件真正好,生老病死都保到。职工一听真欢喜,它是职工福利大法宝。去年下半年,我们厂实行了。广播筒里来宣传,要的大家都知道。去年十月一日起,□多家属□账一□也能报。一张凭证寄得来,后来又说不能报。我们大家不知道,别的单位情况同样有。为啥人家却能照顾到,本单位却是做不到?如果制度规定不能做,希望工会和厂领导,把我们具体情况,向上级来回[汇]报。

办:程宗炳(群)

□工会　号:1335

一、别的工矿单位每月每人有理发票二[两]张、洗澡券二[两]张,我们为什么没有?

二、如果就我们有浴室,那么为什么工人生产时才烧水,停工时就没有?

三、如果说发给工人洗澡券,为什么干部没有?

四、如果说干部不应享受福利,那么为什么要说成"职工福利"?

五、如果说工人为了生产,那么干部是不是就没有工作?

六、如果说干部是在工作,为什么连这□福利也享受不到了?

办:耿怀敏(群)

陈国英的官僚　号：173

提起陈国英，使我最伤心。回忆五六年，因为生了病。就医很危急，□□□自认。我要问问你，到底〈底〉是何因？事隔一年多，还是无回音。

工人：胡德焕（群）

男工同志为什么要特殊　号：1255

1. 我们课室人员在55年就要自己交房钱、交电灯费了，当时工人没有收。后来房价又重新调整一次，可是工人的（依）旧（没）收，直到现在工人一直不付房钱和电灯费的。工人也是靠工资收入生活，干部也是靠工资收入，而且工人工资还比干部多。为什么他们有特殊享受呢？

2. 课室人员宿舍里的水电费都是自理的，过去有些同志偶尔借用一下公家热水瓶还要提出意见来。可是我们的动工同志一直是供给洗面水，用得不舒畅提意见，而且还供给每个宿舍二[两]瓶开水，连水瓶也是公家供应的。几次和车间研究，请他们早晨水瓶送出来，仍旧有打破水瓶、少水瓶的情况。据说久华农药厂二[工]人用水也是自理，为什么我们却如此照顾？

3. 我们厂里的工人吃饭可以不按食堂制度，早吃迟吃都有，这样就使炊事员工作不好计划。同时，工人一二车间三间调动工作，退伙手续可以不办，吃不到饭还可以[向]炊事房提意见。夜点粮以前规定四两，现在规定二两，但工人同志不吃饭就得吃面，多则每人平均九两，少则每人平均六两。为什么他们可以这样优待？

4. 厂里请来了医生，男女工人都去看病，男工同志总是要随到随看。（其）实在厂里看已比医院方便得多了，可是为什么他们一定要方便更方便？女工也要生产，干部也要工作，这不是特殊又是什么呢？

代课长：陈国英（团）

对吴应瑜生病照顾确有些特殊化　号：1071

吴应瑜同志生病，在我厂从领导到群众，从过去到现在确实是有些照顾得过于特殊化。不管她的毛病是生得怎样变化，但从情绪上来检查是有些过分的（包括我在内）。

（一）朱德正厂长亲自去探望

我们厂里有多少同志生过病，可是厂长亲自去探望的可不多。但是吴应瑜同志生了病，领导一再动员去住医院，并且过了一个时期，骑着自行车老远老远的[地]到市一人民医院去看望。关心群众是应该的，可是不普遍。能不说是特殊化吗？

（二）张景海工会主席的关怀

张景海当了工会主席，对吴应瑜也是特殊关怀。你看他几次在我面前讲，吴应瑜的毛病是否[不]是因公疾病？因为那时工作经常开夜车。可是我们谁都知道，吴应瑜的母亲和妹妹都是肺结核病死亡的，这很明显不是因公疾病。

吴应瑜得了大胆子的病，苏州看遍了也看不出是什么病。于(是)张景海和我研究，让她到上海去看。起初吴应瑜还不愿去，我们再三动员，直到去年吴应瑜才自己要求去了。

张景海调离了苏州茶厂，对吴应瑜的病仍很关心，经常跟我们讲要让她到上海去医治，或住疗养院。单书记还与上级工会、党委等单位请示联系，要求解决这个问题。

（三）陈国英随便吴应瑜拣房间

出院回宿舍休养，起初分配张致人住过的房间，而吴应瑜一定要方三槐、胡通宙住的房间。结果也就同意她，外面一间女宿舍，中间一间没有出路，只好长期的[地]空在那里。

（四）病房布置家新房，还要救济走做卅(元)

出院前，由胡士田和鲍清和把房间打扫得干净，工会还买了美丽的圈画在墙上挂起。为了休养不能到食堂里吃饭，救济她 30 元让她可雇个走做的送送饭。根据以上这些事例说明对吴应瑜的生病关心得有些特殊的。值此整风期间，揭发出来今后应对全体同志一视同仁。

（五）韩课长辛勤奔波为了吴应瑜

那时工会正在评奖，生产主任委员韩作人接到刘厂长命令专为吴应瑜到上海去医治的问题到各处去奔走，甚至连全厂的评比工作也丢了下来。

（六）胡士田别出心裁买药，胡厂长同意报销

吴应瑜已经住到了上海第一流的医院，医药条件可以说再好也没有了，可是胡士田热心的[地]趁着肃反工作出差到家里转了一趟，叫他弟弟去买了单方药。结果送到医院医生不同意用，吴应瑜自己也不敢用，胡厂长还同意把药钱和胡士田弟弟的药费报销(结果因我们工会和单书记不同意才未报)。

代课长：陈国英(团)

问问劳保　号：359

劳动条例规定，直系供养家属可以享受。全[但]是我的直系供养家属母亲为啥不能享受劳保条例呢？

通讯员：顾应根（党）

工厂的福利要比行政单位多，多在那[哪]里？　号：1450

据我们了解，粮食局伙食房的费用都有工会福利费报销的，连拖来的车力也是报销的。但我们是工厂，为什么车力也要伙食负担的？因此我们的看法，所谓"会打算吃肉，不会打算吃粥"，这说明了工会福利费的使用是有问题存在的。希望研究改进。

办：冯国臣（群）

为啥福利工作分三等〈吗〉？　号：1315

在今年生产旺季到，我们厂里的福利工作做得不好。为啥职工福利分三等？头等职工每天吃羊[洋]山芋、蕃[番]茄和□□鸡蛋汤，还要吃酸梅汤，再要每天晚上宿舍热水瓶端正好。二等职员每天吃的酸梅汤。三等女工吃的酸梅汤，还要有时有供应。同志们向工会主席提意见要求要吃[喝]绿豆汤，并且还要说我们坐在办公室里不觉着[得]热，不要吃饮料。

我请问工会主席，市供销社为啥有饭凉绿豆汤吃呢？难道市社〈办公〉在露天办公吗？因有太阳晒着，所以必（须）要吃饭凉绿豆汤。我们厂里的办公室又有冷气开放吗？后来群众意见很多，工会主席赶快想办法，叫冯国臣东跑西奔，急得要命。你们这种工作作风〈是不是〉对吗？

办：顾应根、方增禄

"问题和建议"　号：1314

有几个问题想向[让]劳保福利在此回答。请问本厂的福利在享受上是否有类别的规定？否则为什么在目前的享受上要有这样大的区别？

夏天的冷饮料，为什么课室干部只能用眼睛看着工人同志吃？再是浴室的洗澡水，为什么课室干部只能借工人的光？工人不生产，课室干部就没有水洗澡。这又是根据什么规定出来的？女工拣茶叶，有哺乳室可以安放小孩子。

为什么课室女同志的小孩子在工作时间就无处送？在这里我还有一个今后的建议，希望负责福利的同志作参考。今后浴室是否可以为课室干部在一个月中开放二[两]次，我想这也是一个群众福利的问题。

办：赵织云(团)

相声　号：1093　日期：日期：57 年　月　日

甲：袁金宝同志好久未见面了。

乙：是呀！

甲：你的工作忙吗？

乙：我现在生肺病要休养三个月不能工作。

甲：袁同志，你去请求领导到无锡疗养院休养呀！

乙：老顾不够条件。

甲：为什么？

乙：睡觉床多，不给我睡呀！

甲：老顾你想想吧，唉有这种领导吗？

乙：老顾我再告诉你要吓坏人。

甲：吓什么呀？

乙：厂里一位周连牛生肺病领导上赶快送无锡疗养院去休养。

甲：他的好去疗养，你去问领导这是什么道理呢？

乙：老顾呀，我是一个炊事员，他们大干部。能替他们去比较的？

甲：袁同志你这说法是不对的。

乙：老顾我再说一句话来要气死人。

甲：什么话呀？

乙：人事课(金钰铭)说我是一个□货。

甲：有这种事情吗？

乙：老顾不安烦了，算了吧！

甲：袁同志你不是九个月养出来的，同样是十个月养出来的。

乙：老顾事情以[已]过去算了吧！

现在乘[趁]整风我来替你进一言，我希望领导不要两样看。

勤：顾应根(党)

营养费怎样享受 号：756 日期：57年 月 日

看过□□的答复劳保问题，使人不能心服，我们不是一问一点要解答一点，而是要把整个劳保条例搞清楚。我们应该按照规定来享受，但是我们过去的劳保工作就不是这样做，而是他做决定。如果是领导干部，□不能报帐[账]一定要报可以把帐[账]报。

再有一个问题不明确，营养费是怎样享受的？不有不是我厂特约的医院看诊与药费是否可报销？我要问，为啥不详详细细地介绍出来呢？还是有意识不让大家知道？是不是大家知道了，今后就不好办了。我不明白其中之意，请劳保部门彻底的[地]把劳保条例详细公布出来。

办：程宗炳(群)

三言两语来谈谈(之四) 号：1065 日期：57年 月 日

做起事情不统一，无形之中意见来产生。虽然举个小例子，问题是否能说明。一车间烘房生炉、加油、洗手、发肥皂，可是二车间那[哪]里能知道？经过工人来提出，联系以后再去办。工人提出意见也很好，我们不提肥皂那[哪]里还拿来。(原文如此——编者注)

办：毛其林、蒋忠钦

知心话 号：319 日期：57年 月 日

做了几十年的茶叶工人，薪金不明□□小孩人。工作任务真吃重，请假休息说旷工。家庭负担真生活，衣衫滥[褴]褛不堪言。思想情况，真苦闷来真若[苦]闷。

工人：黄国维(群)

"对吴应瑜生病的问题" 号：1525 日期：57年10月21日

我完全同意韩作人同志所发表的应怎样对待吴应瑜同志生病的意见。

起初，我对吴应瑜同志未经苏州医院证明而转到上海医治的问题也有反感。经过韩课长的叙述，我完全消除了这个意见。

因为吴应瑜同志的病复杂，医治困难，自然花费不少医药费。在这方面曾有一些同志产生意见，我认为这是不必要的。

不久前我遇到一位同志,也和吴应瑜一样长期生病。组织上花了不少钱替他医治,已有两年仍未全[痊]愈。他除了感激组织上的关怀外,还有一个情绪,那就是急切的[地]希望病好,恢复工作,有几次因为稍有好转,马上就要求工作。组织上不批准,他曾为此发了一个时期的神经[精神]病,整天叫着"我要工作",引起同志无尚[上]的同情。

由此可见,一个人有了病,身体精神都是非常病苦的。他[她]何尝不想工作,又何尝愿意睡在病塌[榻]上呢?我们应该同情一个生病的同志,万不能因为这个同志生病太久了,花钱太多了,而感到嫌弃,也不能因为和这位同志在其他方面有意见而就置他[她]于不顾。希望对他[她]有意见的同志能够发挥[扬]阶级友爱,给她以同情。吴应瑜同志在病愈后会感激同志们对她的关怀的。

办:耿怀敏(群)

"领导家属特殊化" 号:83 日期:57 年

1. 办公室车间禁止会客,可是领导家属例外,孩子在办公室里乱闯,还跑到车间妨碍生产,人事保卫课眼闭眼开。为啥不找他们来谈谈?这样就形成上行下效。如今是孩子到处乱钻[串],工厂弄得像个幼儿园。人事保卫也有口难开,如果要批评一般干部,就会说领导也是这样。

2. 浴室是职工福利享受,一向不包括家属在内。今年开始打破了此规,领导家属带头浴室来,一般干部就跟着轧进,还有把热水往家里抬。井水〈枯〉供应紧张却不管,口口声声要大家节省,这个漏洞为啥不杜[堵]塞?是否怕影响领导权威?如果大家向领导齐,家属浴室专门开一片。

办:蒋士增(群)化名米

"为什么?" 号:1399 日期:57 年

为什么我们的集体福利有名无实?有的职工享受不到,住在宿舍的家属房金低,以前还有热水和消毒等□□,在食堂搭伙的职工和家属可以享受公家津贴(炊事员工资、房租、水电、厨房用具等),而我们住在外面又不搭伙的职工却一[要]啥无啥。别的单位住在外面职工有房贴,我们为什么没有?是别的单位自说自话的[地]这样做,还是我们单位自说自话不执行?

办:蒋士增(群)

"福利资金"　号：302　日期：57 年

福利资金是大家的福利，可是我们的福利资金为什么要去用在装箱机、输送□、吸尘机上面呢？装运这些机器应该是厂里拿出钱来的，不应该在福利资金里用。

工人：方重安(群)

"这样做，对不对？"　号：425　日期：57 年

公私合营茶厂季节工与国营茶厂季节工的劳动保险是否有两样？合营病假半月工资按照发，国营病假一天扣一半。请问领导啥道理？

工人：江世绪(群)

"这是什么原因呢？"　号：728　日期：57 年

我从 51 年参加中茶工作以来，都是按照中央劳动部所规定的三八制工作时间，一切假期，同样的也是按照劳动法令的规定。但是，我自 55 年 11 月调来苏州茶厂工作以后，无形中我应享受的权利被打了折扣，工作每日增加一小时，每月休假也同样地拆出一半。这些问题使我莫明[名]其妙。请问有关领导是不是我无条件享受中央劳动部所规定的劳动法令呢？

工人：陈颜清(党)

"瞎扣病假工资的干部"　号：493　日期：57 年

去年我厂规定实行劳动保险法，今年季节(工)生病扣薪无可答。我去掮葫碰伤小肚和下身，验出有血出小肚下身作痛无法来请假，人事课里干部为什么不来了解请[情](况)？到了发工资时照扣我薪。工伤事故明文规定你知道，国家规定的条例你为什么不执行？

工人：凌齐煌(群)化名煌

"工会为什么从未将福利金动用情况进行公布"　号：118　日期：57 年

工会是群众性的组织，工会所办的事情应该是发扬民主，使大家都能晓得。可是我们工会从来没有将集体福利金、医药卫生补助救济金等向大家公布，使大家都晓得。这里先谈集体福利。我们一年到底有多少钱用在集体福

利上的,怎样用法的?如果能给大家知道,群众就进行监督,那[哪]些用得合理,那[哪]些不合理。如运输业装箱机等等究竟应不应用集体福利金?用过头没有?是否会影响到职工福利的改善?再谈救济补助金吧,群众的意见更大。主要原因是大家对救济的情况不了解。我们在马路上溜达,往往看到居委会公布救济和减免等红榜,而在我们工会工作中就不能这样发扬民主吗?由于工会不是这样做法,他[它]就可能会造成有些人利用职权假公济私,或者有些人就从中混[浑]水摸鱼,依靠组织,不救济就闹情绪。再讲一讲医药卫生费,群众虽然意见不多,但是里面的漏洞和浪费是惊人的。我们现在有多少特约医院诊所?我们一个月要多少医药费的付出?还有我们现在自己办的保健室它一个月要开支多少?经常看病的人(看病的老户头)可能知道有多少特约的,但是他对一年花了多少钱,还是心中无数的。如果能经常公布,这对提高职工群众的觉悟和节约费用是有好处的。

车间主任:徐柏林(群)

"我对工会再提出来关于劳保享受(家属应该有什么条件可以享受报销医药费根据什么规定,请答复)" 号:907 日期:57 年

1. 直系亲属:母亲年近七十,劳动力没有,要我工资扶[赡]养。是否能享受劳保条例待遇(因在填写劳保条例单的时候,我曾提出来,经周韵竹改正过来可以享受。为什么后来又没有享受了呢)?

2. 今年我母亲病了,请了医生看,我以为可报销一部分医药费,就将家中寄来抄药单据、发票向工会报销。虽[谁]知工会主席陈国英当时回答,顾课长已经宣布过了,没有经过特约医院看的病,药费不好报销。当时我也只好不再问下去了。

但是根据大字报上的意见,原来工会领导干部的直系亲属,没有经过特约医院一样可以报销药费。这又是什么规定呢?这样的工会主席是不是对会员解决问题?是不是处处做到为会员着想呢?相反的先要把自己打算好了,其他一概不管了。这样的工会主席我们选出来做什么?请你要回忆一下,工会主席是我们全体会员选出来为大家办事情,也是我们工会的当家人,应该先从群众后再自己。去年救济工作,工作里就不能根据实际情况。救济的是那[哪]些人(解决有债还不清是些什么人)?其他储金会借钱不是一视同仁,这

都是拿储金会的钱做人情。我们决不容许你这样做,要你赶快来改进。

办:姚庆云(群)

"不能打破常规吗?" 号:868 日期:57 年

开工以后,烘房炉子间提出每月要一块肥皂作为洗手之用,因过去是没有的,我就请示财计课的翁课长并说明情况,炉子间每月要用一块肥皂。但翁课长就说,过去没有的,不好买。因此〈到现在〉炉子间的肥皂到现在还是无计划的,每月只好在机务工段计划里的肥皂扣一块给炉子间用。

烘房内的工人每天生产要加油,司炉工人今年为了节约用煤尽量把煤渣□出来再烧。难道要一块洗手也不可以吗?这是件小事也不能打破常规吗?

翁课长这是为什么?

办:吴元骏(群)

"心里话" 号:990 日期:57 年

往往听到领导上这样讲,某某同志不安心工作,闹情绪。同志相信领导看一看某同志外表现象,就认为是有问题。我是这样的人,原不想追求起原[源],也不想深到实质,只有随声符合[附和],人出[云]亦云,但是遇到自己的具体问题,往往想不通。想来想去,归根结底,我认为一方面自己学习和自我改造都锻炼的[得]不够,另一方面受到外因所引起的。我想起五五年旺季转入淡季的时候,领导上为了发动大力支援各兄弟单位旺季,支援批发部推销和到商训班学习。领导上叫学习文化的同志们全体休学,一批一批〈到〉各赴各的光荣前程。那时也激起了我想回天津支援旺季的心情,在小组会上谈出了个人的志愿。第二天,颜课长答应准我回去,马上开始准备全年品质总结,过二[两]个星期完事回天津。但,在另一次小组会上研究个人工作计划,我发表了回去支援天津和颜课长已经准许的意见。等到会后余祖发股长对我个别谈话,他说工作没结束,不准回去。当时我只有听之,唯唯诺诺,心中却结下了一个疙瘩,不敢说出来。我想股长之间不通气吗?为什么一个股长这样说,一个股长又那样分付[吩咐]呢?是不是共产党员能作[做]主,同是领导有的说了算,有的说了不算呢?弄得思想上糊糊涂涂。过了一个多月,工作已大部〈告一段〉(分)结束,我就只向余股长请求回去。他却粗暴的[地]说:你忙什么?

忙什么？问：几时能回去？他说：过一月再说吧！在他的盛威之下又只好唯唯诺诺。寒流飞到苏州，天气一天比一天冷下去，公家棉被又不易借到。怎么办呢？……幸到[好]天津的棉被棉衣寄到了，谢谢解放后的邮电部门工作迅速。一个月过去了，余股长还没指示，不由自主的[地]怀着胆寒心情再问吧！问了，他没答复，请示上级去了。这天吴股长〈应〉〈瑜〉向我指示：为了工作需作[要]，已向天津联系，把你调到苏州工作，你不用回去了。又问：你(有)意见吗？我不由地有些激动……服从组织分配到需要的地方，在脑子转了几转。好吧！没意见。这时思想上发[产]生这样感觉，调动干部是经常的事，为什么一拖再拖，不向本人说明？造成不必要的思想情绪。三个月又过去了，吴股长通知，你的关系还没转到，因为外省调干部，必须经过省里(层)层批准……又过了几个月有人问我，你的关系能来否？我说不知道。如果现在有人问我，我回答仍然是〈又〉不知道。

为什么两样对待异乡人　号：8

劳保条例真正好，可是我们工会掌握不公平。同志如不相信，让我举例说分明。

本地家属医药费可以报销一半，为什么外地家属就不能报销分文？

本地家属有生育补助费，为什么外地家属生育就不关心？

大家尽的义务都是一样，为什么享受劳动保险就不相同？这样规定究竟合理不合理？我们实在想不通。

办：方葆民(群)

问劳保　号：172

□□要抓紧，工伤勿关心。出了工伤了，请假请勿准。医生来证明，还是批不准。本人真苦闷，熬□痛苦劲。继续做事情，至今还未好。一正定终心，实在不安心。

工人：洪有顺、汪荣旺(群)

想起今后事，心里沉闷闷！　号：481　日期：57年

根据茶厂的性质，我对劳动保险条例认为有不合理的想法。在学习的时间，领导上〈经〉分析过，讲长年工人对国家贡献多，讲季节(工)贡献少，所以享受有不同。我们要求厂长把本厂〈的〉全年对国家的贡献多少算一算，去[长]

年工人比季节工人要多贡献多少?

前些时期,耳闻领导上要配专人把本厂情况向上级反映,到现在生产快结束,没听到一次正式的答复。

我想想现在年纪青[轻],干活不要紧。将来年纪大,生活靠何人?如果靠救济,工会常说淡季又不行。想起今后事,心里闷沉沉。

工人:凌元金[淦](党)

关于劳保条例 号:671 日期:57 年

外地家属(指直系供养亲属)不能享受劳保条例,〈根据〉理由是外地没有特约医院。那么我要问问,上海有特约医院吗?无锡也有吗?本地的又都是在特约医院治疗的吗?

不要说同志们想在厂□搞个医院。我觉得事做得不公平。想想看,那[哪]一个会员尽的义务不一样?那[哪]一个会员就应该享受特权呢?请答复!

办:方增良(团)

讲讲我的心里话 号:557 日期:57 年

一九五三年,五月来到厂。进厂十多天,那天生了病。马上进医院,住了十一天。出了医院门,厂里来休息。要付住院费,一共三十二。发票拿来厂,支给徐厂长。他说要研究,结果声不响,还是自报销。我讲心里话,请问徐厂长。思想未考虑,怎[这]样的做法,合理不合理?别人生了病,全部厂报销。二[两]样来对待,应该不应该?

工人:朱达三(团)

问问劳保委员到底答复不答复 号:483 日期:57 年

早在 1956 年 9 月 8 日,我因工作劳累生病,病情很危急,时在夜晚,当时请来医生看病,共用去疹[诊]疗药费二[两]元多。在发工资时全部扣去,收据也没有。我要问问劳保委员会,我是不是享受劳保的?车间主任胡林辉、徐厂长都同意,你们凭什么不同(意)报销?为什么别人看病吃药可以报销,我就不行?意见(从)去年提到今年,不见一个回音。你们想不想答复了?

工人:胡德焕(群)

第三类 工 资 级 别

3—1 工 资 级 别

全文:“刘厂长说话不透出” (号码:372) 日期:57 年 月 日

例如:工资改革(时)在会场上说,沈凯同志炊事员技术是有的,但是没有发挥出来,因此工资不动,叫伊今后争取做厨师。问:做厨师要具备那[哪]些条件?无消息。

办事员:冯国臣(群)

全文:“人事干部对同志不负责” (号码:420) 日期:57 年 9 月 27 日

我记得 54 年二季度一次全厂职工大会上,人事干部宣布我的级别是二十四级,我听了心中莫名其妙。为什么要莫名其妙?是这样:我的级别 52 年在南京税务局工作时评 23 级。53 年调到茶厂工作,领导分配管仓库。在其[这]一年中虽然工作得不够好,可是也没犯什么大错误。为什么忽然给我降级?我当时越想越不通,就向朱厂长提出我在南京评过 23 级,现在为什么要降我的级?当时朱厂长问[要]秘书课查明这个问题,过了几个月又在职工大会宣布我 23 级。据说我级关系未转来。我那时参加工作 3 年,难道连个级别还没有吗?人事干部应该问问清楚,不应该官僚主义自作主张确定一个人的级别。这种对同志不负责的态度希望改变。

办事员:徐凯明(党员)

全文:“问问领导” (号码:616) 日期:57 年 月 日

我从 1954 年秋到本厂工作,我在大众食堂工资是四十六元,但是过了几个月,领导上说你现在拿的工资是不合理的,就把我的工资减去一半。当时我思想很不满意,为啥同样是国家的企业,要调动工作工资要减去一半呢?后来吴应瑜对我说,你的工资暂时保留,所以当初我在工作中思想很不高兴做工作。再后在 1955 年又有[由]吴应瑜召集保留工资同志开会,她说现在保留工资全部取消,你们有没有意见?当时我听这话,思想上就随便吧,你们说这样就那[这]样。结果再后吴应瑜同志她对我说，你现定期补助六个月，每月八元，更发[产]生苦闷。为什么我的工资这样不合理？难道过去我拿的工资制度是自己订出来的呀？所以〈在〉请问领导，我过去的工资是什么一个情况呢？

勤务员：顾应根(党员)

全文："人事课，你是怎样掌握工资政策的？"（号码：706）　日期：57 年　月　日

今年我们储运课向人事课要了三次临时工，但是他们的工资却不一样，有二[两]次是一元二角，有一次是只有一元一角。这什么道理？请人事课答复！

办事员：周明(党员)

全文：不执行"按劳取酬"的工资政策　(号码：815)　日期：57 年　月　日

我们炊事员为什么工资这样低？为什么别的单位事务，炊事员工资比我们高？为什么我们工作时间比别的单位长？为什么？

提意见人：工人凌元金[淦](党员)

全文："心里话"（号码：133）　日期：57 年　月　日

大会小会听报告，报告同志常讲到。季节(工)工资还是高，工人听了有点怕。请报告人再一报，每月拿几元才正好？再请报告人把标尺报一报，季节工心中也有数，思想安定不再怕。

提意见人：工人吴有根

全文："这是什么道理？"（号码：174）　日期：57 年　月　日

去年工作结束，领导上为了照顾我们多做几天工作，为什么工资是一元四角？争争吵吵又增加二[两]角。外面雇来临时工，为什么要工资二[两]元？

提意见人：工人马宝书

全文："领导官僚真害人！"（号码：226）　日期：57 年　月　日

工资改革气胃病，三级降到一级工。不知为点啥事情，政府政策不公布。为何提早来执行，家中大小有七人。回乡生活困难不想法[活]，我是个工人应

该找啥人？请求工会无法想，日日夜夜心不安。现在家中两(人)上学，学费并无交一文。要请领导多关心，官僚主义快改最要紧，建设社会主义有保证。

被提意见人：徐柏林主任　提意见人：工人朱春茂

全文："对徐柏林意见"（号码：233）　日期：57 年　月　日

徐柏林在办公室内心机妙算。那时候国务院还未公布工改方案，他把工人工资来改革，改好之后再向上级报。这样先斩后奏不应该，工人心内意见大。本来季节工作六个月，合并中茶只五月。收入突减思想多，他在高楼安详坐。不抓思想不深入，官僚主义架子足。

提意见人：工人薛德章

全文："请问领导政府政策怎样来执行？"（号码：239）　日期：57 年　月　日

在工资改革时，我有意见。为什么胡林辉对待亲友两样看，对我为何说我是无用人？明明提了二级工，钞票未见多一文。我的思想真苦闷，到底叫我问何人？工次[资]改革理应该，为何降低工资来执行？政府政策我也知，减低工资我不明。

提意见人：工人吴燮旺

全文："同工为啥不同酬"（号码：241）　日期：57 年　月　日

我厂里的工资改革做得不公平，同一工种同一级却不同酬，甚至低的反而比高的拿得多。这是为什么？我有意见，而且也要影响生产情绪。

提意见人：工人周福祥

全文："搞不懂"（号码：244）　日期：57 年　月　日

领导办事啥原因？为啥把我工人两盘用？去年二厂结束后，要到一厂来做工。工资就要另外讲，标准不如临时工。讲讲是照顾，工人是搞不通。今天问领导，二厂一厂是否有两样分？到底啥道理，请你讲讲通。

提意见人：工人凌炳祥

全文:“我对工资改革有意见” (号码:258) 日期:57年 月 日

去年国(务)院公布,公营工厂工改行。苏州茶厂有三等,干部工资四月起,升级工资七月行。女工每日加一角,季节工人无一文。升级也是一句话,有名无实气煞人。有的回乡二三十,困难同志无一分。是否领导看情面,还是困难补助金?季节升级是白升,使人思想顾虑深。工人是否同等样?为啥三等分得清?请问合理不合理,以前合总工资高,五四工改改去五十金。为什么去年工资改,升级没有工资升?是否国务院来规定,还是我〈有〉厂领导自执行?

提意见人:工人黄国维

全文:“怎样来维持一家生活” (号码:274) 日期:57年 月 日

工资改革真正好,把我评了二级工,但是工资的数目却很少。这点使我想不通,前年一级工的工资是43块,但是去年评的二级工却只有34元多。这点工资怎样维持四个人的生活?你说叫我在工作上的积极性如何来发挥?

提意见人:工人方耀坤

全文:“这样公不公” (号码:318) 日期:57年 月 日

工资改革弄不懂,这里提出问一问。四级工以下往下降,令人想不通。虽然技术级别升,收入还是不如前。只有六级技术工,升级收入两都增。

为什么?做十年的老年工人黄国维,技术只够二级工,收入仅有三十四,生活困难无处控。请问领导工资改革掌握那[哪]一点,是不是有心吃吃老年工?这样改革真缺德,弄出人命也不难。闷在肚里从来不敢响,今天我才鸣出来。速请领导来答复来解决!

被提意见人:副厂长胡贞禄 提意见人:工人张盛柏

全文:“胡厂长请问你” (号码:392) 日期:57年 月 日

53年工资名单我讲给工人听之后,为啥把我从65元降到50元〈是啥原因〉?我厂同工种不同酬,不合理工资制度是不是你和几个车间负责人神不知鬼不觉的[地]搞一套?却把自己娘舅工资来提高,过去资本家工资制度是剥削工人的。难道现在国营领导还可搞吗?

这问题到现在我还搞不通,请你答复。

提意见人:工人方义茂(团员)

全文:“这是工资改革政策吗?” (号码:449) 日期:57 年 月 日

×××人升四级,人家提意见,就把提意见人升了一级。为什么四级不能改为三级,一定是往上提?

被提意见人: 提意见人:工人方耀坤

全文:“请问领导,工改意图何在?” (号码:501) 日期:57 年 9 月 29 日

去年工改,你们意图何在?你们都增加了十多元。那[哪]知道上级已明了,令你们退还工资现原形。可是你们命运啊!这机会群众,给你们想想真可惜啊!(俗语)赚钱不吃力,吃力不赚钱。全厂工人总是我领导,群众若把意见提,我就责他们思想不通,帽子套,看他们还强得出头吗?试“看”我就把你们工人从一到五级全部名上升级工资减。

为什么——五级全部工资减少?你的意图何在?

胡厂长会上讲:我厂工资超过全国性。你根据从那[哪]里来?

提意见人:明然人(工人)

全文:“疙瘩” (号码:521) 日期:57 年 月 日

同样事情二[两]样看待,我们想想有点欺侮。不讲别样,学习对对,长工学习工资发,季节工学习自己掏袋袋。到底合理不合理?请领导比一比。

提意见人:工人张秉荪

全文:“为了五六年工资改革” (号码:534) 日期:57 年 月 日

五六年,工资改,不公平。我看看,有情面。领导上,讲一句,不是称[秤],拿来称,总有点,差上下。我看来,不是小,六级工,做工作,比起来,最起码,一样做。工资大,当然是,负责人。有个别,我看来,有些高。做勿来。请领导,以后要,工资数,用天平,平得准。工人们,做工作,更起劲。工业化,早完成。

提意见人:工人方义茂(团员)

全文:“心里话” (号码:577) 日期:57 年 月 日

通过工资改革产生的思想问题:

(一)去年工改时,厂长作报告,会议上讲得很清楚,我曾记得有这样一句话,今日工资改革每年有一次。为什么至今影[音]信全无,是何知道?

(二)对□工资我有不同意见。

1. 基本工资和补助工资是否可以共论,它的性质是否有区别?

2. 季节工人的基本工资通过工资改革从不合理变成合理。为什么补助工资不合理?领导不采取措施,是什[怎]么一回事?

3. 季节工的补助工资是按生活困难大小而补助还是按职责大小而补助呢?

以上问题我搞不懂,思想上也弄不通。领导快来帮助解决,要紧、要紧。

提意见人:工人王桂芬、王增福、方荣卿、何春月、胡德焕、潘政忠、洪吉臣、洪本位、方观化、周福祥、方炳吉、薛德章、朱云林、凌元金[淦]、凌齐煌、方德全、钱立通、江世绪、马宝书、朱春茂、钱立木、王子固、姚三槐、王永根、方重安、吕凤山

全文:“阎王朱德正,判官徐柏林” (号码:1000) 日期:57 年 月 日

合总茶厂工人每日每夜闷在心,工厂是我们工人的大家庭,我们工人也应当搞好自己的企业,是没有半个人说企业搞好,对我们工人不利的。我们又要问了,合总茶厂的工人干部拼[并]入了中茶公司后,同志们的积极性相反低落下去。为什么?我们看最大的毛病,合总茶厂交中茶公司代管嫌合总茶厂工人的工资太高,要把我们工人工资减低下来才肯接收。果然一下子就把我们工人的工资减去 40%。在会议上宣布工资改革方案的时候,你晓得工人们的内心是多么难过呀!痛苦呀!连面孔也变了形,腰也挫了下去了。厂领导也要想一想,过去工人为什么要和资本家作无情的斗争?是为什么呢?要改善生活呀!现在斗争出了头,解放了,工人在自己的企业里当了主人了,积极的[地]来搞好自己的企业,搞好自己的生产。但是领导呢?应该为工人想想阶级的感情呀!工人的痛苦呀!工人过去是牛马,今天是主人。是的,一点也不错。我们合总茶厂是社会主义的企业。工人那时候的工资,是〈经过〉一年结束后,经过民主反复评定的。那时还没有苏州茶厂,只有合总茶厂与资本家茶

厂,同时那时候我们的工资没有比其他私营茶厂高,和他们私营茶厂工人的工资差不多。现在又公私合营了,为什么他们不改呢?我们为什么要改呢?真是搞不懂。我们的工资改革领导上是根据国务院那[哪]几条方针政策来决定的呢?现在我们厂里的生产是怎样?任务不能完成为什么?开会情绪不高,为什么?请二[两]三钟头病假,为什么?带病上班又是为什么?请假,领导说明天是你休息。为什么?请事假同样说明天你休息又是为什么?工人的眼泪往肚里流又是为什么?共产党的政策是实事求是。了解工人生活的,体贴工人苦楚的,不是过去资本家那一套,虚伪欺骗毒辣苛刻,骑在我们工人头上〈那一天〉。为什么我们厂里的手段比他们更加厉害?例如,工作时间问题,开会当假日。真算是城隍庙里的大算盘了。工人实在弄不懂以上问题,请领导答复吧!

提意见人:工人王桂芬等

全文:"向国务院劳动工资局提一个意见" (号码:1040) 日期:57 年 月 日

你在 55 年指定苏州市合作社茶厂的工资改革方案手段太辣了,给我们全厂工人工资一律减去 40%之多。解放是为了工人不受过去资本家压迫和痛苦生活;现在解放后,工人生活是有了提高,可是一下子把我们工资减去 40%之多。目前工人生活经过了工资改革后,确实越来越困难。请国务院劳动工资部门给我们想一想,你为什么一个厂里只改工人不改干部?是不是虐待我们工人,提高国家之宝的干部?我们工人想想你是最高机关,我们再也没有什么地方可诉苦。

随着现在党整风再来提一提,请国务院劳动工资部想一想是否还是你们做,还是下面做?给我们来个答复。

朱春木、朱云林、吴有根、钱立、薛德章、马宝书、方灶水、王经福、王桂芬、姚三槐、洪吉臣、方荣卿、周福祥、凌齐煌、方重安、胡德焕、潘政忠、何春月、江世绪、方德全、张兆桢

提意见人:工人凌元金[淦](党员)

全文:"工人解不开的迷[谜]" (号码:1123) 日期:57 年 月 日

我对 1955 年和 1956 年的二[两]次工资改革,看法与领导上有些不一致

〈的看法和想法〉,请领导向我讲明道理。

前合总茶厂的工资标准,并不是工人自己决定,高的每月 150 元,低的每月 75 元,伙食不在内。这些工资标准,也是经过政府有关部门批准的。请问政府那时批准,是否根据生产贡献来分配吗?到 55 年徐柏林厂长报告讲我们工资不合理、太高,讲农村对季节工人有意见。请问工改后,农民对季节工人意见呢?

1956 年工资改革,中央有规定季节工人也通过工改,大部分都升级,并有技术标准。报酬是根据技术高低,我原来是三级工,经工改后升为四级,原来是三级工的没升级的也有。现在呢?三级四级工,名义某某是四级工。实际呢?三级四级也不过是文字的差别,在报酬方面三级与四级工没有半分钱的区别。也[这]是叫合理吗?

你们也讲过季节工人工资还是高于人家。请问合营茶厂的季节(工)工资,现在政府认为他们是否合理呢?请问徐柏林,农民对合营季节工人又有意见吗?

全文:“有关工资福利问题” (号码:1032) 日期:57 年 月 日

(一) 职务工资制在我厂有基础吗?

按照目前情况来看,我厂干部从来没有定员。事实上,我厂管理水平较低,定员还有困难,因此去年工资改革按职务工资制执行,是按原有工资硬套的。如果管理水平一时跟不上,到下次工改时势必仍旧有同样情况出现。因此在我厂实行职务工资制有二[两]个办法:一个是管理水平要加速赶上,一个是考虑不实行这个制度。

(二) 去年工改为什么省里去批的只提一级,市里批的反可提二[两]级?

对全面的工改政策我们不够了解,但知道提三级是个别的而是要省里去批。这样讲下面对提三级的一定特别慎重,必然是具备某些条件才确定提三级。那末[么]为什么到省里去批一列[律]批准提一级,反而市里倒能批准提二[两]级。这里边究竟是什么原因?

(三) 原来实(行)行政级别的工厂规定厂长增长不超过 13%,课长增长不超过 20%,是否确当?

像我们苏州茶厂原来是行政级别,工资水平并不高。这次工改后按照上级规定厂长不超过13%,课长不超过20%,是否确当?因为这样一来,增长水平是控制住了,可是与某些原来是工厂工资来比较,厂际之间工资相差悬殊。像本厂厂长高的68,低的55,和其他厂就很难相比。

(四)工厂厂长、课长工资要下降,为何机关、企业到现在还不动?

在退补工资时,听到吴迪人书记作过报告,工厂先走一步,机关公司也要搞的。可是直到现在为什么声息全无,究竟要退还是不退,还是还有别的新办法要贯彻?

(五)要求调和厂际之间的工资福利差距?

大厂(如苏纶……)工资又高,福利又好;小厂工资既低,福利亦小。这样相差很大,是否会影响工人之间团结,是否会影响小厂工人安心本位工作,是否能设法使差距拉近一些?

(六)劳保条例规定外埠家属不能享受医药费有感。

外埠家属看病的医药费不能报销,是否会影响农村中人口向城市流?因为工人家属在农村的较多,倘劳动力不强,那就很可能流入城市来住。

提意见人:课长陈国英(团员)、顾盘珍(党员)
工会干部周韵竹(团员)

全文:"(知心话)领导上的主观主义"(号码:343) 日期:57年 月 日

工资改革方案将要推向群众,先在课长和小组长干部会上贯彻,并要大家讨论提意见。由于我平时了解她的思想和我自己的看法,我提出顾课长工资似偏低。结果却有这么一个说法,认为我的工资也是51元和顾课长一样,所以这是提别人就是提自己,于是(被)厂长召去个别谈话。实在我在52年评级时有过意见,经过反复考虑早已引为教训,而且现在自己又不是课长,即使厂长讲工会主席相当于课长,那也只是相当而已,因此我认为这是主观主义的结果。

课长:陈国英(团员)

全文:"有关工资政策中"(号码:127) 日期:57年9月25日

临时工(如)在筛簸场工作,每天所犁报酬一元合理吗?

合理,请说明理由。不合理,为什么要这样做?

请人事课考虑。

课长：颜宝书(群)

全文："领导上为什么对朱炳庚工资决定得这么高?" (号码：295) 日期：57 年 月 日

在工资改革的时候，领导上在初步决定朱炳庚工资 58 元时，对照行政机关就是要提升三级。当时〈间〉我就有些意见，因根据工改原则一般的提升一级，少数的提二[两]级，要提三级真正是个别的，据说要经过省委批准。我觉得朱炳庚有什么特殊情况一定要提升三级呢？当然不可否认朱炳庚同志各方面有了一定提高，但根据德才兼备提升三级似乎还不够条件，也不是什么特殊情况。试问领导上根据什么呢？据领导讲"他原有工资水平低，德比较好"。难道原有水平低德好就有[可]以提三级吗？我对领导上有这样的看法，领导上在工资改革有些地方对个别人太偏重德了吧？

课长：顾盘珍(党员)

全文："民主在那[哪]里?" (号码：1184) 日期：57 年 月 日

国务院公布我(国)炊事人员和厨师有等级，不经(过)互相评比工作能力，而领导上下来一道圣旨判断我的命运。这样我是搞不通的。

炊事员：沈凯(群)

为什么别的单位工作时间比我少？为什么别的单位都有厨师待遇？为什么我们厂里都是起码的炊事员？为什么别的单位炊事员都有例假轮休？为什么我们厂里不能这样做呢？为什么按照通信员级别六类四级(46 元)？为什么提升干部四类三级是 39 元？为什么别的单位里逢节日休息，而干工作的有加班费？为什么我们厂里总是说工作性质不同？为什么我们领导也不考虑？这算替人关心。真是令人莫测，请答复。

炊事员：沈凯、张立圻、朱小炳(群)，事务冯国臣(群)

全文："谈谈心里话" (号码：978) 日期：57 年 月 日

工资改人人皆欢喜，职工的生活向上提。我的生活到[倒]降低，不忙让我来提一提。56年前我拿到四十八,调个单位廿八。工资改革算提高,至今只有卅三。请大家算算看,我的工资适当啊[吗]? 几次我把意见提,领导上只当我放屁。我向课长当面提,收获一个小帽子。说我对工资改革学习不积极,意义不懂瞎提意。我思想一向不通,工作实在没劲头。这次整风好机会,再把意见提一提。

警卫员:巫杨林(团员)

全文:“搞什么鬼” (号码:1288) 日期:57年 月 日

我从五二年劳动节调到本厂来工作,那时候秘书课长颜宝书。我同他讲,我要四十个工资单位,颜课长向领导上回[汇]报,经上级批准我三十五个单位。当时我同意了,安心工作,每月可以拿到卅八万余元。

可是(六年来物质比例:象[像]日用品、蔬菜等等都要调整到80%比重)我的生活和物质比例在无动于中[无声之中]降低(叫我维持老婆五个孩子供养读书生活就感到困难)。但是国务院公布,对劳动工资有措施提高干部生活,不同的转变,实际上每年我遇到工资改革,提升我的等级是肯定的。但是经过五年来提升等级,遇到去年又调整工资,朱小炳同志刚进厂来,同样是39元,拿我目前生活来比如“好像王小二过年,一年不如一年”。我的提升等级,不知道提升在什么地方,我是搞不懂的。为什么要这样做呢? 干脆不要提升等级,领导上,不是在搞什么鬼骗人吗?

炊事员:沈凯(群)

全文:“知心话” (号码:1316) 日期:57年 月 日

我要问问领导,对于去年工资改革的问题,现在我思想上搞不通。在没有工资改革(以前),我们勤务人员是一样的;为啥工改后,我的工资比其他人低。这是什么道理? 再谈谈,现在〈还〉是按劳取酬来评工资,还是〈未〉按学习情况评工资的? 去年胡厂长说我学习〈是〉比较差,所以工资比别人要低。我看这样说法有些不合事实,单说我学习差,既然你们领导早知道我学习差,为啥不来帮助我呢? 等工资改革后,就说我学习差,你们领导上应当评低我的工资吗? 这种做法我看是不合理的,请领导作为考虑。

勤务员:方增禄(群众)

全文:"刘厂长报告的一点体会"（号码:1440）日期:57年　月　日

去年工资改革期,听刘厂长报告说我们企业工人职工待遇要比行政单位的工资高,实际上〈却〉企业单位工资比不上行政单位的待遇。这是根据大多数单位的对比,并且他们的福利也比我们好,这使我的思想搞不通。请答复。

办事员:冯国臣(群众)

全文:"有话即说"（号码:117）日期:57年9月26日

工资改革,按劳付酬。遍有增长,分类分级。技术这类,共有七级。三个补级,四个正级。只有七人,四例补助,三例正式。增加讲底,工作不提。提了意见,有人利益,长了无□。大会上提,提了厂长,要厂长级;提了课长,要课长级。党示指导,背后怨只[自]。

办事员:张逢济(党员)

全文:"这种做法是什么在作怪?"（号码:187）日期:57年　月　日

去年工资改革的时候,行政上成立了工改小组,工会也有人参加,但工改方案决定后,事先既不征求工会执委的意见,事后又未经执委会通过,而且三个工会主席只有一个人知道,其他二[两]个工会主席对工改方案怎样决定的还莫明[名]其妙。据我了解,别的单位在决定方案时是征求工会意见的,我们这里不这样做是什么原因?这里面有没有存在三个主义呢?请检查。另外陈国英,你对这种做法也是有意见,这次又为啥不讲呢?

车间主任:朱炳庚(党员)

全文:"在工资改革中说,工会主席=课长,是什么根据?"（号码:276）日期:57年

在工资改革中陈国英评51元,当时领导解释,因为陈国英是工会主席,所以按课长评级。

工会主席是选举出来的。如果将来改选了,陈国英的工资怎么办?另外选上的是否也调整到课长级?

而且从职务上讲,工会主席是全厂工会组织的领导,应该大于课长,不等

于课长。工会席等于课长究竟根据什么规定?

课长:翁世声(群众)

全文:“工资改革的皆大欢喜” (号码:364) 日期:57年 月 日

在工资改革中,群众对施景贤、熊忠谋、胡春来等的工资不是没有提出意见,而是提了意见没有听取。在会上刘厂长解释没有从根本解决问题,只[这]跟刘厂长作风的独断独[专]行不是没有关的。

办事员:方三槐(党员)

全文:“不公平” (号码:386) 日期:57年9月28日

工资改革有偏差,施景贤的工资不合理。是不是凭她的理论水平高,还是认为她的经历长?〈我们是到〉她的工作做点啥?差错要算她突出。工作量今年还比去年少,大部份[分]工作还是方涵如搞。试问每月评上四十七元钱,是根据什么条件凭上的?

办事员:姚庆云(群众)

全文:“为顾课长鸣不平” (号码:388) 日期:57年9月28日

在去年提拨[拔]的几位课长中,她也是其中之一,可是在工改时评了51元,也是工资最少的一个。我要问她的工作能比王、朱两位课长差吗?若说她的工资基础低,那么朱的工资基础又比她高吗?这是啥道理?

办事员:胡春来(党员)(化名香花)

全文:“我们来比一比” (号码:394) 日期:57年 月 日

施景贤工资为啥这样高?我们真有点弄不懂。我们可以看一看、比一比,比同级47元的同志工作情况。

如:柯汉钦、林佩珍、胡肇桢、方增良等同志工作的量和质都胜过她。

再比一比,比她的工资少的同志工作比她做得好,如44元的同志:方三槐、姚庆云、宋伯荣、唐润洁、方葆民等,如43元郑尧珊、洪仁山,41元的黄子锭、吴元骏,34元的吴正中等同志都比她工作做得好。大概她的理论水平高。我们认为亦不见得。既有理论,实际如何呢?这样比起来,评上47元的工资根本不符合。

办事员：汪仲元(群众)，化名秋天

全文："自作主张车间主管" (号码：411) 日期：57 年 9 月 28 日

车间生产紧张，调来女工帮忙。工资暂不谈，先把工作来干。车间主任主管，自己商量商量。决定工资卅元，通知财务发放。未经人事同意，不与计划商谈。这样自行确定，不知根据工资政策那[哪]一行？

办事员：方增良(团员)、熊忠谋(群众)

全文： (号码：642) 日期：57 年 月 日

在大字报中，有人把王文田、朱炳庚等的工资和顾盘珍比，为顾盘珍抱不平，认为低。相比之下，的确差距很大，但我认为这只能说明王、朱太高，而不能说顾低。当然作为一个人事课长来说，确实太低，但我们来看看我们的人事课长工作作风和她的德才。如为了电灯问题向唐润洁说，我到[倒]没什么，朱炳庚有意见。请问这是应有的态度吗？倘确是这种情况，作为一个人民[事]课长也不能这样呀！何况顾是住在唐润洁隔壁，到底怎样顾是最清楚。这不是什么了不起的事，尚且[倘若]如此，要说人事科长管思想，那就更(有)问题了。

办事员：林佩珍(团员)

全文："宗派主义的工资改革" (号码：643) 日期：57 年 月 日

摊开 56 年工资改革的方案，在排列看[开]几百个同志的工作范畴里，我们可以看出一个问题，那就是党员与群众的待遇问题。

首先使人触目惊心的是：那些一跃千丈、连升三级的人们是谁？胡贞禄、朱炳庚、蒋守信，也就是新被提拔起来的党员同志。一升就是三级可真不简单。听说政策上规定，苏州市都没有权利[力]审批，要省级单位才有资格批复呢！请问：〈还〉是(因为)他们对人民的供[贡]献实在太多了呢？还是因为他们是老党员？

看看二十三级干部，不分彼此，不分高低，一律按平均数提高。难道说，二十三级干部之中就没有德才之分了吗？工作都是半斤八两吗？不错，二十三级干部之中没有党员存在(指工改时),是不是没有党员就可以平均主义的[地]改革吗?难以了解。

往下看,就是二十四级干部。工改后为二[两]类:一类是拿47元,另一类是拿44元。拿47元是那[哪]些人,拿44元又是那[哪]些人(没有一个党员)?难道说党员都具备了拿47元的条件吗?拿44元的位子,党员就不能坐吗?不明白。

我们再来看23级干部的工改情况,变动性可大啦,差距也是很深的。有34元、39元的、41元的、43元的、44元的,五种不同的待遇。享受44元的是那[哪]个?党员。余下四种待遇除周明当时和党支部闹对立之外,都是群众。从34元—44元,差距就是10元,这个数字可以说是惊人的。难道说,"德"与"才"的距离相差到这样远?真叫人难以理解。在会议上,我们曾听得讲过,多次说什么低薪者这次要多增加一些等语。我要问、问、问,搞工改的人是按着什么方针政策、原则来进行工作的?是不是只看到党员,看不到群众呢?

办事员:黄子锭(团员)

全文:"为什么要划出一条沟" (号码:820) 日期:57年10月8日

(1) 在欢送朱经理时,多几个人拍一次照来留念,而我们党支书单正兰同志提出不是党员不要在内。请问(这是)怎样指导思想?〈为什么〉党员、群众在欢送一个同志的问题上有什么不同?为什么在这种问题上还要划清党员与群众的界线?

(2) 在工资改革时,我们二车间主任共4个人。虽然工资政策是皆大欢喜的情况增加,但是在具体分类上有了偏见。党内同志大部(分)提升为47,非党人员一般性为44元。怎样决定就有党员和群众区别?大概非党人员德才都不及党员,或者不负重要责任。我看是不是党员身份来决定呢?这种宗派主义做法,是对党人员的一次考验。请领导上回头看看,是否有宗派主义规律吗?

办事员:唐志人(群众)

全文:"请问工改有毛病吗?" (号码:1002) 日期:57年 月 日

一、工改是否要(按)政策办事?

工资改革根据了解是有问题的,犯有教条主义的毛病。大会报告要皆大欢喜，原来(是)“高的少增，低的多增”的精神，但执行中就没有贯彻这个原则，还是按照以前的工资标准提高百分之几的增加工资。请问领导及工改负责人，只[这]算不算是教条主义？例子还很多，不依[一]再举。

二、工资改革是否平均主义？

据我看法，工资改革〈命〉你讲没有平均主义，我倒不太相信。如果有平均主义，我也不能肯定，不过有这样的事例。据我了解，原来的33元中28元，在工资改革后，同样是增加33.333%，但他们的业务工作永远是一样的吗？如33元的同志，他们永远一个是十六[八]两，一个是半斤吗？这又是何道理？

三、工改是否按照“按劳付酬”呢？

说起来大家都知道社会主义里的工资制度是按劳付酬的，多劳多得，不劳不得，但我厂的工资改革，据我个人看法就不是按照这个原则执行的。请看下面例子吧！

统计工作者共五人(现四个半)，工资改革之后，最高的是47元，最低39元，不可否认，工作能力有(原文空白——编者注)

办事员：胡通宙(团员)

全文：“不合理的工资制度到什么时候才能合理？” (号码：1216) 日期：57年 月 日

不合理的工资制(度)是旧社会遗留下来的，它表现在不是根据按劳付酬的原则，表现在同工不同酬等方面。我们的国家解放已经有九个年头，一切的工作都已走上了正轨，为什么不合理的工资制度，经过了九个年头还不解决？这样影响了工人阶级内部的团结和建设社会主义的积极性。别的不谈，就我们行业来说吧，久华与苏州厂的工资水平就不一样；从地区来说吧，苏州和杭州的就不一样；就是同一省来说吧，苏州和南京的水平又有高低；再从我们厂内来看吧，原来苏州厂的工人工资是从1953年确定，在当时〈以〉情况比较还好，经过五年来的变化，工人的技术水平已经有了变化，有的一级工已经等于了二、三、四、五级工的技术，去年虽进行评级，但工资实际没有改变，因此就产生同工不同酬，影响了工人内部的团结和积极性。工资改革虽然是一项复杂的工作，但是亦不能让这种不合理的现象永远存在下去呀！

课长：徐柏林(群众)

全文:“谈谈工资政策” (号码:1263) 日期:57 年 月 日

通过工资改革,可以调节国家积累与消费的比例,进一步鼓励社会主义建设热情,解决人民内部矛盾。过去工改中,为什么第一次工改〈的〉和第二次工改的增长比例不一样?为什么工厂企业领导干部工资增长规定了幅度,超过的拉下来,而贸易企业行政单位的领导干部不按这一幅度执行?为什么原有工资超过评级工资要保留而不取消?为什么不按劳付酬?

这几个矛盾,也应该解决或解释一下。

课长:翁世声(群众)

全文:“试问” (号码:269) 日期:57 年 月 日

一、吴正中是秘书课文书,现为总务,工资 34 元;周明为采购员,工资 39 元。请问吴、周等的工作能力、工作量都不及通讯员吗?

二、胡春来是私营企业转来我厂工作的职员(中)工资最高中的一个(47 元),请问他的德、才、资那[哪]一点比其他私营企业转来的高?评 47 元工资是什么根据?

办事员:任衡(团员)

全文:“‘风’之一,工矿企业工改为‘特殊化’” (号码:1304) 日期:57 年

一、为什么机关、企业的领导同志工资增加可以超过 20%,而工厂(据说还有矿山)领导工资改革超过 20%还要拉下来?已拿的钱还要从腰包里挖出来?这不就是工厂、企业的“特殊化”吗?且看我厂付[副]厂长吕金凯调整人委工作(科长),现在每月工资 80 余元,而我们厂长工改时评为 60 多元现在还要拉到 50 多元。合理吗?请问那[哪]一个领导还愿意到工厂来工作?

二、再看工厂企业的第二个“特殊化”:机关工资改革一般都升一级,可是我们企业一般都没升级(按工资额来看——因为现在企业是没有级的)。那[哪]一个同志还愿意在工厂工作?我们要求调回政府部门去工作。

三、工厂企业的第三个“特殊化”:机关干部都能享受公费治疗,但小的工厂企业只能实行劳保合同(我们茶厂今年才实行劳动保险)。实行劳保合同的单位,医药费还不能全部报销。请问到底是机关待遇好还是工厂待遇好?可

是政府口口声声说工厂待遇应该比机关好些，因为他[它]是直接生产单位。

四、工厂企业的第四个“特殊化”是工厂干部没有级别。据说级别除了说明这干部的工资而外，还能说明这个人的“才、德、资”。可是我们的级别没有了，我们的“德、才、资”也全部给抹杀了。万一我企业有一个干部要调到机关去工作，他的工资怎么办？

五、工厂中职工病假要扣病假工资，但机关内是照发。谁愿做工矿职工？

六、工人工资比干部高，但工人又常常提拨[拔]为干部，成为干部后工资反而低了。这合理吗（如我厂周永水……）？

办事员：任衡（团员）

第四类　干部提拔调配

4—1　对干部提拔的意见

三字问　473号　日期：57年　月　日

胡厂长，提拔人。看人情，为什么？合作社，并中茶。就提拔，胡林辉？据我看，合作社，启发人。钱立木，对国家，贡献大。为什么，不提拔，钱立木？胡林辉，同祠堂，就提拔。我们党，正义的。快快改，快快改。

工人：潘政忠（群）

凭什么　提拔他？　38号　日期：57年　月　日

我们的厂领导〈厂领导〉，总不会忘记党的干部政策。可是王文田的才呢，德呢？是不是他拿过枪？是不是党龄比较长？也许是大提拔中凑数字吧！

办：方三槐（党）

提拔有宗派　373号　日期：57年　月　日

排排队，算算看，去年大提拔的那些人。胡员[贞]禄科长升厂长，朱炳庚提拔为主任。

还有人事保卫拆开来各提一个领导人。唯有徐柏林职位下沉，本来是厂长现降为主任。〈还〉是凭德才，还是凭党龄？不解其中意，提出问分明。

办：黄子锭（团）

气愤的对比之二　892号　日期：57年　月　日

朱炳庚与任衡：

朱炳庚原来是一个管仓库的人员。讲起他的工作，人们听了，摇头叹气。工作干得一塌糊涂，成天睡在仓库之内，睡了几年懒觉，还是工人去提货才把他唤醒呢！讲成绩吧！既没有改进一点工作，也没有创造一点经验，稀里糊涂的[地]混了几年。五六年领导上把他拉进宝座，提拔为课长，从此以后就摇摇晃晃的[地]在群众之上。大家叫他朱炳庚，他就不理不采[睬]，叫他主任他才称心。这些我们且不去谈。我来看看车间主任，分工管工人的思想管得这样。工人意见大，他说工人落后、粗笨、发雷霆、谩骂来教育工人的思想，大家看这种教育手段糟不糟？这种不称职(的)提拔后果是不会好的，我们要他下马，他不能领导工作，也没有本钱来进行领导。讲到任衡同志，在储运课工作，好几年虽然有缺点，但是工作还是让人满意的，着实动了些脑筋，创造了如运输路线的改变，海陆连运另[零]担并正车(原文如此——编者注)，还有什么同线同方向等，也有推广全国的、全市的，给国家节约了一些财富的。但是领导上却看作是落后份[分]子，没有表扬还气得过，叫人家吃批评总太无原则吧？这种的[样]提拔干部，这样对待同志是人事政策上规定的吗？〈还〉是有意识的[地]弄鬼呢？还是宗派主义在作崇[祟]呢？照这样〈的〉搞下去，对工作不会搞好而是搞糟。

办：黄子锭(团)

人事部门　34 号　日期：57 年　月　日

工作主观主义。例如有的工人提拔为长年工，不愿意做长年工；有些人要做，都不提拔。提拔了的埋怨，没有提拔的意见纷纷，造成工作上的损失。

办：张逢济(党)

为什么(四)　1388 号　日期：57 年　月　日

朱炳庚为什么会爬上车间主任的宝座？是不是为了适应大提拔的高潮(客观形势)又可以满足了他个人的当官欲望(主观愿望)？在这样的条件下，不学无术的朱炳庚就毫不犹豫地接受了车间生产工人思想教育工作的领导职员[务]。工作不称心，消板[极]怠工，躲在仓库睡大觉。新官上任大摇大摆不懂装懂，一付[副]领导面孔，西洋镜插[揭]穿，原来是个假内行。好在二车间地方大，东溜溜西荡荡，一天一天磨时光。工人称他为二流子，叫他做领导实在太荒唐。

办：蒋士增(群)

心里话　370 号　日期：57 年　月　日

我自己回忆一下提拔已一年当中，〈我自己〉按照我的职称与自己政治业务水平是不相符的,因而工作成绩很少。但是领导对提拔同志有没有培养呢?我记得很清楚,从提拔那一天起厂领导从未找我谈过一次话,强调在实际工作中的锻炼。难道在其他方面不需要培养了吗?可是事实上并不这样,领导不是一视同仁的[地]对待,对能力差的同志抱着不理的态度,而[或]是批评同志不动脑筋或怎么样。可是具体同志真是有苦说不出,与我同鸣之感不是一人吧?我想此地进一方[言],既提拔起来,领导就要培养帮助,请领导多了解具体同志一些苦衷吧!

课长:顾盘珍、王文田(党)

无题　438 号　日期:57 年　月　日

提拔干部,必须根据干部政策所规定的德和才,以上二[两]者具备了或者同等才能提拔。可是我厂在 1956 年所提的一些干部当中是有偏差的,如胡林辉、王文田二[两]位课长所具备的德才并不突出,而且在某些方面对党的政策和号召无动于衷。请问他(们)凭什么根据提的?是不是凭情面,凭个人印象〈为根据〉?

办:香花(胡春来化名——编者注)胡春来(党)

请领导考虑　322 号　日期:57 年　月　日

计统工作的重要,我看领导上总了解的吧?但为什么对计统工作无一个人来管管?把搞了多年计统工作的王宗庭调到车间当主任?难道就不能做计划课长吗?那[哪]一样对工作有利?

办:方增良(团)

乐而乐　330 号　日期:57 年　月　日

本厂有三人,派去福州城。坐了四五月,乐乐乐在心。交流二[两]三次,因子是否真?个人搞一套,是否代表性?都说试验经,认为自己好,啥人都不行。厂长听起劲,三人一同升。一个当厂长,一个主任升;另一未分配,放在办公厅。一出二干部,实在无去寻。到底是具备,请问刘本清。实事不实事,我也难辩明。

工人:钱立木(党)

作领导一定要德才兼备　678号　日期：57年　月　日

大放大鸣揭开，牵涉范围德与才。不见德才来办事，我厂呢□□□□。今天甜言密[蜜]语讲，明天××请吃饭。如有贪污不沏[彻]查，全见讨好领导来。提拔干部凭德才，上级早有明文规。不应提拔而提拔，不是私情那[哪]里来？不该入党入了党，对党威信有损害。领导如有好品德，这种事情决不会。已拔干部勤教育，加速学习德和才。否则上棵[梁]若不正，下面反应批评来。领导工作有真才，也是一个紧要关。不愿影[形]象来办事，对党对民有交待[代]。德为基本才为主，公正合理选真才。

办：宋伯荣(群)

这里面一定有毛病　1044号　日期：57年　月　日

朱炳根[庚]、鲍清和、胡春来等的资历、德、才在群众中看来，并不这样，而是蛮推扳的。为啥串头势这样快？这里面一定有毛病。

办：宋柏荣(群)

是否凑数的课长　595号　日期：57年　月　日

我不知道提拔干部的条件根据是什么？我的想法是作为一个领导，不论在政治上、思想上、工作能力上应当比一般同志强一些，才能够负起领导的责任。如果比不上，即使埋头苦干、大公无私、作风正派、能联系群众，也还[不能]使人心服。可是从去年提拔的一批干部中如王文田、顾盘珍、朱炳庚、胡林辉、王宗庭，特别是王文田既无群众威信又无专门工作经验，真所为[谓]吃饭拿工资的课长，有的提拔以后，贡献没有，官架子却摆得实足，甚至怪[盛]气凌人……这不是凑数的课长，又是意味着什么呢？领导应当虑。

办：胡士田(党)、柯汉钦(群)

4—2　对干部工人调配的意见

一年要变三变　1126号　日期：57年　月　日

同志参加工作，我是在51年“三反”由工人提拔起来的，初是搞拣工账，继又搞总务手工业的验收员、营业员、采购员等〈工〉工作，名堂很多，这又是什么原因呢？呀！很简单。由于我们茶花加工茶厂行业是个季节要“变”的(行业),所有[以]也波及〈到〉"我"的工作也是个季节性(的)了。就要变,那么如何变呢?年年变、季季变、一年要变三变,一季度变、二三季度变、第四季度又要变,今年变、明年变来变变变。老是变,也不知变到那[哪]一天才止,今年这样变,明年那样变。眼下拣场快要结束了,"把戏"又要变,怎样变呢?不晓得,等待领导上临时"变"吧!

不过我深深地感到一个人的性格特点、工作技能,总想成为一个有专长者,为人类创造一点贡献作为人生的最可贵的"东西"。

但是像我这样的变,年年季季的变,时时刻刻的变,对本身的技术来讲,钻研精求、欲望深造基本上是不可能。在领导上对培养干部来讲更是困难,造材无力疑转成为一个求食的庸生矣。唉,极为可叹!深不知我们领导上可曾体念到这一点,作为一个改造人类世界的"党"来讲,对于这样的态度以挡[对待]工作者是深为不取也。

办:柯汉钦(群)

不考虑生产管理关系,偏偏的精简了机构　352号　日期:57年　月　日

生产技术课精简掉了,生产技术课工作是一个厂的中心组织。老子的天呀!怎么会把它精简掉了?要简把车间办公室放到工段,不是更好做工作吗?

办:张逢济(党)

为什么(五)　1389号　日期:57年　月　日

今年我厂内部组织机构调整。为什么行政管理部门增加了人事和保卫二[两]个课(原来人事保卫在秘书课),而生产业务管理部门都[却]减少了生产技术和计划二[两]个课?是不是生产业务管理没有行政管理重要?

办:蒋士增(群)

如此使用干部　739号　日期:57年　月　日

自从参加革命工作七年以来,一直搞文书有三年多,茶厂初创,我在秘书股担任文书,收发档案兼总务和伙食。随着业务扩大,人员增多,从一人到二三四五人,目前也有四人之多。且不谈总务、伙食,仅从文书工作来对比,我在秘书股要汇编全厂总结计划,还要负责各股刻钢板、印报表以及日常工作。现

在怎样呢?

55年前,早就听小广播说领导上因为文书档案是机密工作,有调动我工作的意图。就在55年调去商训班(后)〈工作〉回厂(工作),果然不出所料,调到储运□调入工作,不到一年调去虎邱□茶花,刚刚有点头绪,又回储运出差河南催调茶叶,回来到生技报定额,一年不满现在□记帐[账],由于自己对珠算会计缺乏基础,工作起来思想真苦闷呀!

为什么领导上调动干部工作不愿征求本人意见?对具体□有意见也不冷静考虑,总是拿着一切服从工作需要为箭牌。根据什么□□□□干部,是不是凭主观主义安排同志的工作?

办:蒋士增(群)

领导的手段是滥杀和尚弄杀鬼　1042　日期:57年　月　日

今年生产旺季,炊事房搭伙人员召[招]一百八十余人,加之女工蒸饭二[两]百多人,另外女工买菜的计一百余人,同时随着生产的忙碌还要烧半夜食。在这样忙碌的情况下,我们炊事房里一共只有六个人,其中袁金宝同志患肺病休息三个多月,等于只有五个人。因工作实在勿来讪,还算领导的关怀,增加了半个人(上午炊事房,下午烧洗浴水),为此炊事员工作每天需要做十小时半。至于例假轮流休息问题,请求领导上解决,但是领导至[置]之不理,强调工作性质不同,上午工作虽忙,下午比较空一些。算指示我们,轮流休息半天,叫我们互相(安)排〈挤〉解决。

现在我要问问领导同志,你是否按照政策做事的?一个炊事员究竟烧几个人的饭,政府规定是多少?

如果你们政策不懂,旁[别]的单位里我想你们一定晓得的。为什么你们硬要压制我们这样做呢?真所谓有"饱人不知饿人饥"。工资又低还要我们自己不合理的[地]安排,这不是要我们"滥杀和尚弄杀鬼吗"?真是岂由[有]此理。我们是不会服气的。现在我们唯一的要求,把我们调动出去,请答复。

炊事房:冯国臣、沈凯、朱小炳、张远圻、袁金宝(群)

为啥上级机关到基层来借用干部?　1072号　日期:57年　月　日

以往几年中经常被上级机关调去协助工作,但一去就(是)几个月,而且工资和办公费用都要厂里〈负里〉负担。我看有些〈太〉不合理。虽然要从整体出发,但要考虑本单位的经济核算。建议领导上应该与上级单位讲明,要借用□□给他们,〈不然〉工资应划归协助单位支付。

办:金钰铭(党)

人事课长糊里糊涂,保卫课马马虎虎　482号　日期:57年　月　日

我要问二车间的货少吗?假使你说不少,那你们为什么在安排警卫员工作上有[又]二[两]样呢?看吧!一车间警卫员堆积如山,二车间只剩一个孤寡老人在终日把守大门。你们想想看这样安排妥当不妥当?

工人:江世绪(群)

为什么劳动力调不动?　1428号　日期:57年　月　日

在旺季生产中,有一次我们花楼上出花的劳动力少,当即汇报车间主任要调几个劳动力来出花。徐主任到制胚工段去调四个劳动力来花楼工作,但是到了晚上这4个劳动力也没有调来。请问车间主任在做些什么的?为什么调人都调不动?主任不把劳动力调来,〈对〉我们出花时间出得太迟了,是否要〈是〉影响产品质量?

工人:汪文忠(党)

培养干部　698号　日期:57年　月　日

合总茶厂合并后,人事部门对培养干部很关心,凡是调来工作的须经过学习,于是先后就有唐润洁、唐崇仪、熊忠谋前往商训班学习,就连厂长徐柏林也不例外〈也〉要到商训班去搞一下子。人事部门是知道商训班学习内容的,而我们一直是搞工厂财会工作,因此也就想到这次要调出工厂工作,可是回厂后仍搞财会工作,学非所用。我到现在还弄不清楚,这次培养的目的何在?是培养成为商业人才呢,还是一种宗派主义呢?还是不了解我们要去学一下呢?

办:熊忠谋(群)

问题在那[哪]里　573号　日期:57年　月　日

早就听说敷[傅]锡钗的家属九月底前全部结束,可是工人的家属早已结

束，确是[然而]干部的家属继续在做。难道是偏望干部的生活吗？有的工人家属问得我们哑口无言。我看领导上就是不能大公无私，以身作则。否则又是什么道理呢？

警：邱云生(群)

你自己考虑是否[不]是官僚？　599号　日期：57年　月　日

我们知道一个劳动者，如果失去劳动是多么苦闷和难受呢。就那[拿]我们四个守获[货]员来讲，就是如此。如果车间有任务，就叫我们到车间封箱；如果车间没有任务，只得以守获[货]员这个名义。另在传达室内把我们的工作形成了预备队的临时工，把保卫工作形成了有可无可。据其他厂对守务[货]员的处理来看，我们厂里的守获[货]员实际上就不许[需]要了。为啥我们提了很多意见，但我们得到的回答是无法分配。那你们就不动脑筋吗？那你们干什么呢？你这样是对同志负责吗？你这样的态度又叫我们怎样安心工作？再又告诉你，我们革命是工作。你这样做，我们是有意见的。

警：邱云生(群)

人事课的手段　729号　日期：57年　月　日

我厂今年的茶箱有一部份[分]钉铁皮的，因此要雇临时工来剪铁皮。当时我去人事课与顾课长谈，是否可以叫舅子来做？顾课长当时答复，我们研究一下。第二天我又去问金钰铭同志给我的答复，是到沧浪区打张介绍信来。我当天回去叫我舅子去〈要〉区里，讲没有得到原单位的联系，不能开给你。这种手续难道人事部门不了解吗？为什么别的家属来厂做工就不要区里的介绍信呢？请问人事部，你们就用这种手段来对待革命同志吗？

办：周明(党)

请问朱德正厂长怎样使用干部？　1107号　日期：57年　月　日

“三反”以后，我的身体很坏，可是我还是尽我的主观努力对待工作。吴明德当时是业务股长，曾向朱厂长提出要照顾我的身体。朱厂长认为我是旧人员，不要管他[我]。朱厂长的心多么冷酷。请问按照干部政策是应该这样吗？

课长：韩作人(党)

乱调来调去　336号　日期:57年　月　日

五五年十月里,一搬[般]〈儿都谈〉是淡季。百货市场旺是旺,人事部门来帮忙。为了减少点费用,抽调一批去支援。到了中百公司里,就把工作来分□。一门一批是三个,各把工作来担当。因知本厂工作要紧张,包装小组(人)手少。只好又到外面调一批。我们都是制茶人,包包扎扎都能行。□□调来由何在?是不是人事部门无事情?弄得干部不定心,这种工作行不行。

办:胡通宙(团)

人事课正如调拨课　309号　日期:57年　月　日

调动人员正便当,草率决定来调动。工作刚接手又要调,这样怎能使同志钻研业务呢?

如方三槐同志统计工作学工改,工改结束回统计,一月未满调工会,成立人事课调去做人事工作,没几天又是调去车间学拣工。如黄子锭同志财务工作学统计,学习回来未做久,就调拣场做工作,一周未满回财务。

车间主任:王宗庭(党)

吃夹档　315号　日期:57年　月　日

去年鲍清和同志调市局,胡厂长马上大会宣布方三槐同志做工会宣教工作。当时统计工作正处年报阶段,工作移交傍[旁]人难下手。人事秘书、工会支书一天催二[两]三次,造成具体工作同志心不定。上面领导说组织已决定,下面同志说我拉住不放手。刘厂长□[认]为且慢调,弄得我在中间吃夹档。

车间主任:王宗庭(党)

弄得干部团团转　335号　日期:57年　月　日

我在工作时,担任工作是总务。自从归并公司后,人事忙把命令下。先是按插财务课,工作二三月有权。秘书工作事情忙,调去代表做总务。生产业务来开工,储运正把货搬定。工厂调出余尚青,出去到省组货源。我又调出抵空档,原来调拨无事做。只将春来调车间,不知领导啥道理?干部调得团团转,是否领导才能称?怎样做的工作法,干部业务怎样多?怎样做的工作法,干部工作要安心？怎样做的工作法，干部工作怎的好？

办：唐志平(群)

我们的工作为什么要年年这样变　1076号　日期：57年　月　日

我们的工作因为是季节性生产，所以要年年变，但变的人由领导上决(定)，叫你变什么就变什么。可是我总想不通，为什么领导上只指定那几个人变，而其他同志就不会〈叫了〉变呢？想必这是领导上捉住每个人特点，因为这些人是孙悟空会变！

办：姚庆云(群)

如此关心的领导　1197号　日期：57年　月　日

我看到很多大字报，厨房与传达同志写的大字报，勤务人员的工作时间比工人(长。)〈特别是〉我的思想真搞不通。好比去年生产旺季，厨房朱小炳同志每天工作时间要15小时，早上四时起身到菜市场买菜，晚上烧工人夜班伙食12时至，搞了一个多月。朱小炳再次提意见，我这样做下去身体实在吃不消。有传达室陈同志等每天工作时间要做十几小时。亲爱的领导，我要求你们关心勤务人员的工作呀！

勤：顾应根(党)

问问人事课　396号　日期：57年　月　日

糊铝罐的工作，据说是照顾困难职工的家属。究竟根据什么标准是困难的家属呢？如果说收入少的算困难，那么比我收入多的也在糊。如果负担(重)的算困难，那么比我负担轻得多(的)也在糊。如果说有孩子的不能糊，那么顾应根的家属为什么又好糊？究竟要怎样才够条件？请人事课谈一谈。

办：余尚青(群)

人事课为什么调我去做总务工作〈的〉？　1341号　日期：57年　月　日

我是一个茶叶工人，进中茶公司将(近)八年了，自五一年由上海调来苏州，在这几年中做的也是茶叶业务、加工方面的具体工作，如包装仓库、分茶分花等。虽没有什么成绩，但对茶叶业务方面多少还有实际知识，关于记帐[账]

和设计表格外，车间办公室和储运上就没有我可以做的工作了吗？为什么人事课今年把我调到二车间去做总务工作呢？虽然总务工作也是要人做，为什么把在二车间做了几年总务有实际经验的唐志平同志又调到财计课去呢？调我去做总务的根据是什么？这样使用人员能发挥每个人的特长吗？

办：余尚青(群)

岂不是十足的官僚吗？　1329号　日期：57年　月　日

〈从〉建厂以来，为了提高干部的业务水平和政治水平，〈因此几年来〉国家花了许多人力物力。〈而〉我厂曾输送了几位干部去各地学习，学习回来后，照理来讲让他们把学来的一套完整东西在原岗位上发挥作用，可是我厂恰恰相反，把他们从这个工作调到那个工作。如肖宝成同志从镇江学习回来后，马上调至批发部做物价工作；徐开明从镇江学习回来后，改做物料工作；黄子锭同志从×地学习统计回来后做记帐[账]工作……这样的情况领导上是怎样想〈像〉的呢？毫无疑问，领导上对国家花费的财力、物力是熟视无睹的。对充分发挥干部的创造性又是怎样呢？这样的作法[做]对吗？岂不是十足的官僚主义吗？

办：胡春来(党)

人事部门安排工作要适当　121号　日期：57年　月　日

二车间老年工人俞乐亭今年〈年龄〉60多岁，有[又]看门来又打钟， 人兼了两个职，印[硬]花时间加夜班，每日工作，(从)鸟叫做到鬼叫。谈起水灶二[这]个人，每天除了送水外盖了被头睡大觉，好像进了疗养院来疗养。

办：蒋忠钦(群)

为啥道理不解决？　777号　日期：57年　月　日

二车间的保卫工作始终没有动过，一车间警卫和勤务人员七八人，二车间只有一百另一个(原文如此——编者注)。勤卫与勤务再加上，上工下工去打钟，睡觉时候半夜十二点钟，起身的时候半夜四点钟，请(问)保卫课长睡大觉还是没有睡觉？正是[难道]你看(不)见吗，还是听不见群众的呼声吗？倘若俞乐亭同志不属于你管的，请你转告有关课长大人解决，请你深入解决吧！

办：蒋忠钦(群)

无题　436号　日期：57年　月　日

五二年由市府调来厂做财会工作，我就不安心，三番五次向领导上提出，请给我调动一下，结果一直没有个答复。往往见到有些同志外调，我就起波动，再提出人事课考虑我的工作吧！

办：汪仲元（群）

为什么对糊铝罐安排意见大？　357号　日期：57年　月　日

我看主要是人事上没有执行劳动政策。吴政委在[作]增产节约报告时指出，在人事工作上要堵塞漏洞，举例说工厂要把仓门和□都关上。我们厂里就没有执行到。以照顾为名吸收家属参加，在吸收中也不〈是〉全是困难的才照顾，不困难的也有照顾，困难（的）也有不照顾。为了解决矛盾反而增加矛盾。矛盾的〈主要〉存在（是因为）没有按照劳动政策办事，没有按照吴政委的指示办事。

课长：翁世声（群）

如此培养干部　818号　日期：57年　月　日

讲起培养干部，使我想起了一件事情。那就是在去年10月间，领导上为了培养我业务水平，更好的[地]为党而工作，调我去学习。“学习”这个名词是多么激动着人的心情哪，尤其对我这种没有业务水平的人来讲又是何样[等]急切和须[需]要呢？我是喜在眉头欢在心的[地]进了学习大门——商干校。

遗憾的是我是搞工业业务，而学的（是）商业知识，牛头不对马嘴，学的统计做的财务，各不相关。问问人事部门这样的培养干部是否合乎情理，还是你们不了解情况呢？学非所用，既损失国家财富，（又）浪费了工作的时间。请人事三思考虑考虑。

办：黄子锭（团）

我曾提过这样一个意见　826号　日期：57年　月　日

现在看到很多大字报，提出车间主任有四位是不是太多？同时也看到朱课长在二车间确实很空。不但干部有意见，工人也有意见，使我回忆起我也曾提过这样的意见。

我觉得车间主任有四位,尤其是二车间一共只有五个干部廿多个工人,倒是去年有女工四五百人时反(而)只有一个车间主任,这样自然会形成事少主任多的情况了。我在上半年曾向胡厂长提过这样一个意见,(建议)朱课长是否可以多搞些工会工作?胡厂长也认为他有同样看法,但是为什么不在党支委会或有关会议上研究研究呢?我认为即使不加强工会领导,也可调度其他课领导来加强财计部门或秘书部门的领导。

办:周韵竹(团)、课长:陈国英(团)

心里话　358号　日期:57年　月　日

在今年5月份,本厂派人出去组织货源,那时我和任衡同志都不忙,按职责分工来讲也是我们的工作范围。请问为什么闲着(的)人不出去组织货源呢?

那又为什么你们(的)意图不和我们谈明呢?这样对待工作正确吗?

办:胡春来(党)

一身兼两职　90号　日期:57年　月　日

人事课对二车间俞乐亭同志安排工作不周。一身兼二[两]职,又是勤务员,又是守卫员,时间到要打钟,门无人怎么办?只能往里跑,保卫工作哪里管得了?

领导应该关心老年人,勤务人员俞乐亭现在已有年龄60多,领导上对待他关心很不够。每天起身是第一,晚上睡觉比人晚,中午那[哪]里有时间来休息?遇到车间有夜班,十二点钟再要加一班,人事课是了解,唯一办法动员来退休。我以为没有退休应该都关怀,怎样才是真关怀?

办:毛其林(党)

变变变　1005号　日期:57年　月　日

我们的组织机构在不断的[地]变,而我的工作也同样经常跟着在变,短短的三年中我先是二股外勤、统计,后来调秘书人事(好似打什)。去年年底又被借出数月,回来分配搞拣场,结束不知又搞啥,真是好像游击队。几年了还是行行不懂,四脚朝天,这能使人发挥积极性吗?这难道符合培养干部政策吗?

请问苦到几时才能不变？

办：胡士田（党）

厂长室[是]宗派主义　122 号　日期：57 年　月　日

我来问问厂长领导，这把大权是谁掌？为什么去年提拔看人头？胡贞禄课长升厂长，徐柏林厂长做课长，是否徐柏林不是党员你就二[两]样？

王文田凭什么条件当课长？是否他的德才都全备，工作表现有功劳，升他为课领导？

朱炳庚升课长，他的功劳在那[哪]里？是否他管理仓库工作，做得实在好？没有车间主任把他拉，还是凭他嘴为讲，拍上拉下手法高。你们都是党员，凭什么政策来提拔干部的呢？为什么徐柏林的职位往下降，本来他是二厂〈当〉厂长，现在为什么要做课长呢？是否他的德才差，还是他的思想笨手法技术不高妙，不会拍上拉下，说讨好，所以他的职位往下降？我看你们一定有宗派，党员群众有两样。是否党员可以在群众起威风，群众就没有条件做厂长？这里我不懂，要问问我们厂领导。

办：唐润洁（团）

这些人为什么被提拔？这些干部为什么往外调？难道不是宗派主义吗？
430 号　日期：57 年　月　日

1. 一九五六年以前，朱德正同志当厂长又是经理的时代里，我们记忆犹新，他提拔了多少领导干部？大家看看，这些人就是钱茂栋、张景海、胡贞禄、俞祖发、吴应瑜。大家不竟[禁]要问，这些都是党员呀！是的，都是党员，讲得激动一点，这些党员都是今天入党明天提拔。在这个时代里，股的领导（除颜宝书外）几乎全部是党员。我们又不竟[禁]要问，难道在非党员中就没有可能被提拔的对象吗？难道这不是朱德正的宗派主义在作怪吗？

2. 说起了今天入党明天提拔，我们又〈可〉想起了近一点的事情。王宗庭、韩作人、胡林辉、顾盘珍不都是这种情况吗？为什么又是昨天入党，今天宣布当课长主任？为什么不早一天不迟一天，事事回忆[回]这么凑巧。难道这是一种规律吗？我们又不竟[禁]要问，这些人昨天入了党，今天就具备了当课长、主任的条件吗？难道这些人在没有入党前就没有具备当课长主任的条件吗？难道这又不是宗派主义在作怪吗？

3. 在朱德正领导的年月里，我们可以再看看往外调了多少人。这些人(有)赵云嵩、凌德升、顾峥、赵剑萍、洪锦城、钟玉贞。大家又不竟[禁]要说外调干部是服从工作需要的必然现象。对的，一点也没有讲错，但是我们也可以想想，这许多位外调的同志平常都是能够向领导上提提意见的人，揭发一些领导上错误行为的人，这大概也是事实吧！那么根据这个情况，我们可以回忆一下，朱德正不是曾经说过要造成一种言听计从的清一色局面，难道不是一个不谋而合的奇遇吗？难道这又不是朱德正的宗派主义在作怪吗？

4. 一九五六年提拔起来的一批领导干部中，像王文田、胡林辉、朱炳根[庚]、王宗庭、顾盘珍，难道是真的贯彻了干部政策吗？他们的德就是[衡量]标准在是个党员吗？他们的群众关系、思想作风就不是衡量德的标准吗？再看看他们的才究竟怎样？论到工作能力、业务水平，对负责一个部门的工作能不能称职？难道就[这]不是很清楚的事情吗？难道具备了这种德才的人，我们单位里就没有吗？一定要拿党员去凑数吗？难道这又不是宗派主义在作怪吗？

办：吴光森(团)

第五类　文 化 政 策

政府号召扫除文盲，工会为啥不让工人谈？（367 号）

去年组织工人进夜余学校读书，工人满身[心]欢喜，日班工作忙碌碌。下班之后进“三堂”，先进食堂，吃过饭进浴堂，钟点已[一]到敢[赶]快跑到夜余学堂。虽然忙得真要命，要学文化也应当。学了几月有进步，普三、普四已毕业，考到中一、中二已分班。书本已经买好，季节工人不准念，浪费我买书钱。问问工会什么道理不好谈？工会福利的钱。为什么干部、长工谈得成(?)

工人：凌齐煌(群)

扫盲中的漏洞　(472 号)

政府发号召，要把文盲扫，季节工真苦老[恼]，心里要读书，好事无去找。

工人：潘政忠(群)

根据什么来划分中、初级组的？　(737 号)

在我们单位里，参加政治理论中级组的成员，以职位来讲，有厂长、股长，也有办事员；以文化来看，是[有]大学、高初中；以政治来分，有〈是〉党、团员，也有群众。又是经过一次又一次的考试，不知内幕的人看来似乎很好。

可是我直到现在还弄不清，凭什么条件能参加考试而编进去？为什么不能让每一个同志都有参加考试的机会呢？如果自己通过考试因水平不够而拉下来也就心甘情愿的[地]参加初级组学习。

现在，我听说第一批的对象是张致人决定的，第二次、第三次为了陈国英……这些要局内人来解释，非局外人所能理会的。

因此提出有关方面给予解释望答，以此除我思想上一个痂[疙]瘩。

办：蒋士增(群)

党支部决定四位青年党员考技术学校是否宗派主义？　(903 号)

今年四月间，上级有在职青年干部报考技术学校通知到厂。据了解当时报考的有胡通宙、金钰铭、方三槐、胡春来、胡士田，上报名单就[却]没有胡通宙,为什么呢?胡通宙是共青团员,不是共产党员的关系吧?既然认为胡通宙不够条件,就不要他报名。既然准他报名为什么不把他名字上报?既(然)不上报,就应该把(不)上报道理向胡通宙说清楚,人事课不应该瞒着不告诉胡通宙。此事非党青年议论纷纷,胡通宙对人事课意见很大。这是不是宗派主义,请考虑吧!

办:徐凯明(党)

宗派主义何其重也! (942号) 日期:57年10月9日

去年夏季,听说有的技术学校来我厂□考在职青年去学习。那时我厂也有很多青年同志要求报名,结果厂领导只批准了三个青年党员去报名,其余的一概没有批准。请问我们的领导同志宗派主义为什么这样严重?

办:方葆民(群)

独培心腹子 (987号)

五六年机关干部学校开学了,我们大家都想去读,可是有个制度规定不是课长级的干部没有条件读书。我们一群同志只好瞪眼等待了。奇怪,奇怪胡士田很早就在读书了。人家不竟[禁]要问,胡士田是课长了吗?怎样去读书的呢?

今天才恍然大悟,原来是朴质的伟大母亲吴应瑜在培养他的心腹子。

办:黄子锭(团)

毕了业就"失业"(1237号) 日期:57年10月14日

我在金阊区干部文化补习学校念书,初中算是毕业了(只有语文、汉语二[两]门有毕业证书,其他各门我在别的学校读过,校方没有发证书)。毕了业就不能继续再读,只得很怜惜的[地]出了学校的大门,失学了。目前金阊区没有高中,市里有高中今年没有招生通知(据本厂人事部门说)。去年我也去报考,我没有考取。听说,我不是科长、厂长、区长,……所以就……这也不要管他,因为我无本领,没有爬上科、厂、区长的位子,而市委的干部有些人(我认识)比我成绩差,例[却]由市委保送了进去。这点使我难懂,高中是否为市委干部、科长、厂长……办的?值以[此]整风之际,我愿献上一言,通过整风,整掉宗派、本位主义，让更多的人读到书。

办：方三槐（党）

虎头蛇尾之三　（1338 号）

扫除文盲，开始时提出规划，要有几年中基本扫除文盲，大力动员投入扫除文盲。目前不闻不问，职工和居民中好象[像]没有这回事。

办：汪仲元（群）

虎头蛇尾之十　（1410 号）

政治学习，我们厂中也有学委会，几次三番的[地]讲要有系统的[地]学，正规的[地]学习政治常识、经济常识、哲学常识，各自繁多，结果学了一二[两]章，就不告而非之。

办：汪仲元（群）

第六类　经济政策

6—1　油粮政策

向党谈谈心里话

粮食措施令人管，分配定量要执行。当时规定是合理，形势改变□调查。总的方针要掌握，体脑劳动二[两]样订。干部定量二十八，一般工人三十多。农民粮食有三定，毛粮只有四百另[零]。会来把它莫[摸]一莫[摸]，每月约计念[廿]五斤。农民虽有自利七(原文如此——编者注)，合作以来掌握定。事实把它想一想，劳动倒[到]底也不轻。工作时间又较长，吃饭时间不规定。这样定量小不小，请求我党考虑行。

工人：方义茂(团)

节约粮食未执行　(198号)　日期：57年9月24日

党号召大家要把粮食来节约，本厂里同样响应党号召。吃山芋是个节约粮食好办法，吃稀饭，搭头山芋烧真是有[又]甜(又)是很香。但只是山芋下来烧，给□烂掉了，真正是节约粮食未执行，到后来节约粮食又是设法脑天无是(原文如此——编者注)。花色点心夜夜搞，提意见领导也不来抓一抓。

工人：汪文忠(党)

为什么　(1302号)　日期：57年　月　日

国家政府规定的粮食政策，课室干部定粮为28斤。(对)这个政策是完全拥护，一点意见也没有，可是使我搞不通的是经过苏州茶厂的第二通手里。

为什么要把我的粮食扣掉一部份[分]?

为什么就不能让我尽这28斤粮食吃?

为什么我没有超过头也是要叫我晚上吃粥?

为什么国家定的28斤粮不能在本单位作数?

为什么我没有超过头却连吃粥、吃饭都不能有选择的自由?

为什么我可以不吃粥而硬性的[地]要规定我吃粥?

为什么本单位在粮食上不能讲民主？

为什么相互接济、团结友爱，就不考虑其本人的意见？

为什么伙委会的粮食计划当初不能很好的安排，到最后却往个别同志身来，来一个总动员的吃粥吧！

办：赵织云（团）

小事情　（1435号）

甲：老张，我们星期日到那[哪]里去玩呀？

乙：到动物园去玩，好不好？

甲：好啊！

乙：老季，时间不早了，快吃中饭了。

甲：哟！我觉得肚皮有的[点]饿了。

乙：我们到那[哪]里去吃饭呀？

甲：我（们）到观前松鹤楼去吃饭，好不好？

乙：很好，松鹤楼的各种名菜很好吃呀！

甲：是啊。

乙：老季，现在几点钟了？

甲：现在时间还早，这[只]有一点半钟。

乙：啊！

甲：这[怎]么样？

乙：老季，现在吃饭吃不到了，因时间已过了。

甲：这[怎]么时间已过？

乙：老季，现政府规定，饭店里要定粮供应。

甲：这个定粮供应，有些不适当。

乙：为什么不适当呢？

甲：老张，如果有外码头来的玩客人，玩得高兴的时候，可能时间迟一点，即[之]后这[怎]么办？

乙：你自己想办法呀！

甲：老张，我有一天走进饭店去吃客很多，时间这[只]有十一点半。

乙：正好开始买饭。

甲：我一等，等到一点半。服务员对我说，没有饭了时间已过，请到晚上来吃饭吧！老张你想想这样定粮供应〈是否〉对吗？

乙：老季，现乘整风可以向政府提意见。

甲：对，对。

(这个意见作为参考)

勤务：顾应根(党)

虎头蛇尾之四 (1339号)

点心供应，对大饼油条等起先规定每斤多少个或条，并经常进行抽查，规格、份[分]量不符合要处理。现在买要极早，还要排队，还谈(得)上抽查规格、份[分]量吗？

办：汪仲元(群)

对人多粮少的意见 (1324号)

(二)(原文如此——编者注)我国粮食是不太富裕的。听过粮食局王付[副]局长的报告，对这问题更清楚。我认为中国地大，在内地有较多的荒地，过去政府也花了很大力量采取移民和开荒的办法，最近似乎松了一些，其中具体情况不太清楚。不过我想这个办法仍是个好办法，建议中央仍可考虑采取大量移民开垦荒地的办法来增加农业产品，尤其是增加粮食产量〈适〉来解决供求之间的矛盾。

工会主席：陈国英(团)

节约粮食意见二则

(一)节约粮食以来，市场上供应的付[副]食品也相应捎紧了。全国人民意识到这是为了建设社会主义，暂时艰苦一些是可以的。但这里有个实际情况，往往遇到出差没有地方吃饭，跑到馆子里说，没有了。那确实也是个问题，据说别的市都有"加工麦"、"加工饭"吃。我认为这个办法很好，本市粮食部门也可采取，出差的同志粮票是有的。这样有粮票来限制，就可以既不过于扩大市场消耗量，又解决了出差同志的吃饭问题。

(二)最近一阶段市场上鸡很多，而且价钱很便宜。据说是农村里的鸡为了节约粮食，所以都拿出来买[卖]的关系。我认为这样做〈是〉不妥当。我们知道鸡蛋可以出口的，现在把鸡都吃了，到需要鸡蛋的时候，一时怎么来得及，因此我觉得各农业生产合作社应该很好研究养鸡的方法，而不应该单纯为了节约粮食，草率把鸡吃掉。

工会主席：陈国英(团)

想到就说 (1083号)

1. 社会主义国家里不应再有人讨饭，政府应责成地方有关部门对讨饭的随时发现随时予以适当安置(江苏省会南京市最热闹的□街口也有些人在讨饭)。

2. 为了节约粮食阳春面不供应，为什么花色面有供应？这样作[做]法也是有钱人快活，穷人该倒霉了。

3. 按劳取酬的原则，我是同意的，但工资低的同志儿女多生活怎么办(住城市里的)？孩子大起来是不是国家的主人翁？孩子的父亲能力差，国家要不要给他在本地区居民最低的生活水平(按当地每月平均成人的生活费不够的予以补助)？

办：余尚青(群)

谈谈民以食为天□国之宝的粮食——开源与节流问题 (1116号)

数千年以来，古今中外的人民不论穷富对吃饱肚皮一向是很重视的。

粮食，我国解放以来，年年增产是事实。遇到水旱灾害还能不减产，这是政府正确领导的功绩。统购统销、定量供应是防止屯[囤]积套购、防止浪费的好办法，但是最好能够留足一些供应国内人民的粮食(米麦)，不要过于强调节约。但是不容许浪费，确有余额供应出口，一方面根据可能尽量增产节约的最低限度要能人人吃饱(部份[分]供应不合理，有的甚至不能够吃)，把其他可以出口的多出口些，排队争购大饼挤吃阳春面，也是粮食呀！在政治上也要带来一些损失的。

办：宋伯荣(群)

为什么 九 (1393号)

大豆产量年年增加(根据国家统计局公报)。一九五六年为205亿斤，比五五年增加12%。为什么我们吃不到大豆□制的付[副]食品，一直是豆渣做的豆腐？几个月市(场)上没有黄豆芽，要弄点□□黄豆咸鱼□□吃吃更是妄想。我们的大豆为什么不供应给人民消费需要？

办：蒋士增(群)

为什么　十　(1394号)

一九五六年食糖全年产量为五十一万八千吨，比五(五)年增加26%(根据国家统计局公报)。为什么我们在今年四月份又恢复定量供应，而且每人每月只有2□(原字疑似“两”——编者注)，比前几年定量每人每月4□低一半。是不是我们人民消费水平均增涨[长]超过了生产的增涨[长]？

市人委：这样粮食定量是否合理？

苏州茶厂，生产过程搬运工多，劳动强度每人每天要在10 000斤左右，(反覆)可是我们工人每人定量是：

茶厂：34斤

服务业：(浴室工人)40斤

再看看同我们劳动强度差不多的：

米厂〈厂〉工人：46—43斤

农机厂工人：35—40斤

请市委派人到我们工场[厂]来看看，我们的劳动强度，这样粮食定量是否合理？

办：张逢济(党)

有粮票买不到吃　(996号)

定量供应粮食没有意见，可是有粮票买不到吃，我是顶不满意的。在一个假日里，我拿了钞票粮票去买面条，连跑了几家面店都买不到。为什么？因为时间是上午九时光景，面条买[卖]完了没有办法，心〈意〉想到伙食房借用供应证。一想不对，集体单位的供应粮食部门星期天不办公，跟着就要肚子〈要〉饿了，东跑西走兜了一大圈，足有一个多钟头，总算借到了居民供应证。时间已经十一点，匆匆忙忙去买面粉。到了粮食店门口使我吃一惊，因为粮店门口一字长蛇阵似地排了几十人在买粮，我没有办法只得排在最后一个。等我买到了粮食时，钟已敲过十二点，直到下午一点钟我才吃到面条。试问：1. 生面条是否可能[以]多供应一些，只[这]对节约粮食有什么影响？2. 购粮排队的现象是否说明解放后人民生活水平提高，不是肚子大比解放前多吃粮？3. 单凭粮票、钞票为什么不能购买粮？是不是浪费粮？对市民和异乡独汉有什么好处？

办：洪仁山(团)

政策　(之 38)　(1456 号)

几年来，我们厂里同样贯彻了很多国家政策，总的来讲是好的，是健康的，但也有不妥之处。如五五年下半年，贯彻的节约粮食政策，不考虑实际情况，就生搬硬套上级的指示，结果形成工人意见纷纷，思想不通，甚至直接影响了生产。这时我们的领导却不去体验与研究客观实际，就把所有的意见都看成落后谬言，造成有的工人到今天还有意见，在思想上和领导有距离。

上级〈在〉制定政策的标准是根据全国性、地区性的情况来考虑的，因此在贯彻到某些地区，可能有不符合客观实际情况，这时候要看我们执行政策的领导者了。如果再(不)根据客观情况而一味的[地]硬行贯彻，那末[么]群众对政策的怀疑，思想不通。这个责任〈将〉又应该归谁负呢？是群众落后呢，还是领导者教条呢？这是值得领导者深思的一个问题。

办：胡士田(党)

风前谈之二　阳春面和中肉面！　(1147 号)

吃阳春面要赶早起，过了时间恕不供应。济桥□的××馆，还是在早上七点钟光景明明摆着二[两]大盘生面，不买[卖]阳春面，要吃就是中肉面。探问其原因，只有四个字“上级规定”。那[哪]个上级？难道是党中央规定不买[卖]阳春面，只买[卖]中肉面？真是令人匪[费]解。

办：吴光淼(团)

良药之五　(1137 号)

为什么粮食定量，农村人口比城市人口少些，南方比北方少些，居民比干部少些，干部比学生少些，中学生比大学生少些。不一样都是人吗？为什么不按每人消耗量来定量呢？就拿本单位来说，有人一顿吃十两米，有人二[两]顿才吃七两，吃十两一顿的每月是28斤，每二[两]顿吃七两的人也是28斤一个月，使多者考余，少者吃不饱。这样的定量供应合理吗？

现在家长们对毕业生的教育是“考取学校有饭吃，考不取学校只能吃粥”。

办：任衡(团)

统购统销　(1173号)

周总理在一届四次人代大会上“政府工作报告”中谈到统购统销政策，支援了工业建设，保证了市场的稳定，从而(有)助于我国社会主义事业的顺利发展……这是完全正确的结论。在缺点方面□□□□□、粮食、棉布供应过宽……这点太原则化，而且和具体情况□□□□。兹于上，本人对粮食、棉布供应的意见：

粮食统购统销

一、粮食定量，不尽合理

试看苏州市居民标准：

1—3周岁　7市斤折合每天3.4□(该字与1394号大字报同，疑似“两”——编者注)

3—7周岁　13市斤折合每天6.7□(同上注——编者注)

7—12周岁　20市斤折合每天10.7□(同上注——编者注)

12周岁以上　25市斤　折合每天13.3□(同上注——编者注)

(以大米一升烧饭八碗计每碗3□(同上注——编者注)计。)

这就是说二[两]三岁的孩子一天只能吃一碗饭。拿我的小孩为例，现在20个月刚断奶，每天两顿每顿吃两个半碗，早上点心、饼干等还不在内。现行定量只能达到1/2的要求。

当中13斤、20斤的且不说。12岁以上的小孩，大家称谓“饭即头”。现在标准只有4又1/4碗的干饭吃，胃口大的一顿都能吃光。

二、分类幅度，造成矛盾

且不说重体、轻体力劳动的定量，只看看居民比脑力劳动者(已括干部保姆)要低11%。既不是干部、教职员、店员……的肚皮比居民的大，又不是居民的家务劳动强度比脑力劳动的差。特别是初中毕业生考不上学校的[更]糟糕，中学生是32斤，失学25斤要少1/4强，怪不得有的家长要对子女讲“考得上吃干饭，考不上只配吃粥的命”。

三、节约光荣，干部强迫

目前街头巷尾节约粮食的光荣榜，一张又一张表扬为国家节约粮食，可是这当中有没有强迫命令呢？居民、干部在执行政策方针(时)是有偏差的。我家三口每月60斤还要豁三、二天的粮，这次没有降低定量。居委主任几次三番要找(我)去谈话，因未碰头。这次要贯彻每人节约半斤至一斤的号召，据说要硬性规定的扣。应该怎样来正确对待这个矛盾？

四、争购饼面，排队分析

由于粮食供应的因素，争购大饼之情况已司空见惯、不足为奇，可是在前数月只是争购大饼而已，现在取消了补助粮又要削减定量标准。□所以争购排队的范围扩大了，君不见油条、阳春面、糕团……店前的一字长蛇阵？

再分析一下，以前是月初□七八点钟买得到大饼吃，月末紧赶早排队还有大饼买。现在是月头上到月底，月月排不足奇。能否买到还要碰“额角头”，稍微慢一脚，连大饼的影子也看不见。

五、收购价格，考虑欠周

要城里人来谈这个问题有隔靴搔痒之感，只能从听到的一些来谈谈自己的看法，当然不免有出入之处，希各位指正。

山芋□山要搭配供应了。为什么还没有上市？其中自有道理。据说政府收购价每斤2分半，农民反映今年山芋秧、肥料等农[成]本比去年高，2分半一斤不够本，就不愿出售。怎样[么]办？政府应该从四面八方来考虑，合情合理的[地]解决问题。

办：蒋士增(群)

6—2 棉布政策

棉布统购统销 (1173号)

一、城乡差距，根据何因？

全国范围无从讲，苏州情况谈一谈。

职工标准且不比，只分一般来相较。

城市居民 54年 27尺 55年和56年 30尺 57年前期 12尺

农村农民　54 年　23 尺　55 年和 56 年　25 尺　57 年前期　10 尺

相差比例　54 年　6.7%　55 年和 56 年　6%　57 年前期　6%

(原数据如此——编者注)

历年来农村比城市低 6%。如果说农村消费水平低,那末[么]这个幅度未免太小,真是多此一举,反而是[造]成了城乡之间矛盾,特别是 57 年前期 10 尺布可以做什么?难道说农民只有 10 尺布的购买力,而多 2 尺布的购买力都没有了?还是因为农民比城市的人短一点?

二、忽减忽增,自说为是

抄录有关资料请大家看看:四月十九日传达国务院关于 57 年下期棉布对折供应的报告中说,1956 年棉花受自然实[灾]害影响,棉布减产 3 700 万匹……6 月 26 日,周恩来在一届四次全国人代大会上"政府工作报告"中说,棉布的产量前三年共增加了二千零五十七万匹,而一九五六年就增加了四千三百万匹。

八月一日,国家统计局"关于 1956 年度国民经济计划结果的公报"公布棉布产量已超过 1957 年的水平,1956 年产量 46 亿公尺为 1955 年 132%。(原文如此——编者注)

三、定量剧减,寒衣难裁

五八年棉布增产 43 千万匹,减支 57 年预计减去 37 千万匹还增产 6 百[千]万匹。56 年前期(居民标准)20 尺,57 年前期 12 尺降低 25%的幅度,实在太剧。

前期布证时今秋冬,为人民添置寒衣之需,现在城市不分对象,只[这]是正确的措施,但是只有 12 尺,就连一套棉制服的面子还差 2 尺。这样不尴不尬真难煞了单身人,大有寒衣难裁之感,大块头更是无可奈何。

四、产销差异,原因费解

棉布产量年年高,供应定量大大少。请问弄到何处去?原因说明疑团解。

五四年棉布产量 15 千多万匹　　　　上期供应定量 27.5 尺

五五年棉布产量 16 千多万匹　增 9%　　上期供应定量 27.5 尺

五六年棉布产量 21 千多万匹　增 32%　　上期供应定量 11 尺　减 150%

五、特殊供应,轻重例[倒]置

只谈生与生(原文如此——编者注),特殊用布供应标准:

丧葬：50尺

生育：初产15尺(做抱裙2条半)

□产10尺(做小棉袄一套)

丧葬要用布是照顾人民风俗习惯,我不反对,但是标准过高,有潜力可挖。除了死人衣裳外,关于披麻裁[戴]孝人的穿戴可以由福利公司殡仪管理处出租,既为国家节约棉布,又可减轻人民负担。

婴孩是国家第二代,我党和政府一直爱护和珍视。为什么看小□的标准?从45尺—30尺—15(10)尺,一降再降意图何在?是不是压缩人口繁殖?试问婴儿光着屁股喳喳出世,总不能光着屁股活下去。除了衣被更要紧的是尿布,在科学家还未发明尿布代用品时,就必需要布。那[哪]里还有布呢?拿被褥撕吧!又拿什么来填被褥的缺……

六、棉布购销,劣质优价

我对花纱布是门外汉。棉布统购统销价格,政策方面根据无从讲起,不过就门外汉的看法,认为有些不合理。

五五年和五六年棉花受自然灾害损失很大,有一部分未成熟的剥桃棉作为纺纱原料。这批纱来织的布货量肯定差。为什么价格都是一样,以次充好?是不是"劣货优价"?

办：蒋士增(群)

难道上海人比苏州人长些吗? (999号)

我国棉布计划供应早在一九五四年下半年开始这个方针,是〈乎〉正确的。但是有一点使我不懂,特向中央有关部门问一讯。

(1) 棉布是农民种出来的,为什么农村计划比城市少?

(2) 农民天天上山下田劳动,以[依]理来讲衣服应该多穿一些;而城市里的人都是做一些轻生活,衣服不易破而为什么多一些?

(3) 就城市与城市来比,我认为是不合理的。上海为什么壹[一]丈七尺,而苏州为什么壹[一]丈二尺。这是什么道理?难道真的是上海人比苏州人要长些吗?

办：胡春来(党)

完成任务　(1370号)

厂长：我们这个月的任务很重，特别是劳动力缺少，因此我们除了要搞好本身工作外，还要参加车间劳动。

干部：我们坚决响应号召，可是……

厂长：什么？不愿意吗？

干部：不是。

厂长：是工作忙，抽不出吗？

干部：也不是。

厂长：究竟是啥道理？

干部：(低头两手扯起衣角)体力劳动理应当，车间劳动费衣裳。今年布票一丈二，上身一件就用光。本来可以省换洗，现在不洗又难行，我□素来少衣服。领导是否考虑此情况？

厂长：你的意见，是要厂里做工作服吗？

干部：不。是否可以申请增布证？

厂长：这……还有什么要讲的？

干部：(愁眉苦脸)晚上吃了稀□粥，几个小便肚子空。还要封箱到十点，要吃就要自来。不是工作不肯干，经常贴钱袋里空。

厂长：制度……(默默无言)

办：胡士田(党)、方三槐(党)、柯汉钦(群)

6—3　其　　他

别的地方买茶叶排队了，中茶苏州分公司大力推销　(131号)

一九五五年四季度——一九五六年一季度，正是茶厂管理干部□□力量总结工作和安排新的一年的时候，亦就是中央贯彻茶叶经营□是“内销服从外销，保证外销，适当地照顾内销，内销先大城市、中小城市而农村”的时候。据甘肃省茶叶供应紧张排队购买茶叶，而我们中茶苏州分公司呢？就抽调一批很大的力量，组织小包装，组织□□推销，即推销的面主要在农村。由于当(时)任务量有困难，又进行了“绿改红”。这样，所形成基层销售单位的茶叶积压好些，小□装箱出去不好销，退伙[货]回来拆开复烘，而[使]茶厂的同志影响了新年度的生产安排。这里要说明二[两]个问题：

(1) 是否当时领导思想没有考虑当时销售政策,盲目的[地]把计划编大?

(2) 是否上级下达的计划偏大,为什么当时不积极向上级反映削减计划?

课长:徐柏林(群)

揭发在执行茶叶收购政策中的偏[片]面思想 (362号)

1. 五二年在茶叶期间,由于权□部门,在鉴定品货上有偏差,国家的确损失5万元。当时,我厂搞茶叶收购的吕金凯同志决定要收购部门把款退还,为讲□怎样做了,农民的意见多大啊!

2. 五三年茶叶收购工作中又出偏差,〈故〉而我们厂领导是什么态度呢?长途电话、快信、去人。偏紧了,又是什么态度呢?不要大叫逐步纠正。

3. 五四年茶叶收购始偏紧,农民少收入,中央检查组来下了一个决定补贴农民。领导干部在政策执行中,这样偏[片]面观点这[造成]多大危害啊!请看:

(1) 农民对中茶公司有意见,造成中茶干部在这个地区不好工作。

(2) 农民对茶价怀疑,影响了生产积极性。

4. 在干部思想中也造成执行政策偏右思想。过去领导有,现在领导就没有了没[吗]?请深刻检查一下吧!

课长:颜宝书(群)

不正常的差价——鸡蛋比鸡贵 (1114号) 日期:57.10.12

这是贯彻节约粮食宣传工作毛病,着重的[地]说看鸡鸭就是浪费粮食,农村还有贯彻节约粮食工作人员说:养一只鸡要扣一斤人吃的粮食。造成农村鸡鸭都到城市低价出售,每斤鸡价八角跌至五角,相反的鸡蛋每斤四角多涨至六角多。这样农村不养鸡鸭,农副业生产受到损失,减少部分任务,降底[低]人民生活。

我认为大力宣传贯彻节约粮食是重要的,鼓励农村不用粮食,找窍门用其他饲料养猪、鸡、鸭、鹅等,搞副生产也是重要的。两方面有一方面做得不好,都要影响社会主义建设和人民生活的提高。

建议有关部门注意这个问题。

办:徐开明(党)

关于苏州的路 (1481号) 日期:57年10月16日

苏州,在全国来说,也算一个不大(不)小的城市了。山明水秀,物产丰富,工业和产植业也很发达,每年来到这里的国际友人也不算少。近年以来市政建设是突飞猛进的,但是,我总觉得还不免有一些缺陷。例如,全苏州可[所]有的路都是铺的弹石路,连最近修筑的新路也还是如此,四[凹]凸不平,脚底搁得很痛。我想比苏州大的或小的城市都修筑了柏油马路了,为什么苏州就没有力量修筑一条柏油马路呢?

苏州,是我的第二故乡了,我生活在这里已将近30年。所以我要为苏州提出点小小意见。

办:方葆民(群)

闲话苏州之一 (1372号)

垃圾堆上的鲜花——苏州园林

苏州园林是漂漂亮亮的,苏州马路至今还是石子铺成的,依旧是高低不平坷坎难行的。苏州街道还是脏臭难堪的,虽有河水不能行舟的。总之,园林上面花钱大大的,市政建设几乎没有的。这些都是市政建设的规划者决定的。他们都是为国际友人和游客服务的,他们是缺少群众观点的。

办:任衡(团)

对人多,粮少的意见 (1324号)

(一)苏州市的人那么多,到处听到在闹房荒。当然,在国家集中力量建设重工业的时候,不可能大量建筑民房〈的〉,但是我觉得苏州市的园林修理却花费不少经费,只有一个虎丘塔修修就花费了若千[干]万元。这样大修特修我看似乎也不必,略为修理一下也是一样可以浏览,那末[么]拨一部份[分]款子出来,建筑一些必要的职工宿舍。就以金阊区来讲,大房子楼房不多,当然居住的面积也不会多。在这次大批干部下放到金阊区,房子问题更加紧张了。另外随着苏州市政建设拓宽马路,开辟新马路也拆掉一些房子,以及旧房子楼房改平房,或拆掉一进[些]房子等等情况,更随着人民生活水平的提高,对住房要求也是相应增长的,因此适[相]应的[地]建造一些还是须[需]要的。

工会主席:陈国英(团)

良药八 我们对外贸易政策是什么? (1140 号)

互通有无,我们需要的是什么? 从生活上看要的是粮食、棉布……但是我们进口的是什么? 请看现在各地商店理[里]进口呢绒、手表、高级金笔、尼绒制品充斥橱帘[窗]。这样与人民生活水平相距何止千里,可望而不可接的东西,进口来做什么? 这些进口物资是为有钱人服务,还是为广大人民服务? 中央号召人民勤俭建国,我们要这些奢移[侈]品做什么呢? 有人说是为了国际关系问题,但是在社会主义改造之前,我国与各国国际关系就很好,可是市场上就[并]没有这种现象,而这种情况是社会主义改造后(工改前不久)突然出现呢? [的。]

我们要求中央把外汇用得正确些。

办:任衡(团)

第七类　五 大 运 动

“三反”运动的大胆怀疑方法是违反政策的　(1057号)　日期:57.10.11

“三反”运动是党中央的及时英明措施,对国家工作人员中有贪污思想行为的人是个致命打击,挽救了很多贪污失足的人,全国人民得到一次深刻的教育,提高(了)觉悟。对贪污事件加强监督和揭发政策的做法,反贪污运用大胆怀疑,也就是说,上从中央首长,下至地方普通工作人员都可以(被)怀疑是贪污分子,这样能把好事办坏。

“三反”运动时,我在南京市税务四分局工作。现在,我把当时南京市税务局“三反”运动的主要方式回忆如下:

1. 疲劳战术——将被怀疑人罚站或者罚跪小组会场当中,打虎队围圈坐着轮流不断地喊着,要被怀疑人交代贪污问题。打虎队换班休息,被怀疑人除吃饭时间以外,日夜就跪在小组会上,有些被怀疑人一连跪站十昼夜,弄得眼睛通红、手脚肿。

2. 猛攻硬逼——五二年三月八日南京市税务局召集全市税工开大会,由局长罗柏桦做[作]一小时报告,内容是掌握贪污材料,大会点名坦白,不交代就坐牢间,接着打虎队把(被)怀疑点名的人揪到广场上用石页划的各分局打虎战场当中,推的推来拉的拉,使被怀疑人不能立足,不能喘气,同时局长站在讲台上对着扩音机喊声如雷的[地]核着被怀疑人的名字,喊了一遍又一遍,打虎队推拉更紧站[了],甚至拷打被怀疑人,逼着被怀疑人交代贪污问题,不许说别的话,就这样将被怀疑人整了两小时,把被怀疑人弄得头晕眼花。

3. 把人侮辱——戴高帽子,画丑脸,打骂无人道行为等方法。

我在“三反”学习开始几天,就把错令收船牌照税款三角钱(当时五千元)老老实实的[地]以书面详细交代以后,我参加学习到运动高潮顶[之]后。我也是市局广场上被猛攻硬逼人之一,小组会上站了四昼夜。我在这种情况下,坚持真理,我就说没能[有]贪污问题交代,结果要我写二[两]次保证没有贪污的保证书,恢复工作。我在恢复工作后的一个时期思想不通。“三反”运动为什么(不)实事求是,要用大胆怀疑方法搞呢?当时对局长罗柏桦等领导同志和青年打虎队员有意见,认为南京□(疑似“重”——编者注)税务局!“三反”

运动违反政策的做法，是以罗柏桦为首的抱着个人英雄主义，把“三反”搞得比其他单位有突出的成绩来，以便他扒[爬]到更高位置上去。后来听了几次南京首长报告，一再说明“三反”被[是]考验没有贪污同志领导更信任等道理。又经过到苏南公(原文如此——编者注)学习文化三个月，才从思想(上)消除这种意见。我现在认为“三反”运动的大胆怀疑方法是错误的。

办：徐凯明(党)

谈吕金凯的思想意识　(1122号)　日期：57年10月12日

提起“三反”谁都知道是反贪污、浪费、官僚主义，可是在运动中还有人利用运动贪小便宜。如果吕金凯在“三反”运动期间以认识[为]我是“贪污分子”，东西可以充公，他就顺手牵羊把我的讲义夹拿去用了，到运动结束时，他不好意思用，但也没有给我。一个讲义夹值不得[了]多少钱，但从性质上来说是[和]贪污或分账差不多，其思想意识不怎么光明。

课长：韩作人(党)

回忆“三反”心惊肉跳　(1106号)

请问彭飞、朱德正怎样掌握政策？我在“三反”期间曾遭受“打”、“骂”、“饿”、“禁闭”各种不人道的待遇，令人更〈其〉难解的是曾有工人威胁俞细金，让他硬说周其昌和我贪污，否则要吊起来打他。“三反”结束时，颜股长曾向我提出说，我的遭遇要由我负责。

我不禁要问：彭飞、朱德正同志，你们是根据什么政策那样的[地]对待人？什么思想使你们那么残忍？

请问颜股长我要负什么责任？你们是不是有宗派主义在作崇[祟]，想把当时工作组的人都整掉，换一批农工队的人？

课长：韩作人(党)

谈谈肃反政策　(1175号)

按照肃反政策坦白从宽，在肃反中肃出的反革命只要自动坦白，就可以宽大。这是为了瓦解分化敌人，但有没有规定，仍旧可以做领导？我认为既然肯定是反革命份[分]子，就不能当领导，造成反革命份[分]子领导共产党员这种奇怪的现象,而且事实上背上这样大的一个历史包袱,干起工作来不会没有顾虑的。这样对革命有利吗?(我们厂里就有这现象。)

课长:翁世声(群)

危险的帮助(记肃反运动中一例) (744号)

从(前)为社会干过工作的人,迫切靠[指]望通过肃反运动澄清自己政策面目,可以消除思想上的包袱,解决[除]领导上对我怀疑的看法。

通过肃反,进一步体会党的英明、正确、伟大,真正做到了不漏掉一个坏人,不冤枉一个好人,可是当我回忆起领导上对我进行帮助的事,不(禁)觉得毛凛凛森□记如下:

在补充坦白交待[代]时,组长朱炳庚(党员)几次三番对我个别帮助,一本正经的[地]说我有政治问题没有交待[代]。

办:蒋士增(群)

以主观为依据 (612号)

忆在肃反时,自知无问题。旧社会里来,是否被怀疑?我想不一定。
可是事实中,确有这事情。坦白交待[代]时,个别来谈心。根据你情况,
与你环境里。我们认为你,确实有问题。你已参加过,反动国民党。
好好想一想,从头来讲清。实闻如此事,犹如梦未醒。梦似未梦到。
竟有此事情,恳求再调查。说你不聪明,再把政策讲。坦白乎从宽,
抗巨[拒]严格行。事实已如此,不说也不行。在此时间中,不敢说瞎话。
不敢问问清,抵[只]有一希望,将来总会明。肃反是好事,从此就无经。
思想包袱背,一天重一天。漫长三月余,才将事弄清,铭感党领导。
政策真严明,谢谢调查人,代我来证明。确实无此事,从此一身轻。
前后白[百]来天,想想真伤心。光凭主观想,不问客观情。怀疑是怀疑,
不要就肯定。草率来判断,害人真不轻。尤其是政治,不能这样行。

办:熊忠谋(群)

宗派主义的实例 (1121号) 日期:57年10月12日

本厂前身苏州窨花工作组有个贪污份[分]子朱葆润,因贪污被捕,有17

占[钻]英纳格防水手表一只没收充公，后来由朱德正经理作主将这只手表以五十元“密卖”与王宗庭。所谓“密卖”就是不公开，因为没有问问别人是否要买，至于五十元的价格如何确定则不得而知。这样的作[做]法是不是合理，那[哪]一人敢讲一声呢？

课长：韩作人(党)

知心话 (435号)

首先，我感谢组织上与我搞清了历史问题，使我放下了思想包袱，但是有一点我对组织上还是有思想距离，就是关于审干结论上的用语问题。对这个问题，我谅解组织上为我花了很多力量，但是结论□□□□老样未下结论前，我再三问组织说明没有拿到，而组织上根据□□解说：我拿到的。虽然在下结论时得到我本人同意，但当时是□□无可奈何只好同意，后来想起这事，思想上就苦闷。现在想想党组织是不会冤枉人的。现在乘整风期间再请求组织为我搞清楚，使我彻底放下包袱愉快工作。

办：周韵竹(团)

第八类　社会主义改造

8—1　农业合作化

农业合作化的新问题　(1249号)

农村在合作化以后，出现有这样一种怪事情，有劳动力无处发挥。今年我请假回安徽歙县苏村乡的时候，正当是一个一年之季[计]在于春的季节里，仍旧倒[以往到]这个时候是农民准备迎接新的一年大生产的开头，应理像待令出征和生气勃勃的势态。事实恰恰相反，闲在家里时间已过元月念[廿]号以后，还再[在]陆陆续续下地。为什么？合作以后就有这样一个规定，新开垦荒地第二季就将土地收归社内所有(意思就是开地的人收一熟)。照解放前旧例，农民们过了元月初五就下地工作，一般农民利用这一段时间开垦来扩大生产面积增加收入，就是过去开了别人家荒地，也要三年之后才要收租。上面这个规定，就阻碍农民生产积极性。现在合作社这样做对吗？

办：程宗炳(群)

市人委不能再以官僚主义态度对待虎邱[丘]的香花了!?　(1333号)

香花(茉莉、玉兰、玳玳)是市郊区的特产，每年农业社的收入总计达150—160万元。这种用地少、收益大的特产按照目前生产(工业生产)需要，虎邱[丘]一带的香花是不能满足的，特别最近二[两]年来产量不是增加而是减少。主要原因是市内没有一个专门部门来领导〈缘故〉。希望市人委对这方面的生产潜力和农民增加收入的源泉不要再官僚主义下去。

课长：颜宝书(群)

我对农业合作化的看法　(1211号)

我家过去是贫农，自己仅仅有一斗豆子地，不够好只好租人家地来种，可是那时候还不见得怎样苦。那现在合作化搞起来了，按道理是应该比过去要好些了，但是，接到家里来的信，过去虽然不种田没有吃，但有的是杂粮，还不算怎样苦，而今一年合作社的收入也并不少，可是分配粮食就有些想不到。大口一年仅有九十斤稻谷，小口六十斤稻谷。杂粮地干死了，收成不知怎样？过去豆油要榨三担豆的油，现在大口一年只有五斤，小口没有提起。这是什[怎]么一回事？为什么相差这样大呢？家中一次又一次来信叫不够吃，而事实是如此，同时又把我家评了够吃户。这又是什么道理呢？（不够吃评为够吃户，如果够吃的就要评为富农了吗？）我真搞不懂呀！

办：姚广云（群）

关于茉莉花的问题　（652号）

茉莉花的产量，近几年来都未完成，这当然要影响花茶生产计划的完成。而我们每年茉莉减产的原因都归根于气候。是不是完成[全]都是气候呢？据说，茉莉花树最高[长]寿命只有五年。这几年为了防止花的盲目发展，玳玳花压低价格，茉莉花停植新苗。这几年来，新苗不继，老树凋零是花的减产原因之一吧。

建议领导上不要再老一套的盲目乐观，应该组织有关人员专门研究花的问题，要查有一定的比例培植新花苗接替老树，以保证花茶生产计划的完成。

办：余尚清（群）

记和睦社妇女一天的收入　（1234号）　日期：57年10月14日

从鸡叫做到鬼叫，整天在烈日下工作，汗流浃背直到筋疲力尽，要划她们的收入是实在少得可怜。她（们）每天的收入还不到半包高级香烟（例如狮牌香烟每包五角五分）。妇女每天只能做5—7个工分，按目前情况每十个工分是0.4元，以六个工分计算等于0.25元。这就是农民一天的收入。若以当地的物价计算约相当于白菜二斤四两或羊肉七两或白细布八寸或鸡蛋五只或红金香烟一包。

办：洪仁山（团）

一封信　（1236号）

前天下班后，在传达室拿到家信一封，内有一段照抄如下：

田哥：我家粮食方面比去年要少一些，做的工分也有两千多分（每十分折人民币两角六分）一算，没有了要不找点副业那可有问题……弟：茂田

日期：1957.10.6

我的天，今年家乡没有遭到什么重大灾害，为什么收入又比去年少去一半呢(去年我家同样是母、弟、妹 4 人，年收入有 150 元左右)？这样一点点，冷天只有吃西北风。难道高级社没有低级社优越吗？莫怪我母亲又要闹思想情绪了，莫怪我弟又要闹不安心工作了，天天朝出暮归，还不够自己糊口。这样的“王小二过年，一年不如一年”。这又叫我怎样开展宣传呢？

办：胡士田(党)

工农生活　(1233 号)　日期：57 年 10 月 14 日

工人：农民(齐上)喔，你好！你好！

农民：老兄，你怎么啦？面孔肿得怎[这]样难看，怎么不找医生检查检查？

工人：老弟，你不要瞎讲，我不是很健康吗？找医生检查个屁！

农民：你没病，怎么面肿？

工人：我告诉你，因为解放后我们穷人翻了身，我们的生活也提高了。五六年工改后，我的工资也提高了。

农民：喔，是工资提高，吃坏了。

工人：不，是工资提高，我的营养要好一些了。

农民：喔，是营养太多吃坏了。

工人：不，是营养好，胖了。

农民：喔，是胖了不是病，那你吃的是什么营养？

工人：喃，每天早晨吃牛奶、鸡蛋点心，中午饭小菜有鱼、肉、鸡……饭后鱼肝油，晚上稀粥奶粉、维他命 ABCD……

农民：嗯，嗯，别讲啦！别讲啦！什么“我不晓得，我不晓得”(ABCD 与我不晓得音相似“徽州音”)？我弄不懂你的话。

工人：好！好！我的不谈了。来谈谈你的吧，想必农村也不差。

农民：差是不差，可惜连饭都要吃不上了。

工人：怎么连饭都吃不上了？我时常在报上看到农民生活提高了。这不是真的吗？

农民：提高？提高，提高个屁。

工人：哩[嘿]，你怎么这样讲？

农民：解放！解放！你们是解放了，我们还没有解放。

工人：你这从何说起？

农民：老兄，你为我们想想。抗日战争、解放战争，我们农民都给予支持。人力啦，物力啦，那[哪]样没有？好不容易全国解放了，农民分得了土地，生活是有提高了……

工人：那不是很好吗？

农民：可是，来个合作化又变了。

工人：合作化不是很好吗？集体劳动、因地制宜、增加收入……

农民：好，合作化当然是好的，可是大家都不肯干活了。

工人：怎么不肯干活？

农民：土地入了社，自己不能作主，不愿干工作，样样依靠合作社。

工人：这也难怪。(在)农民的集体观念不强和合作化认识不足的时候，一下子转为高级社是有些不习惯。

农民：其次，使人难解的城市里每人发布票12尺，上海每人16尺，而我们乡下人只有10尺(徽州)。难道国家相□于□□些吗？〈中〉还有粮食定量，每大口一年480斤毛粮，折合白米每月相等于23.75斤。怎能吃饱肚子？

工人：这个，这个，……

农民：不要这个，那个，我的肚子饿了。再见！

办：洪仁山(团)

8—2　手工业合作化

手工业合作化对小业主的按[安]排政策是什么？　(1455号)

每一个手工业者都要请沧浪区手工业管理科管理。

走合作化道路这是正确的，也不容怀疑。可是在碰到具体问题(时)，我有点搞不通，但我不了解手工业合作化政策，因此想问问您[你]们。

我的家原是一个独立手工业者，开一个小铁铺，不雇职工，生活一般，尚能自给自足，但没有可靠的保障，如逢淡季资金缺少，生活上也很困难，但总〈是〉算能过得去。自从去年我父亲参加了第三铁业生产合作社以后，由于工资太少，父亲曾几度想退出合作社单干，都被我劝说。因为我相信合作化有优越性,可能刚进〈出〉社里是有困难的,社员要克服。但往往有些问题,我也搞不通,像我父亲来讲每天工资是一元,一月只做26天,要一天也不停,才能[有]26元工资。家中除我已参加工作,还有母亲,二[两]个弟弟,因此父亲每月26元要维持四口之家是困难的,连最底[低]生活都不能维持,虽我每月贴补些,但这个因素不能考虑在内。我总觉得一个小业主参加合作社,起码要保持他原来的生活水平,否则如何使他能信服合作社的优越性?如何能发挥生产积极性,而(不)是要一天到晚考虑家中的生活。再拿我祖父来说,也在铁业生产合作化当传达,每月工资只有十四元,除了伙食费以外,其他就不能考虑适当添件衣服。这工资制度合理吗?但是看看其他社员,他们每月的工资40元、50元、60元的都有。难道他们的技术水平特别高?并不见得。我建设[议]你们对每个社员进行技术测定来评定工资。除此以外,第三铁业生产合作社领导力量也是很薄弱的。拿第三铁业生产合作社社长来讲,我不知道他怎样当上社长的,但一个字也不识,领导能力也没有,现在居然当上社长。每个月自己又不参加劳动,拿上40多元,多舒服呀!他对待小业主的态度来讲,也是很不公平的:对待一些较凶的原来入社时资本大的业主看见笑咪咪[眯眯],他们骂社长几声也不响的;可是对我父亲(是不响、较老实的人)就是二[两]样的态度。自入社以后,一直对我父亲的工资也不评,暂决定拿一元。入社已一年多了,为什么父亲的工资不调整呢?前一个时期就听说要调整工资,但后来为了几个青工对工资有意见也就拖下来。我不晓得这社长是干什么的?因此我建设[议]手工业管理科的领导上要深入下层,多加强这些基层社的领导,任其搞下去会搞垮的,同时要关心社员的生活,真正使社员发挥生产积极性,做到爱社如家,为社会主义建设贡献一份力量。

课长:顾盘珍(党)

8—3 资本主义工商业改造

苏州——久华 (889号)

1. 只有利用、限制,没有改造:

在委托加工上,我们过去仅仅做到了利用私营茶厂的生产设备,控制原料和加工数字的限制,来使私营茶厂不能盲目发展,但□□对私营茶厂的改造工作,所有管委托加工的部门、业务计划部门,进去都只要排加工数字,督促完成加工数字，不管改造而专管对私改造的业务工段，又只管对商业的改造，不管工业的改造，所以在改造高潮时，把私营茶厂划到轻工业局去了。

2. 组织上的歧视：

过去我厂党支部对私营茶厂的党支部和工会是不尊重的。安排委托加工任务和解决问题就叫来训一顿，私营茶厂前工会主席王成荫就被训得哭过，也造成了王成荫现在对我厂意见顶大。

3. 在计划安排上有偏心：

计划安排上，在总的数量上是按面广吃稀来决定是对的，但是在总数量决定后，分月的安排上就存在偏心。我厂安排得均衡，私营茶厂就忙的时候太忙，闲的时候太闲。

4. 工作上更大的本位：

分花，花多了给私营茶厂；花少了，自己全部要。原料先给自己再给私营茶厂，好做的自己做，不好做的给私营厂（粗老茶）。物料整齐的自己用，什[杂]七什[杂]八的给私营厂。

课长：翁世声（群）

为什么（十四）　（1398 号）

为什么我们工人阶级领导的国家对剥削起家的民族资产阶级特别厚爱？除了和平改造政策方针因历史等条件决定外，最使我思想不通的是，安排资本家工作采取包下来，连早已歇业关门的资方人员不管有无工作能力一律分配工作（例如猪行河头 22 号曹克昌原猪行资方被分配到熟肉店做会计，连报表都不会填写而辞职不干），而失业工人还有不少仍旧做做临时工……

办：蒋士增（群）

为什么（十七）　（1401 号）

为什么政府在取缔露天粪坑的工作中，采取迁就态度，使群众认为还是违法的行为有好处？这是不是贯彻“正确处理人民内部矛盾”？我个人的看法“取缔”的对象是不合法的，出价□买粪缸是合理的，但是对有些自己不劳动的“倒马桶人”每月付给几元、十几元是算什么？这样做岂不是违法的人反而坐享收入？

办：蒋士增（群）

为什么(十八) (1402 号)

为什么国家对资本家只是量材使用而不按劳付酬?既然(给)资本家安排了工作,按月拿工资,那末[么]工资就应该按劳付酬。如金阊区环境卫生管理站第十二中队除有[出了]二[两]个粪行资本家。一个老头做勤务(根本无事做),每月 60 元;一个做会计,每月 45 元。还听说有的人只有 10 多元。这样不公平的事,连局外人也思想不通。

办:蒋士增(群)

闲话苏州 之二 (1273 号)

五里路外买面包——商业编

阊门外闲杂食商店不算少,百步之内就有四个大商号:一品香、万里村、来吴村和天福号,唯有利男居不知去向了。从前要买面包四点马上能买到,现在五里路外买面包,虽然有的小店也经营,但是黄道吉日才能买得到。面包一只只四分,□钱一角不算少,还有五百步路要你跑。既然中式茶食店很不少,还是□家改改行为妙。

办:任衡(团)

不解 (951 号)

对私改造是属于三大改造之一。这一伟大改造已得了胜利,基本上也已经结束,但是到目前为止,我还有许多问题搞不懂。例如:

一、55 年初,第一批改造的私营批发商、职工经过三个月的训练,才转国营、合作社营企业,而 55 年后期所改造的私营工商业,据说职工没有经过三个月的训练,就直接转入国营、合作社营工作。这是政策掌握关系,还是政策有了更改?不解。

二、苏州市对于职工在受训期间只供伙食,而不发给工资,可是杭州等城职工在受训期间不但供给伙食,而且还要发给工资是(150 个工〈资〉分)。是否地处关系,还是政策有二[两]样?不解。

三、1955 年私营批发商的企业被改造职工转入国营企业部分,职工的工资比原来企业有减低,但别的行业转业职工工资减得较多的企业有补贴金,而我们厂的私营企业改造后转来的职工,工资(减)得再多的比原来小[少]40%

左右。企业为什么不能给予补贴？是否行业不同的关系，还是掌握政策上的不全面？不解。

（我好像在《人民日报》上看到登载过改造行业的职工转入国营企业工作要保留原企业工资）

办：洪仁山（团）

第九类 政治制度

漫谈国家大事 （1001号）

之一：资本主义工商业社会主义改造以后，资本家有的当了全国人民代表，有的当了省长，有的当了市长，有的当了厂长，有的当了主任。政治地位为什么反而高起来呢？

之二：资本家拿定息还拿工资，行政职务还比工人高。执行和平改造政策是不是右了呢？

之三：我们国家是社会主义国家，允许资本家参加政府工作。资产阶级思想就存在在无产阶级队伍中，会不会影响思想意识〈吗〉？

办：张逢济（党）

漫谈国事 （991号）

(1) 资本家的生活为什么还比工人生活好？在社会主义革命时期，资产阶级是对立阶级，可是解放数年来，一直是过着奢华的生活，照样坐小汽车，住洋房。我们工人呢？租房都租不到，天天愁这愁那。高潮后他们除有高薪，拿还有七年定息。这合理吗？难道是这样风平浪静的[地]把他们带进社会主义吗？这太不可能。

(2) 三大改造快么？

通过总路线的学习，我们知道合作社是由小到大，由低级到高级，由带有社会主义萌芽到具有更多社会主义因素。在工商业方面也是由低级形式中级形式再进到高级——公私合营。可是在高潮时，真是头脑发热，马列主义基本理论不翼而飞。一个夜晚全部公私合营，一个清早还是单干户一下跑到高级农业合作社，盲目的[地]迁厂弄厂，盲目迁店并店。这不是过急了吗？

(3) 讲了不做？

在工资改革前后，大会小会开了不少，我们不止一次的[地]听到我们顶头上司讲，工资年年改，今年改了明年还要改，五六年改了，五七年还要改。不合理的现象是暂时的，慢慢来不要过急。可是五七年一年快过去了，我们的顶头上司提也不提。此种这[只]说不做不动的作风，应变是也。

(4) 军人的生活为什么比工人生活相差这么多?

目前一个普通工人(中小城市)的工资不够30—40元,除吃饭、穿衣、必要零用外,没有什么多余。可是我们看看军人的生活,只要当上一个普通的尉官,就拿上80、近一百元,而他的衣穿又是军解,生活过得非常好。我们的厂长只拿50、60元。此种比例适当吗?希国务院考虑考虑。

(5) 粮食是否紧张?

目前党号召全国人民千方百计节约粮食是不是粮食紧张呢?如果是的,为啥每年几万吨粮食出口。只[这]又是为什么?

(6) 大老板比小板[老]板的心还黑:

进口的商品关税为啥这样大?例举一二事实:一只二三十元的手表到国内要卖一百余元,一只派克金笔要卖三四十元。这些商品难道是花耗[高级消费]品吗?难道这些商品不是卖给人民的吗?

(7) 是好现象吗?

〈是〉近年〈把〉来市场上出现了很紧张的局面。买东西要排队,可在[是]排了队也买不到。但是我听到领导〈面〉说,这是好现象,是人民生活提高的表现。真的是好现象吗?好现象是叫人家天天站在那里排队,买不到东西么?资本主义国家劳动人民抢购面包又作如何解说呢?这不是生产力低的表现么?

办:方三槐(党)

国事　(1266号)

之一:棉布供应量,为啥全国人民不一样?农民十尺,工人和城市居民12尺,上海人突出要16尺。为啥要这样分?

之二:国内棉布供应不足,为啥还要出口,而又要从外国进口毛货?难道我国的人民生活水平都提高到穿毛货的时候了吗?我看并没有这个水平,绝大多数人民还只有穿粗布的水平。

之三:现在在城市里,也还有很多贫民还住着茅草房。人民政府为啥不造些瓦房给他们住住,而是花了很多钱去造那些洋房式的毛坑、厕所呢?

之四:在今天的社会里,街头上为啥还有要饭的人?人民政府为啥不把他们收留下来?

之五:在宣传总路线时,报告员说过在三五年之内消灭失业工人。现在五年过去了,为啥还有那么多的失业工人没有工作做?这不是在说空话吗?

之六:三[在]报□上也看到过,在报告里也听见过,食糖产量比解放前增加多少倍多少倍。可是为啥现在又是定量,每人每月只有二两呢?

之七:粮食供应不够切合实际,学生考取中学每月就是32斤,考不取就只有25斤。难怪家长们说考取中学给你饭吃,考不取给你粥吃。

办:方炳钊(团)

国事之八 (1119号)

"赚钱不吃苦,吃苦不赚钱",这句话现在很适用。请看:农民每年在暴日之下从早到晚的[地]劳动,一年的收入一般的只有六七十元(毛主席的正确处理人民内部矛盾报告里讲过),而城市里的工人干部一般的工资,每月都有四五十元,一个科长级干部每月就有六七十元,高一点的就是八九十元。一个科长级干部一个月的工资约农民要辛辛苦苦的[地]做上一年。一个干部申请救济一次就是二三十元,而一个农民申请救济一次只有三五元,相差实在太大了,距离实在太远了。

办:方炳钊(团)

为什么(十六) (1400号)

为什么在二[两]个单位里发生的同样一种做法,却有不同的说法?譬如降低原材料标准规格而〈进行〉生产质量低劣的产品,这一种做法在国营工厂里美其名曰"增产节约",完成任务,为国家积累……是光荣的,但是在私营工厂里发现这种行为就会责骂曰"偷工减料",以次充好,自私自利的资本主义思想……是可耻的。

为什么同样是资本主义经营思想却有不同的说法?

办:蒋士增(团)

第十类　业 务 工 作

10—1　厂长室业务工作

调配干部人事课有用吗？　编号 819

调配干部是人事课的分内事，当然决定权在于厂长，但人事课要[提]意见，考虑具体同志。可是，这里人事课等于形式，领导上决定以后叫我们人事上谈一下，开个介绍信，任务就算完成。当然也有二[两]方面的，人事课要主动熟悉全盘工作情况，干部要配备恰当，而领导要与人事课研究，也可能厂长看人事课无能，因此主观决定了。从以下几个例子可以看出，人事科[课]发挥了什么作用呢？

（一）这次组织货原[源]调余尚青的问题，这完全是胡厂长一手办的。当时储运课有同志闲着，胡厂长认为这个同志这项工作担当不了，因此胡厂长决定余尚青去。只是通过[知]人事上一声，叫我们到他家里去访问一下，家庭生活有什么困难帮助解决。在这种情况下，我们也无可奈何，只得照办，而搞这项工作的同志闲着无事干。

（二）暂时调方瑞发同志到无锡货栈驻苏工作组工作，也是这样情况。起先刘厂长与我们研究是调×××同志，隔了几天胡厂长说调方瑞发，给我也弄得莫明[名]其妙，而胡厂长一再催我把这情况告诉单支书，单说不知道，叫我等刘厂长回来再说，慢慢的[地]调。最后还是调了。事后知道刘厂长也知道的，这才放心了，但这里又说明人事课起什么作用呢？另外说来可笑任衡也调无锡货栈小组工作，直到财务上划工资到无锡货栈后才知道。厂长决定了的事为什么[难道]连告诉一下都不愿吗？

（三）关于配备工会专职干部问题，也是这样。二[两]个厂长，(我们）不知根据那[哪]一个厂长的意图好。在第一次与胡厂长、单书记等同志研究时，决定方三槐调来搞工会劳动竟出（原文如此——编者注）工作（当时恰刘厂长不在）。后来刘厂长回来后，刘厂长不同意。这里是有些情况，但总之调配干部决定在于厂长，可是人事课也要起些作用。比如提提意见，然（而）厂领导好像（认为）我们提出的也总是不全面，可有可无。其他再如，胡厂长找车间研究调工人去协助货栈工作几个月，〈但〉也不叫人事上去参加，决定了而要叫人事上去谈,人事上是否参加也无用。最后,(希望)厂长同志〈希望〉在有些地方曾[尊]重一下具体科室的权利吧!

课长:顾盘珍(党)

如此完成任务　编号 20

厂长高坐厂长室,课长坐在办公室。财计课长屈指算,哟!鲜花缺少了几十担。急急匆匆会厂长,好似无头苍蝇乱飞撞。没有办法想,偷天换日窍门上。急急命令快执行,白兰打底不规定(原来打底每担用白兰花 2 斤,现改为半斤)。工人不同意,反说不要紧。领导怎样做?出厂负责制究竟执行不执行?要求厂长赶快来答复。

办:周永水(党)

对刘、胡厂长处理厂房的意见　编号 262

二车间对面屋,自开工到至今,工人住楼下仓。为啥你来出租?我们常提意见,二厂里面无地方。不管对不对,一定要出租。强把命令下,秘书作主张。厂内破仓房,不受生产用。工人不信当,强要工人住。忙把房间装,浪费三百坏[块],还做堆炭房。

车间主任:胡林辉(党)

厂长应尊重工会权利　编号 287

企业奖励金,是上级提给我厂全体工人的奖赏,也是上级党委(书)记、我厂行政与工会利用它为群众办一些富[福]利事业,但从目前情况来看,过多的只用于机器设备。虽吸尘器和输送业是属于集体富[福]利一类,但装箱机我认为就不是属于集体富[福]利。要说装备机也能减少工人劳动强度,试问哪一种先进工具不比落后的手工产量要高一些,劳力要轻一些?所谓也减轻工人劳动强度,大概是一种藉[借]口而已吧!

更有意见的是,企业奖励金名义上是工会与行政共同保管,但使用时行政就不尊重工会的意见。试问工会的权利[力]怎样来发挥呢?两位厂长对本厂的工会是怎样看法呢?

工会主席:朱丙痪(党)、陈国英(团)

知心话　编号289

一、领导上对生产和对厂的发展根据什么方针？例如，二车间合并后，领导上不从二车间实际情况出发，只凭个人情绪讲排场。结果二车间印花等一车间制胚忙，工人调不动生产乱忙忙。这不是主观主义的毛病吗？二、一二车间合并后，领导上去过几次。又是如何进行帮助的？而是凭在厂务会议上，徐柏林一讲二车间工作乱了，翁世声一上二车间报表报不出来。厂长不研究分析，大有意见，吓得我每次召开厂务会议胆战心寒。这不是官僚主义，又是什么呢？

车间主任：胡林辉（党）

厂长抓计划　编号329

今年生产计划厂长亲自抓，计划安排素烘青、印茉莉两千儿。结果完成了几百担，计划一动决定调入茉莉素坯不能动二车间印花原料一车间来调浙江调入素坯几十担（原文如此——编者注），过仓睡大觉，弄得手忙脚乱。正[真]被动，幸亏只在生产来碰巧，这种〈种〉侥幸要不得。

车间主任：王宗庭（党）

将来责任谁人负？　编号406

炮[爆]竹一声去[除]旧，桃符万户更新。

却说新年一到，厂长也照样号令一下，召集课长及有关人员齐集厂长室，重订管理制度。不知那[哪]位领导灵机一动，就把车间管理员的工作（管理物料废料）压到储运课的头上来。这里我要请问领导这样做有什么好处？

厂长同志，请你下来看看吧！车间领用物料分不清，有多领，有少令[领]，也有不领；废料也有多产生，也有少产生，也有不产生。车间领用无人管，储运也无法问，木箱露天堆，工人随便要用就去拿。这样露天堆放，弄得保管员啼笑皆非。我现在担心年终盘点打报告？

请问：

1. 车间每批物料领用、废料产生、工具管理等不需要一个管理人员吗？

2. 储运课同志跑到车间里去进行这些工作行得通吗？

3. 物料废料每年十几万元,就不值得厂长考虑吗?

4. 制度、人员经常变,这样做工作有利吗?

办:方炳钊(团)

仓库里怎样? 编号418 日期:57.9.27

厂长、支书你了解吗?

厂长、支书你真听不到?因为你不下来。每逢货一到,塌车工人都□□,“太高”,堆上去太危险。这样情况你们不了解吗?每逢提货,本厂工人气愤的[地]说:“太高,太危险。我们不好提。这样要出事故啊!”

这样[种]情况也曾提过意见,没有得到解决。弄得保管员〈却〉无办法,只得堆上加堆,加了再加。结果仓库塞得水泄不通。明年请早点解决吧!

办:方炳钊(团)

虎头蛇尾的作风 编号536 日期:57.9.29

工人来厂积极很大。开工前大家来学习,领导信心是很大。五七年的生产要搞得漂亮,玳玳花季第一炮就打响。大会小会常常有,提起生产真兴旺。到了伏花来上市,大会小会全停止。生产搞得怎么样?工人同志出木头样。宣传教育工作少,工伤事故莫啦啦。到了第三季度末,领导上再来抓,时间已经一半去。大会小会又照样,年年都是老一套。质量□气不突出,批评缺点免不了。希望领导做事要有始有终,千万不要虎头蛇尾。

办:姚庆云(群)

王宗庭 编号684

工作作风太主观。操场基建你负责,地基占用这么大,实用女工(原文如此——编者注)有几百。当中天井做啥用?说是装饰不住家。光线全无室内暗、门窗低矮胜婆婆。水泥地面浮沙子,门小茶箱不能搬。当时同志提意见,一味唐[搪]塞太主观。赤日炎炎真闭闷,房低窗矮不通风。如遇风雨天来到,四围詹滴水花喷。放下詹门光有[又]暗,整天只好开电灯。操场竖起算了事,周围过道车不通。不管生产可配用,你的基建算完工。

办:柯汉钦(群)

出差开会也要有政治待遇吗？ 编号704

正在开会，照理应当根据会议内容而指定有关同志出席。这样才能更好的[地]把我厂的业务情况拿到会场上去，把会议的精神带回来，在工作中贯彻。可是，我们厂里有一个传统的使人难解的问题就是出差开会的对像[象]不对头。如去年省里召开运输仓储经验交流会，出席这次会议的应该是对运输工作比较有经验的任衡同志去，可是我们的领导却指定了将搞运输不久的胡去来同志去出席〈席〉会议。结果怎样呢？

我厂经验不能及时全面介绍给各兄弟单位，会议的精神和经验也不能很好的[地]带回来贯彻。事实已经是这样。

例如在交流会上胡同志介绍不出，只有写快信回来要材料。是否赶上介绍不知，会上的经验回来又贯彻执行了多少？

厂长这样做能算是〈否〉对革命事业负责吗？

办：程宗炳(群)

厂务会议快板 编号887

国家投资来建设，苏州茶厂会议开。会议中心要建设，三言二[两]语来□开。就是把操场来建设，操场合拼在一堆。二烘印一是制坯，决定操场要建设。不经细考来决定，敷敷衍衍图样打。厂长心中又无数，只听老王来分明。从此基建开工了，看见门档像鸡栅。工人意见一大堆，逼得老王无法想。听取意见未改进，一言一句不费神。浪费国家几十金，六月里来热煞人。女工生产真难受，一到变天就要停。一个同意二[两]决定，是否根据生产用？我看会议有毛病，请厂领导来决定。

办：胡通宙(团)

现在为什么没有了 编号913

我们厂里曾有这样的规定，在课长每星期有半天的办公会议，主要是做到减少不重要的会议，提高会议质量，把有关的问题集中解决。在会前事先都有提案，厂长事先阅过，对于会议所有研究问题可心中有数，分别主次来研究。一个时期很正常，现在没有了，变成在会前半小时一小时〈前〉通知，内容也不清楚。开起会来问题研究得少，时间花费得多，而会议质量也降低了。请厂长想想,这是为什么?

车间主任:王宗庭(党)

刘厂长想想看这是什么原因? 编号 917

今年开始一个时期,你在厂务会议上总是说什么会议的决议不能执行呢?当时正如全厂改善生产管理制度与原有的制度有所改变。第一次厂务会议开始了,研究得很有劲,作出了决定,先从生产管理、财产保管、计划定额、财务管理等方面制度改起。有的要重新订,有的在原有基础上改进,并作出在××日以前作好草案,并作了分工,随后再开一个个的讨论通过。时间过得很快,第二次厂务会议讨论开始了。起草者先读草案,然后大家讨论新补充,胡厂长先发言:这还不全面,不符合要求,如……还没有在内。接着大家讨论了东扯扯西拉拉,问题抓不住中心,会上得不出具体结论,最后厂长归纳,按照大家的意见修改一下吧!这样一次(次)开着,最后总是与要求有距离,弄得大家失去劲头,甚至有些写了也没有讨论就不要了。如徐柏林课长写的生产管理制度,大概要花几天工夫,结果不要了。作业计划编制管理办法后来修改……没有了。这样就造成疲疲塌塌[沓沓],日久就变。在很多问题拖拖拉拉无所谓现象弄得刘厂长也不明白为什么决议不能执行呢?我认为主要是领导对厂里的具体情况不清楚,要求高、明确原则、深入研究少,这不是官僚主义的结果吗?

车间主任:王宗庭(党)

向厂务会议提些意见 编号 119 日期:57.9.25

厂长遇到问题,就召开会议。因为事先没有准备,会议就东扯西拉,四个小时坐过,就算有了决议向下亦难贯彻。

厂长有时心血来潮,临时召开厂务会议,缺乏中心,没有重点。出席人员坐在厂长室烟一枝[支],开水一杯。课长不要作工作汇报和工作意见,部门工作就互不通气,没有批评和自我批评,出了问题非[分]不清。新操场的基建、生产产值计划的偏高、车间的组织分工和许多重要措施等都作过决议,但事后不进行检查、分析、研究,日长时久就疲疲塌塌[沓沓]。

厂务会议有关我们工厂各项重要问题的贯彻、执行和检查的[得]是否正确？希二[两]位厂长好好研究。

车间主任：徐柏林(群)

厂长官僚主义 陈国英自作出[主]张 编号137

公文的进出是整个企业的活动反映，厂长必须而且应该了解。我们这里许多公文，从进厂到归档，厂长就没有过问。收发单上出现了会办单位是厂长室的笑话，是厂长室领导各课室，还是厂长室与各课室平行？是厂长不要看这许多公文而授权于秘书处理，还是陈国英自作主张，没有拿给领导看？

课长：翁世声(群)

厂领导重视生产忽视管理 编号141

厂务会议过去每逢星期二开，自从财计课提出要适合通计划数和计划检查，会议时间就更改。从此会议变得临时召开临时通知，参加会议的人心中也无数，开起会来总是研究生产任务如何来完成？很少提到秘书、人事与保卫，最多一句伙食工作有问题。陈国英亲自下去搞几天，旬报不报为节约，月度总结计划也随便建议领导重视生产(的)确应该亦要照顾全面，使得行政工作上正轨。

工会主席代秘书课长：陈国英(团)

瞒上不瞒下 编号749

生产技术课在我们厂〈的是〉不存在了，而这是没有得到上级批准的，在几次写厂内组织情况时老是把生产技术课列上。这是一个瞒上不瞒下的行为。事实上生产技术课是否须[需]要呢？这是值得讨论(的)问题。(另谈)瞒上不瞒下的行为对不对呢？作为一个国家的企业能不能这样做？

课长：翁世声(群)

三言二[两]语来谈谈(之五) 编号1064

生产补助工具装脚木，用途大来到处用。建筑房屋漆做防护罩，拣板作拼料……都可用。厂长坐在办公室，大笔一签是同意。可惜我们厂领导，不知考虑对生产是否有〈无〉用，是否当时用了今后再考虑？

办：毛其林(党)、蒋忠钦(群)

厂长不重视包装工作　编号：267　日期：57 年

今年厂务会议决定老拣场给储运课堆放和修理木箱，可是生产不[一]开始，厂长命令储运课让，第一次要让出 1/4，第二次要让出 1/2，第三次要立刻把堆在□拣场里的七八千只铝罐箱全部都般[搬]完。保管员请示厂长般[搬]到那[哪]里去？厂长说你们自己想办法。

厂长不管，保管员那[哪]有办法想，只好堆在露天，任凭风吹雨打，引起同志们对储运课意见很大。真是哑吧[巴]吃黄莲[连]，有苦说不出。

办事员：徐凯明

关于计划股　编号：851　日期：57 年

领导对计划统计是非常不重视的，采取可有可无的态度。不妨举例来讲：

例一：把计划股〈份〉并财务股，与实际工作需要不符，具体的[地]说，是不重视这一工作。

例二：原来搞计统的干部最少有四人，现在只削减得一人，具体对这工作不负责。

例三：干部调动多，而且不合理。王宗庭大稿[搞]计划搞了多年，要调到车间去做主任。难道计划股不能做股长吗？

例四：计划统计工作，目前已成一种形式。比仿[方]编三套计划(生产、基建、劳动工资)，但具体一样也管不了，基建车间搞，材料储运购，计划我们编。又如生产计划统计我们做，总结材料车间给，再讲劳动工资计划也是我们编，劳动组织人来人去管不着，气也不通。

以上具体问题，领导上也可以了解，别的厂像我们这样吗？合并的时候，我也曾积级[极]向刘厂长提个[了]意见，但考虑都不考虑。如果说计统工作是无所谓的，那干脆就去掉吧！

再说，财计课合并，上级有明文规定的吗？不仿[妨]再来讲讲合并以后的情况。

1. 财务、计划的权利[力]高度集中，因此造成权力越厂长。

2. 课长对财产上的业务精通，对计统就不一定，因此形成重财产轻计划，而计划工作也没有抓起来，任搞一套。

办事员：方增良(团)

建议领导固定开封(箱)工人

今年我厂加强计划管理，开展增产节约。在领导的支持下，将去年户□箱社开封箱工作取消(原文如此——编者注)，在本厂转出工人、干部来做开封箱工作。将近一年来，这样做基本上是好的。理由：1. 节省封箱费用要在 2 500 元左右；2. 能做到及时封箱；3. 箱子封得比较牢固，破损少。

但由于领导上没有接受我们的意见，因此还存在以下几个缺点。1. 开箱时木箱破损多，特别是箱盖损坏多；2. 拆下来的箱子、箱盖没有专人来处理，有乱拖损坏情况；3. 洋钉平均多耗用 20%左右；4. 工人不固定，工时也多耗 30%。如果把开封箱固定下来，这些缺点就可以大大减少，但我们在费用开支上也并没有多增加，因此建议领导 1958 年把开封箱工人固定下来，初步意见如下：

一、工资福利每月 5 元左右。二、8 个工人。三、时间从 5 月份开始到 10 月结束。四、任务：封箱开封，搬运物料，修理破箱和盖。五、工资计每月每人 50 元左右，六个月工作，8 个人共计 2 400 元。六、可以完成 58 年的 64 000 只开封箱任务，每只 4 分计支[共]2 640 元，可节约 240 元。我们今年修箱修理盖就可以不雇木工修了，车间里搬送物料工作不需要生产工人去做了，洋钉节省，木箱破损减少了。

办：颜宝书、徐凯强

偷木头　编号：1129　日期：57 年

去年我们操场基建结束后，建筑公司寄存在我厂一些木头，当时未及搬走，而我们负责搞基建的同志就顺手牵羊，拿了人家寄存的木料做吸尘器和输送带等东西。建筑公司和我们都是国营企业，但是我们都(是)单独的核算。建筑公司(之)所(以)把木材寄存这里，不派人来看管，问题[原因]是他对我们很放心。结果呢？拿木头还是我们这个大房东。这事情事后厂领导亦是知道的。这种作风是要不得的。

主任：徐柏林(群)

对组织机构与干部配备的意见　编号：1438

我厂组织机构原来下属课室有秘书(包制[括]人保)、业务、财业、计划、工务、批发部，后来改了（以）适当[应]工厂合并需要，因此增设了生产技术。但在去年依据编制需要，增添了人事课、保卫课、审计课，又含□课、计划课、生技课、批发、计划〈规〉其他单位。就当时情况来看，有的课确是适应工作需要而增设的，如生技课审检课；但有的课增设就不大需要，像秘书课分开人事保卫。当时我思想上也认为人事与秘书性质不同，最好分开来，因此领导上也同意这个意见，〈因此〉成立了人事一保卫课。但后来保卫上根据上级公安局指示，保卫最好单独设立课或专职干部属厂长领导，因此在这样的情况下，一个人又设立了保卫课。故〈所以〉表面上好[看]起来派头场面很大，什么课都有，但未能发挥其真正的作用。因此通过整风，我建议是将课室适当调整一下，人事保卫可合并一课或保卫设立专职干部，另外生技并入车间。财务有多大好处，对生产起多少作用？领导上是否很好的[地]检查过？据了解好处并不大。财计检查定额也无技术员，检查这事也有些问题，因此对有些课室考虑是否适当纠正。

在配备干部方面，也存在不少缺点。1. 王宗庭同志本来是计划课课长。财计虽合并但计划上还是要个同志负责，王忠[宗]庭对计划搞了几年，也很熟悉。可是王忠[宗]庭与翁世声相处不久，经常跑厂长室诉苦，与翁世声合不来，双方之间有意见，要求领导考虑调其他工作，否则工作也不好。而领导上偏[片]面的[地]答应了王忠[宗]庭的意见，调一车间当主任。这是领导上培养他在生产技术上□进去，还是加强车间力量？我觉得领导上没有很好的[地]考虑，整体工作出发，这样计划上没有熟悉的同志负责，而车间，王忠[宗]庭同志也并不太熟悉。

虽今年注意了加强生产上干部力量，但忽视了其他方面。车间主任有四个，实际主任多并不能办好事，而人事、保卫、秘书领导干部配备力量不强。二则培养也不够，因此造成这些课室不能出色，如王文田同志一再要求领导多帮助，考虑他的保卫工作能否调动一下，因此老王也说明自己不能信[胜]任。可是领导上总是说这同志工作上不动脑筋，而没真正了解这同志喜欢做什么工作，发挥他的专长。三、关于工会专职干部的配备，领导上考虑也是不全面的。我厂的工会专职干部〈还〉是做具体工作的呢？还是配备一个相当于工会主席的脱产干部全面抓工会工作，组织劳动群众开展劳动竞[竞]赛，以及一切上报富[福]利等工作领导？但根据我厂配备专职干部情况来看，是不够强的，有很多工作都由兼职工会主席来搞。由于还有行政职务，因此有时也照顾不到。而在具体同志来说，思想上也这样想，人家工厂工会专职干部是科长、副厂长一级干部，我是不称职的。党支部是否也以[要]考虑，因此我意见(是)，配备干部要明确。虽然干部是要靠培养，但培养也要有基础的。

有职无权的储运科　编号：1325　日期：57 年

储运科[课]是个有职无权的课室。储运课的职责是组织货源，保管物资，以及包装物资工作。

一、组织货源：储运课没有派人出去组织货源的权力(这给厂长拿去了)。组织货源回来向厂长汇报工作，储运课负责调入工作的同志无权过问，旁听。

二、仓库保管工作：茶胚进仓库可以不通过储运；厂长可以把仓库改为工场，不顾储运科意见(在仓库内并配)。

三、物资工作：车间可擅自否定储运科包装意见，擅自决定打包或不打包；物资取用时凭车间高兴，高兴时就办个领料手续，不高兴时就不办。

今年储运科[课]做的那些工作：

一、跑腿：车间要煤，今天通知明天一定买到。车间要什么东西都临时通知储运立即办到，成品装箱把通知单交储运课派专人送无夕[锡]供应站。

二、数字：什么时候领导上要来找储运科[课]呢？要数字的时候。不仅调出、调入物料库存……数字搞不出、不及时、不正确，则都是储运科[课]的罪。而有专职人员搞数字的部门，统计科虽然有统计有总帐[账]，也会厚着脸向我们要数字而成为理所当然。

三、挨打：调入原料，派人四出，组织不来，领导束手无束[策]的时候，最后一看到储运科[课]坐□，换句话说，要向储运上推卸责任，让储运科[课]挨打。再看车间占仓库，物料没有保管地方，乱丢乱放，向领导反映，(以)“一切服从生产”而置之不理。年终盘点有缺点有缺少时，领导上会马上找储运课检讨，打报告、挨打、报销。

总的来说，储运科[课]是个有职无权的课室，是个倒霉的科[课]室。

办事员：任衡(团)

根深蒂固的资本主义经营思想　编号：1113

本厂建厂以来，历年均几十万超额的没有名的“利润”上缴。这些钱是怎样来的呢？除去成本计划宽打窄用以外，主要是减少用花量，降低茶叶质量，不合理的[地]降低成本。过去虽有天津提出过意见，可是今年因为混进毛茶质量不好或者成本编制有些问题，形成亏本现象。我们的胡厂长、翁课长又动起脑筋来，要把下花量降低到标准以下，并想另制一套标准样以降低出厂的标准。

试问：这个念头要什么思想？

课长：韩作人(党)

10—2　人事课业务工作

“心里话”　编号：5　日期：57 年

路遥千里远，来到苏州城。屈指算一算，离乡已三春。
母年过半百，父已六十零。双老天天盼，何日抱小孙？
妻子梦见夫，两眼望欲穿。君把公事办，为国又为民。
衣食无照顾，独汉异乡人。每逢节日到，更是倍思亲。
心意归家聚，旅费三十金。万事俱齐备，领导批不准。
一旦批准了，日期又太紧。多则十五日，少则十四晨。
途中三五日，五天来探亲。再来算算看，家中五日停。
急急做[作]准备，告别两老人。爱人泪汪汪，你再留一宵。
迟了一日到，马上吃批评。制度太死板，一点无人情。
领导太教条，苦煞异乡人。夫妻常团聚，岂知内中情？

办事员：洪仁山(团员)笔名：思乡

为什么要吸收群众意见？　编号：45　日期：57 年

五二年我跟其他同志十多位到中茶来了，当时进来的临时工资一律是28.32元。大概是九月份转正的吧，转正了工资也要调整。领导上(吴应喻[瑜])把工资调整向我们公布了，在会上并要我们提出意见。结果意见提了，对我的工资很多人提出了意见认为低，但是结果还是跟原来一样。既然是原封不动，又何必吸收群众意见呢？

办事员：方三槐(党员)

一分[份]人情一分[份]工作　编号：51　日期：57年

铝罐工场开工，多少困难女工费了千斤气力，要求来厂做工？人事部门不通，结果还是一空，如若稍有人情，去向领导疏通。三言两语一讲，明天就来上工。

办事员：方炳钊(团员)

赶紧抓　编号：58　日期：57年

人事工作真不差，闭门静坐办公室。从来勿与同志谈思想，帮助提高更是无。有的同志闹情绪，一年二[两]载的[地]闭眼装聋不管他。今年生产多事故，原因也当查一查。此忽经涉到思想，还是单怪同志粗忽。人事工作是细微复杂，绝不可再这样简单粗糙一般化。

办事员：柯汉钦(群众)

为什么不能一样对待　编号：101　日期：57年9月24日

我记得56年6—7月间，蒋士增的爱人和小孩来办公室玩过几次，人事课就找蒋士增谈话。难道陈国英、单正兰、方瑞发的小孩，课室走走，车间跑跑，就不影响生产了吗？小孩不懂什么是安全，看到好玩就乱动起来。出了事故又怎么办呢？

办事员：洪仁山(团员)

为什么领导上处理问题不公平？　编号：142　日期：57年

如：五五年李祖莲同志在财务股经管财料帐[账]时，花样百出，私造假数字现象很严重，就查对帐[账]有二[两]个多月，曾代出纳工作时期有贪污。而领导上听之任之，既不处理，又未检查。

而我呢？在五三年为了搞错些帐[账]，大会批评，小组斗争，还受到处分。二[两]种处理问题是根据什么政策办事的？请答复。

问个信：我的处分已经多年了。在这期间既未谈过一次话，又未帮助教育过一次。这处分难道要背上一辈子吗？

办事员：汪仲元(群众)

冯居怡整编后的处理是否符合政策？　编号：291　日期：57年

不久前在人事科[课]看到了冯居怡的来信，要求安排工作。54年整编后，领导上一直没有注意这一问题。这样是否违反政策?

人民内部的矛盾,不应该这样的态度来解决!

课长:翁世声(群众)

为什么硬说我发牢骚把我来降级? 编号:230 日期:57 年

1955 年停工时,我的粮食转出去,应该(和)大家一样标准,但是微[徽]州转了三十四斤,却把我转了二十五斤。我确实不够吃,到街道委员会申请。去年到厂来生产,工务股蒋股长说,我对粮食供应发牢骚,就把我降级来处理。这样处理究竟妥当不妥当?

工人:张秉荪(群众)

答复!答复!答复! 编号:238 日期:57 年

关于我们季节工开工以前,在学习期间内的工资问题,我们提了一次、二[两]次、三次……的意见,领导上推说明天、后天……来答复。为什么到今天还是杳无音信,下文全无呢?!

工人:朱春茂、周福祥(群众)

我的意见 编号:249 日期:57 年

季节工工作快完成,回乡同志心中有顾虑。上春发出通知叫我来学习,迟到一天吃批评。我们提出学习要工资,到现在学习工资还未发。

去年返家季节工许多工人发了廿元、三十元,有些人却不发一文钱。这种道理实在搞不清?我们想想不合理,在工作上就产生有怨心。

工人:王经福(群众)

为胡根寿鸣不平 编号:263 日期:57 年

提起胡根泰,工龄整六春。工作很积极,评为先进人。一九五六年,大会来宣布。丧失劳动力,就此被退休。一百四十元,当作养老金。年纪并不大,只有四十零。身体虽然弱,管拣尚能行。人事搞点啥?叫人摸不清。敢怨不敢言,咽在肚里边。今日真言吐,问关人事科[课]。到底怎么样?快快来表明。

工人:章金钱(团员)

问问看　编号：311　日期：57年

五五年茶叶茶花都减产，我们季节工人不能等拿钱。六(个)月变为五个月，直到去年"照顾"五个半。问问几时才有六个月？

工人：方增旺(群众)

对待病人啥态度？　编号：355　日期：57年

领导工作有偏向，对待病人有二[两]样。接近领导同志福气好，问长问短真周到。住在医院里真痛快，天天有人去安慰他。一般群众真苦恼，身上的痛难知道。领导对他是冷冰冰，究竟为啥原因？问我自己不知道。

警卫员：巫杨林(团员)

如此对待　编号：348　日期：57年

当上领导工作确实忙，连生病都忙得不可开交。如吴应瑜在上海治病，仅[竟]有人不断的[地]路远迢迢来看望，见面连把安慰话儿讲，可是一般同志生了病，连个脚影都不到。可惜！可惜！可惜我的德才资不备。如果备了德才资，马上升了一个长，也有他人来看望。领导关心太不够，使人实在把心丧[伤]。

勤务员：方增禄(群)　警卫员：陈凤鸣(群)

一个意见　编号：377　日期：57年

记得前年开除二[两]个男工，事先工会组织不知道，等到上级工会来电话询问才知晓。当时为了这事也提过意见，似乎这意见提得还不应该。现在想起来这件事还值得提出，因为这(等)于工会组织作用仍然没有发挥。

代课长：陈国英(团员)

拆墙填沟　编号：397　日期：57年9月28日

支部和人事部门接触群众的面不广，对事情不研究分析。如去年我在生技课，人事课仅凭某同志反映×××常带家属、小孩来办公室(在程度上有出入)，因此(对)×××同志有意见。有一次朱炳庚同志(工会主席)在讲劳保条例时，歪曲了我反映问题的实际情况(原情况是向单支书谈的)，批评了×××

同志,这样就造成了党群之间、同志之间有墙有沟,互相有意见有隔阂。

车间主任:徐柏林(群)

人事课与党员　编号:431　日期:57年9月25日

人事课:你划的党群鸿沟真不浅,不顾群众只关心党员。

为什么?看下面:

要提拔是党员,例如:朱炳痶[庚]何德何才,提拔当车间主任?

高待遇是党员,例如:胡春来凭啥工作能力拿四十七元?

住宿舍让党员,例如:顾应根家属乔迁,挤开吴文清、洪仁山。

享特权是党员,例如:方瑞庆、顾应根、徐开明的妻子叫来糊铝罐;朱炳庚的妻子是乡下劳动的能手,人事为了夫妻团圆,去信叫她进城来安排。

请问:人事课的课长"大人",人事政策是什么?掌握原则是什么?执行的又是什么?再问做得对还是做得偏?

办事员:黄子锭(团员)、方增良(团员)、汪仲元(群)、熊忠谋(群)

什么是本人出身?　编号:414　日期:57年9月27日

我对填表时的"本人出身"栏总觉不对头。根据我的情况,从六岁读书到十七岁,说应该是个学生出身。为什么却以解放前五年的工作性质定出身?解放前五年的工作能算一个人的出身吗?不解。

办事员:耿怀敏(群众)

心里话　编号:417　日期:57年

一九五五年在粮食问题上,我不过对吴应瑜说"我回去了"这句话,隔年就受到降级处分。要不是我历史清白,老早和吴云钦一样被开除了。现在想起来,降级后每月少拿几块钱,譬如生病生掉了。要不是整风,连个屁也不敢放。

过去我在私营企业当过把作,做过水客,也做过经理,现在到茶厂来,一样都不行了。毛主席号召要培养青工,难道就不要我伲[们]老年工人了吗?

工人:张炳荪(群众)

向组织上忠告几句知心话　编号：423　日期：57年

搞建设：不存宗派公平来执行，方能够：集体力量大家来加劲。
作决定：千万不要耳朵当眼睛，因为是：你的亲信说话不算准。
更注意：当心糖衣炮弹吃进，必须要：亲自深入下层问原因。
只要看：胡、施等人工资有反映，讲道理：他、她何德何才拿高薪？
岂不是：一是宗派连看是人情？其他事：是以公平合理最平衡。
这样作[做]：社会(主义)建设一定早完成。

办事员：宋伯荣(群众)

无情的打击　编号：427　日期：57年

1955年十月里，我厂里是停工淡季阶段。为了响应党的号召去支援商业旺季供应工作，我被派到百货公司门市部工作(担任收款)。由于本人未曾当过店员，的确是个门外汉，工作生疏，乱的情况是有的。后来领导上认为吃不消，就调我到化糖部担任营业。这个柜内有六个同志，天天都有小差错，到了月终结帐[账]，发现少了一箱肥皂。该柜的组长就召开了小组会，少了一箱肥皂要大家赔。当时我就不愿赔，因为我调来工作未半月。究竟柜内货色有多少，我都不明白，这样叫我赔出钱来，真叫我不明不白。第二天，姜主任跑来叫我去谈话，对我说公司现在调出的干部大都回来了，人手已经有了，你明天回厂去工作吧。谁知到了厂里来，人事课长把我唤，你们的工作暂时不分配，要我把在百货公司工作用书面来汇报。我就很快把书面写好，交给了人事科[课]长吴应瑜。第二天就开小组会批评，要我作检讨。我不知为了何事情。要我检讨什么？工作上差错是有的，别的事情全没有。人事课长还是不相信。我回答：这种冤枉要冤煞人。若要人不知，除非已[己]莫为。最后要请他查过[个]水落石出。这样的办事，我认为应该先要把情况了解清楚，才能把是非弄清。

办事员：姚庆云(群)

积压了一年多的心里话　编号：428　日期：57年

情况：

1955年由苏州市商业职工训练班分配到本厂(那时还是中茶苏州支公司)

来的两批同志,第一批是五月十二日分配来的,第二批是六月一日分配来的,我是在第二批被分配中的一个。

第一批来的同志经过几个月的试用后,在同年十一年[月]间转正,调整的工资从九月份起补发;第二批来的同志在下一年(1956年)三月间转正,但是调整的工资却延迟到从六月份才开始发起。因而我有几个问题一直搞不通。

问题:

(1) 为什么第一批来的同志在十一月份转正后调整的工资是提前二[两]个月从九月份补发起,第二批来的同志在第二年三月份转正而调整的工资却要在转正后退后三个月从六月份才开始发起?还有比我们后转正的,为什么工资倒从四月份补起?

(2) 拟人事局田局长来商训班做[作]结业报告时曾说:分配工作后,试用三个月转正,如不转正则至多六个月就可以转正。可是我们第二批报到的同志为什么要到九个月才转正,一年后才调整工资?如果说我们第二批来的同志全部都有缺点,那么领导上却为什么把我们置之度外,不给我们进行教育,帮助我们改正(领导上始终没有找我们谈过话,帮助我们改正缺点)?

(3) 像上面所提的不同的对待是否合理,政策法令上是这样规定的吗?退一步说,假定政策法令上规定是这样做的,那末[么]为什么不对我们说明,好让我们解除思想上的这个疙瘩呢?却这样闷葫芦,随便打发,高兴怎么办就怎么办!

要求:

我要求把这个"谜"的"谜底"告诉我!

办事员:方葆民(群众)

对老年工人不关心　编号:455　日期:57年

工人意见交关多,生产紧张忙又忙。老年工人照顾少,领导工作不深入。去年第三季度里,做工作四十多天。同志们搞得筋疲力尽,没有给工人休息。到后来老年工人吴××,身体实在吃不消,要求到医院去看病。负责同志还是不答应,吴同志只好把身体来拼。同志把心谈,工作积极不中用,有病请假批不准。领导这样的作风,怎能〈的〉发挥工人积极性?

工人:汪文忠(党员)

我们的要求 编号：476 日期：57年

今年本当是5个月，有一次会议上领导上说不比去年少，照顾大家五个半。目前有一批同志4个半月就调到建筑工地去了。这算照顾么？最近又要去一批了，我希望领导5个半月给我们做完，再介绍到工地去。

工人：朱春木(团员)

有个问题问一问 编号：480 日期：57年

今年生产5个半月。最近有一批工人去建筑工地做工，听说是计件工。如果吃不消要回去，这里35元也得不到。如果有这种情况怎么办？

工人：钱立通(团员)

整得好 编号：508 日期：57年

毛主席的整风真是好，否则官僚就不得了。干部实在多，工作如何搞得好？东塞西放挤不了(如保健室)。值此整风快些改，生产始能搞得好。

工人：黄本通(群众)

为什么我和党有距离(之四)？ 编号：527 日期：57年

试用人员转正，职员、工人不同。工人规定一月，职员三月试用。这是国家法令，人人有责遵守。五二年十一月，吸收我到中茶，经公司批准，直到五三年间，“三反”运动之中，彭起口口声声，我是试用人员，转正在五四年。试用实在太长，令人难以思量。干部政策一个，为何执行两样？这是什么意义[思]？提请领导想想。

办事员：蒋士增(群众)

问·看 编号：532 日期：57年

55年茶叶茶花都减产，我们季节工人不能□拿钱，六月变为五个月，直到去年照顾五个半。问：几时才能六个月零？

工人：方增旺(群众)

人事部门歪斜作风 编号：537 日期：57年

我去年在建筑公司做工，有一位冒充茶厂工人名叫缪国生，据说是王文田外甥。合同满期,他还要求继续工作。就戳穿了。

作者:鸣

心里话 编号:564 日期:57 年

在去年十二月,我打了个报告给人事课,要求组织上在可能范围内适当的[地]安排我家属的工作,为补助生活上的不足。直到今年六月人事课金钰铭同志找我谈话。

金说:你的家属工作不可能安排。原因是从农村来的,要工作需要待城市里的妇女全部安排尽罄,才可能安排。你有什么意见?后来我一再的[地]考虑,也曾转问到其他部门。我一直搞不通,又想照这样我们农村的干部将来只好到农村去工作,城市的工作只好城市的干部干。

我也曾把这思想反映给单支书,他答复我也没有这种政策和规定。那人事课又为什么采取这样的答复呢?使人实在不懂!是重视呢,还是官僚呢,是粗糙呢,(还)是对党外的同志另有一种看法呢?

请人事课负责同志从思想深处检查吧!

办事员:柯汉钦(群众)

人事课的官僚主义 编号:585 日期:57 年

大家都知道,炊事房的工作做得不好。这是正确的,但问题〈上〉是有[由]多方面的因素造成的,却同人事科[课]的官僚主义是有密切关系的。简作以下三例:

(1) 群众对食堂卫生工作很有意见,这实在是在对群众接触的面很广,是值得食堂里重视的。可是人事科[课]为了安排人员,竟把患肺病而休息三个月的袁金宝同志来搞伙食工作。这情况,卫生防疫站也提出数次意见和建议,但不生效果。事实上人事科[课]这样作[做]法,对食堂卫生工作及群众身体健康方面是有害处的。

(2) 身为食堂管理人员,首选要具备懂得炊事工作的知识,这才能发挥工作效能,〈却〉人事科[课]竟把外行人去搞伙食工作,并且还把内行人去搞通信工作。这是何等道理?是〈不是〉按照人尽其材物尽其用的原则来做吗?

(3) 本厂是季节性生产,逢到每年生产旺季,必须增加炊事房的临时工人。在雇用时,〈不〉考察该(人)是否适合工作,却人事科[课]的方法像瞎猫捉死老鼠一样,不管三七二十一,总是向厨房里一塞,使人工作生疏干起工作来无头无路。必须要经过一个时期,略知工作情况,可是刚熟悉工作,但生产已走向淡季,临时工只得停止工作,待来年再做一套。这是搞不好工作的因素之三。

办事员:冯国臣(群众)

人事科[课]存在官僚主义缺乏为群众疾苦而体验　编号:636　日期:57年

人事部门对女工的工作、生活等问题是不够关心的,特别是淡季的工作,很少积极主动的[地]去联系。根本问题,人事课缺乏为女工与工作而着想的观念,也是为群众服务不够。由于女工生产期短,生活一般比较困难,而人事课体验群众疾苦不深,关心不够。有很多女工反映,在茶厂中我们女工得不到组织上的关怀,也不与[以]我们女工是苏州茶厂工人来对待。

办事员:毛其林(党员)

对领导上关于职工的思想教育方面的几点意见　编号:638　日期:57年

(1) 党、团员每周都有组织生活,帮助开展批评与自我批评。这是党团员的思想认识迅速提高是[的]一个主要因素。可是非党同志的工会组织生活很少召开。是不是对非党职工的思想教育就放任自流呢?

(2) 校工吴恒本去年他的儿子奸污几个才几岁的女孩。他不仅不教育儿子,还说有什么关系,现在又不吃官司。他自己经常编篓子去贩卖,(据说曾有群众来信)这几天还在大卖篓子,而女工要买几只而[却]买不着。人事科[课]也应该找他教育。

(3) 糊铝罐,这是以劳动付酬的。为什么群众也有很多意见呢?主要的是徐凯明、方瑞业二[两]位同志的家属引起群众对党群关系的错觉。今后人事科[课]应多方面的[地]考虑。

(4) 厂内经常失窃,这与平时职工思想教育不够是分不开的。失窃之后有否破案?是谁偷的?都不向大家交待[代]。糊里糊涂,不了了之。这样能对职工引起一个什么影响呢?

办事员:余尚青(群众)

这是什么作风 （之九） 编号：681 日期：57 年

苏州茶厂发展大，男女职工五六百。拣茶女工绝多数，国家贡献可不少。可是沾了旧作风，认为这项工作无紧要。也许是因气魄大，搞好搞坏不计较。若使[是]真正有问题，干部含泪换批评。今年略有些改变，显然也有小成绩。可是某些领导始终无介意，连得管理人员也算门外人。开会常常漏通知，车间讨论曾不提。就是讲了几句话，这是难说另外提。有时来把拣场转，眼睛一瞬无一影。还是因为女同志，授受不亲阻止行？还是因为不重要，搞好搞坏不要紧？还是因为水平低，难与课长合得来？淡季来临何处去，提来提去耳边风。这种作风若不改，那[哪]能使女工把生产爱？

办事员：胡士田（党员）

面向党员的政治思想教育工作 编号：738 日期：57 年

53 年间，一次偶然机会看到市劳动局给我单位的一封介绍信，内容是关于我的历史情况，要组织上加强教育云云……当时思想上很不愉快，但是退一步想组织上对每一个干部都应该加强思想教育，所以也就坦然置之度外。

从这封信引起我的回忆，到茶厂足足六年多了，领导找我谈话真是屈指可数。① 54 年工会候选人拉下来时，单支书一次；② 56 年肃反后，胡厂长一次；③ 工改后，单支书一次；④ 为家属到办公室的事，人事课长一次。从这先后四次谈话，二、三两次给我一些帮助，一、四两次给我引起不少反感。

当然〈难道〉各项运动以及政治理论学习给我不少教育，但是我总感到组织上对群众的政治思想关心和帮助实在〈太少〉是太少，少得可怜。

支部人事课的政治思想教育工作，不要老是停留在党员或者是培养对象的小圈子里。请你们面向群众，不要只凭自己主观主义认为群众〈死〉落后，没有办法帮助教育。即使说群众落后，支书人事更应抓紧。群众也迫切要求党和组织上在政治上帮助，如果这种作风不彻底纠正，会在宗派主义的泥坑里越陷越深。

办事员：蒋士增（群众）

有啥讲啥，讲啥就写啥（之二） 日期：57 年

55 年调出去支援商业旺季市场的一批同志，姚××也是其中的一个。由

于老姚出了差错,〈只〉对方说是想混[浑]水摸鱼。后来又是少了一箱肥皂,因此就(把)这位姓姚的调回厂,〈因此〉本厂的人事课及秘书负责人只听一方之言,就是黑板报、广播、小会、大会等批评。据我了解情况有出入,后来肥皂找到了。我认为这种开门见天的作风是不对的,对人也是不负责任的表现。再问,这种冤枉批评又到何时才能解决呢?

办事员:胡通宙(团员)

人事保卫为什么不负起责任来? 编号:530 日期:57年

我们的厂虽不大,但也不算小,职务上分计划、财务……各有各的职能和责任。

既已(有)明确的分工,为什么人事保卫不按责任制度办事?那[哪]一个出了事故责任,那[哪]一个负责呢?反而东拉西拖[扯]的[地]瞎怪人。如:

(1) 去年任衡出差去四川,办好移交,写好清单交胡春来的。胡春来接管后,工作不做,弄得乱糟,反而把责任推到任衡身上,怪任衡不负责。

(2) 去年年底上级省所要调入数字,职能部门计统拿不出(一天到晚不知做点啥),后另由厂的领导组织力量来统计。

这种不负责(的)任返工浪费现象,你能说不知道了?为什么不按制度奖惩分明,而是东拉西拖[扯]瞎怪人?

在纪律面前,任何人是一律平等的,并没有什么特殊的政治待遇。应该秉公办理,不应该因为是党员而原谅包庇,瞎怪别人,才能使人心服。

办事员:胡笔侦(群众)

手法奥妙的变相贪污 编号:836 日期:57年

请问挪用公款算什么?

答:不是贪污。因为我没有收齐,随时用一下,等到收齐一道奉上。这算什么?我负责要归还人家,人家又不问你讨,由你何心来干涉(起动)?同志想想,对不对?

办事员:金钰铭(党)

向人事课提一点意见 编号:850 日期:57年

说起人事课,大家都知道,但是人人有意见。人事课坐在高楼,到底做点啥事?

在人事的分配上到了旺季。我们很容易看出,有的忙得常开夜车,有的经常闲看报纸来解心焦,例如党员周旺。

同志们有思想问题很少帮助。就是帮助,三言二言[两语]解决问题,不是相反,就是批评,使同志增加了思想问题。

人事工作是做人的工作,难道做得应尽责任吗?

赶快下楼来倾听群众意见,真正做到关心人。

办:郑尧珊(团)

这样的爱是害　编号852　日期:57年

总务周连生贪污事例,到目前发现的已有几椿[桩]。这些发现并不是进行严格的查而出来的,而是事情明显而发现的。支部找他谈话,也不是他自己认识错误向组织坦白,而是在物证俱在无法(否认)之下才承认的。现对他为什么处理这样宽?抗拒从严,现在这样处理是难以令人心服。再者,他"三反"时也犯过,现今也不止贪污一次,是个连续犯。为什么组织上对他的过去工作不进行检查?对[与]他的职务是否相称,为什么也不作出处理?难道组织上就能相信和保证他?

我感到对他这样的另眼看待,特别爱护,这是害不是爱。

办:林佩珍(团)

旧话重提(三十八)　编号:864　日期:57年

茶厂是我们的母厂。您给我们〈的〉生息,您给我们〈的〉力量。我们舍不得离开您,我们爱您的一切,甚至地上的碎石、台上各钉都使我们产生了爱情。这毫无疑问,我们也愿变一副泥建筑在您的身上。

去年下半年以来您却变了样,使我们产生了〈振寒〉悲伤。这是为什么呢?原来是领导高坐办公室,经常闭门不出,下了办公室,就往家里跑。要想串上门,实在很难得,若讲知心话,又是无机会。经常东调西调,强调党的需要。怎能叫人心定下?业务水平提不高。日复一日,月复一月,工作搞不好,心里也更糟,思想遂复杂,大会挨批评,从此低沉退落。六月末人事课动员〈校〉考技校,我们想从此得到门知识,想从此得到深造……因而[尽管]后来没有成功,

(但)逐渐的[地]振起精神，恢复了全部力量。领导啊，领导，旧话虽则旧话，但也值得深思。如果再不改，不行啦！否则的话，这自生自灭，自暴自弃，到底是谁责任呢？慈爱的厂，我爱的厂，希望你从此得到教训，扭转歪风，人心舒畅。

办：胡士田、胡春来、方三槐(党员)

漠不关心　编号：870　日期：57 年

我今年因公出差了四个半月，回来向人事课□课长、工会陈主席报到，并问今后派我做什么工作？他俩都是以最简单的回答说：我们和徐主任研究一下，可能还在车间。以一两句话就结束了。我想人事课长也好，工会主席也好，对一个职工的思想情况、工作情况、生活情况以及家庭情况都应处处关心(当然工会对我有些地方是照顾)。难道一个职工出去四个多月，思想方面、工作方面、生活方面都没有一点值得你们要了解的吗？就这样简单轻率的[地]对待你们的工作吗？你们所做的是什么事啊？是忙于整风吗？难道整风不是为了做好工作吗？这样对职工漠不关心的作风要改改吧？

办：余尚青(群众)

人事保卫部门的官僚主义　编号：883　日期：57 年

我从 55 年二月份就到苏州茶厂工作，将近三年，可是我的户口一直是个临时户口。直到今年三月份我要把户口迁回家去，人事课给我的答复说，你没有正式户口，只有临时户口。当时我听了大吃一惊，变成了来路不明的人了，也是违反宪法的罪人。结果还是我自己到市民政局要了一个证明，才报上了户口。请问人事保卫部门，你们是怎样掌握国家政策法令的？拿同志的生命当儿戏吗？难道我不是十亿人民中的一个吗？人事保卫部门是做人的工作的，可是连户口都不清楚，可想而知你们的工作做得怎样。

办：周明(党)

所谓干部政策问题(一)　编号：920　日期：57 年

“三反”结束调到茶厂来，适逢保干制全面改薪给制，同时普遍进行评级。那时我在市政府建设局是科员，但在评级时评的 23 级，看看其他单位科员都是22级,看看茶厂里也有好几个办事员是22级,当时思想就不通。"三反"运动虽然被怀疑,但是结果没有受任何处分。为什么明不降级暗降级?朱德正找我来解释说是科员最低级是23级。既然这样讲,我也就无话说,只有检查个人主义作为今后教训。但是以后凡是遇到填登记表,职务栏里总叫填上统计员,以后改为工会专职干部,直到单正兰同志做人事课长时才按科员名称填。过去为什么不填〈的原因〉?据说茶厂没有科员、办事员之别。虽然不管职务大与小,总是为人民服务把工作搞。问题就在苏州茶厂也是属于市领导。为什么市里提拔一个科员很慎重专门,还有公文批下给你自己看,到了茶厂(却)可以随随便便当作办事员?我也不是争地位,只是觉得这里边执行干部政策似乎有点当儿戏玩。

代课长:陈国英(团)

厂领导对贪污事情为什么不处理　编号:923　日期:57年

从54年到57年为止,厂里已经发生了3件大小贪污事件。

(1) 翟恒在"三反"后贪污,领导上没有很好处理教育,继续叫他搞伙食工作,又贪污了100多元。他吃同志的血肉,养胖了自己,不进行处理,调出茶厂完事。

(2) 周连生贪污发现后,不及时进行教育,相反给予特别待遇,送到疗养院去休养。

(3) 李祖莲贪污事件,也没有很好的[地]帮助教育,调出了事。

厂领导对于人民的财富是抱着什么态度来对待呢?

办:郑尧珊(团)

名词新解:纲[网]开一面　编号:958　日期:57年

听到驰名全厂的积极分子团员李祖莲贪污舞弊的消息〈传来〉,领导上和群众思想上都大吃一惊。后来李祖莲高升调去市局工作,贪污事件不了〈而〉了之,没有处理。现在才知李祖莲在团内受到警告处分,但行政上却网开一面,不作处理。李祖莲和她的爱人(前区委工作科科长现药械厂支书)当然是会领情的。

办:蒋士增(群)

名词新解：桥[矫]枉过正　编号：959　日期：57 年

55 年翟恒贪污事发，从伙食管理员撤换下来，由冯国臣接取这个工作。我们领导上吸取过去的教训，经常关心伙食工作。我曾几次奉秘书科长吴应瑜之命，会同总务周连生充当钦差大臣，深入炊事房查帐[账]，有次周连生竟抄过冯国臣的身。

原来领导上片面听取群众反映对伙食有意见，怀疑有贪污，所以〈以〉不择手段的[地]搞。岂不是矫枉过正？我们承认伙食管理制度不严，存在漏洞，但我们领导不应该采取不信任的态度，甚至对于查帐[账]人员侵犯人权、违法乱纪的行为置之不理，严重地伤害了同志的自尊心与积极性。最后建议领导严肃处理这个问题，并采取热诚态度帮助搞好伙管工作。

办：蒋士增(群)

名词新解：金蝉脱壳　编号：960　日期：57 年

大名鼎鼎的先进工作者总务周连生贪污行为暴露后，领导上姑息放任，既不抓紧教育，又不给予处分。

在全民整风运动轰轰烈烈开展的时候，竟让周连生到无锡住疗养院，三月回来风已过，金蝉脱壳，奥妙无穷。

办：蒋士增(群)

上海工地来稿　编号：998　日期：57 年 10 月 5 日

(1) 工会组织是工人阶级的大家庭，是教育工人了解工人生活疾苦的一个群众性组织，但是我们在工作岗位上就〈有〉没有职工的福利和权利义务的享受〈和责任〉。在[到]工作结束，而工会就没有(给予)职工的福利各方面的享受，对了解工人的生活方面全部都置之不理。

(2) 〈对〉每年开工前，领导上都提早通知来厂学习政治和技术操作规程，〈在〉工人〈的〉屡次对学习的工资提出了不少意见，到现在也没有答复。望〈是否〉有没有学习工资？给我们一个答复。

(3) 对今年的工作，领导上在职工大会公布过，在先进生产者座谈会上由工会主席及车间主任再三的[地]指示我们的工作时间，不少于去年也不多于去年，总之要我们安心生产。我们相信领导，而领导对这个问题要负责起来，给我们一个答复。就是说如果58年做个把两个月就要调我们出来,我不同意出来是否[不]是不服从组织分配?

(4) 我们来工地的同志服从领导的分配工作,没有意见,但在厂中的工作根本没有结束而我们由领导上统一调配,我们是要依据本厂的工资标准收入的。我们这里的工资由厂中来领,我们按厂中本人的工资收入由厂中支付,等到厂中工作结束为止,我们再向这工地支取工资。这个问题希领导上答复。

(5) 领导为了解决我们淡季生活困难,在工作结束后为我们解决淡季工作来维持生活问题,这就是解决了我们淡季生活困难问题了。而现在厂中基本工作尚未结束,而[就]替我们转入淡季生活工作中,反而造成我们的思想顾虑和生活困难。

(6) 对1953年的工资改革是否有中央公布的措施和指示?希请领导上给我们答复,或给我们看看中央的措施和指示。

工人:王寿仁(群)

这是什么制度?(之廿三) 编号:1004 日期:57年

我是在54年7月由区人委抽调出来搞对私改造工作的,十月份转到苏州茶厂直到约55年底才转正,而商训班转来的同志一般的都是三个月就转正。同样是参加革命工作,为什么就有二[两]套制度对待?

办:胡士田(党)

我也提一个意见 编号:1056 日期:57年

我在二车间负责勤务的守卫,具体工作算算没有啥。说起话来也奇怪,连个小便时间也有问题,又要看门又要去打钟,一个人体不易分离开。有时办公室内无同志,还要上楼电话接。看门时间要离开,是否把门来关?假如小便也无可奈何,只能想法找人来帮助。不知〈我〉领导是否了解其情况,希望帮助给我来安排。

勤:俞乐亭(群)

厂长们,主任们 编号:1071 日期:57年10月11日

不知你们怎样来为季节工人着想?使人苦闷。今年领导好心把季节工人

提早找到了工作，为什么有人不去？（决不是工人怕劳动）我们不去也是（有其他）想法，领导们是能体会的。我们从十多岁离开了美丽的故乡、可爱的母亲，到外埠来当徒弟也受了些折磨。以我个人来说，〈对〉搞茶叶工作也有八九年了。是幼而学，各方面技术都比较熟练一些，也可算一个技术工人。

但今年领导把我们提前介绍到建筑工作[地]工作。我想熟练的工作工资总要好[多]些，熟练工作未结束就去做外行工作，工资一定少。我们要工作是解决淡季的困难，但领导与我们相反，淡季未来就把我们转为淡季。

比如讲建筑工地，明年七八月份需要工人，那时如果能抽少数人，那你们又要把我们抽去吗？当工人有工人的想法。领导不采[听]取工人的意见，一开会就把名单公布，不到两日即动身。工人自己的事一无安排，搞得我们混混沌沌，一时不能安心。如果不去生活是问题，我当时只好回答〈不〉去。

工人：凌元淦[淦]（党员）

“硬拉”与“检讨”　编号：1087　日期：57年10月11日

55年请假回乡，回来时迟到了几天，胡春来同志也迟到了一天。我们虽曾路过，但我有事又留下了（有信给吴应瑜、王宗庭续假）。胡同志到厂后向吴应瑜汇报说：他迟到是我硬拉而使他迟到的。天晓得！他走的前一天，我冒着雨雪替他去买票，在天寒地冻的次晨又急急的[地]把票送到车站，记得钱还是我垫付的呢。不知我从何拉起？

啊！恍悟了。你为了博得吴某对你的“信任”，对你的“好感”呀！同志，你竟昧着良心把祸嫁在我身上呢？

胡同志：为了这件事，我被人事部门顾盘珍同志叫去批评了一顿，要我在小组会上检讨，还要我做[作]书面检查。知道吗？你知道吗？你有没有感觉？

顾同志：这件事能犯了什么原则性错误？这封检查书要到什么时候才无效？何时才出头啊？

办：方增良（团）

为俞乐亭鸣不平　编号：1095　日期：57年10月12日

俞乐亭本来是二厂的炊事员，因年老为了照顾他，调出来看门兼管作息时间。在二厂的具体情况，他的劳动时候〈只〉是很辛苦的。而人事课看到他的是什么呢？不是关怀他的辛苦和同情他的疾苦而是讨厌他的年老。从劳保条例实行以后，他刚是60岁，立刻就想动员他退休。人事部门如果是从关怀老年人出发，我认为是对的，而现在是认为他年老，想把他一脚踢开。这似乎有些不近情理，不符合人事政策的。

车间主任：徐柏林(群)

看了大[字]报后产生了新的疑团　编号：1160　日期：57年10月11日

看见大字报上连续揭发出来的贪污事件，联想到我们第二批由培训班调来本厂的同志被扣发了应得的调整工资几个月的问题(详细情况请参阅我写的大字报积压了一年多的心里话一篇，贴在楼上工会办公室门口的□上，编号428)，产生了新的疑云。

我想，我们的厂领导不会这样糊涂，不按照政策办事吧？哦，哦！此中或有其它[他]奥妙！倒不要错怪了好人了！

啊！可疑呀可疑！

问题究竟出在哪里？是人事课还是秘书课？

要求领导查明真相，给我答复！

办：方葆民(群)

印象观点宗派主义　编号：1185　日期：57年

周连生三月份贪污，顾应根回[汇]报领导；七月份评他先进工作者，七月份又贪污。领导上已然晓得，为啥遮盖贪污？是不是认为他是团员，犯点错误不要紧？这样我是搞不通的。

炊事员：沈凯(群)

单支书，我要问问你！　编号：1217　日期：57年10月11日

我是1955年由苏州市培训班第二批转到苏州茶厂来的。在培训班里听到报到说，经过三个月或六个月的试用后就可转正。第一批转来的同志是按政策办事，三个月转正了。为什么我们第二批来的同志都要试用一年后才转正？你这样做是根据什么政策来决定的？是不是要吃吃我们？请你答复我！

徐州供应站：方灿华(群)

借整风说出知心话 编号：1245 日期：57年

1. 录用和吸收工人政策条件何在？

我自55年6月1日由商训班转来苏州茶厂。曾在商训班有言在先，事先试用三个月，至多六个月。为什么到了苏州茶厂一拖就拖了一年多？我也不懂，同样在商(训)班转来的同志，为什么有两样看待？是否老年工人已不中用了？看来我的转正还是领导上照顾的吧！我想想真惭愧，做人不能年老，年老的确无用了。想到这里何必[不]叫人苦闷，苦的是老血无能，闷的是无机报恩。思想实难通，请求领导来帮助解决。

工人：王金妹(群)

借党整风说出知心话 编号：1246 日期：57年

2. 领导关心同志疾苦何在？

首先说明我不是在诉苦，而是把我的情况谈一谈。一家四口，进了苏州茶厂，所拿工资每月28.42元，直到通过工改，在56年4月份才拿每月工资40.72元。可怜我到了苏州茶厂后，家具和衣服全已吃尽卖光(此情况是在56年4月〈以〉前后，卖最后一件皮袍是卖给本厂俞细金同志的)。我(在)厂里本来是困难人，不言不响也就无人知，无困难嘴上苦诉得到有照顾，或是和领导有亲戚关系也有路。我要是青年人也有望出山之日，可恨我年老了，老血无能。新形势不断地在改变，生产上也同样不断地在发展，年老了脑筋弱，如何赶得上？工改时曾听得根据特点来评级，敢问声特点依据是那[哪]样？又听得老年工人应照顾，敢问声照顾是否有偏差？以上谈出的问题，并不是经济主义在作怪，原因是做事不公，思想难搞通。整风说出心里话，要求舍己救人为疏通。

工人：王金妹(群)

名词新解：上行下效 编号：1272 日期：57年

有诗为证：

轰动一时大案件，至今已有多少年？为何不把处决定，上行下效风气成。整风不改何时？从速处理解民疑。

有诗为凭：

中央

54 年高饶反党联盟——至今已有 3 年

55 年胡风反革命集团——至今已有 2 年

地方

高饶、胡风集团成员……

本厂

53 年和 55 年顾[翟]恒贪污——至今已有 4 年

55 年李祖莲贪污——至今已有 2 年

57 年周连生贪污——至今已有半年

办：蒋士增(群)

名词新解：隐恶杨[扬]善　编号：1273　日期：57 年

四月间发现周连生的贪污，人事秘书和支部采取包庇姑息的态度，既不予教育批评，也不予严重处分，更使人惊奇的是，在二季度评比中竟以工作一贯积极负责、会动脑筋、处处精打细算、节约国家财富等功绩取得了先进工作者的光荣称号。由于领导上陷[隐]恶扬善的作[做]法促使周连生在评出先进后敢大胆一犯再犯，七月份又贪污了一笔，比上次更大，如再让他评上三季度先进……

办：蒋士增(群)

希望领导上重视季节工的淡季安排工作　编号：1289　日期：57 年

我记得在去年省里曾转来采购部的一份通知，介绍苏联如何解决季节性工人在淡季生活的经验。人事课从去年起对克服季节性的淡节[季]有了重视，一如在今年人事课就提早派出专人出外联系介绍工作，但是我觉得这不是长远的办法。季节性生产有[是由]它的历史条件和自然条件决定的，我们现在是季节工，将来还是季节性生产。就苏联现在的经济，他们到现在还是有季节性生产。苏联介绍解决季节性工人克服淡季的经验是：可以和集体农庄和手工业生产合作社或其他季节性的生产订立劳动合同，使双方季节都能衔接。这个经验，我看也能适合我国目前情况。现在淡季又已到来，季节工人同志有的去工地做临时工，有的返乡参加农业生产，有的闲居在苏州。希领导趁现在已转入淡季的时候，可对历史上季节工如何克服淡季的和目前有什么行业可与我们的季节相衔接，或在农业社生产的情形进行调查和研究，使季节工的淡季都有安排，今后都能安心的[地]生产。

课长：徐柏林(群)

保管员还是仓库工人？　编号：1374　日期：54年10月16日

仓库保管员的任务是负责保管物资的数量和质量，在仓库里的整理、搬运、翻堆等工作应该是由仓库工人做的。别的单位这些工作也都是仓库工人做的，保管员是不做的，可是我们厂里连一个仓库工人都没有，仓库里的整理、搬运、翻堆等工作都是保管员自己来做(翻大堆是用临时工)。在工作证上和工资级别上都是保管员的职务，而实际上等于做了仓库工人的工作。请问领导，我们到底是保管员还是仓库工人，还是保管员兼仓库工人？

办：方炳钊(团)

拣茶女工自叹　编号：1383

自埋自怨拣茶工，四季工作三季空。家道贫穷那[哪]个晓？无衣无食叹寒冬。一季生产将停止，要想工作也不能。单衣难过十二月，粒米无存四壁空。大号小哭真难过，辛酸苦楚讲谁闻。惟望领导来照顾，安排顾及到女工。

办：柯汉钦(群)

心话　编号：1384　日期：57年10月17日

五六年初，在一个干部大会上宣布干部分工名单，没有我的名字。为什么道理？我想不通。是人事上忘记了吗？不会吧？一共几十个干部总搞得清楚。没有工作能力就不分配工作吗？看看门总行。还是人事上搞鬼？还是为什么？不明白。

人事上对我的工作是踢皮球。二车间生产都要结束了，还要调我去。几天后把我从二车间拉到秘书股做总务工作，十几天后又把我调去采购局工地上工作。回来又到储运上工作，最后双[又]把我调到机务上工作。调、调、调，调得我头昏脑闷。请问人事课这样做好不好？

有一次顾盘珍对我讲：现在把你调到采购局基建工作上去工作。这工作很重要,调去的都是能力强的人……我听了这些话,心里很气,明明是在吃我豆腐。有意见不敢提,只好闷在肚里。

办:吴文清(团)

“虎头蛇尾”之九　编号:1049　日期:57 年

贪污案件,发觉翟恒有贪污。领导上动员好多人,日夜抽查伙食帐[账],核对单据。贪污属实,理应处理。结果既不检查又不处理,一笑了之。因何故?

办:汪仲元(群)

做思想工作的人到那[哪]里去了?　编号:1417　日期:57 年

今年我们车间内工人同志们在思想上有一个问题很是搞不通,这就是病假工资问题。今年的生产工人在生产上工作做得不好,对[与]这个问题也是有关系的。虽然对这个问题在业务学习时大会上报告过,但是人事课没有把这个问题说得清楚。对〈为什么〉要扣病假工资的原因是什么,没有交代清楚。工人同志们有着这个思想反映,但领导上没有重视这个问题,没有及时地来做好思想工作。直到现在我们工人对这个问题还是搞不懂的,请问负责搞思想工作的同志做些什么?

工人:汪文忠(党)

对老年人的关心不够　编号:1488　日期:57 年

在车间里的老年工人也有几人,但是领导上对老年〈人〉工人是很不关心的。领导上只是每日安排生产,每日布置的任务也很重,但是对老年工人的工作安排,给予适当工作做就不够重视,对老年工人吃得消吃不消也不管。例如我本人在花楼上工作,对工作也是比较吃重的,有时工作紧张时我就吃不消。在过分劳苦之后,我的头就要发晕。一个人弯下腰去站起来,眼睛就要发黑。因此,我提出,今后领导上在安排劳动力的时候应要适当考虑到老年工人的工作安排。

工人:汪文忠(党)

拣茶女工建议　编号:1454　日期:57 年

拣茶是季节,一时难解决。工作日期短,闲空日子长。人力多浪费,生活挂心肠。普遍合作化，散工也难寻。季节不可免，劳动可调匀。季节配季节，能否合同订？工作不闻转，生活有安定。作为一建议，供给领导听。这样来解决，大家都高兴。

办：柯汉钦（群）

再问一声 编号：1556 日期：57年10月24日

见人事课的边改意见栏中关于五三年受处分的事，组织上曾经找我谈过话的。奇怪，什么时候找我谈过话的？影踪都没有。请详细的[地]说明，何人找我谈话的，在什么地方？请作解答。主动的[地]打报告，我以为不是这样。撤消[销]处分问题，在于领导。为什么我要打报告申请撤销呢？

（因为我从来没有受到过任何处分，可能我不懂，那么领导上应该和我早就说明。）在此反对"三害"时，不能再出现新的"三害"。这样答复不满意的。

办：汪仲元（群）

为什么不处理？ 编号：1558 日期：57年

秘书课在三月间发工资时少掉的十元钱。为什么在边改答案上看不见处理的意见？难道说领导上仍旧没有决心来追查此案吗？请领导上答复。

办：赵织云（团）

10—3 保卫课业务工作

正确意见为何不重视？ 编号：524号

自我在茶厂工作起，办公室的门经常不关。为此我们为保密工作不保密，提了很多意见，可是无看到改进倒还越提越严重，至今办公室的锁有可无可。我看保密保密是口头语，实际是绝对的麻痹大意。如不加纠正必吃大亏。

勤：邓云生（群）

七案询 编号：237号 日期：57年

车间主任有几人？安全生产不关心。工人意见提得多，总是答应不执行。并无何人问此信，真正实在气煞人。八月上旬出事故，制胚工段有一人。双刀轧机跌下来,就是叫做洪老明。停了生产二[两]三天,受了痛苦工伤人。平时领导关心到,不会出了此事情。领导作风坚决改,工人一致都欢迎。

工人:王子固(群)

包公在哪里? 编号:76号 日期:57年

我记(得)某月某日秘书股发工资少了十元钱。此案在你面为啥不破呢?我认为这是领导上和党员的宗派主义,怕失掉情。为啥不能象[像]包公样大公无私处理事项?

勤:邓云生(群)

进一言 编号:1270号 日期:57年

现在开展整风运动,我要进一言。有一次我在工作(中)粗枝大叶,工资少掉拾元钱,当时心中急得要命,一夜尚未睡眠。现在我看见一张大字报,事情早已查明。为什么领导不处理?这是什么道理呢?是不是领导有情面关系?我看有的领导缩手缩脚,所以到现在不处理,弄得思想〈非常〉有个疙瘩。我请求领导快的[点]处理,不要群众再来提。

勤:顾应根(党)

无题 编号:66号 日期:57年

为啥事故多?今年工作忙碌,工人同志热情高。领导只重视生产好,不重视生产安全好,今年事故逐渐高。

勤:顾应根(党)

王课长 编号:1364号 日期:57年

厕所后面的竹篱笆仍没有修好。我告诉你,如果厂里有偷窃物件的事故者,我要拿你的工资来赔偿的。

办:冯国臣(群)

用意何在? 编号:1347号 日期:57年

去年大马路宿舍里,洪仁山被偷窃了一条毛货裤子。一天市局来人定案,王文田你为什么把我喊到楼上查看我的毛货裤子呢？你的用意何在？请答复。

勤：王杨林(群)

这样对吗？ 编号：646号 日期：57年

生产旺季时，每个同志为了社会主义的建设都紧张的[地]劳动着，但是生产中的事故不断的[地]发生，好茶叶的霉变，工人在操作中脚跌坏了，手弄破了。〈可是〉这种现象在往年是很少的，可是今年又为什么有这么多的事故呢？谈起来在生产管理方面的干部很多，单谈车间主任有四个。尤其是茶叶的霉变更为严重，经常可以在黑板报上〈可以〉看到茶叶发霉的稿纸[子]。难道说有关干部没有看见吗？如果看见的话，为什么不追查责任呢？如果已经追查过了，那么为什么不引起注意呢？一次再一次的[地]发生呢？〈这种〉对国家的财富不爱护，对工人同志的身体不关心，这种责任应该谁负呢？

勤：陈凤鸣(群)

耳边风 编号：14号 日期：57年

保卫课，王文田。同志们，提意见，要安全。生产上，事故全。手轧破，真可怜。鲜血流，国家钱。意见多。王文田，看过么？看一遍，改没有？等几天，改不改？由我呢。灭火机，真可怜。吊上去，过一年。无人管，等于零。水斗子，口朝天。东一块，西一片。掉下地，烂一年。刘厂长，报告讲。帮助党，整风呢。提意见，火朝天。改了么？没有呢。日子快，又一年。国庆节，在目前。消防队，已经编。工具呢？在西天。

办：方瑞庆(党)

保卫课长吃啥饭？ 编号：157号 日期：57年

56、57年我们厂内发生的偷窃事件不算少。保卫课长在这里做了多少工作，难道一件查不出来吗？请你不要再饱食终日了。

办：胡春来(党)

不负责任的保卫课长 编号：88号 日期：57年

我们厂里的消防设备是不少的，但是就没人管理。砂[沙]桶内的沙〈也〉

不知到那[哪]儿去了,水斗〈也〉漏了也没人修理。保卫课长也不采取积极措施,把它修理起来。如果发生了火警就成了问题,恐怕你保卫课长难免要受到法庭的审判。竹梯铁钩也是坏的坏丢的丢,〈但是〉厂领导也对这些问题不重视,所以保卫课长也就不(放)在心上了。我认为他在思想上是存在着严重的官僚主义和麻痹思想。他以为经过肃反后就没有反革命分子了,保卫部门没有工作做了,要失业了。是不是没有工作做呢?我说工作还多得很。可是为什么不做呢?有这样一种原因,我是课长,这些工作应该下面去做的,不管我的事。如果领导上看不过,那就给我一个人。这样就好[让]他人来做了,我只要指挥指挥就行了,也可以发挥发挥我课长的威风,因此没有助手,〈所以〉一切工作都不管。前几天周韵竹跟王课长讲,请他到大画路宿舍去开一个家属会议,注意防火闸,但是这位王课长怎样回答?宿舍的事情我不管。可是请问王课长你不管这些事,到底管些什么事?

办:周明(党)

有啥说啥　编号:615 号　日期:57 年

我对保卫课长王文田"我不管"这句话有意见。有一次与王课长联系差错事故的登记事情,我院保卫课长是否可协助管管?他却即刻回头,说我只管破坏事故,其他我不管。再又关于宿舍的保卫工作闸,他回答说我不管。就那最近游戏闸,当时与他联系,我们要招待一些家属来,看看怎样做好保卫工作?他的回答我们照凭入场券,其他我不管。另到当天〈下〉办公时候与他联系,请他在吃饭后来协助做保卫工作,他又回头说我不管(结果是来的)。到了晚上因为人来得很多,当时为了把保卫工作做好,与他联系请他到各办公室和工场去检查一下门锁起来,他又回答说我不管。因我不了解保卫工作的职责,请问这也不管那也不管,你到底管点啥。

办:周韵竹(团)

只听楼梯响不见人下来　编号:82 号　日期:57 年

保卫课长责任差,厂里经常东西少。不是钞票丢,定是东西少。向保卫部门去报告,保卫部门决心大,一定要把案来破。时间很快来过去,算算已有数月余,至今一直无音息。

办:郑尧珊(团)

无题 编号：390号 日期：57年

说话不算的王科[课]长，去×××月我厂来开舞会前，早有保卫科[课]长下达正式通知上写着，要本厂舞票和工作证，否(则不)得入内。那我们无条件执行命令，但门外有好多要进厂跳舞。后有人把王科[课]长找来倒说我们执行得太死板，保卫科[课]长一句全体都入内。我也不知道保卫科[课]干啥吃的，说话不真[管]用。

勤：邓云生(群)

工伤事故为啥不上报？ 编号：409号 日期：57年

今年旺季二季度，工伤事故何其多。厂长、主席不关心，主管部门也不问。既不深入去检查，更缺乏分析帮助。事故工伤不断出，大小不下十余个。原有工伤事故表，上级工会劳动局。生产安全也要报，空白报表送一份。自作主张那一个，索性来个不报送。不知为了怕麻烦，还是有意要隐瞒。要求领导来分析，这种作风算什么？

办：蒋士增(群)

无题 编号：107号 日期：57年9月25日

保卫课长检查机器不认真，二厂电线现出筋。说起话来不认真，走起火来在[才]是真。问起责任俞细金，对于节约真认真。问起工作不当心，吃起官司俞细金。我心中不称心。

工人：俞细金(群)

最近的发现 编号：559号 日期：57年

昨日，我们把消防缸里的水刚放好，就有小孩到缺[缸]边要水。如果坠下缸里，小主人的生命就会遭到危害。这种情况可重视，特别是领导部门应该更加注意。心里问，否则就是错上加错的官僚主义。

勤：邓云生(群)

无题 编号：542号 日期：57年

当在换消防缸里的水，这个时候我马上向保卫科[课]长提出缸要加盖。

其他水换好后,我马上又提出,赶快要加盖包封。我们的保卫科[课]长是否答应,我也不知道,可是到今天未见一个木匠在做缸盖。厂好像(有)幼儿园的这种环境下,如果有那[哪]个小孩去搞水一失脚掉进去的话,没有人看见,可怜不知这个小生命会如何呢?假如这个责任××××谁的。

勤:陈凤鸣(群)

王文田你做点啥　编号:41号　日期:57年

身为保卫科[课]长,为什么不看见消防缸翻了身,灭火机烂了底?一旦有火灾怎么办?

你领导的治保委员会,有几个月没有开会?到底应该做点啥?

办:周永水(党)

10—4　秘书课业务工作

再建议　编号:279号　日期:57年

两天出去送公文,拾起雨衣实伤心。左一缺口右一洞,实在不能再上身。建议领导添一件,去年讲到待明春。现在再把意见提,仍是明年再考虑。反正身坐办公室,那[哪]知补助太苦凄。

勤:顾应根(党)

今年开水供不应求的原因在那[哪]里?　编号:1362号　日期:57年

今年一车间开水要从二车间运来供应的,还不能满足大家需要。现在我们来推算一下,二车间老虎灶雇用三个临时工。如果把这些工资摆到一车间造老虎灶,我你也没有多大的距离,还能保持及时的需要。明年要改进。

勤:方增禄(群)

从家属搭伙问题上看宗派主义　编号:743号　日期:57年

1956年,我因家里人手少,妻子照料幼儿,无法安排三餐饭,当时把困难情况向工会主席兼代秘书股负责人伙委主任陈国英提出要求,家属来厂搭伙。虽[谁]知借口肃反就要开展,进出不方便,当时我提出别人家属为什么可以搭伙来质问?回答称:住在宿舍家属可以特别照顾,又劝我等肃反结束后再说。

半年后某次生技股生活检讨会上，我谈到自己迟到的原因是家里吃饭不正常，才得到组织上的特殊照顾，同意我二人来厂搭伙。

唉！这点生活细节的小事，得到领导上的同意真不容易。为什么别人家属〈所〉搭伙对我不是一视同仁呢？至〈到如〉今我头脑百思不得其解，为此提请领导上答复。这种不同的态度对待同志是根据什么政策法令来执行的，还是说什么情绪来取决的？家属，宿舍已经是照顾，又有热水供应洗脸的照顾，再是滴滴涕消除臭虫蚊子的照顾……我要为不能住宿舍的职工家属鸣不平。

通过整风运动的启发，我才恍然大悟，其中确有奥妙。皆因我非党非团非领导，职低位卑言极微，领导上宗派情绪把职工家属鸿沟来划分。

办：蒋士增(群)

秘书课为何不重视保卫课的意见？　编号：672 号　日期：57 年

炊事房后面的竹篱笆，好几窟窿能攒[钻]进人来。我们提了很多意见可是未见修理，进[近]来有小孩到内[里]面来摘南瓜。如果是坏蛋分子，那就是革命事业的损失了。那你干的啥事情，这样事不重视是什么思想？

勤：许关泉(群)

我们的气如何发泄？　编号：662 号　日期：57 年

厂领导是厂里的当头人，对炊事房的袁金宝自生肺病后，人员逐渐的[地]减少，相反工作量却是这么多，工作了十几小时还做不完。有些地方做的[得]不到角，群众有意见反映炊事房菜蔬不好，领导上都怪炊事房人员不肯动脑筋，工作搞不好。这意见是否脱离实际？可是领导上不究问原因怪炊事房一面不好。好炊事房是群众的泄气筒。困难是否有呢？当然有。领导却不帮我们解决。这许多大是大非如何申泄明白？对炊事员的同志是否一视同仁？我看不见的[得]有偏向，还望领导上纠正此缺点吧！

炊：张立圻(群)

知心话　编号：500 号　日期：57 年

路途千里远，夫妻难聚情。回家日期短，路费几十金。心中细盘算，嘱妻来苏城。首先报领导，居住安排定。我妻来到了，住宿在饭厅。隔壁男宿舍，相隔一□□。实在不方便,一夜大无言。残冬风又大,宿舍冷冰冰。打算住三月,准备就动身。为了同途伴,还要等几天。主席陈国英,对我真关心。问了二[两]三次,我就起疑心。使我无言对,催妻就动身。为了以上事,我俩起怨情。大家想想看,伤心不伤心?

工人:洪志明(群)

请二主任答复　编号:306　日期:57 年

车间生产真正忙,夜里灯泡坏了无落场。我也无办法,拿起路灯来底[抵]挡。工友同志停了车,我跑来跑去忙一场。科室同志不在场,个别同志说话真堂皇。对于生产又是忙,要起灯泡我要说一场。个别同志不信任,跑来跑去说一场。办好灯泡要领导,领导说一句当百句。他现今好象[像]科长架子大,办起灯泡一二[两]只,坏了三只无用场。这位同志到了场,节约现金拉得长,车间灯泡无一只。

工人:俞细金(群)

请秘书科[课]猜个谜　编号:477 号　日期:57 年

奇怪,奇怪,真奇怪!搭个竹棚没有盖。时间快近半年整,上面一点无遮盖。

工人:吴承权(群)

传达室象[像]森罗宝殿　编号:1362 号　日期:57 年

据其他单位的反映,来到苏州茶厂找个同志真不简单,要花一龙二虎九牛之力,不知是否能够达到目的。却还是一个困难,有时还要受冷言冷语,简直是阎王易见小鬼难当。

办:吴正中(团)

心里话　编号:1427 号　日期:57 年 10 月 17 日

民主必须有集中,自由必须有制度。这两句话通过这次整风学习,才刚刚领会到一些。因为只学了一点皮毛,更谈不到深和透,所以有些具体问题,往往就受到阻碍。如果是自我□的话,也是算正常的。

我想起宪法有通信自由的规定，但是怎样服从检查制度？我就无从学习，因此收到弟弟和妻子来信，信封浆糊未干，发现被人看了，就感到不舒服。其实拆看就是检查，检查有制度。你既服从制度，还谈什么不服呢？

问题就在这里。我记得反动派时期，邮局检查信，盖上“拆验”二字。现在本单(位)检查是否要这样？因为不明制度，也不应有这种要求。记得刘厂长在大会说过人被查是件好事，那么信被检查也应是好事。有时自问既知这样，又不怕检查，你为什么不舒服呢？想来想去还是不通，结果自扣帽子“旧意识”就算完事大吉。

以上的话存在肚里大要[约]一年了。有一次刚收到信，叫周永水同志去看过，摸过封口未干透，向他谈了我的想法，他只笑笑而已。今天提出来供有关领导参考，希望帮助我解决这个阻碍。

办：赵登周(群)

这是勤俭建国吗？　编号：814 号　日期：57 年

当祖国号召增产节约、勤俭建国的时候，在我们厂里好像不作[以]为奇[意]。在国庆节前，为了国庆节的排场，光为三堂会审就开了一百多元，扎排楼就是将近一百多元，你看这叫勤俭建国吗？又看药械厂和其他单位呢，他[它]们多简单呢？

勤：邓云生(群)

三言二语来谈谈(之三)　编号：1066 号　日期：57 年

这种说法是否对？二车间过去原有一只油印机，我们秘书课想尽一切的办法还是把它拿过来。说话轻轻是一句，你们要用跑过来。我们想想这种算法算不来，楼下跑到楼上来，难道比西中市跑来这几十倍？总而言之是一句，东西就在那里心不定。

办：蒋定钦(群)、毛其林(党)

三言二语来谈谈(之二)　编号：1067 号　日期：57 年

秘书课做起事情只为自己想，听了别人说话都不相信。电话来了一二[两]次，你们那里的砖到这里将要派用途，回答他说已没有。可是那[哪]里肯相信,派了工人四五人,车间推到二车间,东西跑了一大圈,看来看去是没有,大家空手白跑了一趟。

办:蒋忠钦(群)、毛其林(党)

三言二语来谈谈(之一) 编号:1068号 日期:57年

秘书课的移东补西本领大。为了要把走廊来修理,不管三七〈是〉廿一,竟把二批竹头睛落管(原文如此——编者注)拿了下来,搬去。多不管。

办:蒋忠钦(群)、毛其林(党)

公共汽车票 编号:1229号 日期:57年10月14日

厂长大会作报告,号召大家来节约,增产节约大开展,千方百计想办法,集[积]少成多积资金。人人都把节约搞,大会小会讨论过。日子一长都忘却,公共汽车乘坐票。言来是个事情少[小],一月一季一年算,数目可是也不少。某日参观大字报,车票又付多多少,艰苦朴素人人知,但在脑中没思考。车费还是国家支,有福不享难得到。

办:吴元骏(群)

秘书课长存在严重官僚主义 编号:835号 日期:57年

我看到了大字报使我大吃一惊。秘书课总务周连生的贪污事件发生(前),我常听到秘书课〈常〉说周连生工作积极,处处节约为国家着想,同时不断的[地]评上先进工作者。根据现在事实反映恰恰相反,他穿了进步的外衣做了可耻的行为,养胖了自己。很明显地看出,秘书课科长存在着严重的官僚主义,同时又反映了工会评比工作不切实际。周连生在三、五反中也得到了教育,明确政策是不容情的,赶快清醒过来回头是岸。

办:郑尧珊(团)

想到那里就写 编号:1109号 日期:57年10月13日

我们厂里财产真正多,房屋落地生;活动财产蛮多,满地散着无(人)管。秘书部门也是心中无数,每年年底原料库存不清楚。领导组织力量来查清(因为一定要做[作]年报决算),对待零星财产不重视。举例,如下:

1. 我厂职工睡的床也不算少，多少有人睡？有多少张不露天，多少张床有架无床板？少了床也无人知。听说俞祖发、丁象明两同志把床借回家也无人知。

2. 我们哺乳室里的小竹床也不少，多少不用、多少无人管？是否有私自拿厂外用？

3. 过去厂里买多少锄头、钉耙？现在还存在多少？那[哪]里去了呢？

4. ……

5. ……

这些看起来是细小事情，可是国家也花了不少钞票，也应该重视重视。

车间主任：王宗庭(党)

竟[竞]出的锦标主义者在秘书科[课] 编号：589号 日期：57年

今年第二季度的小组评奖会上，秘书课里共有五位同志，却评上了四个先进生产者。由顾应根同志参加了这个会，到[倒]也评上了先进者。还有一个同志没有提出来，当时因赵织云同志〈因〉请假回家没有到会，如果在厂里的话，一定也能证[评]上一个先进生产者的称号。这是〈有〉工会主席陈国英领导的手法，所以说人人不落空来了个满堂红，苗头不少真有意思。这样做如果真的确定下来就是小组优胜奖、个人先进集体奖了，可是流年不利，通过评委会的决定，优胜小组不够条件，而且只有一个人评上了先进工作者，并且经过了这次财计课的揭发，这上[个]先进工作者的称号还须打个问号。

办：冯国臣(群)

无题 编号：670号 日期：57年

庆祝节目应思想化，如果只爱[碍]于形势[图]表面，是要乱费国家财产的。欢度国庆节，我们工人同志为我们成就而欢欣鼓舞着第二个五年计划，可是我们厂里为了扎牌楼(花了)80.00元，□门外面□第一、三天后连花也不见了。当然这样从表面来讲好看，但与节俭建国四字来讲是背道了，我们庆祝节目应从思想重视是对的。

勤：邓云生(群)

我们厂里为什么没有会客室？　编号：1361 号　日期：57 年

我们厂里每逢生产旺季就没有会客室了。例如，今年的会客室，为了女工医治需要，竟把会客室改为医务室了，从此就没有〈了〉会客室了。理由何在？

勤：许关泉(群)

领导上对待工人是何其轻视　编号：1306 号　日期：57 年

自 53 年建厂以来，为什么干部冬天有烤火费，工人就没有？54 年也是同样如此。请问烤火费工人是不是无福享受〈吗〉？想想又不对，为什么 55 年又发到了烤火费呢？56 年又变了。其中不用分析已知道有却没给。因素，节约是应该的，烤火费免去我并不反对。但是干部能有炭来生火烤手，工人就不能拿这炭来生火烤手，这是什么道理？是否有人在弄鬼，还是领导上把工人看成一把抓住二[两]头不出之无用人？像这种情况来看，做工人的总是无出头之人，做勿来主人的。

工人：黄本道(群)

他们为啥无人管？　编号：57 号　日期：57 年

小棉毛[羊]，毛几长，你的主人已经把你忘。东走走西荡荡，你们到处把□放。冬青树，嫩芽长，全给你们吃得精精光。

办公室，面粉场，你们都要去撞。老宿舍走廊上，都是你(们)睡觉的好地方。同志们，对于侬，意见提了一大堆。意见多不怪侬，只怪秘书□里无人来管侬，也只好让你们自流荡。

办：方炳钊(团)

工作制度也要保密吗？　编号：530 号　日期：57 年

制订工作制度，原要大家遵守。听说今年修订，为何不见贯彻？非但不见贯彻，锁在橱里睡觉。同志茫然不知，违犯如何处理？倘若来批评，想想实在冤枉。制度大家讨论，就有群众基础。煌煌国家宪法，尚交人民研究，何况一厂制度，为何保密如此？是否制度推行，只到课长为(止)。

办：方葆民(群)

如此照顾 编号：400号 日期：57年

机工同志××人，爱人名叫××萍。久别夫妻是新婚，千里迢迢赶进城。人地生疏无处住，三餐一宿顶要紧。领导马上来照顾，事实如此理该应。机会总□还不差，安排宿舍在前进。几日之后叫搬场，原来为了让党员。照顾党员有住处，那[哪]管远地异乡人？搬了一次又一次，弄得××不安心。要想外面找房子，磨破脚皮无处寻。此处不是安心地，催着爱人回家门。办事过份[分]不公道，群众也来鸣不平。照顾原来是这样，为来为去党内人。

办：洪仁山(团)

小事情 编号：1307号 日期：57年10月16日

从57年以前，审检科或前业务股人员在花茶生产旺季经常到合营厂检查，直搞(到)深夜十一二点、一两点钟，肚子饿自己出钱吃半夜点心。据余祖发(当时的业务股长)说：行政上要贴点心钱的，可是时间一天天一年年的[地]过去，而我们这一文点心钱也没有得到。

五七年课室人员除完成本位工作外，夜里要参加体力劳动，封箱装箱等工作(参加印花至11时半以后者[才]有点心吃)一直做到九十点钟。为搞好生产要我们参加体力劳动，当然是没有意见的，但到深更半夜肚子饥饿要自己掏钱吃半夜点心就使人不满意了。

办：洪仁山(团)、程宗炳(群)

请问一个问题 编号：568号 日期：57年

别单位的仓库保管员、警卫员住宿舍是不收费的，我厂为啥要收？谁不对？

办：方炳钊(团)

心里话之三 编号：360号 日期：57年

1956年是不平凡的一年，各项工作都搞得热火朝天。在我厂内，工改、救济规划、种树园，国家财富损失好几千。黑板报不宣传。领导上也说年年还可加补工钱，规划搞了无其数，枉费心机不兑现。课长提拔不称职，提了意见反说是主观忙[盲]断不全面,左谈右讲都是领导言,具体工作人员那[哪]能无意见?

办:胡士田(党)

观后谈　编号:1457号　日期:57年10月18日

从1307号洪仁山、程宗炳两同志的《一件小事》中引起"一件小事"。五二年,我来苏州协助工作,在业务股每晚轮班,到茶厂检查通花,时间是在11点—12点多。当时人多,两三天才轮一班,所以也不觉饥饿和疲乏。五三年人少了,韩作人和我一道去检查时较多,每晚10点—1点时间之间,回到宿舍,有时将近两点。因为□着下去,这就感到疲乏,非吃夜点不可。

五四年与五三年情况相等[当]。领导厂长朱德正、业务股长吴明德、颜宝书从来没听见他们研究检查工作内容,和想到同志们夜点问题。不过厂长对工作还是积极的,在一次茶厂党支部反应[映]检查工作不深入,当时就激起了领导上怒气大发,大小会不只一次的[地]批评又批评,惊起了颜股长领导同志们(其他)作了一次早去早归的积极分子。五分钟热度过去了,是谁该为应该做的工作还是谁做,以后怎样分工才能深入呢?研究呢,指示呢,丝毫无音……更谈不到夜点的问题!说到这里不仅[紧]要啊?你就知道夜点、夜点……个人利益当先,不错,说的[得]是多了一点,但关心人的健康也应适当照顾一点吧?若是对人摸[漠]不关心到[倒]是值得提上一提,总之有主观和官僚主义作风,是使同志们敢怒而不敢言〈的事情〉,是不能使人口服心服的。

办:赵登周(群)

10—5　车间办公室业务工作

不爱惜国家财富的主任和课长　编号:100　日期:1957年

二车间里的锡铝罐箱在受罪了,晴天下雨都放在天井里,现在已穿破袍了。我问胡主任,胡主任说:我不管。这是储运课的事。我又去问颜科[课]长,颜科[课]长说:这是车间里的事,储运科[课]没有责任。这个责任究竟属于谁?至今未解决。大家不负责,可怜的锡罐箱还是日晒雨淋在受罪。

办:周永水(党)

我对厂领导意见 编号：154 日期：1957年

（一）计划应一条边。例如：制胚任务××担，贯彻却不是××担。修改了又不说明原因，不知多少。

（二）组织多，行动少。例如：总结推广先进经验小组成立了，行动很少。分工有，事情却一件都没有给做。

（三）规定应考虑工作效率，毛茶批定额要4个部门会订[定]，定一批花色多，预备半天订[定]半天。请了这个部门走了那个部门，这个来了那个工作又放不下来，请了四个部门人员到齐，还要半天。

办：张逢济（党）

责任归谁负？ 编号：173 日期：1957年

拼配工作根据什么拼的？

小样与大样为什么不相对？为什么拼好茶叶20多天不能开堆烘？茶叶堆在机房里只有天天对着它看看，工段长天天跑车间、办公室要烘，天天跑天天空。堆单下，就要烘。茶叶发霉要烘印负责，接堆单时烘。问主任，茶结饼何人负？

工人：方瑞义、郭绪志（党）

关心生产无一人 编号：181 日期：1957年

车间主任三四人，到底做点啥事情？请示工作到处找，弄得我像无锡人。计划月初来布置，月尾计划追煞人。中途来把措施下，计划如何完得成？月尾二十四五号，车间到处是主任。我们看看主任多，领导生产是啥人？

工人：钱立木（党）

吸尘器 编号：201 日期：57年9月24日

吸尘器，车间来装置，花费一千元。起了何作用？仅限二部抖筛机。嘴小灰多咽不下，只好从他到处扬。再说他[它]的出口处，如今吸灰没几袋。到底啥原因？屋满灰外扬。

机工：吴文清（团）

车间主任的官僚主义　编号：207　日期：57年9月24日

车间主任太官僚，布置任务不讨论。官僚主义搞下来，每月计划完不成。不管车间多少人，八月计划超额头。九月计划加起来，本月计划完不成，一定会上要批评。上旬任务不管事，下旬任务追煞人。

工人：汪灶生(群)

不通气　编号：222　日期：1957年

车间主任坐高楼，板起生产比苗头。不管机器寿命长，坏了机器拖得长。全厂任务在心头，不要机务你们比苗头。电厂停电在心头，机务同志无苗头。

机工：俞细金(群)

无题　编号：223　日期：1957年

(一) 计划布置下去执行

问：花色□堆匀在那[哪]里?

答：唉，那[哪]里好匀就匀到那[哪]里。

(二) 你然自得者(原文如此——编者注)

问：半成品放在那[哪]里?

答：厂房这么大，你去想办法。

(三) 成绩是基本的(总结)

问：茶叶变质哉。

答：你负责保管。

(四) 检查组织员、主任、保卫科长、厂长……

(五) 厂长高楼坐，主任室内威。平常不重视，出事吓煞[杀]人。检查排大队，责任不分明。

办：张逢济(党)

官僚主义的主任　编号：256　日期：1957年

我是二车间的二级工，调来生产我有积极性。开头生产计划每个工人知，到了中途计划不知问啥人。意见提了一大堆，目的为了任务提早来完成。可是主任面孔吓杀人，提出意见帽子套。你看完成任务有没有信心？

工人：薛德章(群)

不闻不问的官僚作风　编号：259　日期：1957年

今年车间管理力量强，精制率为什么赶不上？为什么烘的花胚又另加，相反的拼胚数量不正常？不是多来就是少，次次总结红字多。同志们看到心惊跳，为什么精制率赶不到？问题在于车间领导，又不找又不问，问题在车间官僚可造。

工人：郭绪志(党)

拼配同志，请你替我定定案吧！　编号：268　日期：1957年

我的遭遇要自诉。原是五级条茶胚，批发部〇三十七。原料五级条茶胚，经过制胚和拣场，筛分拣剔都成样。就是经过拼配后，外形内质比不上。拼完时间七月十，三个礼拜不处理。大囤打在水门外，下面潮湿不让人。加点制造时间长，身子就是难支持。漫长岁月好难熬，脚下已经劣变生。不了解人常怪我，说我站住好地方，发霉不烘等发乱。真是搞的啥名堂，我在为它鸣不平。

办：方金石(群)

邀请访问　编号：301　日期：1957年

工人常勤做，茶叶无去销。二厂大楼下，玳茶有只箱。至今一年多，现在无人问。好茶变霉坏，我们无法卖。价值多少钱，只好来邀请。车间办公室，前配代表团，二厂来访问。

工人：章金钱、钱立通、凌元淦[凃](群)

想者就写　编号：312　日期：1957年

苏州茶厂干部多，生产车间无记录。有的报表不清楚，三询不行真噜嗦[苏]。应下车间来帮助，搞好因子无记录。三个男工凑一女，二[两]台机器一齐开。茶批茶叶真易烘，装袋掮楼快与[如]梭。请示主任派一人，主任派得无奈何。要须[需]质量和产量，何样有伪搞记录。实足钟点做几个，下班再来搞

记录。每天报表已搞好，看看钟点半个多。二[工]人到[倒]有七八十，干部也有六十多。

化名：鸣

任务怎样来完成？ 编号：314 日期：1957年

制胚工段开工到如今，日夜工作也不停。老年夜班吃不消，请假休息要扣薪。今年工作很吃重，日里机器经常停，夜班工人也不多。花楼同志来要人，全部机器一齐停。支援花楼最要紧，制胚同志弄不清。花楼工段二[两]个人，到了月底任务完不成。来找段长去谈心，车间主任朝南坐。总的任务要完成，公布计划大家来讨论。干部深入车间为何不执行？

工人：方重安(群)

边改最要紧 编号：333 日期：1957年

车间四主任，请你们快快派一人。现在制胚如何样？快来快来看分明。白天工人生产有几个，晚上生产有几人？如何不把生产来安排，工人意见闹纷纷。请问你为什么白天来把机器停，请问你捞□装袋过秤？白天是否行不行，请问你拍□叶搬毛茶等又什工白天行不行？请请请坐在高楼胡厂长与办公室四主任，快快把问题来研究，制胚任务可接近。

工人：钱立木(党)

干部和车间主任到车间来 编号：365 日期：1957年

东一眼，西一望。说句不好听的话，我吃茶叶饭的时候，你还不知在什么地方。现在当了干部车间主任，真是眼毛不如我的屌毛。怕什么？有意见就提，大不了卷铺盖不吃茶叶饭。

工人：王金福(群)

无题 编号：374 日期：1957年9月26日

要问今年车间管理好不好？我看有的地方也是不算好。节约多少总结看不到，任务完成怎么样，心中也是不知道。(制胚二段说起干部有十余人)但是工作未做好。为什么？职责分工不〈大〉很明确。

技术员：具体负责操作规程搞[刚]结束，主任下去又是另一套。

计划调度员：工作也难搞，每月计划有多少心中不知道。月底到，几人围着急急把计划搞。劳动组织的调度也是不够好，工段里调人也调不到。定额员名义头上挂，今天叫你搞，明天叫他搞。结果材料无一套。

车间主任有四人，工作不去抓。只重生产，工人的生活福利没想到。今年车间生产事故多，采取措施少。茶叶霉变多，主任也不管。工人反映意见多，思想工作也不做。

科内工作多，具体分工未明确。搞花渣关心工人的生活，关心工人的学习，事故登记——都没有具体分工。

办：吴元骏(群)

向主任说知心话　编号：419　日期：57年9月27日

二车间，主任有两个。分工是，生产和思想。做工作，各人来一套。

团结好，我搞你不归。心中事，大家来保□。开工前，准备工作好。

物料间，物料间里放。工具间，工具来保藏。工人来，全部搬出来。

这是啥，主任下了令。弄得我，物料无处放。铝罐箱，日晒又夜露。

棉布袋，到处都是它。为的啥，只当无啥啥。思想上，说我不积极。

看你是，怎样来处理。这作风，主任要不得。我希望，赶快来改掉。

办：蒋忠钦(群)

为木工诉苦　编号：441　日期：1957年

我厂旺季来开工，根据需要添木工。本来我在车间做，调到机房当木工。工作没有固定地，花楼走廊来做工。风吹雨打无人问，伏天日晒无人管。意见提了一次又一次，领导当作耳边风。可怜小木工痛苦只有肚里吞。没有法将活干，堆起木箱来挡风。谁知风力特别大，吹倒了木箱打晕了女工。领导明知装不知，眼开眼闭不来问。王宗庭负责搞机备，为何不来看看小木工?

机工：吴文清(团)

我干燥机也来鸣一鸣　编号：488　日期：1957年

我名原叫干燥机，听说整风到来临，大放大鸣已开始，今天我来提一提。

今年旺季生产前,烘房同志意见提,把我出口装输送。将茶送上木风机,扇去热度多么好,加快窖□周转期,当我听到此消息,吧达[嗒]吧达[嗒]笑嘻嘻,准备欢迎木风哥,共同出产好质量。书面报告去请示,口说又作补充提。一去半月才回信,只听财务不能批。我听此言真苦闷,怨恨自己不在一车间。

工人:姚国钢(党)

无题　编号:490　日期:1957 年

机眠不醒——二厂轧头机破坏不堪言,牙齿好像孤老太,茶叶在外不吃力。工人想想无办法,这[只]好依靠扛棒和袋皮,加重工人劳动力,搞破手指和手皮。希望领导想办法快快修理莫延迟。

为国家财富而叹息——车间主任不关心,天天坐在办公厅[室]。茶叶□品发霉变,我们看到真可惜。工人天天提意见,领导当作耳边风。财富遭了难,你看可惜不可惜?

工人:洪本位(群)

对机务上的意见　编号:499　日期:1957 年

机器要加油,走到机务课。问声油何在?答复油没有。嘴上说节约,顶好不用油。机器出了事,再来找根由。看到机器干,说是没加油。油、油、油!〈还〉是我不加油,还是机务不给油?

工人:方增旺(群)

徐、王二[两]位主任　编号:516　日期:57 年 9 月 29 日

我一九五七年五六月,有关提出对一厂紧门机改进合理化建设是否收到?至今未收到你们答复。

工人:章金钱(团)

知心话(二)领导保守思想严重　编号:518　日期:57 年 9 月 29 日

过去在私营,是有保守性。做了十年零,仍是做杂工。来到国营厂,分配在制胚。满想学技术,天天守园切。屈指算算看,已是二[两]年半。没有分毫动,还是守园切。心想看它机,领导心不动。是否有保守,我看多少存。如果

是没有，何不把我动。园切机来园切机，不知守到何日止。

工人：洪志明(团)

知心话(二) 编号：533 日期：1957 年

我在制胚做三班制时，分配到紧门机生产。发现经过紧门机的各号茶都有许多茶芯出来，我就进行〈来〉检查。结果检查出来斗里木板去了肉和皮，只剩几根老骨头，经常把正常磨成付[副]产品。我叫车间徐、王两主任都看过，我在岗报上也提过。到了目前还未修，希望领导快快来修理，来修理！

工人：王桂芬(团)

一双布袜 编号：552 日期：1957 年

产品卫生是重要，大家思想要重视。可是我厂二车间，已是制度来规定。一双布袜穿好久，新袜穿破才能掉。要空布袜要去换，经常碰到是脏袜。这样茶叶不卫生，谓[为]何我们厂领导，高坐上楼不知道，赶快下楼来跑跑。

工人：汪仁寿(群)

为什么放弃生活搞文娱？ 编号：561 日期：1957 年

廿四号晚上在生产的忙碌的当夜，可是有的同志确[却]放弃了生产专搞娱乐，唱京戏。岂有岂[此]理！喂！我问你是戏院里戏子还是二厂的生产工人？这又是那[哪]个单位批准你的。

警卫员：巫杨林(团)

为什么要另眼对待？ 编号：676 日期：1957 年

五五年领导上要我搞历年来事故登记汇总后，很惊人的数字证明：胡厂长在 53 年—54 年由他一人所造成的事故是很多的，但是领导上却不引以为奇，姑息迁就，甚至提都不提。这难道是进步了或是科长而可以优厚对待？这样做我觉得是欠妥的。话也如此，今年尤如[由于]茶叶无专人负责，造成数批茶叶有所霉变，这是[时]我却听得胡厂长谆谆的[地]说，这些人都是吃干饭的，闻不出国家干部的气息，是吗？……宪法上也有规定，以后明确起来那[哪]个霉变，那[哪]个赔，不出工资上扣，好大的口□呀！这难道我们都是有心任他[它]霉变吗？对上严是应该的，教育人也更应该。职工爱护国家财富也是起码的要求，可是我们只听得胡厂长的指责没有得到胡厂长的帮助，对比起来就这未免太过分了。

办：胡士田(党)

真气人　编号：776　日期：1957 年

我们两个车间虽然是一个领导，在一些问题上矛盾的存在是必然的事情。为什么有的说二车间有本位，我们领导也是有偏心？如果此李怨冤，我举个例子鸣一鸣。

领导是在一厂登，二厂很少去光临。一厂机务有值班，二厂修理要通知，又要请示蒋守信，才能派员来修理。再说去年制胚来，两边任务各不同，原料好坏不去管，机器设备不考虑，再好一台风选机，调到一厂就无用。我的问话要不信，事实可以作证明。领导不讲实际话，单说二厂纪律松，如人力能胜机，工业化就无啥用。此种例子还很多，希望领导细细忖。总的问话这一句，对待二厂不关心。

工人：章金才(党)

我对车间管理的意见　编号：808　日期：1957 年

(1) 车间统一来管理，有它一定的好处，但是问题也存在，我们任务是一个，二个车间奋斗目标不清，就是有了划分也是作用不大。任务完成者也在于花茶分配。二[两]者之间造成有意见，完成好坏也难易[以]来检查，这样下去每天争花，所以计划应该分明各有目标前进。

(2) 加强计划管理是厂矿企业管理中重要环节之一。每月布置工作计划也是常声谈论如何加强，但实际我们今年生产中也没有分旬分月的作业计划。与工人见面谓[为]何没有实现？是否领导决心不大？计划经常变动，主要考虑不周，主观想象计划，所以计划每月不能完成。缺乏对香花生产深入了解。香花也是茶厂主要原料之一，谓[为]何放松这一方面的力量？应该组织专人负责香花生产情况的掌握，今后不能生产被动。领导应作考虑。

(3) 定额管理是为生产作出有力的助手作用，定额也必须为生产服务。今年我们定额统计业务划给财计科领导，当然也有一定作用，但是有些地方也是不够适应。从划财计科负责，领导也没有领导起来，我们目前也确实心中无数，究竟各机器生产率如何也难易[以]回答。我认为领导上讲得是多做得少，经常说的曾查定但也没有组织去搞。

定额管理在划财计科领导前，是贯彻分工序定额掌握制胚计划实行批定额管理，但划给财计科后也不作仔细研究实行批定额管理，特别(是)在工时定额上放松。这认为与财务成本关系不大，可以不作重点，由于这样定额管理存在问题。

定额工作为生产服务，好在生产中发挥作用。分工序定额管理在一定条件下贯彻有它的好处，今后如何进一步提高？希领导把今年定额工作加以想法。

(4) 技术管理我个人认为是存在问题，特别是在技术窑制记录卡。在今年生产中，据我了解也是记录不全，反映情况不正确。为什么呢？多少在技术方面的研究不重视，往往生产时做到哪里是哪里，到了淡季产生来凭印象谈几天。我们虽有审检科，但对车间工作也是马马虎虎。这样下去对提高技术水平、跟上先进也有问题。

(5) 车间主任有四位，分下工来后并不多，有利生产有利思想二[两]个车间来一分，还是感到有不够(原文如此——编者注)。车间工作也很多，主任抓生产放松了管理，提到定额还要划到财计科，留下工作并不多。生产计划与调度为啥工作？贯彻不能来实行。我看主任工作没有力，主任分工掌握工作不全问。为啥有些工作没有主任来问？车间里面存在着六箱玳，田主任心中也不知。铝罐箱在外日晒夜来露，但也没有主任来超[操]心。工作计划没有来实现，主任也没有去帮助。是否主任只把生产管，其他工作难道不要管？损失国家财富漠不关(心)，分工如分家的工作态度是在作怪。请领导帮我们来思想。

办：毛其林(党)

重视生产——还是不重视生产!？　编号：1113　日期：1957年

自建厂以来，领导对车间以下的劳动组织是不重视的。年年说加强，基层不重视。

一、还是老一样

如：自建(厂)以来，工段(组)的实际工作还停留在车间(段)，车间以下的劳动组织都没有得到领导重视的改善。生产、技术、机务、记录都表现得无力。

二、什乱无章

如有了技术组织,没有生产组织;有了机器操作组织,没有辅助组织。应有交接没有办法(质量、数量)(原文如此——编者注)。

三、没有保障

如定额不仅□全生产任务,厂房都是装门面。在制品时间缩短,半成品茶胚(不完全是茶胚)没有场所放,质量维获[持]不起来。

四、头痛医头

如今年来机器经常停车,坏了那[哪]里修那[哪]里。因为机器使用年久了,今年制又使用得多,过不了几天就坏(因不是一般性的闸,是根本性的闸)。不坏就没有事,坏了再来修。

四、脚痛医脚

如:生产不正常,任务月底抓。报表经常划,花花采采还是健全不起来。

五、贫血症

技术人员培养少,质量只抓出厂一头。生产不管技术,技术迁就不管生产(开堆放到车间是一个最大缺点)。

六、连珠无数

如:完成任务无人统计,二月一日无进度, 月滚 月,季度心无数。

办:张逢济(党)

为什么机务没有明确分工呢? 编号:822 日期:1957年

从我们厂来说也好,我们全国来说也好,都是有计划有步骤的,使职责明确,可以发挥每一个人的潜力,另方面也可以辩[辨]明每个人应负的职责。再说我们二[两]个厂长也有分工,人事课各课至车间办公室都同样的(有)明确的分工。再说各工段至各制茶技工同志也同样有分工。这样分工是我们工厂的最好的制度,万一出了事故,可以使每个工作人员明确责任。可是我自从到苏州厂工作以来,截至今日就没有分工,管理部门硬要我一个人去负责一二车间许多机器,然而其他同志毫无责任,所以全厂许多机器不管那[哪]一机器出了毛病就是要我一个人负责,也就是说不够尽职。请问几个人的责任推在一个人的身上负责,这样做是否合理?请领导考虑。这不是我今天才提出，我五五年就一再提出，机务必须要分工，到今日全部责任还是在我身上。难道其他同志一点责任都没有，是在我们工厂义务劳动吗？希望领导再不要官僚了。

机工：陈颜晴（党）

责任谁来负？ 编号：843 日期：1957 年

大家还记得，在鸣放一开始的时候，二车间数百只铝罐箱放在露天霉乱［烂］□。写大字报提出来，从写大字报到今天已二十二天。最近才由储运科［课］几个家属把它好的拣出来，约有 300 只左右。箱内铝罐完全乱［烂］掉不能用。在二车间来讲有二［两］个车间主任都是党员，这样眼看国家财富损失也不过问一声，良心何在？二车间推储运，储运推二车间，使国家财富受到无□损失。到底责任谁来负？请边改小组引起重视，追查一下，防止今后不必要的损失。

办：程宗炳（群）

想不通的问题 编号：908 日期：57 年 10 月 9 日

在工作接触中有这样的事情发生，我们审计茶叶就应管理和保护茶样。可是偏偏有的领导同志只要他用着这种样品，不声不响的［地］拿起就用，甚至交给别人拿走也不归还。这叫什么事呢？

在审计验收中对不合规格品种提出拼堆的意见，有的领导同志仍然想维护［持］原样。如果你再坚持自己意见他就说你是打官腔。这又是什么问题呢？

遇到不合格的茶胚，有的领导就到出厂时多评分数。行不行？这是什么问题呢？

审检科［课］的工作是代厂长对有关品质各个环节负有检查的责任，为什么厂长不支持对品质验收严格起来，相反的处处设法教放松？这又是什么问题？

拼配茶胚大小样不符，为什么厂长也要质问审检课呢？

这些大小问题我都想不通，提出来供大家研究！

办：赵登周（群）

看了四个主任　编号：936　日期：1957 年

我们车间办公室有四个主任(我也是其中之一)粗枝大叶，看起来同心协力、分工协作做好工作。驳[剥]开来看一看中间是怎样？细细地想一想领导存在闸可不少，胡、朱在二车间，徐、王在一车间。另外再有具体分工，思想中间存隔阂。

胡林辉与朱丙[炳]庚，胡认为我熟悉这里生产只有我，至于你有也好无也好。朱炳庚呢，开始一心学业务，就是架子放不下来。看起来胡林辉一把抓，问起三言两语就结束，因此在朱脑中种下胡不肯教，吊儿郎当，胡眼里看不惯——

王宗庭与徐柏林之间，工作起来我管我你管你，互相埋怨在心里。认为徐的工作乱糟糟，工作计划较差，有的得过且过。徐柏林认为今年六月份工作未经大家研究，互有意见记在心。

而且两个车间之中还有意见，互相本位很严重。劳动力调配很吃力，香花分配难支配，弄得徐伯[柏]林同志无办法。二车间认为样色都是一车间占便宜，一车间认为二车间太本位。

车间主任：王宗庭(党)

请问厂领导分工合理吗？　编号：995　日期：1957 年

我觉得车间办公室分工不合理。但一讲就是个人主义，帽子满天飞；二讲就是不服从分配，不服从领导；三讲就是不安心工作，大会教育小会批评；四讲就是被领导看不起；五讲整风来学习；六讲有意见就提。就是车间统计有二[两]名，一名搞烘印工段，而另一名竞搞烘印与制胚二[两]个工段。这种分工，他[它]的根据是什么？

再从二[两]名同志所取得的报酬就有 10.05%的差距，请问领导只[这]又是凭什么理由来确定，来确定？

办：胡通宙(团)

慷公家之慨　编号：1050　日期：1957 年

事情出在今年四月分[份]，二厂的双刀切茶机因损坏到苏州机械厂去修理。这项工作是由方金石负责的，后来由于内部机器安装无人负责，领导上就把这工作转移给我搞。因我是负责外部机器修(理)联系工作,对方是负责内部机器按[安]装的。可是不甚的双刀切茶机修了三月还没有修好,生产又即将来到。在这种情况下,〈但〉我们的主任却坐在可贵的宝座上听听汇报,因此再如苏机厂党支部研究以最快速度来解决完成这项修配任务。机厂根据我们的要求完成了任务,可是付款清单来了,上面多的阿那[拉]伯字是惊人的,超过我们预见计划的200%,另倒沙轮、金钢[刚]钻两项费用是不应该由我厂担任,另外还有的加工费也很大,因此又与苏机厂交流,结果数字弄错了。根据我的意见此款还是不能交付,但我们的主任却说别麻烦检修队要□□上缴,□□就把这笔款支付了。我认为王宗庭同志这种慷公家之概[慨]又能谈得上对国家负责吗?我要求领导对这笔款项查明,是[对]不应该负担的而支付了,应给予检查。

办:胡通宙(团)

三言二[两]语来谈谈　编号:1060　日期:1957年

电话一只就过来,三言二[两]语谈一会。其他事情没有了,只能别转身来就回转。一天路上跑几回,来来去去二三时。脚步跑了不算数,另外还说工作效率提不高。

办:毛其林(党)、蒋忠钦(群)

三言二[两]语来谈　编号:1062　日期:1957年

做起事情只顾眼门前。今年我厂装了输送管道、铁烙圈,用去了许多洋到烘□玳,把□感觉不够已来不及,走东奔西到处借。

办:毛其林(党)、蒋忠钦(群)

机务工作做的啥?!　编号:1166　日期:1957年

本厂为了利用已搁了一年多无人问津的单刀园切茶机,〈当〉由机务科派陈栏清同志前来安装搬到烘场,拖在干燥机的一部二[两]匹马达上。而二车间干燥机时常要修理经常转数不匀(如烘老青片时达不到定额,每小时600多斤),现再加一部单刀切茶机负担,干燥机开动单刀切茶机空车亦在转动。这样的安装对吗?而且切茶机将机箱机的底部罗[螺]丝没有浇[矫]就把□额代替,压在切茶机底脚上。难道本厂工伤事故尚不够吗?

办:蒋忠钦(群)

诗歌一篇　编号:1240　日期:57 年 10 月 10 日

车间部门是基层,力量薄弱很不行。要把工作来做好,人员充实最要紧。今年机构大变动,车间人员有了增。同志数数十八九,职责范围分不清。指定工作专人搞,你我他来轮流转。职能人员想不通,做起工作就无劲。这样做来好不好,要取材料没底稿。工(作)计划不均匀,忙的忙来闲的闲。每月工作辛苦干,总结什么也不明。值此整风意见提,针对缺点来改正。

办:吴元骏(群)

管与理　编号:1365　日期:1957 年

管与理,主任一车间,这批茶叶还没有做完。今天烘什么胚,还是窑玉兰的吗? 主任这些茶叶要霉了。

嗡! 主任这里要修理。嗡! 茶叶霉了三批,还是不负责。茶处[厂]出了事故,工人要检查。

工人:章金才(党)

苏州茶厂领导　编号:1375　日期:57 年 10 月 17 日

对机务工作及[极]不重视。我以前在福州工作时候,苏州厂领导向福州联系,说苏州厂机工不够,要求调一个来苏州协助。但是我来苏工作以来,领导就一了了之,不管机务怎样或是否可以解决一切问题总是漠不关心,因此在这里问领导你是不是对机务人力认为没有一点问题呢? 我想你很清楚很明白,再说我们很多领导去浙江、福建、安徽等兄弟厂参观访问不是一次是好多次的,难道其他厂机务也像我们厂这样吗? 但是据我所了解的各厂对机务非常重视,而且大力支持,充分的[地]组织机务人力,可是我们苏州茶厂几年机务还是老一套,而且领导对机务是毫无关心,不管怎样。但是大家都很清楚〈的〉机务工作在工厂中起什么作用,我们简单说是工厂的心脏,也好像人身上心脏在跳动。假使人心脏不健全也就是[使]我们失去一切作用,因此希望领导今后对机务问题多考虑一点。

机工:陈颜清(党)

虎头蛇尾(之六)　编号：1406　日期：1957 年

操作规程，五七年我厂和久华厂一并组成茶叶短期训练班。组长、厂长、科长、讲师讲得头头是道，资料印了 10 大本。的确□声很大，而现在按照做了多少呢？又做得怎样？两声简直是朦朦无息。

办：汪仲元(群)

领导上对国家财富重视吗？　编号：1416　日期：57 年 10 月 17 日

今年×月有 2063 批大方胚约有 100 余担，拣场拣好后，即变烘房来烘。后来经过验化不合规格，拣得不净，用去反[返]工后拣，并叫了几个厂女工来簸茶叶。三四人在这个堆上踩来踩去，把茶叶踩得很碎，使国家财富受到不应有的损失，但是领导上很不重视(三次反[返]工)。

工人：汪文忠(党)

领导者的官僚　编号：1418　日期：57 年 10 月 17 日

(1) 嘴在空口叫，实际做不到。例如每月布置生产任务讲得怎样怎样，结果开了会以后，死人也不管，对工作也不来检查和督促。

(2) 旧拣场的草棚因已漏雨，拣好的茶胚不好堆在那里。领导上不听取群众意见，还是把茶胚堆在那里。结果有一次下大雨，有很多的茶胚给雨漏潮了，使茶胚受到不应有的损失。

(3) 车间主任太官僚了。×月烘房的干燥机正忙着烘高级胚和湿胚复火，车间主任跑到车间里说，现在有老粗茶近 30 担已霉变了，马上要烘(实际只是有点冷味)。对车间主任想着什么就做什么，真是太官僚了，根本不考虑到高级货烘胚时，不能〈要〉烘老粗茶的。

(4) 我们很久(前)听见说干部下车间，但只听见楼梯响，不见人下来。我们准备欢迎你们下车间，等了几天还没有来，使我希[失]望了。

工人：汪文忠(党)

我的意见　编号：1420　日期：1957 年

1. 在开工时，对生产计划每人工作印花，按照每人每次印花 15 担，有多少茶叶按数量来分配劳动力去印花。但实际工作每人每一次印花 30 担都有，没有按实际情况来做。

2. 包装定额订得不切合实际,订得过高。如六级胚订了 50 多斤,实际只能装 40 多斤。定额达不到,失去我们的工作信心。

3. 我建议花楼中楼开一个门到西楼,工作起来便利,但没有去做。

4. 烘好的花胚规定 5—7 天以后才能印花,今年有着今天烘明天印的情况出现,对产品问题是不重视。

5. 工人与干部的休息时间有二[两]样,实在不合理。工人每天工作九小时,每月只能有二[两]天休息;干部每天工作八小时,休息有四天。为什么?

工人:吴恒本(群)

为什么今年要自己封箱? 编号:1421 日期:1957 年

往年我厂的产品封箱是由板箱生产社来封的,今年不知为什么要自己来封。开始时有封箱组,专人来封箱,而实际情况是怎么样的呢?到后来根本也没有人去负责封箱工作,每批茶叶装好箱以后,隔了一天至三天也没有人去封箱。这样做是否违反操作规程?对产品香气是忽视。我们真不知道,今年厂领导这样做是不是太单纯地考虑了增产节约。而其他可能发生的□也不管了。对工作同情,劳动力是否来得及,厂领导考虑了没有?

工人:王永根(群)

只管不理的管理部门请看看下面吧 编号:1467 日期:57 年 10 月 18 日

讲起来,苏州茶厂的车间主任有四位,分工也是很明确,每个主任都有一定的职责工作。

1. 机务和拣场有专门的主任来负责管理。到底管点啥?如拣场上的茶叶发霉了也无人问,茶叶睡在地面上闷又味,茶胚放在地面上正霉变成饼。〈从〉看见很是可惜,〈对〉国家财富〈又是〉受到了损失。车间主任下车间来了,看看茶叶都霉变成饼,马上就要叫烘,并说茶叶霉掉要负责。〈对〉拣场管理人员也不算少。六个管理人员三个工人,算起来也有九个人。我们再看看拣场上验收的质量呢?但在工作上做得也不过如此。2063 批大方茶拣好交拼配方,拼配后准备马上要烘,在这时就[却]发现净度不合规格。后来又叫了几个女工在大堆上把大方茶运回拣场去拣，几个人在堆上踏来踏去把茶叶踏得呼□□的。而烘印工段天天只是看到茶叶睡在地上气愤愤的，干燥机电烘也没有茶叶去烘。

我们再看看机务工作做得怎样〈的〉呢？制胚的机器都是破损的。再看看吸尘机，看看心中就有气，资金化[花]费不少，但作用不大。流水拣茶机的试装正经做了半年了，听起来作用很大，到现在也不知道作用如何大。请问车间主任对机务是不是无人管了？为什么这个机器到现在还没有做好使用呢？

2. 对管生产的主任，看看他的工作吧！〈对〉生产管理制度很健全。开头的工作样样好，工人的积极性很高，工段长的会议也天天开，对生产的安排比较好。但是主任在这方面的工作做得很不正常，有头无尾的，〈对〉存在的□也是不少。

例如：在拼配上三批茶胚有二[两]批不合格的；干燥机无茶胚烘；茶胚是有只是看它在霉变，要烘不能，后来车间主任下命令说：茶胚马上就要烘，有□再解决。

一个堆要拼四堆，烘房里拼一拼，到了花楼上又要拼一拼。烘印工段提出意见还要说应该这样做。我们想想真搞不通，不这样做又不行。意见提出来，也是无中用。我们看看这样做法，这种情况不提是很不行的。

3. 再看看负责调度的主任。我们生产一开始，对调度工作不到一个月就无人去问。主任只是坐在办公室里。有一次烘印工段要四个人来出□，早上调起调到晚上还是一场空，结果没有调来。再问问车间主任说是有困难，人调不出，对这次的出花应该下午出的，但没有人来出花，到了晚上才由科室来再出花。这样做对[使]质量受到一定的损失。

我们有时走到办公室要调人，还要问你们今天做点啥。实际车间里装好的茶叶有四天了，箱还没有封。也有的做夜班的一天印花 120 余担茶叶，只〈有〉配了四个人去工作，还要说这四个人做点啥工作。下面提出意见夜班劳动力不够，要六个人，而管理部门只是[却]说四个人太多。没有从实际情况出发。象[像]这种工作做得真苦闷，想想眼泪都要往肚流。

4. 再看看管思想工作的主任、制胚工段的付[副]工段长，二[两]个人各有一〈个〉套。正工段长和主任各有一套。开始生产时他们就存在□，不团结的现象。对这个□到现在也〈是〉还没有解决。为什么制胚的生产计划月月完不成任务？原因何在？

请问主任，八月份完成的计划，实际上是不是完成(了)呢？看看工时定额也就明白了。请问管理部门，管点啥事情？

工人：方瑞民(党)

算盘子轧住了吗？　编号：1469　日期：57年10月18日

在今年上半年大家很兴高采烈看到本厂新添了一部机器——番[印]花机。厂领导为了开工不影响生产，还特地下令全部机器在开工前安装好，当然也包括这台高速的印花机。是的，紧张的生产季节过去了。这部印花机高[搞]了几次运呢？可怜得很，真是少得可怜。不能办事的人为什么不算一算，这种机器装到我厂里是否适合？一年有几天□潮，□我们要有发展的眼光，可是化[花]了这许多钱(1 900元)，一年用上几回？这是一种什么眼光？

办：方三愧(党)

五印一提的茉莉花茶　编号：1502　日期：1957年

A097批特级茉莉花茶是九月十二号成箱。特级花茶按照操作规程，产品规格规定是四印一提，这批茶叶有些偏偏是五印一提。他[它]不是新产品，也不是茶叶心□下这些花才香，而是有部份[分]茶叶多印了一次。又今年茶花〈的〉减产，对于完成任务之紧张，以没多下的花又能多提多少担茶叶都不谈。我想计算这笔浪费数字以及事后的动态，茉莉花多下211担，价值236.32元，每担平均多下8.2斤，千方百计增产节约要占了多少汗珠呀？为什么毛其林同志已经印过一次还要印一次，另外不[还]有一批老出片多下100斤玉兰，还有一批也多下玉兰。一月来这些接二连三的事故，是因他做的情有可愿[原]呢，还是工作失职呢？事后是根据什么手续出厂呢？

办：方金石(群)

白天生产夜搞纪[记]录　编号：1521　日期：1957年

生产工人兼记录，白天生产真忙录[碌]。一天做得很疲劳，休息时间无休息。忙忙碌碌把它搞，别人下班去洗澡。记录同志可不行，身上有个大负担。原始记录还没做，那[哪]里可以去休息。吃好晚饭再去搞，做到中间伤脑筋。

不知今天如何记，东凑西凑做结束。正确程度打问号，统计数字不可靠。办公室里忙计算，基础不正有啥用？建议统计下车间，直接记录随班走。减轻工人的负担，记录数字求正确。材料有力助生产，希望领导来考虑。

办：毛其林(党)

踢皮球　编号：1574　日期：1957 年

1. 任衡同志要偏[布]置下月份的运输计划。他就跑到了车间办公室要计划，〈来〉把他推了回去，要计划去问财计科，又跑到财计科，又把他推了回来，财计不问具体生产。推来推去，就马马虎虎漏了一个计划。

2. 毛其林、蒋忠钦、周永水、陈宗炳、吴承权写了反映大字报，批评了二车间主任官僚主义，把铝罐箱堆在天井中不管。车间主任很不服气。因为管物料是储运上的事，储运科〈是〉对木箱的态度是眼开眼闭，因为木箱堆在你车间里。

3. 今年生产上的领导有四个层次，厂长、科长、(主任)工段长、小组长。会议决议就要及时贯彻，越级布置工作就是主观主义。

4. 今年的技术组织措施，计划上规定毛茶付制的批定额要有[由]车间技术员、定额员、审检科技术员、财计课定额员共同参加制订。决定的理由是，这样互相可以监督，防止偏差。结果呢？召集四大员是平时张三等李四，来了张三去了李四，很难召集。召集了四人眼看茶叶，张三说“你先讲”，李四说“你讲吧”，推来推去。确定了制章，财计科[课]定额员又说太低吧，车间技术员又说叶底老不低了(原文如此——编者注)。

5. 车间工人的思想很多。车间主任〈这〉不管，因为是人事科[课]管的；人事科[课]又不管，因为车间有主任可以去管的。结果大家(都)不管。

车主任：徐柏林(群)

观感　编号：1564　日期：57 年 10 月 2 日

看 1501 号方金石同志提[题]为“理由在哪里?”大字报之后，有所感觉。在未谈之前，先介绍一下两批茶叶的情况。

1. 玳玳花茶，苏 75613 批。香气、品质尚能符合要求，唯每担实际下花量比规定少 10 斤以上，是不合规格的。为此，也曾研究过解决办法，最后由厂长与韩科长共同决定,不按规格出厂,调运本省销售。

2. 苏 71003 批,新特级茉莉花茶。每担实际下花量比规定多 20 余斤,后又更正,每担多下花 8 斤多。

为了下花量的□,本月四日,胡厂长大会上作了布置,每担比规定不能超过一两。关于少下花的问题,虽未明(确)布置,但也不应该少下。在本月份的产品,到目下[前]为止,共 24 批,仅有四批超过规定,其余全是少于规定的,(均是一两左右)。这样是比较正确的。不过在多下花或少下花两方面都要有一个幅度,我认为还是比较恰当的。

苏 75613 批玳玳花茶调本省销售,不作正式规格出厂。即[既]由厂长科长决定,我不反对。不过在出厂负责制来讲,我认为不太适当,兹建议最好在今后消灭这种情况才好!

办:赵登周(群)

一阵风　编号:1570　日期:57 年 10 月 26 日

胡厂长布置第三季度工作措施,曾说明开始填写花茶烘印技术日子记录卡交审检部门分析。经过短短时间,车间已开始执行,审检部门作了些检查记录工作。

一车间开始执行是比较好的,(他)能逐批填写"记录卡"交审检部门;二车间却是将全套生产原始记录交给审检科,这样二车间的记录,就丝毫无存。后来经过研究,认为还是交二车间保存,抄一"记录卡"比较妥当。为此我与周永水同志(产)生过一次争论。周同志要通过厂长叫二车间执行,我不同意,后来由我把全套原始记录交给胡主任,并说明情况,车间主任答应可以照抄。可是我失望了,因为到现在飞去了原始记录,而记录卡一片也没见飞来。

审检部门的工作是有问题,现对技术因子记录好久不检查了。自从方瑞发同志调动工作,一车间的"记录卡"也随着"掉纲"了。

办:赵登周(群)

领导同志,这是为什么?　编号:1601　日期:57 年 11 月 25 日

箱子装好了,为什么不封口呢?我想义务劳动的工作可以另外安排其他工作,不一定就要把箱子放到明天与[作为]义务劳动再来封。这样做,我觉得

不够妥当。这个堆，我们上午是装不好的，因为留一点下来不好，香气多少是要跑掉一些，我们就加把油把它装好了。而领导倒采取□□态度，不知是什么道理？

办：方瑞发（党）

10—6　财计科[课]业务工作

激动的汇报，满意的效果　编号：17　日期：57年

科长：亏本18万，问题在审检科，建议快检查他们。

厂长：同意定期执行。

办事员：啊！审检科出了大问题（满厂风雨）。

茶厂工讯领导检查品质结果——多数符合，规格个别编[偏]低，少数偏高。

科长：现在帐[账]面上赚了17万!!

审检工作是衡量工作的标尺，也是督促工作完成的方法，希望经常下去，但是不希望拿亏本的名义来检查。

办事员：赵登周（群）

财计下车间??　编号：160　日期：57年

审计下车间，空嘴把话谈。旺季将过去，还是坐在办公室里□算盘，也听不到成本的反映，〈回〉不去帮助同志在生产上找关键改进办法。有的完不成计划，有的定额中断。事故多，无非是生产工作上乱。难道财计科就不管，我要问问你的成本怎样核算？

再不能一月过去，自说自话的[地]公布核算，车间门口一贴，工作又告一段。

办事员：柯汉钦（群）

闭门造车的结果　编号：245　日期：57年

写张大字报，意见问领导。关门造计划，定额凭想象。任务一公布，工人吓一跳。□中二个旬，管理也不管。下旬到来了，任务还不少。召集开个会，赶紧再来抓。月度以[已]过去，任务完不了。从起三季度，竞出热情高。工人劲头大，日夜生产忙。这个季度里，节约浪费票。其他二[两]部门，大部都发

到。我们制胚组,是否老掉了。这个三季度,将近看不到。若问成绩吗?我都不知道。生产指示图,麻木不能跑。□架搬了场,索性来去掉。借问这种搞,到底好不好?我们的意见,决心要改掉。

工人:金鸿元(群)

刻舟求剑的厂领导　编号:422　日期:57 年

茶花生产关系着茶厂的发展前景。1953 年茉莉总产量 12 246 担,今年估计 5 500 担左右。茶花减产计划照编,每年增加产量××担,年年完不成。按照徐主任老话重弹,是完全受气候的影响。我看不完全是这样吧?不要再抱着五三年的老眼光了,赶快和各方面研究,建议有关部门重视茶花的发展,不要年年刻舟求剑吧!

办:方金石(群)

福利金那[哪]里去了??　编号:495　日期:57 年

装(箱)机〈器〉、输送带、吸尘器,看起来机器设备是不少,降低工人劳动强度,对身体健康确是保得了。

试问,添了这些设备化[花]的是什么钱呢?喔!到今天我才知道,是把上级发给的富[福]利金去支出了。

请问,装箱机、输送带是厂内的生产资料,为什么也把富[福]利金来支付?降温设备、吸尘器这种设备,方是来把工人福利搞。我们都说好,胡厂长主观来一套。这样实在对不起工人了。

工人:汪文忠(党)

请问?　编号:571　日期:57 年

请问,今年季节工人结束返家川资(原文如此——编者注)是否由厂发给?请领导考虑答复。

工人:王桂芬(团) 化名:老实

违反制度　编号:669　日期:57 年

去年编制低值易耗品,年度计划中没有购置自由车计划。为了需要起见,经过市采购局同意，在二季度中，同意在二季度中购置自由车一辆，在编制第三季度低值易耗品计划时，进行追加。那末[么]既然同意，总务同志一马当先，在五月份先购进自由车一辆。奇怪的是，总务同意在七月份又添购一辆，从空而降，〈前〉购进了二辆自由车。

这样的做法，财计科的翁课长难道不知道违反财务制度吗？后来对这个问题查询没有？

直到今年的今天也无声无息的[地]就过去了，实事[际]上多购了一辆没有计划的自由车。

办：汪仲元(群)

闭门造车　编号：697　日期：57 年

今年车间劳动力多得很。请问财计、车间有关同志到底有多少多的？为啥出现缺乏劳动力？弄得很多同志莫明[名]其妙，是否闭门造车呢？希请今后从实际出发吧！

办：金钰铭(党)

数来很　编号：714　日期：57 年

竹板打，连天响；今天鸣，放话讲。开头先讲那[哪]一个，想起 1952 年。52 年、52 年，比起现在不一般。建厂计划才开始，全年加工计划都在私营茶厂那一边。咳！那年生意真不坏，赚了洋钿 80 好多万(旧币)。喜的[得]领导哈哈笑，他在大会上讲过一遍又一遍。

竹板打，连天响；听我来把这事来补充。虽然赚了 80 好多万，实际超过 100 万，为啥只报 80 万？因为那些退交销区去，所以只报了 80 万元。

竹板打，连天响；听我往下讲。多嘴人儿回天津，向上汇报这事情。转年改开调拨会，天津去沪好几位。路过苏州来访问，不由谈到这件事。领导厂长朱德正，当时就把眼睛瞪，回答却说没有这事情。咳！朱厂长你思一思来想一想，你在大会怎么讲，访问不是来讨债，何用谎言当实话把它盖？有人要问啥原因？我说这是本位主义、资本主义经营作风占据他的脑海中。

办：赵登周(群)

翁世声科长　编号：762　日期：57 年

问问你：

一、我们去年就提出了我们厂到底有多少生产能力？你是财计课长。请问，我们生产能力最大是多少，应合理安排计划是多少？

二、计划生产就应有实际能力。请问，我们厂里那[哪]台机器生产那[哪]一种产品的生产量最多？定额在那[哪]里？

三、请问，你去年就要到车间去搞经济核算，现在搞得怎样了？

办：张逢济(党)

生搬硬套，相信小[少]数，工作是搞不好的　编号：877　日期：57 年

今年春天开始学习业务，我非常高兴。领导上大会小会根据本厂生产情况，贯彻了一套生产管理制度和一些管理方法。谁知道工人来厂生产又另布置一套，弄得搞计划的人不知生产情况，执行计划的人不知编计划情况，搞定额的人无法分析执行结果，原始记录不准确。财计科长提意见，财计科提一套，大家就要跟他跑。我们领导上又没有依靠群众，发挥群众智慧，而依靠少数人或者把人家东西硬搬到我厂里来执行，使工作遭受到很大损失。

主任：胡林辉(党)

80 天的拣场　编号：900　日期：57 年

往年拣场开工的天数在 180 天以上，为啥五五年只有 80 天？这个计划的安排是根据什么原则？如果说原料不足，库存到五六年为啥还很多？不顾女工困难的[地]安排任务，是什么群众观点？

办：方金石(群)

虎头蛇尾(之七)　编号：1407　日期：57 年

成立资料室，厂长宣布，科长传达，建立一个历史资料室，动员财计科大队(人)马出发整理。来势凶凶[汹汹]，事隔无几，无人过问，拖搁三月，草草收兵。

办：任仲元(群)

对费用的三个意见 编号：1413 日期：57年

工厂开展了竞赛，职工同志都热烈的[地]提出合理化建议来，可是对合理化建议费用都不能及时获得解决。这个会阻碍职工群众的积极性〈的〉。据说现在的合理化建议费用也编计划，有了计划才能用。这里边就有个困难，因为合理化建议事先是不能估计到的，即使提出了合理化建议，未经研究批准也不能确定多少费用。可是一旦批准往往又是迫切需要改进或增添这些设备的，特别像我们茶叶厂季节性的生产就更需及时解决，因此我们应该有个灵活性的报批手续。具备多少份额厂长可以批，多少限额市可以批，超过多少要省批，费用支出项目亦应有具体规定。当然企业奖金有35％可用于生产设备，倘已用完了，则又怎么办？这个问题我们已经碰过钉子，通过整风，希望合作社系统研究一下这个问题。

二、我们厂里在今年防暑降温工作方面，虽是做了一些工作，但还做得不够好的。听其他厂介绍，都在二季度就研究措施和制订计划，因此收效良好，而我们都是急来抱佛脚，费用也没有，以致变了马后炮，像电扇做来，天已冷了。因此建议厂领导对这工作要引起重视，明年的防暑降温工作要提早研究，早解决费用问题，以便早准备。

三、上级工会做[作]报告，批评食堂企业化不对，食堂里的费用应由行政开支，可是行政上又没有这项科目。上次王计划会计人员训练班，我提出这个问题，我们认为这样，确是有矛盾存在的，工会布置要行政支持，行政上又没有这个科目，因此需要上级工会行政碰碰头，统一一下。

工会主席：朱炳庚(党)、陈国英(团)

两长的计划 号：1423 日期：57年

我们经常听得，大会、小会坐下来谈，站起来谈，都叫热汤气了。计划要从群众中来到群众中去的办法来安排生产计划的，可是苏州茶厂的生产计划由两长专家来制定。

下月份的生产计划是那[哪]里来的？是翁科长坐在翁办公室里下达的。在五六年九月份时，江调入四级茶胚，61429批堆在烘房里，可是下月份的榜上还有他的名，反而叫人到仓库里去搬茶叶来烘，只有翁科长的计划。

七月份的生产计划更伟大，厂长在大会小会上报告，计划是根据本单位实际情况,从群众中来到群众中去的方法才是对的。可是七月份的计划,胡厂长亲自出马下车间,一天一夜就完成了计划的计划。在实际的情况,七月份付制什么东西,脱离茶花实际生产,而且还是睡在鼓里〈上〉,计划榜上都有它的名字了。这种计划叫同志们去完成,真是有道理。这是厂长下车间的计划。

办事员:方瑞发(党)

10—7 审检科[课]的业务工作

一件不明白的事 编号:208 日期:57 年

一九五六年,厂内贯彻新措施,产品出厂要负责。二车却出了首批玳玳货,据说经审检质量不符合,幸运[好]规格样品未出去,赶快装箱返销区。方金石忙回厂来研究,工人已经下班了,此事如何来办理?大家动了大脑筋。工人发挥了积极性,大家一齐全动手,连夜装箱,准备明天好出厂。纷纷来朝情况变,说什么二车间做事不负责,不□规格产品企图混出厂。厂务连忙开大会,处理二车间的一椿[桩]大案。刘厂长不问青红皂白,对二车间提出了严格的批判,但是到九月间,该批产品还是按照二级来出厂。此事到底是这[怎]么办?我们直到现在还不清楚。

工人:张金财(党)

生厂[产]负责制,茶叶不合规格能出厂吗? 编号:281 日期:57 年

强调出厂负责制,审检应用大生产。分工明确订的[得]好,检查规格不容情。车间生产来管好,成箱茶叶常出风。水份[分]超过不合格,按理不能往外运。车间主任怕麻烦,最好不用再返工。不敢作[做]主找厂长,厂长应为表同情。三番五次水份化,马马虎虎把厂出。有时运输任务紧,不等检验先出笼。一旦发现水份过,茶叶已经到天津。这个问题怎么办?赶快纠正别放松。□评检验要严格,厂长支持才能行。

办:任衡(团)

一年一度的技术操作规程 编号:298 日期:57 年

我厂的技术操作规程已经贯彻了几年,而且每年到了淡季都要研究修改,还要请示上级批准,任何人不能随便更动,如有情况出入,须经请示决定。看

起来倒是慎[郑]重其事的,但是技术操作规程在实践当中到底执行的是什么样?是否完全符合实际,也完全是照章办事吗?

工人:章金财(党)

如此的出厂负责制 编号:297 日期:57年

玳玳花茶季,出了一件事,是在五六年。其中有一批,香气不太灵。周永水下去,讲得蛮好听。不灵不要紧,赶快要装箱。临位就装成,标准样来寄。装好运天津。审检命令下,车间忙调人。日班来不及,夜班来装成。花茶运出厂,厂长忙开会。来一个批评,出厂负责制,车间认执行。这样说起来,审评无责任。如此责任制,口说虽无凭,吓坏具体人。

办:方金石(群)

史无前例的升级 编号:456 日期:57年

原来		批唛	原料品名	提升		
等级	数量	A048		等级	数量	A048
2	5 072	A049	浙皖混合	1	1 776	A048
1	2 084	A069	苏皖茶胚	特	1 607	A049
1	7 244.5	A066	皖大方	特	930	A066
2	6 164	A031	皖条茶	1	6 038	A031
4	2 053	2053	浙茶胚	3	5 000	2053

从上面一张表,审检课出了大问题。为啥已经印过的茶胚,还能提升一级?究竟是按什么标准样对照的?周永水是党员,对于国家财富漠不关心,检查他们偏高。这要有意见,这是什么思想在作怪,是不是损了你的威信呢?威信、财富,你看那[哪]样重要?

办:方金石(群)

为啥要打出合作社茶厂? 编号:753 日期:57年

玳玳花茶热印不先进吗?

一九五三年,依靠工人研究出热印玳玳花茶,中茶公司×××对这个先进经验采取什么态度呢?好吧,你们(□合作社茶厂)□的什么先进经验,分明是偷工减料,浪费国家财富。这还了得,这次揪你们服贴[帖],才晓得我的厉害,积极备反,向工商局财委上诉,不便[仅]要降底[低]加工作用,凡用热印的产品还要赔偿损失。现在〈在〉这项热印先进经验,已经推广到福州茶厂,那么上告则[财]委工商局的同志,要赔偿什么损失呢?检查你的思想,为啥要无故打击别人?

办:方金石(群)

茶胚申诉　编号:909　日期:57 年

为什么今年高级胚偏高半级和一级?茶胚付计印制工段,印过茉莉花再来复制茶胚,把二级提〈出〉一级,把一级提特级,影响烘印工作复□,又造成茶叶碎末,浪费人工不可计算。到底什么原因?茶胚说:问题很简单,我本来是毛茶付制得漂亮,制造成胚,经过并[拼]配,嫌我这样不行,那样不行,要并[拼]得比加工样还要高。那[哪]知道今年审计科搞了一付[副]加工样,比全国标准还要高几分,把我拼得和他一样,怎么能对全国执行样?这明明审检科把我来受灾遭殃,害得我制胚工场制得不算数,还要到花楼再重制胚。这种违反制度和做法,赶快考虑来改正。

主任:胡林辉(党)、办:胡通宙(团)

不通气　编号:1431

五月份,上海调来 1 100 担秀眉,其中□、末,芯占 39%。开堆应当按品种分开。到了审检科,周永水要统一规格。这些零乱的批唛,势必分批搭配,化[花]去一番劳动。到了成箱时候,财务发现不应该品种搭配。这些片、末芯 9 批分摊的一番劳动已然烘成打到堆里,弄不出来。财计想了一个办法,用虚拟办法冲出片、末,总算帐[账]面轧平。

这件事情,我要问问周永水同志,为什么不顾成本?工人花了多了劳动一个唛头要平均摊上几批,而最后又要弄出一个虚伪数字。调出茶末里面有秀眉,调出秀眉里面的[有]茶末,混合不清,影响到消费者合理的负担。这样的技术管理,是对消费者严重地不负责任。

同时，我们车间的工作是否以技术为主，还是以财计为主？如果几方面结合，这件事情你是否要负责任？

办：方金石（群）

理由在哪里？　编号：1501　日期：57 年

对两批茶叶处理的意见是根据什么原则来处理的？是一视同仁的？我思想上有些模糊。

一车间玳玳茶发生一个错差，是 C017 批茶叶下花量少了，不合理。实际的情况，C017 批是最后一批付窨花的。生产量少了，当时连[联]系上午来的一部分花，□窨下去，还有一部份[分]下午印齐，可是后来花就没有了，等的几天就把它成箱了。当时虽然是进行了检查，工作的粗枝大叶，下花量没有检查，因此到底表出来后，是发现下花量不合规格。后来领导上要我检查，根据出厂负责制，这样的处理工作是正确，是适当的。可是二车间有 A097 批下花量多了。领导上对我这个问题，怎样〈的〉处理的呢？我想革命工作是一致的，领导上处理问题是一视同仁的，不含[应]有两样看待的。不过我再请问领导上一句，多下花是否能出厂呢，是否符合出厂负责制呢？

办：方瑞发（党）

再送给审检科整风礼物　编号：1566　日期：57 年

一、急令：

改制红茶片，审检科摧[催]着车间，要立刻调动人力，并用急不可待的命令说：上海等着要用。我们在当时劳动力紧张的情况下，把烘□□时间来搞改制。红茶片在九月二十三号就成箱了，至今一月余，茶片还堆在车间。我们催着储运科问问无锡站，奇怪得很，他们莫明[名]其妙，根本不知道这回事。我们不禁要问，是根据什么要立即动工，是根据什么要等待外调？到现在到底到那[哪]里，为什么不来过问了？霉掉又怎样呢？急不及[可]待的[地]一月多来不解决，又作何解释呢？

二、面子：

改制红茶的小苏打，是审检科技术需要买的。验收也是审检科验收的，车间根本不了解这回事。财务要车间领料，为什么审检科不领料呢？这不是审检科要面子，把别（的）部门当作奴婢充扫帚吗？

三、技术:

红茶片改制,审检科用90斤水拿来当发酵因子。这样稀释的技术,连审检科所设部的红外线都测不出所含水份[分]了,怪不得干燥机二[两]只循环加烘再烘一次共三次才成。真是奇闻,为什么过去制红茶都能成功完成为品种,而采取这样高超技术,为什么外形还是红不红绿不绿的呢?颜色黑而发馊呢?我们建立这样的高超技术的指导,是否要考虑?

四、职权:

1. 改制红茶片,审检科布置直指工段。当时工段要我们开堆,我们莫明[名]其妙,动用化改原料,劳动力怎能平衡呢(当时紧张,我们想审检科工作范围是何等大呀)? 2. 虎丘来花,审检科听了电话,乱□□配。我们决定不是这样,调错了要我们打电话纠正。审检科讲来讲去,造成车间工人意见纷纷。这种进度,是御赐的呢,还是施展审检科的威力,还是审检科兼在产生呢?

续送审检科整风礼物　编号:1571　日期:57年

审检科说,亲临掌握,现场指导,一举两得。1. 审检科创造新品种中,在名利上轰轰烈烈,闻名全厂,实际创造过程中做一点什么工作呢?而是一张领导架子,否则气急败坏。印制不毫当中(原文如此——编者注),香气不好。一张大口理论一套,印坏了!印坏了!审检科虽[既]然知道印坏了,即应该找出一个原因来,〈而只是〉亲临掌握,现场指导,在技术上就应反映印坏了的因子,帮助改进和提高技术,何必唱自由腔呢?更何必埋怨车间呢?审检科总结谈的计划不是实话吗? 2. 印九团珠。为了一点下花量,就要踢皮球,问张三推李四,计划是三级下花,口头几次是四级下花。到了要下花时,又不承认口头通知,要按计划下花。这叫车间怎么挑得呢?□□与娥媚,为什么差价之大得吓人,一个是4 000元,一个是1 400元。这是怎么做的呀?□□拣工都比娥媚来得大呀!

办事员:张逢济(党员)

10—8　储运课业务工作

铝罐箱的遭遇　编号:199　日期:57年

许多铝罐箱,堆在二车间。列[烈]日当头晒,风吹雨又淋。铝罐多损失,财富受遭殃。工人提意见，只当耳边风。

工人：吴承权(群)

为什么要拿别人的工具？　编号：211　日期：57年

储运的周明为什么经常到我们机务房里来拿零件？是不是你的零件遗失，想到我们这里拿去填补吗？被我发现要拿回来时，你还说是你的。这是什么道理？

工人：方炳吉(群)

储运科[课]为啥不负责呢？　编号：331　日期：57年

出卖木柴当刨花。有一个人挑担刨花，经过门口，拴到下面木头。马上回[汇]报不听其言。

勤务：陈润荪(群)

问题何在？　编号：385　日期：57年

储运科[课]的同志，农民要买篓子生产为啥买不到？为啥卖给搬运工人当柴烧？问题何在，为啥不公道？

1. 不重视农业生产、付[副]产；2. 不重视工农联盟，一清一[二]楚敢不承认。

知心话　编号：647　日期：57年

从培训班学习后，分配至此工作，一载有余，而未到正式名义，而在工资改革期间，必[逼]不得已来将转正。但在工作单位上认为并不落后他人，论在仓库工作，同是体力劳动以致病时仍在工作，后由该科长嘱医治才停止工作就医。而去管理铝罐加工，对原料精打细算，节约轻重牛皮货一件之普。对购小粉当时嘱叫车送，但我认为远处可叫车送，近处可不叫车由我陆续挑回，亦可节约一些。论去年和今年在拣场上工作，计算工资能尽自己责任，□□□□，但上级领导高楼上坐，不深入下层了解群众，凭个人主观看法，尤其(对)老年人更不重视。身为上级领导对此情况，是否适当？请解释答复一下，以去心中疙瘩。

道理何在？　编号：1039　日期：57年

车间里产生的废篓子和木档，大部分是售与本厂工人和女工们拿回去烧饭吃的。为什么去年售的价格与今年不同呢?是不是工改以后工人的生活水平提高了,而售价要比去年高一些呢?这是为什么?道理何在??

56 年废篓子出售价每担 1.00。57 年废篓子出售价每担 1.50,比 56 年增加 50%。

56 年木档的出售价每担 1.50。57 年木档的出售价每担 2.00,比 56 年增加 25%。

办:吴元俊[骏](群)

露天木箱日夜哭啼　编号:1363　日期:57 年

我们仓库为啥这样少?还是上级批不准,还是自己本厂不造仓库?因为我们厂里一年的浪费很多。好比每年的木箱摆在露天,白天太阳晒夜里露水淋,现在已经很多木箱不能好用了。如果计算钱的话,真是贵啊!今年仓库少,茶叶进厂没有地方摆,最后没办法,放到后面饭□边厢。因食堂的房比较老,如果有大雨纷纷,可能雨水就要漏到茶叶内,国家的财富损失很大。同时保管员同志要受批评,请领导要速考虑。

勤务:顾应根(党)

告地状　编号:1545　日期:57 年

落难人:标准箱,职业茶叶包装,尚兼付上垫仓脚,做拣箱,夹墙头,做床铺,搁台脚,工具箱,文件箱,官堆箱,以[甚]至个人衣箱等十余种,接触面几乎广及全厂。岂知落难人命途多乖[舛],无处住宿,流落于谷地之间,加之使用者性情洒脱不惯制度约束,用则牵牵而去,妻离子散,天各一方。年终盘点□责令储运科讨报销,其检讨很销之木箱,转而为和人所有,或作来年利润上缴。其哀者将其木箱拆成木片,为柴为垫床脚板,其惨痛非常人所〈皆〉知。为此本厂领导既人[仁]人君子,怜见落难人之处境难[维]艰,大力清查,以使落难人骨肉园[圆]叙,重操旧业,不胜感激。

落难人林准箱顿首

办:任衡(团)

对物料加工的意见　编号:1549　日期:57 年

我厂在物料加工方面存很大问题。例如,五五年木箱加工,先由木料制成板箱，然后加工成箱子。在第一个工序中，多少立方米木头做多少箱板，自始至终(没)有明确的记录。第二个过程，每只箱要用多少洋钉，亦因批次不清，无法正确计算，因此必须至全部结束时，始能算出木箱成本。

再如今年的铝罐加工也是一样，直至全部做完始能算出成本。

根据上述情况，说明物料加工部门是做得不好的，五五年木箱加工因成本不好计算，至[致]长期的帐[账]货不符。今年铝罐加工究竟做了多少，现在还不知道。

在五五年，我提出一份合理化建议，并附有成本计划表。讨论结果认为可行，到现在(却)没有用过。储运部门今后在这方面必须加强管理，每批加工结果必须有成本计算表，以使财务部门及时转帐[账]，及时在帐[账]面表现库存。

办：耿怀敏(群)

第十一类 其 他

11—1 工 会 工 作

□□(之十) 编号：1142号 日期：57年

工会是工人群众性的组织，但是我们的工会呢？变成了高贵的衙门。群众选出这些委员们原是要他们为群众谋利，但看列[历]届工会后来没把自己的工作交给群众讨论过，更没有征求过群众的意见，多的是“工会决定，群众执行”，好像一个行政领导向群众不断(下)达命令。如果你要听工会工作做得怎么(样)？且等下次工会改选。难道群众还厌[嫌]管的人太少，选个工会来管管□□？有人说群众本身很忙，不敢再来烦神，但请看我们每月三次工会活动从未减过，活动的内容永远是月初订指标，月中检查指标，月末总结指标(已三年如一)。这些月月有的内容不能简单化些，挤些来谈工会工作吗？假如你们真的能为群众服务的话，群众不怕烦神。

办：任衡(群)

宣传要传宣 编号：523号 日期：57年

工会宣委会常常叫游览，时间拖拖过，至今一无啥。再讲看电影，也是同样行。要看来看，不看就另请。别厂有公票，为啥我厂无？事情是否真，请你去打听。宣传真重要，大家都听了。主委虽要发，主席更有责。

工人：洪有顺(群)

批评者得到的“回音” 编号：182号 日期：57年

年年都受批评与建议，批评群众黑板写，批评领导搞会失踪。既然批评写出人，为何不找本人来交换，相反失踪搞在会上现，反说我要把代股长地位高？胡厂长会上把话讲，两人讲的一模样。是会外两人有商量，给批评者的“回音”就是这样？批评者听到回音内心痛，不但领导没接受，相反的，批评者来个回马枪。希望领导能把问题全面来考虑，不但群众能帮领导把错误揭发，(还能)把生产〈能〉搞好。

工人：郭绪志(党)

这一点小事情也要发脾气　编号：778 号　日期：57 年

人物：主任委员、委员、厂长。

地点：办公大楼走廊。

委员：今天星期六，我们开办舞会好吧？

主任委员：支部同意了，可以把舞票发下去吧？

委员：舞票今天可以发下去。

主任委员：这个事情你和吴××去办吧！

委员：下午七点光景来到了大楼走廊。

主任委员：广播机坏了，舞会可不办了。

委员：不办不行，舞票已经发出去了。

主任委员在和委员正在争论的时候，厂长来了。

厂长（摆起领导架子，板起面孔，不了解情况指手划[画]脚的）说：那[哪]一个要你们搞的？（指委员）

委员不声不响站在一边，厂长走过回到俱乐部。

厂长怒火冲天的[地]跑到俱乐部，指（着）委员说：你下次再搞不行了。

委员：是，是，是。

从此听不到舞会声音。

办：胡通宙（团）

有其名无其实　编号：668 号　日期：57 年

一九五六年至五七年，说起来是厂工会宣传委员会的财产保管员，但是到（底）叫我保管点什么东西，连我也不知道。真正是有其名无其实。

既然财产保管员用不着〈那么〉这个名义，就取消了吧！

办：吴元骏（群）

体育二角钱，问个消息　编号：985 号　日期：57 年

体育协会，成立一年。会费二角，一去无音。何人保管？请告消息。钱也没有，信也不见。一人二角，十人二元。为了一人，钱一大堆。究竟怎样，问个消息。

工人：钱立通（团）

知无不言大字报　编号：563 号　日期：57 年

工人同志搞文娱，赔我来时几十金。发挥作用确实少，日晒雨淋无人近。可怜不可怜，那[哪]位君子来问讯(康乐球柜)?

办：柯汉钦(群)

为啥活动不起来?　编号：733 号　日期：57 年

大家都希望把厂里的文娱活动搞得活跃些，但是始终搞不起来或者搞得不好。这是什么道理呢?我看主要是工会领导和厂领导太不重视了，不给予支持(包括经济、时间等方面)。比方，这次国庆晚会就是些领导者说太扩大了，又是不准到十点半，否则就关总门。其次，是有些领导老把文娱活动看成是一种负担，一种麻烦，我觉得这很不对，应该把文娱、生产看做同样的重要，给予大力支持，从而使工作得更有劲。

办：方坛良(团)

四提花棍　编号：1239 号　日期：57 年

一根那个花棍呀长又长呀。我要说，领导上，从来不管我们单身汉。逢到节日把假放，又要团圆喜洋洋。咿呀呀嗬嘿，他们全家团圆真闹忙呀，咿呀嗨。

二根花棍呀打得欢。说说我们单身汉呀，闲坐家中苦闷得慌呀。有心要找书来看，俱乐部里无人管。咿呀呀嗬嗨嗬嗨。铁将军把门我无法想呀，咿呀呀嗬嗨嗬嗨。

三根那印花棍呀打得响。看看我们图书馆，有书锁在书橱里。为何不给我们看，到底为的那[哪]一庄[桩]?咿呀呀嗬嗨嗬嗨，领导上不问那[哪]个来管哪?咿呀嗨。

四根那个花棍呀响又亮呀。我要说说我们蓝[篮]球场，一无球来又无人呀，蓝[篮]球场变荒场。青草石子堆满场，咿呀呀嗬嗨嗬嗨，放假单身汉到处失望那，咿呀嗬嗨。

办：王杨林(团)

蓝[篮]球场变了破荒场　编号：49 号　日期：57 年

蓝[篮]球场——锻炼身体好地方，业余工休时间内，来场球赛都舒畅。年长日久风吹打，球场已经变了样。多次锄草不中用，碎石突出多难行。一次再次意见上，专题研究派用场。两位□长来场，都说不修不像样。背转身来场外跑，九霄云外忘得光。有时又想要修理，一碰碰到翁科长。这一关几可难闯，头一摇来嘴一张，无钱没有办法想。借此整风来提上，这个意见几时能管光。

勤：方坛[增]禄(群)　办：胡士田(党)

休息时间到了吗？　编号：1303号　日期：57年10月15日

文娱体育活动在五六年中是搞得比较正常的，工间操、蓝[篮]球队、乒乓球、羽毛球、运动大会等等的一系列活动。这些运动的开展，对增强体质来说是看□一定因素。五七年呢？工间操很少看见有人在做，甚至没有人在做工间操。蓝[篮]球队的活动也很少，每个星期天也看不着一场球赛。乒乓球台子空〈腔〉在俱乐部里，也没有人去打。

总之，一切的文娱体育活动是平常期休息下，过去领导同志对这些活动都要去活动活动。而现在呢？大家都是工作忙而不活动了。

办：吴元骏(群)

为什么？　编号：1386号　日期：57年

工作[间]操的作用是为了使职工在紧张的劳动中抽出几十分钟活动一下，恢复[消除]疲劳，可是在我厂的工间操却另有一功，做给外宾看看，摆摆样。不是在日本茶叶代表团来参观的前后，我们已经丢到九霄云外的工间操又活跃起来了。为什么这样做？是什么思想指导？

办：蒋士增(群)

相声　编号：685号　日期：57年

甲：喂，老方长久不见胡须满面，怎么神气不太好，有心事吗？

乙：哦，蛮好蛮好，饭吃得下觉睡得着。

甲：我想请问你，近来你厂里的[有]京剧活动吗？听说群众的积极性提[很]高。

乙：群众积极性高是高，不够[过]……

甲：只要群众的积极性大什么事都可以办好。

乙：是，是，但是有一椿[桩]事，群众的积极性再高也不行的。

甲：(惊讶的)那是什么呀！

乙：说话很简单，搞京剧不是要花钱吗？钱倒要主要[席]支持，空口说白话是不行的。

甲：噢。(退了二[两]步)在执委会上，朱主席不是要你们搞京剧有什么困难他来解决吗？

乙：不要说起朱主席来嘛！

甲：朱主席怎么啦？不是很好吗？

乙：好是好，身体没有什么毛病，个子高而大吃得下□□□，养得胖胖的。

甲：不不不，我不是讲这个。

乙：讲那[哪]个呢？

甲：我是指他的作风不是很好吗？厂内厂外名声远震。

乙：呵，是谈这个。这个请你还是不要提起好。

甲：为什么呢？现在不是在整风吗？提出来让他改进，请问你，他倒[到]底有那[哪]些坏作风？

乙：嗨，他的坏作风可多哉，一下也说不了。简单的[地]归纳下，有下面这些生活作风散漫。所谓拖半只鞋的二流子，好表现自己；只有他领导人，不能受人领导；打击别人的[以]抬高自己；好说大话，一无实际；以公济私，违反国家法令；口口声(声)要搞京剧，可是不闻不问，要用钱有意见，又说京剧不要搞。

甲：这样他要你们搞京剧，不是叫你们上当吗？

乙：还好，没有上当。我们冲破了不少难关，受了不少批评，玉堂春总算和同志们见面了。

甲：(怀着一股好意的问)以后是否还要陆续搞呢？

乙：这个问题很难使你得到满意的答复。搞不搞的问题，那就要看主席的下巴的动弹了。

甲：时间不早，我还要去写大字报。再见。

乙：我要回去写大字报。明天见吧！

办：方三槐(党)

渴望文娱生活 编号：945号 日期：57年

据了解，我厂有不少女工到苏州药械厂第三文化馆学习戏剧舞蹈，更有不少男工到外面学习京剧。这说明我厂职工多么需要文娱生活，但是党政工团领导为什么注意不到这个情况呢？更伤心的是职工们要搞还要受到阻碍，特别工会主席陈国英因为自己不欢喜京剧，就百般设法阻挠刁难，这简直不像工会主席所干的事。

我希望领导今后要重视职工文娱活动，给予大力支持。

办：耿怀敏(群)

可叹呀可叹 编号：1560号 日期：57年

京剧组办了靴子、胡子，用去20余元，可是连用也没有用，好像是要搁起来了。我觉得买来不用是浪费，应该发挥它们的作用，宣委会要很好考虑这问题。京剧组化[花]了100余元钱只演出一次，这笔费用太大了，更严重的是现在还想再演出。因为“五公子”和“刘潘二大人”已“定访”去了，当然现在要搞也还是搞得起来的。因为有些同志基本上会，但可惜的是无人来领导，没有支持，可叹呀可叹。

办：方坛良(团)、胡春来(党)、耿怀敏(群)

出现观音头 编号： 号 日期：57年10月25日

1560号大字报题名为“可惜[叹]呀可惜[叹]”。胡春来同志签上了一个大名，这种“勇敢敢当”的气概真是可佩可佩……不够[过]，说“没人支持”这是事实。工会不支持，支部不问，行政更……若说无人领导这是谎言。宣委会栏七月间(大概是七日)布置月度工作时，京剧工作讨论决定由胡春来同志领导来搞(因胡春来是宣委委员就省了聘请之类)。我想胡春来总不会忘了吧？如果是健忘者，不防[妨]我再提醒你一下。

京剧活动目前停顿，宣委应该负责，但更重要的是得不到工会的支持。关于京剧活动之事，我不止一次请示两位主席大人，大字报也为了这事贴上二[两]大张，可是仍旧不在话下。

办：方三槐(党)

鸦雀无声的体育活动　编号：324 号　日期：57 年

1956 年，体育大开展。四月二十日，成立体协会。主席有三人，是刘蒋王。下设几个部，部长召[招]几个。当年很热闹，比赛很多次。一九五七年，运动冷冰冰。只有蓝[篮]球队，还在经常跑。这是啥道理？原因有三个。主席不肯抓，部长推不动。要求添设备，领导批不准。有人想打气，又怕不支持。现在还不迟，领导抓抓紧。

办：胡春来(党)

我对本厂活动的意见　编号：242 号　日期：57 年

青年人的特点就是有朝气，好跳好笑。但是我厂的青年好像老人一样，偏偏笑不起来，跳不起来。特别是些没有家庭，在苏州的人更是苦闷，到了星期六和节日，就无头绪，整天不是闷在宿舍里或者就是在厂里。就今年来说，团活动、工会活动屈指一算也不过搞了五六次，这是什么道理呢？说起来亦不希[稀]奇，主要是那些领导们太不关心，也可能他们自己为□人而忘记了我们。其次是工会组织对群众活动也不支持。因为搞活动就必要钱，而我们工会对要钱的事可以说是很费力的，以致有时偶然搞起来，也会更得[遭到]一些阻碍和打击。

例如：以前办的舞会和这次国庆晚会的文娱演出受到了人为的限制。说起来没有活动，是一件小事，可是苦煞[杀]了一些青年人。

为了活跃文娱活动，希望工会团组织重视起来。

办：胡春来(党)

一厂与二车间的图书馆是否有二[两]样看待？　编号：769 号　日期：57 年

我们二车间的图书馆不开工时，拿了图书 50 本，到现在没有调换过。只有每月拿几本杂志来，而工人们不够兴趣，橱门经常锁着。另一方面，对二车间的文娱生活可以说根本没有。请问我们工会，拿二[两]百[者]对比一下。

办：蒋忠钦(群)

宣传标语呢？　编号：914 号　日期：57 年

往年车间在工前各生产工段总要掉[调]换一次宣传标语，来鼓动工人推动生产，发挥工人的积极性，但是在今年就是很少看见车间内的标语。只有制胚工段开工前挂起了一张千方百计节约原材料的横幅之外，其他标语也未有看见。可是不是宣传委员会工作太忙了呢？

一进厂门，对面的走廊去年经常有一个大横幅挂在那里。标语内容不时换，但是今年对标志着新形势新运动的大横幅也看不到了。这是为什么？

办：吴元骏(群)

这样做法对吗？ 编号：933号 日期：57年

我们有这样的想法，要有到有啥说啥，想啥写啥的要求。我们就在这里来谈一下，大家认为本位主义二车间较突出。我们想想到要来看看究竟本位主义在那[哪]里？

1. 从合作社茶厂合拼[并]后，工会财产全部来出动。红绿绿带与横幅各有十几条都出□去。说起话来真好听，统一使用来保管。事实究竟怎么样？车间里面看不到一条红横幅。记得去年为布置，吴文清同志化[花]了多工夫算挂了一大幅，等到节日要布置，因为厂里多，要用只好让他冷清了。

2. 再说我们图书室原藏五百余本，连环画与文艺小说书算来也不少。到了去年下半年，工会宣传会议来决定，统一编号交换来阅读。这个办法不算差，大家一致都同意，但是情况不这样。今年总算拿了连环小书五十本，可是文艺书藉[籍]看不到，由它们登在书厨[橱]内，脱离群众很严重。我们只能对要看要想看来不到。

3. 从尊敬伟人像(毛主席像)，听说二车间不需用，立即将它搬了去。我们看看为它有些不服气，为何放在俱乐部立壁角？大概二车间里没有这样，一个俱乐部伟人像没有地方将它挂。这种虽然小事，也算说了心里话。

4. 我们在这里提个意见，为啥将二车间拿来的二[两]块布幕放在水泥地上？难道没有放的地方吗？负责保管同志为啥不去保管呀？

潘政忠、胡林辉、唐志平、毛其林、蒋忠钦

图书馆的书籍经常关禁闭 编号：1439号 日期：57年

工厂里的书籍是供给职工们看的，我们厂里的图书因为没有人负责，经常叫铁将军管门，不能发挥其〈的〉作用。希望领导(作)一些指示，如不能供给大家待谈。我建议领导还是把它卖出去吧！请考虑考虑，是否有这个必要？作出结论吧！

办：冯国臣(群)

高射炮眼睛看不到传达室　编号：560号　日期：57年

每逢星期(六)和星期(日)晚上，干部们拿着厂里待卖的集体电影票和戏票，可怜我们□□人员两眼巴巴地看人家看电影，我们只可以在□。喂，是否看我们人事无钱瞧不起？□□小是不平的，请答复。

警：邓云生(群)

工会主席　编号：1053号　日期：57年10月12日

我们保卫人员是不是苏州茶厂的职工？为什么上次发电影票没有我们的一份呢？难道我们不能享受工会福利吗？请答复。

警：许兴泉(群)

犯了贪污还评上先进工作者　编号：112号　日期：57年

这是什么原则？有人利用职权向财计科报销进行了贪污。第一次发生后，有人揭发反映到人事科[课]，反说制度上是不是可以报销？难道制度上可以报销贪污吗？

一拖几个月，培养了第二次的贪污，又被人揭发了。也没有人追问，要他坦白到底贪污多少，竟退赃，但又考虑那人是否有困难，不要扣。一拖又是一个月，事实上不是有困难，他银行里存款就有几十元。就是有困难，是不是赃款也要救济吗？二季度还评上先进工作者，这是凭什么原则来对待贪污，是人事科负责还是党支部管？

科[课]长：翁世声(群)

道理何在？　编号：443号　日期：57年

去年四季度评比时，小组会上都不同意方瑞成[发]评为先进，但是评委会不更要评他为先进。先进再先进的标准在那[哪]里？请掌握的同志答复一下。

工人：洪志明(团)

对二季度评奖意见 编号：466 号 日期：57 年

一下一车间的烘房好，一下二车间的烘房好，一下又原始记录有关。又讲着是评了二车间，一车间就有意见；评了一车间，二车间有意见。到底是否有意见，要问评委会评比是论条件，还是讲情面？工人提意见，朱主任大会上就批评。这样搞竞[竞]赛，工人怎起劲？

工人：朱建三(群)

对领导二季度评委会敬[进]一言 编号：487 号 日期：57 年

领导太官僚，主观主义搞一套。一厂与二厂，当初烘房奖来评，材料摊开来，初评决定一厂强。二厂不服气，提出材料有问号。主席就宣布，烘房组退后再评。工人意见多，委会一句无回音，使人心不服。再把意见向上提，主席一手办。对不对这样执行？而且不算数。大会还提出批评，虽然这样做，今后道理行不通。

工人：章金钱(团)、何春月(群)

我对评委会有意见 编号：494 号 日期：57 年

提起评比事，令人就怨心。季度快过去，脚忙手忙来开展。评比工作是形式，只见领导的印像[象]。今年二季度，小组长会上公布。小组会议就提名，复评会上提意见。组长代表意见提的也不少，下达群众又提出。结果公布为什么还有凌元淦[淦]的名？群众看见了，意见乱纷纷。再见此情况，马上来反应。为什么领导回答我，硬说群众自己评？为什么领导这样做？是否党员另外看待？我的思想确实搞不通，要求领导来解决。

工人：方义茂(团)

这是不是主观？ 编号：651 号 日期：57 年

在 1956 年第二季度评奖中，小组长代表会议上讨论到翁世声同志时，我和其他几位同志提出不同看法，认为他本位自傲自满，并且他的成绩与先进工作者的称号是不相称的。但是刘厂长在那次会议上的态度是不公正的，不是采取研究分析态度，而是硬说看□主观。事实上，下面群众也有很多意见，由于刘厂长的辩解，翁世声同志才被评上。这是充分发挥民主吗？其次，评奖后市里召开行[先]进生产者会议,科室里也有一个名额又是选了翁世声同志。群众提出〈的〉意见领导上又解释,他有文化会说话。因此我们要问,难道出席北京先进工作者会议的都是大学生、高中生吗?难道不善于说话的人就没有权利去开会吗?这个问题请再三思。

办:胡春来(党)

无题　编号:720　日期:57 年

本厂的党政工领导同志开展劳动竞赛不正常,发动少,奖励少,对研究创造不关心。表现如下:

本厂 54 年最多三个季度评奖,不评奖季度难道没有做工作吗?劳动竞赛是在大会上提一提,以后就无人问津。

评奖凭印象出发,抱着任务观点。如 56 年三季度评出 50 几(原文如此——编者注)个先进工作者,成绩是工作积极,事例少一般化,因此争取做先进,向先进学习情绪不高。

研究创造,如郭绪志研究把厂内的茶叶机器连接起来,〈生产〉能提高生产节省人工,已做模型。我们自动拉练机也做模型,都没有成功。原因是研究人缺乏足够知识和智慧,模型做得不周密,但其中很大因素受到物质条件的限制,得不到领导的支持,以致〈于〉领导批评研究是幻想,不能实现的,因此研究的人花了很大心血,只好半途而废。领导这样对待社会主义劳动竞赛,不是鼓励推动而是拉倒车。

办:徐凯明(党)

对工会提一点意见　编号:829 号　日期:57 年

工会工作存在着很多问题。就(是)不看大字报,每个同志心里都有不同的意见,特别表现在救济与评奖上。

在救济方面是该救济的而不救济,不救济的到根本不依条件来办事,特别是工会主席掌握了救济大权,先把自己吃饱,不关心困难的会员痛苦。

开展劳动竞赛是建设社会主义好办法,但看看我们工会(怎样)对待评奖工作呢?季度开始评奖了,工会干部平时不抓材料,临时抱佛脚东走西跑凑材料,是否正确,不加考虑。可以从大字报看出来问题,〈对〉方三槐、胡春来他们对工作怎样？工作一团糟，捧上压下，欺骗领导。靠这样(得)来先进工作者是有问题的。

工会干部东奔西跑到底做的啥事情？这种评法是否可以推动劳动竞赛的旗帜呢？

办：郑尧珊(团)

从一张大字报上所想起　编号：928号　日期：57年

去年四季度评奖，我是有意见的。在鸣放中，我曾和刘厂长交换过意见，但未彻底，而从顾科长的一张大字报里又启发了我的思潮，这里不妨提出来。

我的报评名字为[是]根据什么去掉的？是那[哪]一位首长决定的，按什么决定的？是不是我平常话多的原因？

评奖为什么要到厂务会上讨论？是不是工会工作要科长们包办了？

陈国英你说报表只能往上报报不能算，那么请问你往何处报什么才能算？陈主席你三番五次的[地]要把我拉下来，用心何在？你向刘厂长回我些什么？刘厂长你叫工会主席在会上批评我，不知我犯了什么？请问先该批评谁？

办：方坛良(团)

不明白　编号：971号　日期：57年

1956年第二季度评奖报，大多数的小组对翁世声意见很大，不同意评上先进工作者，在复评中还是许多小组不同意评他，只有仅仅个别答应，但是公布二季度先进工作者名单有翁世声的名字。很多同志觉得很奇怪，连翁世声本人也觉得惊奇。

事过几天，又决定当上了出席苏州市的先进工作者代表，真使人弄不明白这到底是什么一回事？〈还〉是硬捧上的呢，还是领导主观决定的呢？这件事的确是个谜。根据什么政策方针可以这样做？要答复。

办：汪仲元(群)

决定人太自私　编号：986号　日期：57年

做工会工作的人实在要公平，竟出园地订出来，每月要评定先进工作者。你不要只评对你好，几个条件都不要，该是先进你不同意，不是先进你提名。

为什么不评事迹,评情面?到底为点啥事情?第二季度评先进,秘书科[课]长连生评为〈是〉先进,虽然我也提名。你们知道他贪污公款袋内藏,为什么再要评〈为〉他先进工作者?是否本课没有先进者一定要把他拉出来?我记得小组会上提名不是他一人,而且连我有四人,结果笔立剥落刹干净。难道这四人中只有他一人,没有比他好的吗?

我看这里是有偏差。你们掌握同志不深入群众,不能评[凭]你自己决定,所以造成群众议论纷纷。是否〈是〉事实?请你细细想一想。今后评奖态度是否改?

办:唐润洁(团)

有一件事情问问翁科长　编号:166 号　日期:57 年

请问你,现在同志们到底提了多少合理化建议?请问你对同志提的合理化建议作了如何的处理?请问你有那[哪]条建议同意做的,有那[哪]条建议不同意做的或研究的?请问你,你自己讲的处理合理化建议手续是否执行?请问你,对已经同意做的合理化建议是否已在做了?

办:吴之俊(群)

奇怪的评奖条件　编号:1017 号　日期:57 年

56 年初,工会主席蒋守信授奖大会做[作]报告,说我工作样样好,但是有一条——有家庭问题,不能取得先进称号。当时中央公布的先进生产者条件有哪些?这个问题我厂也专题学习过,〈是〉一共有八条,我看来看去没有这一条。我弄不懂这一条是你蒋主席创造发明的,还是苏州茶厂订出的?请问先进工作者是要工作先进,还是要没家庭问题?假使这样的话,我问你,没有家庭的单身汉都没有家庭问题,应该都是先进了。为什么你也没有赐给先进工作者的称号?

办:胡肇员(群)

不合理的"节约"(之三十三)　编号:1290 号　日期:57 年

增产节约,人人有责。开展劳动竞赛也是发动全体职工投入增产节约运动,更好的[地]搞好社会主义建设。为了鼓励先进带动全体,这就要碰到老生常谈的评奖。评奖以后，又必须给予不同先进小组或人物的资金，这也是老一套的事情。可是我们厂里的资金，却又是那么寥寥无几，既不能与其他机关公司相比，更比不上其他的工矿企业(据了解今年又(是)根据以往的最低标准发的)。莫怪有些人说“只够抽包香烟”，甚至不要那一点。我不是要争得多一些，但不禁要问，厂领导是否觉察到，难道我厂的生产是特殊的低吗？这样的少又是中央(中)另行〈的〉规定的吗？若不，这种小聪明的“节约”又是由谁想出来的呢？

办：胡士田(党)

评奖奇闻(之一)　编号：847 号　日期：57 年

问题就发生在眼前。第二季度评奖的时候，在小组代表会上明明赞成储运为先进小组的有三个小组，而赞成审检的只有二[两]个小组，但评奖委员会决定红旗却是审检科的。为什么呢？群众性的多数是不正确的吗？难道群众的意见没有评委会的委员——党政工团的某些领导——的意见正确全面吗？

评奖的条件是什么呢？据竞赛开始时，工会主席说是根据竞赛合同的执行情况作为评比依据，事实(审检科也承认)，审检科并没有完全执行竞赛合同。为了在群众面前能交待过去，工会主席陈国英在给奖大会上说审检科竞赛合同条件冒进了，所以没有完全执行等语。请问陈主席这竞赛条件是谁提出的？提出后工会是否考虑过？早知道是冒进了，为什么在开始时不纠正？这竞赛条件是不是经过工会主席、行政领导签名承认的？这样的说法的出发点是什么？是不是储运上没有资格获得红旗？是不是领导对储运的传统影响太坏，所以不能获红旗？

办：任衡(团)

评奖奇闻(之二)　编号：847 号　日期：57 年

二季度评奖中，从天上掉下了二[两]个先进生产者——方瑞茂和凌元淦[淦]。在小组会提名时，方瑞茂根本就没有提名，凌元淦[淦]在小组内是少数人同意多数人反对，但是宣布评奖结果时，二[两]位同志都名列红榜，俨然一个先进生产者(奖金×元)。请问他们的先进事例是什么？他们创造了些什么？评奖条件我们查来查去，他们除是党员又与领导较接近外，没有找到其他有力根据。我们不津[禁]要问：党员和与领导接近也是先进生产者的条件吗？我们不津[禁]要问：评委会能不经过群众擅自封赠先进生产者的称号和奖金吗？如果这样的话，我们建议今后不要什么小组提名，代表会评比，就评委会自己鉴叙一下吧！

任衡、胡春来、徐凯明、程宗炳、方炳钊、吴元骏

评奖奇闻(之三)　编号：847号　日期：57年

增产节约交[高]潮到，人人都把窍门找。工会行政动脑筋，找窍门把节约搞。首先想到奖励金，奖给职工太痛心。灵机一动有办法，468元应应景。别厂领导重奖励，十六十八二十几。我厂奖金拿几百，并入利润交上去。这个主意好是好，积极性给降低了。到底合算不合算？工会领导想不到。

任衡、胡春来、方炳钊、程宗炳、吴元骏、徐凯明

评奖的条件是什么？　编号：592号　日期：57年

五六年，三季度生技小组提名××为先进工作者，开过小组、代表和评委会。据小组代表说××人评委会不同意评比，理由是××人闹过思想问题，所以不能参加评。

五七年，方瑞茂二季度在小组没有被提名，而评委会为什么硬要把方瑞茂放进去？据陈主席在二季度授奖大会上说评委会派员到方瑞茂的小组访问，而全体同志都同意方瑞茂是先进生产者，当时是同意的。可是现在请问对前者评比条件是什么？为什么很多人都有意见呢？不信请看大字报，是劳动竞赛还是思想竞赛？〈对作者〉根据什么？是同意，还是评委会有意是不是进步与落后分子之分？

办：洪仁山(团)

名利双收(名词新解)　编号：1274号　日期：57年

苏州茶厂，劳动竞赛。表面看来，轰轰烈烈。实际内容，虎头蛇尾。群众意见，指责缺点。评比为最，其中有比，先进人物。名不符实，滥芋[竽]充数。红榜名利，奖金入袋。名利双收，痛哉快哉。具体几位，典型人物。大家看看，在科室中，节约老手，贪污揩油的周连生，弄假作虚，诳报成绩的方三槐，奉承

阿谀，讨好领导的周韵竹。五车间内，小组会上未提大名，光荣榜上名利先进的方瑞茂和凌元淦[淦]。

办：蒋士增(群)

有始无终　编号：478号　日期：57年

工会的号召，工人都起劲。问起啥事情？开恳[垦]荒草地。大家来分工，一组分一块。你种长江[豇]豆，我种大白菜。工人种下去，后面干部来。主席挺起劲，辫子直将甩。结果无啥啥，损失洋钱几十块。

工人：吴承权(群)

有关劳动竞赛评奖问题的建议　编号：1353号　日期：57年

看，我厂在发动职工群众投入劳动竞赛工作中存在很多问题(现大字报揭发)，特别在季度评比时，做这项工作的人也感觉得很头痛。为什么呢？是因为科室里具体材料不容易拿出，因此评上来的先进生产者、先进工作者也没有一定可靠的根据，再加上个别领导同志凭印象出发，评出来的先进工作者、生产者在群众之中很少能树立起旗子来，使群众看不上先进人物事迹，所以评比后群众总有些意见，说这个不对那个不够什么……为什么会产生这个原因呢？主要因为没有真正具体材料，可以使人们心服口服〈的缘故〉。

在科室之中，人员工作性质与车间工人不同。科室人员是个人责任制，没有尺度衡量每个同志工作做得好坏，因此评比更加困难。我个人不成熟意见，建议工会改变科室评比，采用临时奖励办法来代替评比工作，鼓励同志们劳动热情。车间工人是可以评比的，他们的工作是生产责任制，各个生产过程都有定额，如耗用原料、工时、台时等完成、未完成都可以详细计算出来，这样不仅评比容易，而且可以大大提高生产力。

对合理化建议问题，可以按照国务院公布的合理化建议奖励条例，结合本单位具体情况，定出一个标准，奖给提合理化建议人。这样对督促合理化建议的处理和推动大家开动脑筋找窍门，积极提供合理化建议也有很大的作用。

办：程宗炳(群)

工会评委会太官僚　编号：1366号　日期：57年

工人听到评奖，为什么劲头不大？那就得问评委会〈在〉订评奖条件是怎样订的呀！在订条件时，工会从表面上看对评比条件很重视，跟车间来交换意见，实际是虎头蛇尾。这个问题并非〈是〉目前存在问题，而〈且〉是几年以来所存在的。在烘房订水份[分]的问题，工人提出意见，而领导对[把]工人的意见当作耳边风，而且在每一次评奖时，〈而〉评委会是怎样讲的？这次你们条件订有出入，下次再改，而且〈是〉次次都是这样。请问工会，你对条件的用意何在？这样下去，是生产积极性是有影响的，就有讲我们，照这样下去一辈子也评不上先进。请问工会，难道没有成绩吗？这都是对[由]于工会太官僚所造成的。请问这个条件何时才能订的[得]没有出入呀？请问工会你是怎样对待这个评比条件的？

工人：郭绪志(党)

竞赛空气浓厚　编号：1414号　日期：57年10月17日

今年二季度资金的分配是：优胜小组按每人两元计算，个人最高的6元最低的4元。与56年以前比较，优胜小组按每人五元计算，个人最高10元最低6元。显然今年是大大降低了。大概是工会强调以"精神奖励为主，奖金为辅"，或者说因医药费支出过多，奖金削减的缘故吧！所以今年的竞赛热情非常高涨。

办：耿怀敏(群)

节约票你到了那[哪]里去了？　编号：384号　日期：57年

第三季度一开端，财务科长真敏感。为了职工竞赛高，节约票来搞一搞。会议室里会来开，财务科长讲根苗。段长组长会来听，一一点头佩服他。组长精神下传达，节约票给大家观。工人同志看了看，称赞这样好办法。自从那次到今朝，信息总总听不到。三季度来把奖评，只有一次节约票。节约票呀节约票，何时同你再见面？

工人：姚国田(党)

我的合理化建议为什么不处理？　编号：1598号　日期：57年

1. 我在55年福建回来提的理□叶用的，竹做大眼匡子合理化建议，当时蒋守信同志同意做。怎样[么]到现在不处理?

2. 我56年提的制胚机器连装输送带,把它联合起来(附有草图设计)。我曾问过蒋守信同志,蒋守信说,淡季处理(当时在旺季)。至今一年多了,怎么不处理?

3. 今年吸尘的迷宫室内装逐步使灰尘落地疏通,目前用袋阻塞风力的合理化建议(附有图),王宗庭同志说可以做。为什么到现在不处理?这是我要厂领导答复。

办:张逢济(党)

对处理合理化建议的意见 编号:758号 日期:57年

今年开工前,我曾提了一个建议,在二车间烘房到花楼中间装输送带的意见,但二车间没有装。为什么同类意见两样处理?而把二车间装送带的意见不采纳使人疑问,难道二车间按[安]装不起作用吗?

办:毛其林(党)

无题 编号:558号 日期:57年

想想有点气,从茶厂合并后。不久工会来改选,工会主席来报告。季节工人另外看,在苏工人同选举。不见季工来当选,我是想想有点气。另外还要旁边坐,委员需要基本工。为何季节工不能做?工会法上有决定,会员都有选择权。请问主席陈国英,究竟为点啥原因?会员是否有两样?请你给我来答复。

工人:汪世绪(群)

回顾往事 编号:597号 日期:57年

一九五六年,工会选举从上到下,由下而上,大会小会开了不少。正当小组提候选人名单,大家都很关心自己,我也同样很关心自己。据我了解大部份[分]的小组提到我的名字,这在我这[怎]么(会)不高兴呢?可是到选举,领导上宣布候选人名单,倒没有我的名字。我当时很想不通。是不是我不会阳奉阴违这一套?假若领导不听下情凭印象,那就用不着选举形式干脆来个集中。这个问题一直没有解决。领导此种作风,不能不影响一个同志的积极性。

办:方三槐(党)

有啥讲啥,讲啥就写啥(之一)　编号:763 号　日期:57 年

记得在 55 年,厂里赠送一本完成 55 后度计划皮面子的日记本。可是有大小两种,调出一批去支援商业旺季市场的同志是大的,但实际就不一样。我认为这样做法是不对的。为啥要做两种呢?为何分别对待呢?是有这样一位同志说,你们是调出去的,要比我们吃力得多,动□我们□,因此发给你们是大的。这种讽刺的论调更是不好,我认为是值得□□的。

办:胡通宙(团)

钦佩之至　编号:1334 号　日期:57 年 10 月 16 日

本年七月十五日,工会干部周韵竹派我和颜科长去参加财贸工会合并的先进经验交流大会。通知上指定要厂长、工会主席参加,可是一个也不去,好是路太远(□门外),天太热了。这且不去说它。

开会回来,我曾主动的[地]找朱、陈两主席汇报,都说"等等再说"。结果到今天为止,连问都不问,这种官僚主义作风,实在是钦佩之至!! 难怪先进经验在我厂推广不开。

办:耿怀敏(群)

请问工会为什么怎样?　编号:1425 号　日期:57 年

工会领导上的官僚主义,对同志们是不关心的,处理问题上是不合理。

1. 在生活福利上不关心:我们会员只有义务而没有权利。真[正]所谓问工会一张大字报上所谈的,别个单位每月有浴票二[两]张理发券二[两]张,而我们工会从来是没有可能。领导上也没有想到,这是为什么?

2. 不合理事使我思想上想不通。(1) 车间图书馆本来(有)很多书籍,从今年开工前由鲍清和与金钰铭说统一使用,我们没有意见。但是从搬来以后,二车间图书室内连环书(从)开工后到停工,始终这几本是没有掉换过,而一车间每星期每个科室都有掉换。一车间有拍台球俱乐部,二车间连地方都没有安排;一车间是干部、工人都可以享受,而二车间都没有。为什么要两样对待?(2) 工人来厂盘费全部报销,而我们干部出差费用〈报销〉这个不能报销,那个不能报销。工人来了,开工有发洗浴票,从开工到停工为止,而我们干部在开工时期是靠工人老大哥的福利了,停工什么都没有。工人在生产期间住宿舍

都不要房金，而我们每月有房租付出，再[最]近有[又]增加了。他们(是)直接生产者，难道我们不是为生产服务的，不做工作的？我们虽然不是会员，不论[但是]行政领导上，特别是工会领导上应当想想同志们吧！

办：唐志平(群)

向党说心里话 编号：1069 号 日期：57 年 10 月 11 日

我的内心有一个疙瘩，感到很是苦闷，真苦闷。是什么？就是我的政治待遇问题。对我目前还不能进入工会的大门。这是为什么呢？

原来我的头上戴着一个沉重的大帽子……家庭成份[分]是资产阶级，个人是个从业人员。

我亲爱的党，对我内心的这个苦闷，不是最近才有的，而是在前几年就有了。这是我内心闷在肚子里的心里话，虽然那时我也想加入工会，加入团组织来要求进步，但是在当时的环境下，不能实现理想，只好跨入了从业人员的圈里。在 55 年国家进行对私改造时，我由于在党的关怀之下参加了训练班的学习，虽在这一年的年底在学习结束以后才转到国营茶厂——苏州茶厂来工作。

我自来到茶厂工作以后，屈指一算至今已有二十二个月了。但是〈对〉我内心的这个疙瘩，还是没有解决。按理来说，按照工会法有了这么一个长时间的辰光是可以加入工会了。那为什么到现在还不能入会呢？这个原因，我也搞不懂。直到今天对我还是一个非会员呢，还是……

关于我要求入会的问题，我曾经同工会小组长谈过二[两]次，要求到领导上去了解一下。工会主席为了这事曾打了二[两]次电话请示上级工会，但得到的讯息说是将来要统一安排的，并说这是全国性和全市的问题，今后处理解决。我实在想不通，我原是学生出身，在 1947 年脱离了学校生活以后，即在我那父亲所开设的茶叶店里工作。我没有掌握过“三权”，只是当一个从业人员做会计工作。难道在今天我要求参加工会的事情就是因为我是资产阶级成分而不能参加工会吗？难道〈在〉我的入会要求要等到安排吗？关于参加工会的问题，不是我个人思想上有这样的一个要求，而对其他的从业人员也是有这么一个要求。我想为这个要求是好的，这是为了要进步加入工会以后能更好地来改造自己，提高自己的觉悟来发挥工作上的热情。

今天我党正在轰轰烈烈地开展整风运动，要我们向党说出知心话，故我也把这个问题提出来要求党把我心中的疙瘩来解除,要求党按照工会法的精神来解决我内心的问题。亲爱的党,现在我期待着……

办:吴元骏(群)

为什么(一) 编号:1385号 日期:57年

我厂今年增产节约方案,化[花]了很多力量和时间研究编制,又郑重其事的[地]召开了全体职工大会宣布。但是领导上布置之后,一直没有督促检查,请问执行的效果究竟怎样?为什么领导上有始无终?是不是好了应付上报?

办:蒋士增(群)

11—2 团支部工作

替黑板报和简报贴一张大字报 编号:57号 日期:57年

黑板报是我们工厂的党报、简报,是我们共青团建议的监督报。当前党的中心任务,是开展伟大的整风运动。黑板报与简报就必须环绕这个中心任务,开展宣传教育活动。这才是正确活动方向。

现在的情况并不如此,已经10天了,黑板报和简报没有换过新的内容,还没有换上有关整风方面的很□。难道就这样声息全无地默默无闻的[地]对待党的事业吗?

黑板报和简报的编委先生们,请你们深思熟虑一下吧!

办:吴光森 化名:刺猬

求到了一个——零 编号:122号

今年我们团员,特别是超龄团员,曾今[经]多少次的在团的会议上向党交部提出要求,要求给团员上上党课。这种要求是正当的吧!应该的吧!为何一年过去了四分之三,还是迢迢无声,只求到了一个零。这是什么道理,需要党支部来答复。

办事员:方炳钊(团)

支部书记王忠[宗]庭 编号:371号

团员入团之后,是不是只有交团费的义任[务]?每月人民币三角不可少,团的帮助谈不到。谁靠近组织对他咪咪[眯眯]笑，自己架子比厂长高。团内思想工作的责任未尽到，这样作风要改造，深入下面多跑跑。

工人：张盛柏(团)

青年节约队在哪里？　编号：381 号　日期：57 年

厂里遍地是黄金，可惜无人来问讯。是否[不是]无人管，而是职不明。青年号在废品来回收，过年全部全泡影。目前地上有全长，需要人来收拾。邀请青年节约队，赶快来行动。

办：□□□(党)

团支部书记王忠[宗]庭　编号：484 号　日期：57 年

只见收团费，不见办手续。开会提意见，结果没啥啥。嘴说去活动，那天不见声。主观很严重，个人搞一套。工作来放松，好坏二[两]不分。要是不改进，团员没进步。一人兼两职，就把团来丢。请你想一想，真正对不对？

工人：朱达三(群)

□疗之二　编号：1134

请问团支部，我们每年来交的团费，那[哪]里去了？怎样用法的？为什么不向团员交待？上级对团费的规定是什么？为什么不让团员享受团的权利？团费是节约下来了，但对团员教育与权利也给节约掉了。

办：任衡(团)

□□之三：团支部工作　编号：113 号　日期：57 年

团支部的主要任务是教育团员提高觉悟，但是我们团做了些什么？教育团员。说有些团员很会说话，我们说不过。真[其]实，从该支委部[到]茶厂后到现在为止从来没找过该同志谈话。再看我们团支部每次〈总〉都〈是〉说对团员思想工作做得很不够，而这缺点是[从]五三年保持到现在了，可谓〈是〉全市最高记录。

办事员：任衡(团)

□□之四：团支部是党支部的代销店　编号：1136号

我们团支部是党支部的代销店，团员活动的内容全部是向党支部批发，从来没有团支部自己的产品(独立活动)，也从来不考虑团员所喜爱的花色品种(青年的特点)，而是把党支部批来的货不经过加工就硬销(这些货色是什么——大会和小会)。可是确[却]还怪团员暮气沉沉，没有朝气，不活跃呢，其实团支部工作不能开展的主要原因，是团支部领导习惯于开代销店。

办事员：任衡(团)

可以考虑了　编号：165号

组织生活内容枯燥，这是历届团支部支委总结的会上共有的内容之一，也是历届上任支委□□态度之一。每次总结和表示态度，也都是同一位支部做的。现在我问[向]这位王支书来提一个合理化建议，在本届的总结上不要再老是说组织生活内容枯燥了。这个老缺点可以改了，把组织生活搞成活耀[跃]多采[彩]点吧！

办：方炳钊(团)

对话　编号：14号　日期：57年

团员某：支书要过组织生活吗？什么内容？

团付[副]支书：(惊荒[慌]的)不了解，让我去问问。

团员某：(奇怪的)问谁？你不是支书吗？

团付[副]支书：(尴尬的)是……的。

团员某：那么还要问谁？

团付[副]支书：去问另外二[两]位支书。

团员某：另外二[两]位，难道你不联系吗？

团付[副]支书：联系的，不过不共同研究。

团员某：为什么不一起讨论吗？

团付[副]支书：(语气坚定的)，不一起讨论，因为他们和党支部讨论时讨论过了。

团员某：(奇怪的)你不参加吗？

团付[副]支书：不参加，告诉我了，再传给大家。

团员某：(不解地)为什么？这是啥道理？

团付[副]支书：(聪明的)很简单。因为我不是党员兼的，我是团员的□□。

团员某：啊！原来如此。那么这样说来，你是有名无实了。

团付[副]支书：(静默的，哑口无言了)。

办：方坛良(团)

我对团支部书记的意见 编号：924号

说起支部书记有三个，其中二[两]个找意见。首先是正支书王忠[宗]庭，不但同志们对你有意见，就是我觉得你有时也难亲近，面孔板得很，说话很生硬，不像青年人的知心人。自从你做了正支书，团的工作你做得很少。有时问你今天的组织生活过不过？你也回头[答]不知道。

再说到付[副]支书方坛良，自从担任这一职责后，团的工作虽负责，不够就是有骄傲自满的毛病在身，使人难接近，更谈不上与团组织谈什么知心话。在这里为了尽到一个团员的责任，忠[衷]心的[地]希望你们把作风来改进，和团员同志打成一片，做青年人的知心人。

办：周韵竹(团)

对话(之二) 编号：1105号 日期：57年

×支委：支书，我们在外地上工作的几个团员已经回来了。是否要开一次会议呢？

团支书：(顿了一时)好呀！过几天再开吧！

×支委：好呀(□□的[地]走了)。

×支委：支书。现在团员同志又提出意见啊！为什么不召开他们会议？

团支书：(匆匆忙忙要走的样子)是呀，我们抽出时间来研究一下再开吧！

×支委：几时我们进行研究呢？

团支书：看吧！(顿了一顿)我打电话给你再联系吧！(说着便急急忙忙的[地]走了)

×支委：支书，他们回来了很久，组织生活还没有开一次。你看是否布置一下内容，让他们召开一次呢？

团支书：想了一想，嗨！他们的团关系工地上还没有转来呢。(顿了一下)慢慢再说吧！

团支委：(很尴尬的[地]顿了一顿，表情上有些奇怪)他们组织关系没转来？

原来这样，因为他们组织关系没有来，一拖再拖，那么他们是本部转出的团员，难道不能相信他们是团员吗？就怎[这]样让他去，就可以不关心了？

办：毛其林(党)

向团支书提意见　编号：1132号

团支部书记王忠[宗]庭，全厂都闻名。说起书记，大家意见一大堆，面孔铁青，毫无笑容，看见吓煞[杀]人。王忠[宗]庭在茶厂任了支部书记有四五年，但是算起来对团员帮助□不多，不是个别找谈话，就是大会批评，搭了一付[副]官架子，吓得团员难近。

团支部发扬民主召开团员会议，征求意见。大家提了发扬民主空[风]气不够，对团员缺乏帮助，组织生活□□□，而支部都当耳边风。这是支部书记应有的作风吗？希速放下官僚架，与团员打一片。

办：郑光珊(团)

来自徐州意见　编号：1294号

团委、茶厂、团支部：

我在一九五一年打报告入团，一直拖到五七年。在这很常[长]的时间里，我一共打(了)六张报告，你们连问讯的人也没有。为什么我在一九五六年寄了一张发牢骚的条子，放在房间内的收音机下面？你们为了开小组会，私自开人家房门，拿走了人家条子，就在团小组会上说，为什么没有很好重视青年？所以告诫给团委，我是批评他们的官僚主义，不了解实际情况，乱宣布一个青年超龄。团委及毛其林支部书记不但没有接受，相反的批评了我一顿。当时毛其林是团支部书记，毛其林也在场。难道你们的做法是合理吗？完全是官僚主义一套，请你答复，我在很长的五年中为什么没有条件入团？

胡泽民寄于徐州供应站

做大风浪里的助手　风前谈之八　编号：1153 号

见王、毛二[两]位团支部书记 272 号大字报，不无有感。“解决思想，发动青年原则化下面无办法，结果无啥啥”。究竟那[哪]一个？党团支部责任混淆不清。难道党的领导、团的独立活动在书记的脑子里已经不在了？阵阵大风已经刮起，共青团员怎样做个名乎[副]其实的助手，大风浪里的助手，有待于支书来找，“应该怎样抓？赶快想一想？”(引支书同志 272(号)大字报末二[两]句)

办事员：吴光森(团)

11—3　制　　度

“奇怪的制度”　编号：134 号　日期：57 年

我厂工作制度分为干部上下班打铃，男工打钟，女工吹哨。干部每日八小时，工人每日九小时。干部每月有四个星期天，而工人每月只有两个星期天。这是什么制度？领导上为什么不解决？

工人：潘政忠(群)

“一个厂里三个制度”　编号：180 号　日期：57 年 9 月 25 日

工人实在想不通，还是政府来公布。是勿厂里自己做，如若传出厂外去，国营企业不如听。希望领导快改进，工人生产更有劲。

工人：黄本道、洪有顺、汪加根、汪荣旺

“这是什么道理?”　编号：219 号　日期：57 年

科室人员办公八小时，女工工作九小时，男工工作九时半。

这是什么原因？为什么不能一致？为什么做体力劳动的反而工作时间长？这是国家规定的吗？

科室人员逢礼拜休息，工人(男女工)为什么一个月休息两天，甚至于要二三十天再[才]休息一次？国家规定的公休日是这样的吗？通过有关部门批准吗？是不是我们领导上自作主张决定的？

领导上说：“季节工的工作时间就是这样的。”问问看，为什么要这样？

难道说我们工人的身体是铁铸的吗？政府叫他们这样做的吗？

工人：黄本道、方金福、汪荣旺、王永根、汪加根、洪有顺、方灶如、吴燮旺

"我真正搞不清" 编号:188号 日期:57年

苏州茶厂制度有三个,男工制度有一个,女工制度有一个,科室制度有一个。背后讲一讲,请你谈谈心。我真正搞不清,对社会主义建设就难信心。

工人:王经福(群)

"三厂内为什么有三个不同的制度?" 编号:252号 日期:57年

建厂四年来,一直八个半。今年变了样,要做九小时。休假是二[两]天,调剂不确当[定]。疲劳想休息,生产忙不忙。一做二十有[天],方得一天休。科室有制度,每逢星期天。见到星期天,心中有隐情。一直放肚内,无处请该情。当时提起过,领导不问信。研究再研究,考虑又考虑。拖延到至今,还是不能行。此番整风来,才能放和鸣。三分归统一,不要三分世。

作者:金铮

"制度有问题" 编号:255 日期:57年

本厂制度多,上班和下班。制度有三套,干部休四天,工人只二[两]日,月初和月底。休息不均匀,工人做生病。归空要扣薪,带病去上班。工作真繁重,一个不留心,工作事故生。领导不关心,专门下命令,任务要完成。你看这样做,是否算合情?

工人:方重安(群)

"制度为啥有两样?" 编号:257号 日期:57年

全厂工人是一家,为啥制度分别来执行?全国工人是一样,为什么人家厂里八时整?我厂为何不执行?苏州茶厂为什么干部、工人两对待?我的思想难辩[辨]明。要求多考虑,来年干部工人制度是否一样行?

工人:薛德章(群)

"一厂三制度" 编号:292 日期:57年

请问:一个厂为什么要有三个制度?干部有干部的制度,工人有工人的制度,女工有女工的制度!这是什么道理?请答复!我的思想很是搞不通。

工人:汪文忠(党)

"有意见" 编号：307 日期：57 年

久华工作时间八个(小时)，每月有休息四天。国营茶厂到[倒]二[两]样。到底是什么原因？

工人：朱达三(团)

"徐柏林叫我写原因" 编号：317 号 日期：57 年

过去资本家把我们当牛马，现在党领导，工人是一家。为什么干部每逢星期有休息，我们工人只有二[两]天？有一次我做不动要请假，领导要我写原因。我无法，写了生病二[两]字，过后想想眼泪都掉下来了。

工人：王经妹(群)

"知心话之三" 编号：431 号 日期：57 年

季节工为什么与长年工二[两]样来看待？我厂一年生产四季度。第一季度长年工搞生产，每逢星期都休息，工作又是八小时；第二季度来厂后，制度变了样，工作九小时，休息二[两]日天；第三季度照前样；第四季度又变样。原来季节工人回家了，制度又照一季样[度]。长年、季节不公平，想想气煞[杀]人。

工人：王桂芬(团)

"中心是什么？" 编号：492 号 日期：57 年

单位名称是茶厂，茶厂的中心是什么？办公时间是八点，生产工时三万二千四百秒。星期例应该工人也该照顾到。还有那有点事情须联系，只有等到办公时间到。根据现在的情况，生产是把科室来环绕。

食堂制度是榜样，星期晚上粥吃饱。夜点时间没有到，夜班同志肚子饿得吭吭[咕咕]叫。次晨下班洗了澡，去到厨房窗口买粥饱，吃到肚皮早睡觉。夜班再把生产搞，那[哪]知厨房同志执行制度真正好，说什么买粥时间没有到。

没有到，为何厂长(胡厂长)又可购，工人(方金云、吴恒本二[两]位夜班同志下班)难道不给票？食堂制度订得巧，厂长、工人分二[两]样。请问食堂为谁搞？食堂制度的中心是什么？

工人：金鸿元(群)

"请问领导上"　编号:520 号　日期:57 年 9 月 24 日

人家单位企业制度都是国务院规定,我们厂的制度能不能请示国务院?

工人:张盛柏(团)

"搞不通"　编号:554　日期:57 年

我们是国茶厂,与久华茶厂有二[两]样。工作制度不一致,工作时间有不同。合营工作八小时,我们就要九小时。久华工作[公假]是四天,我们公假是两天。是否上级来规定,还是厂领导决定?这个问题搞勿通,在此请问我领导。

工人:洪吉屋(群)

"三言两语来谈谈"(之六)　编号:1063　日期:57 年

对二车间的制度可以不执行。只要是二车间的同志都有这样一个共同的感觉,到二车间拿东西可以拿去再讲。假如坚持凭条再支付,就要一声是本位。我们到厂里拿东西,一定要有条子,才能厂来出。有一次工人来厂装茶叶,布袋多了□回去一定要开证明单。

办:毛其林(党)、蒋忠钦(群)

"为什么休息时间也没有?"　编号:1091

干部每星期日有规定可以休息,而我的休息是没有保障的。今天有人来接班,我就有休息,假如没有人来就算了。为什么呢?请领导给我考虑考虑。

勤:俞乐亭(群)

"这个问题不懂"　编号:1203 号　日期:57 年 10 月 14 日

工作时间国务院劳动部规定每日工作八小时,为什么我们厂里现在生产时每日工作要九小时,比国务院所规定的劳动法令上多一小时?这是什么道理?我们厂里这样执行是否违反中央规定劳动制度?算不算剥削工人劳动力?这样执行是否经上级批准?请答复。

工:吴文清(团员)

“这个问题弄不懂之二” 编号：1223

请问领导，科室的干部为什么一个月休息四天，而工人为什么只有二[两]天？这是什么道理？如果说干部是中央所规定的，那么工人休息二[两]天是什么地方规定的呢？如果说干部坐在办公室内辛苦了，那么工人整天干生活就不辛苦吗？在社会主义企业里，两[一]样工作的人受到两样的待遇。这样公平合理吗？如果说工人一个月休息两天也是国务院规定的，那么请领导上把我的意见反映中央。请首长们替我们想想。这样规定合理不合理？

工：吴文清（团员）

“这是什么道理？” 编号：1278 日期：57 年

对休息制度，在 1955—1956 年有一次国务院发布的规定一个月有四天休息，但是在我们就跟国务院所公布的规定〈就〉相反，不能按照国务院所发布命令〈的〉来执行。

而且在我们厂里就不同，不能够执行国务院所规定的。

而我们厂领导上强调一个我们的工作是历史性的、季节性的。而领导上总讲的说季节工只作[做]6 个月，有半年休息时间，一个月休息 4 天，不要作[做]工了。

请问：所谓历史性的？

在旧社会里，工人是作牛马，在资产阶级的压迫（下）没有休息。难道说所谓历史性的工作就不能转变过来吗？现在我们是在新社会里，不是在旧社会里。

季节性的工作？

难道说季节性的工作就不能享受这四天休息吗？就是规定每月二[两]天休息也没有规定的时间（有越起 20 余天）。拿工人来说是一个体力劳动而科室是脑力劳动，而科室规定有四天休息而体力劳动者仅仅有二[两]天休息。这是合理的吗？难道说科室里不用体力劳动的强过体力的辛苦吗？

从茶叶机构来看：

作[做]茶叶工作的，全国不是苏州一个厂。难道说兄弟茶厂就没有季节工人吗？并非〈是〉没有，有。他们为什么就有四天的休息呢？难道说他们的工作不是历史性和季节性的吗？也可能别（的）兄弟茶厂不是历史性，只有苏州茶厂是历史性的。就不能扭转这个所谓历史性的客观原因吗?我看这并非〈是〉客观的,而领导上只抓住历史性的小辫子来强调客观而已,还不如说,生产工人少调不出来休息而已。我为什么讲这句话呢?可拿另一部分〈可〉对比一下,二[两]个车间生产工人连机务工作的在(内)近 80 人,而科室工作人员从传达室到伙食忙就近 70〈余〉人。真是惊人的数字。我们这里是工厂不是机关企业,而科室工作人员可能占工人人数 90%。从这里看是不合理的。为什么科室工作人员这样多呢?在城工会议时,干部下放工厂农村参加生产,而我们厂呢?并非〈是〉这样,仍然没有动。难道说这也是满足生产需要吗?

从科室到生产工人都是工人阶级,为什么有两样呢?

工:郭绪志(党)

"这是什么制度?" 编号:1489 号

在今年的生产过程中,曾经有这样的一个情况,就是我们花楼上有几个人,白天做了一天的工作以后,夜里又要做半夜班去参加印花,到了下半夜四时许要出花了,没有人又要起来出花,结果在第二天又要正常工作。我们真搞不懂,这是一个什么制度?这是不是一种加班加点?领导上〈是不是〉对我们的身体健康重视吗?领导上对这种情况了解吗?

工:汪文忠(党)

11—4 在运动中对领导态度的意见

大字报刚刚开始 编号:29 号 日期:57 年 9 月 19 日

昨天打响了第一炮,大部分同志积极响应了党的号召,和党站在一道帮助党整风,劲头不小。只要上下内外一齐手一定能把歪风整掉,这是党和同志们的自豪。

大字报才是刚刚开始,仍须[需]大家动手,共同努力,继续向纵深发展。□害,挖得越深越好,使"三害"躲藏不了。开诚布公,对事不对人,□何等需要。

为了给大家有个充实的时间,经研究决定从今天起,每天下午 5—6 时写大字报时间(仍不够请用一些业余时间),并决定马上成立边改小组,□改的立即改。

党支书(厂长):刘本清

欢迎批评,请求帮助　编号:54号　日期:57年9月18日

许多同志通过大字报的形式已公开向我提出了不少善意的批评与帮助,使我非常愉快,特向同志们表示深切的感谢与热烈的欢迎。

从已揭发的事实中,说明党中央提出整风指示是如何正确,说明我的毛病是如何严重,说明整风对我这个从旧社会成长起来的而入伍不久又缺乏锻炼与改造,平时学习又不努力的小青年来说,更是如何必要而[且]多么及时。真是担金难买呀！我再一次表示坚决遵守党的指示,虚心听取同志们的贵言,决心通过整风运动彻底改造自己。希望大家继续提出严厉的批评,愈深刻愈有利相[于]帮我治好毛病。这从党的利益和个人的要求来说,都是十分必要的。

厂长:胡贞录[禄](党)

赵登周同志　编号:341号　日期:57年9月26日

形势是发展的,整风是分期分批的。当时厂矿还没有宣布整风也不宜放。现在全国反右派斗争开展后,群众觉悟提高了,就创造了现在大鸣大放的条件。对工人提拔起来的干部,当然也绝不能姑息其缺点错误。几句话不易说得〈更〉清楚,于这方面如有意见个别谈谈吧！

党支书(厂长):刘本清

疑问中疑　编号:600号　日期:1957年

我在九月二十九日写了一张大字报,题为《说过的疑问》。刘支书看了仅仅几分钟的时间就亲笔写了大字报作了答复。这种迅速手法,是完全符合边整边改的精神。

可是我不仅[禁]要问刘支书,胡士田、方三槐、张逢济、张仁山、胡通宙等同志提出刘支书包庇金钰铭的问题已经过了四十多小时。为什么不答复呢?

办:赵登周(群)

翁科长你对整风的态度端正了吗?　编号:602号　日期:1957年

在第二次写大字时,黄子锭写了一张温情本位的翁科长的大字报。正在贴的时候,你走来看见了。你看过之后,来了一个嘻嘻一笑、边一(原文如此——编者注)笑用意何在?×××同志给你写了一张×××内容的大字报,

你在科长会议上这样一讲那样一说,结果把×××同志的意见全部推翻了。这种做法你的用心又是何在?以上两个问题说明翁科长对正[整]风运动的态度上还是有这个东西的。

办:方炳剑[钊](团)

刘书记包庇金钰名[铭] 编号:630号 日期:1957年

昨天,大字报上大家提到了金钰铭和郑尧珊,在今天大会上听到刘书记批评郑尧珊、金玉名[钰铭]的名字,刘书记为什么提都不提?这是为什么?请答复。

方三槐、张逢济、胡通宙、胡士田、洪仁山

党支部 编号:632号 日期:1957年

朱炳庚在大鸣放中的态度了解没有?工人的呼声、同志们的愤怒听见没有?为什么不采取积极措施把歪风压下去,以支持同志们大胆的[地]鸣放?

黄子锭、方增良、胡通宙、熊忠谋、耿怀敏、毛其林、方金石、吴元骏

改、改、改! 编号:643号 日期:1957年

同志们〈对〉已提出了三十几条批评和意见,我反复的[地]看了好几遍,其中绝大部分均是正确的、忠恳的,在此表示衷心感谢,并请同志们继续彻底的[地]揭发,集中要害,以便更好地帮助我认识自己,纠正错误。现在,我就初步〈的〉认识到的几点写在下面,除我自己决心改正以外,让大家来共同鞭策。

(1) 我确有官僚架子。有的同志批评我对同志态度严肃,三句两话顶多了。谈的冷冰冰的面孔一板,这很像我这个臭架子的写照。

(2) 发扬民主不够,群众观点不强,如在工作中的X些问题,倾听和重视群众的意见差。

(3) 主观性强,过份的[地]迷信自己,总认为自己的看法是对,因此总想一口说服别人甚至驳倒别人。

(4) 我在五五年刚开始负责本企业全面工作时,我觉得思想上面有些警惕。自去年和今年以来,我〈现〉才发觉不知不觉忘却了谦逊谨慎的态度,骄傲自满情绪大大增长,自以为本领不小,唯我独尊起来,再加上脑子里原有的统

治阶级残余毒素的存在。我认为这是我所有其他毛病产生的总根子。

党支书(厂长):刘本清

周韵竹撕大字报 编号:637 号 日期:1957 年

大会为啥不批评?刘在今天的大会上,叫我们保卫大字报,找寻大字报的线索。周韵竹撕大字报事情,难道你不晓得了吗?为什么不在大会给予严肃的批评?我们要求党支部责令周韵竹大会检讨。

林佩珍、蒋士增、熊忠谋、汪仲元、耿怀敏、郑尧珊、胡肇贞、翁世声、宋伯荣、方炳钊、徐开明、黄子锭、周明、朱炳庚、方坛良、任衡、程宗炳、吴光森、赵登周、洪仁山、方葆民、胡士田、柯汉钦、方三槐、方□□、胡春来、胡通宙、胡林辉、吴元骏、徐柏林、余尚青、柯忠钦、张逢济、方金石、吴一中、毛其林、陈国英、沈开、陈风鸣、姚庆云

任何人态度不端正决不姑息 编号:645 号 日期:1957 年

有许多同志,认为朱丙[炳]庚、翁世声二[两]个组长本人整风态度就没有端正,要拉下来。特此向大家表示,要求这两个同志在今晚以前[后]迎头赶上,刻不容缓的[地]行动起来,否则一定根据群众的意见拉下来,另行产生组长。

党支书:刘本清

我们拥护,压倒歪风 编号:690 号 日期:1957 年

□□小组贴出的大字报,鸣放中的歪风一定要压倒,我们表示拥护。我们对翁、朱二[两]位组长是以什么态度对待整风,进一步揭发以下本例。

1. 翁科长对待整风不严肃,看到了对他提意见的大字报还要满面笑脸。难道是无动于衷吗?

2. 翁科长东看看西望望,自己不动脑筋,想看别人写些什么,影响了同志们的思想情绪。大字报总是要贴出来的,为什么要鬼鬼祟祟[祟祟]?难道是企图摸底吗?

3. 朱主任作风没有改,昨天早上骂工人方观化说:要你来就来,要你滚你就滚。难道是在整风运动中想称霸一方吗?

4. 朱主任不动脑筋,几十个钟头过去了,写了些什么?嘴上光催人家写,而自己还是张白纸头,难道是想蒙混过关吗?

我们建议领导把这种不称职的学习组长拉下来。

黄子锭、汪仲元、柯汉钦、姚庆云、方增良、洪仁山、赵登周、胡士田、方三槐、吴光森、方葆民、耿怀敏

保卫,保卫,保卫大字报 编号:692 号 日期:1957 年

不久前,在楼上会议室门口发现少了一张大字报,后又见贴了上去,但纸已经揉得不堪了。询问之下是周韵竹自己撕下的,已有同志提出批评。只隔一个星期天又发现大字报少了一张,是沈开写的,中间缺一块;一张是耿怀敏写的,少了一半,都是有关周韵竹的事情。我们对这样的事情表示愤慨。大字报是群众的呼声,不容任何人私自把[撕]掉,不容任何人压倒群众批评。我们呼吁领导上密切注意这一破坏运动的行为,并要求同志们行动起来坚决保卫大字报。

耿怀敏、黄子锭、汪仲元、方增良、宋伯荣、方葆民、柯汉钦、吴元骏、洪仁山、赵登周、方三槐、胡士田、蒋士增、林佩珍、胡兆桢[肇贞]、熊忠谋

对政策提意见,科长主任要带头 编号:696 号 日期:1957 年

昨天市委工业部江部长和我们讲了话,替我们撑了腰,给了我们很大的鼓舞和启发,叫我们要消除顾虑,大胆的[地]勇敢的[地]提意见,叫我们要排排队,叫我们要对三大改造、五大运动提意见。是的,我们已经遵照江部长的指示正在这样做。但是,我们回过头来看看,我们一大批科主任们,他们有没有遵照江部长的指示去做?尤其是对三大改造、五大运动提意见。我们认为科长与主任对政策接触机会多,而且都是具有一定政策水平和思想水平的人,对政策执行的好坏能够发现问题,并不想[像]我们具体干部业务能力差,政策思想水平又低,领会不全面,就是学习一些政策知识也是有限得很,都是领导上叫做什么就做什么。这就自然很难发觉问题。从这个实事求是的实际情况出发,要对政策提意见,就必须请科长、主任(给)我们带头。如果科长、主任们全忘的话,我们不妨告诉你们一点引子,让你们慢慢地去思索吧。朱科长你不是和钱茂栋一起搞过对私改造吗?你看有没有什么地方不对头?翁科长、王主任,你们不是安排过委托加工

吗？你们看有没有和政策抵触的事情发生？颜课长你不是全面掌握过收购工作吗？在收购中工农联盟的事业有没有受到影响？你想想看。胡厂长你不是搞过伟大的“五反运动”吗？你对运动搞怎样？有什么看法？顾科长、王科长你们不是做个[过]专职肃反与审干工作吗？看这些工作是不是完全做得对了？江部长不是讲过的吗？三大改造、五大运动不可能完全〈使得〉都对。难道你们就否定了这种说法吗？我们看，以上这些就送给你们去深思熟虑吧！

关老焱、柯汉钦、姚庆云、赵登周、胡士田、方三槐、方增良、洪仁山、方葆民、耿怀敏、黄子庆、熊忠谋、汪仲元

大家(一)起来保卫大字报　编号：790 号　日期：1957 年

整风运动入高潮，天天都有大字报。忽有一张去一半，不知那[哪]位撕掉了。撕去内容是什么？因为提到周××。大事化小有化无，有人还会唱领导。情况出现非一次，群众意见当儿戏。大家保护大字报，莫使有人空子钻。

办：胡通宙、任衡(团)

试问　编号：943 号　日期：1957 年

1. 整风运动是否党员都要参加？

2. 党员顾惠敏、潘玲姊、阮秀英为啥不参加整风？而有时也要参加一些整风会议？

3. □支委朱丙[炳]庚说：顾惠敏、潘玲姊是属于女工一批开展的，那么阮秀英不是女工，那不是这次整风运动外的人了吗？

办：方丙[炳]钊(团)

问问王宗庭　编号：970 号　日期：1957 年

周韵竹撕下了一张大字报后，接二连三又发现少掉大字报，真真也奇怪，都是关于揭发周韵竹的大字报。按说在昨天会上，有人怀疑又是周韵竹撕的，王宗庭拍胸脯保证不是周韵竹撕的，说周韵竹星期天整天她都睡在家里。她是在家里吗？她不是在厂内开了一天党团大会？并没有在家里睡觉。王宗庭，问问你：

1. 为什么在此高潮时，你还讲瞎话来保证？

2. 你是不是有企图包庇她？

3. 你有没有保卫大字报的责任？

胡肇贞、林佩珍、郑尧珊、宋伯荣、胡春来、方三槐、耿怀敏、汪仲元、唐润洁、唐老平、蒋忠钦

我们要朱炳庚立即改变态度　编号：773 号　日期：1957 年

昨天我们贴出了整风之一的大字报，要求朱炳庚立即改变态度投入运动，但他昨天下午只写了一张不痛不痒的〈的〉大字报。而尤其是昨天下午，他说：现在要排排同志了。我认为同志之间，自然也要提意见，但这个时期提出来，为时未免过早一些。我不免要问，急急的[地]要大家排排同志了的出发点是什么？对领导的意见已经提光了吗？还是分散和转移同志们提意见的注意力呢？朱丙[炳]庚平时威风老大，整风运动开始之后，他就不至[止]一次的[地]阻挠运动。整风开始就对工人朱云林说，好写大字报了，又可以报复一下了等讽刺语言。在整风高潮时，还摆足威风，叱咤风云说，要你滚就滚。高潮时，别人认真写大字报提意见，他仍旧吊儿郎当。在同志们提出拉下来的意见之后，虽然比前好一些，但仍不是向党说心里话。平时不止一次的[地]发牢骚说，合作化以后家里每月要贴 20 元。但在这次党号召大家向党的政策提意见时，平时又为什么发牢骚，而提一些鸡毛蒜皮的意见。提意见时，还不敢写出被提意见〈的〉人的名字（写的是姓顾的，我们厂内姓顾的很多）。不禁要问，你是在真心诚意向别人提意见吗？

办：任衡（团）

无题　编号：981 号　日期：1957 年

我们要求把朱丙[炳]庚、翁世声整风小组长拉下来。他（们）二[两]人在政见中表现得：

（1）顾虑重重；（2）领导不力；（3）观风；（4）怕痛；（5）整风中摆威风；（6）应付；（7）不动；（8）摸底。

张逢济、胡通宙、周明、方三槐、吴光森、吴元骏、姚庆云、任衡、洪仁山、赵登周、柯汉钦、汪仲元、顾盘珍、陈国英、耿怀敏、廖志平、王宗庭、方炳钊、胡春来、林佩珍、毛其林、黄子锭、胡肇贞、程宗炳、熊忠谋、胡士田、宋伯荣、蒋士增、徐开明、赵保云、唐润洁、郭云生、余尚古、蒋忠钦、方增录[禄]、顾应根、方金石、方增良、吴正中、冯国臣

无题　编号：985 号　日期：1957 年

昨天那么多同志提出意见要求对周韵竹处理，至（今）无回音。请问党支部为什么对群众的意见置之不理？有没有决心整歪风？

方炳钊、顾应根、蒋士增、沈开、耿怀敏、胡通宙、胡肇贞、林佩珍、徐开明、姚庆云、黄子定[锭]、徐柏林、任衡、宋伯荣、熊忠谋、冯国臣、程宋炳、颜宝书、汪仲元、方葆民、吴文清、胡林辉、郑尧珊、方三槐、方金石、张逢济、吴元骏、毛其林、胡春来、蒋忠钦、唐志平、柯汉钦、洪仁山、赵登周

“右倾”　编号：1010 号　日期：1957 年

今天上午，刘支书召开了全体职工大会，检查了领导在运动中的右倾（只说明些，估计不足），但我感觉到还是右倾。如果再不彻底扭转，支持群众多数，就会影响职工们的鸣放情绪，〈就会影——〉就会影响到今后职工们的生产热情。如：没有严肃处理违反学习纪律的朱丙[炳]庚；没有严格的[地]责成周韵竹撕掉大字报的检查；更不应该的是对阻止鸣放和无动于衷的同志进行教育（尤其是朱丙[炳]庚、方瑞茂和人保小组的部份[分]领导同志、有关课长等）。领导不是坐办公室使[就]是站在那里看大字报，作风还是老一套，能改而可立即改的也没有决心，因此，我在这里高声疾呼领导再不能还舍不得那支[只]沙发，否则领导就会变成群众的尾巴。这责任〈已〉是由谁来负呢？

要鸣放要毫不犹豫要端正态度，要迅速的[地]赶上去，领导上老□无行动怎能行呢？

办：胡士田（党）

陈国英和周韵竹搞鬼迷　编号：1028 号　日期：1957 年

整风组长陈国英，他[她]的整风态度不端正。因为我组有个周韵竹，他[她]破坏整风小胆人，撕了大字报。大家要他[她]作检讨，他[她]的思想又不通。昨天检讨哭一顿，一人坐在办公室写大字报。我们组长陈国英对她实在太关心，不见她来就找寻，一跑进工会办公室，很多[长]时间不出来。进去第二次，直到摇令[铃]走回来。到底不知为啥事情？觉得陈国英用心何在？鬼鬼崇崇[祟祟]皱眉眼。两人写了大字报，你看我，我看你。两人热情不能谈，是否要他[她]们畅开思想谈一谈。

办：唐润洁（团）

陈国英以啥态度对待整风运动？　编号：1029号　日期：1957年

昨天下午，周韵竹同志开党会以后在写检讨书，而陈国英同志嫌周韵竹写得太多。陈对周讲："阿唷！你写这么多做啥？这种写几句算了。"请问陈国英同志的用意何在？

再是在小组上写大字报时，她们两人总是戚戚[叽叽]喳喳的[地]讲不完。写好草稿你给我看看，我给你看看，写完大字报两人共同签上名。请问这里面又有什么东西在作怪？

请两位同志老实的[地]回答，一致同意把拉下来！

顾应根、吴正中、邱云生、巫杨林、冯国臣、方增录[禄]、陈颜清、宋伯荣、赵织云、沈开、陈凤鸣、郑尧珊、胡肇贞、林佩珍

缠错了　编号：1031号　日期：1957年10月11日下午

根据今天全体干部大会上关于周韵竹撕下大字报的错误事件，群众要求对阻碍整风运动的行为作出管理。我完全相信党支书一定会秉公办理，不会有偏见。根据今天会上情况来看，我是缠错了。

办：宋伯荣(群)

我们看看抄大字报的是那[哪]几个人？　编号：1033号　日期：1957年

如：朱炳庚、周韵竹、陈国英、顾盘珍、金钰铭等提意见最少，最空洞，没有真正讲出知心话的就是这些人。难道他(她)们的意见都提光了吗？我们说，他们的大字报是贴在肚皮里的。我们要他(她)们坐下来动动脑筋把大字报贴到墙上去，否则我们群众认为他们是在朦[蒙]混过关，没有决心整风。

抄大字报的事，可以交给群众来共同研究办理。

整风领导小组给我们支持！

江仲元、方增良、任衡、蒋士增、吴光森、黄子定[锭]、胡通宙、林佩珍、熊忠谋、程宗丙[炳]、方葆民、胡肇贞、方丙[炳]钊、张逢济、方三槐、徐开明、唐忠平、吴元骏、柯汉钦、周明、胡春来、胡林辉、余尚青、宋伯荣、冯国臣、顾应根、耿怀敏、邱云生、陈凤鸣、唐润洁、郑尧珊、巫杨林、许关泉、赵登周、洪仁山、方金石、沈开、胡士田、关正中

提个意见 编号:228 号

车间工人都认真,做赵[起]工作来要当心。个别同志改名掉[换]姓,也是真搞起整风不用心,做起工作无信心。大放大鸣为何要改名?

机工:俞世金(群)

知心话 编号:581 号

大字抄小字,过后就无事。

工人:凌丙祥(群)

是不是关心她? 编号:310 号

何人说说领导上对施景贤不照顾,我看领导上对她很照顾。身体不好经常医院跑,肚子大了少工作,工资改革四十七。你看照顾不照顾?

化名:笔

刘支书的支持 编号:1034 号 日期:57 年 10 月 12 日下午

党支部为了支持群众意见,召开全体干部大会,但不知为什么,平时比较冷静的刘支书却在这个大会上冷静不下来,使人难以感到是在支持。顶奇怪的是,群众明明要求处理撕大字报的人,根本没有说楼下一张,而刘支书却说成"群众要求处理关于周韵竹撕下面中间一条的大字报问题"。这样周韵竹是吃上了定心丸,因为下面到底谁撕,还不能肯定,这样就可趁此籍[借]口不了了之。要如确是支持,为什么今天大字报上有同志说"纠错了"、"想错了"、"错觉"? 更为什么有人说"轧轧苗头,勿对所以勿发言哉"? 直此整风时期,还有此情存在甚"可怕"也。

办:林佩珍(团)

想错了 编号:1035 号 日期:1957 年 10 月 12 日

过去在我思想上一向认为刘支书办事是个公证[正]人。在昨天大会上刘支书对周韵竹撕大字报阻碍运动的恶劣态度的处理情况,却是很冷淡,软弱无力,不够支持群众意见,充分表现了爱惜、怕她痛的思想。

我到今天才明白。

办:郑尧珊(团)

错觉？　编号：1048号　日期：57年10月11日下午

这次整风，从中共中央到地方各级党委都下了很大的决心。

我厂党支部在动员大家帮助党整风时，也表示了坚决的态度。

但是，从今天大会上对周韵竹撕大字报的管理情况看来，我有了错觉。

办：耿怀敏(群)

不要束手束脚，到下面来看看　编号：1051号　日期：57年10月12日

党支部在这次整风运动中，在大会报告时下了很大的决心，要求同志们大胆地提出宝贵意见，并宣布了在大鸣大放中的纪律问题等。

由于在党支部的正确领导之下，鼓励大鸣大放，因此同志们都提出了很多的宝贵意见，诚心诚意来帮助党改进缺点。但是在这鸣放高潮的同时，〈对〉党支部的工作显然做得有些无力，束手束脚，因此对同志们的鸣放不能更进一步地走上高峰。例如：

在大鸣大放时，朱丙[炳]庚对待工人的态度问题。朱丙[炳]庚在鸣放时不能以身作则来带动同志们写大字报。周韵竹的撕毁大字报问题，大家都一再向党提出要求，但不能及时来支持大家的意见。

为什么工人同志最近几天来很少看见他们的大字报呢？是不是工人同志的意见都已放完了呢？不，没有放完。相反地意见是很多的。这是因为从朱丙[炳]庚对工人的态度发生(转变)以后，工人同志就有这么说法“大字报不写了”。又如二车间的工人同志，据反映由于“怕有报复思想”而不敢大胆提意见。对工人在大鸣大放中的思想问题，支部也关心得很少，有了问题不能及时支持工人的思想与反映意见，来撑工人同志的腰。

我要求支部书记，走到下面来看看同志们写的什么大字报，看了工人同志们写的什么大字报和工人同志的思想。对时间性的问题，要及时解决的应当及时解决，来推动同志们积极写大字报来说心里话。

办：吴元骏(群)

请问刘支书　编号：1084号　日期：57年10月11日

(末上白)啊啊！帮助党整风，人人有责任。□□□□□，奔向社会主义。(坐解)在下走小月，只因参加职工大会。到□□□□，整风顺利进行，征求群

众意见，要处理二[两]个问题。可是刘支书的态度与往日大不相同，显得特别软弱无力。莫非他有什么顾虑不成？不由我的心血来潮，借大字报的篇副[幅]，请问一翻便了。

（走场唱流水板）我正在院内看大字报，忽听得玲[铃]儿响连声，看见同志向楼上跑。原来是开会时间来到了。大会的空气真□□，就是那刘支书默默少言，软弱无力，好想[像]心内焦！为什么你今天与往日大不一样？为什么要说话，将吐吐咽咽？为什么金同志要发言，你暗中来阻止？他发言你流波送，急得脸通红。为什么对周韵竹，不把群众意见听？我觉得有点不公平。莫不是，鸣放间上级有指示，莫不是鸣放间你学习先进，莫不是提意见冒犯了你，更是不对你的心思。莫不是顾虑重，软弱无力，影响鸣放？不影响鸣放，扰乱了你的思想，到底我来请问？（唱）请问，唱得我心中气闷，依我看，你刘支书不支持群众的……心！

办：赵登周（群）

请党支部，给我们工人撑腰　编号：1162号　日期：1957年

我们工人在将[刚]开始谈知心话时，受到一阵强大的暴风，叫我们工人滚出去。我们的大字报只有闷在肚里，党支部不给我们撑腰，我们怎〈样〉能向党说知心话？

工人：王桂芬（团）

整风、业务两不误　编号：1178号

整风必须下决心，鸣放越透才有利。克服三害才彻底，社会主义才巩固。机器声音天天响，整风不能忘业务。管理工作停下来，办公台上堆织[积]山。时间一长难管理，希望领导来考虑。既要保证整风搞，业务工作不能误。

毛其林、吴元骏、胡通宙、唐老平

支持与公正　编号：1193号

我们的党支书刘本清，众所公认是比较公正的。一声号召，群起响应，热情胸勇[汹涌]，一个高潮接着一个高潮。

刘支书的支持，也是这样的坚强有力。请看看对要求拉下两个小组长的

态度,是及时的大字报表示：任何人态度不端正,决不姑息。这样的态度是众口皆赞,人人拥护。

再看看：

接着又出现了群众要求公正处理撕大字报的周韵竹。刘支书不知是没有看见,也不知是没有听见,为何没有表示态度?

接着群众第二次再提出呼吁要求整歪风。整,整,两天过去了,没有看见也没有听见刘支书的态度。“江部长的支持,召开了群众大会”,大会的情况可见(贴在医务室门口)大字报。“刘支书的支持”,会后,许多人思想上产生了问号。

办：胡肇贞(群)

我们小组又一坏现象　编号：1204号　日期：57年10月13日

本月十一日下午,刘支书在大会上为我们撑腰,把前小组长朱丙[炳]庚同志领导学习不力拉下来,选张逢济当组长。可是,新组长张逢济上任半小时,就走到朱丙[炳]庚面前,恭恭敬敬向朱丙[炳]庚行45度的鞠躬礼,喜[嬉]皮笑脸地对朱两[炳]庚说:“小组长向你报名。”朱丙庚回答张逢济说:“你这样是帮助同志还是讽刺同志,不应该这样对待同志。”张逢济说“对不起”走了。请问张逢济这样做用意何在?令人难以理解。

朱丙[炳]庚当组长,不动脑筋,不带头写大字报,我们把他拉下来选张逢济当小组长。因为他积极写大字报,我们拥护他。可是张逢济当小组长才半小时,就骄傲透顶,讽刺、嘲笑、打击前小组长朱丙[炳]庚,我们反对。这是整风中的歪风。请党支部立即制止这种歪风,不要让它发展下去。

办：徐开明(党)

周韵竹的大会检讨为什么不贴出来?　编号：1311号　日期：1957年

周韵竹的大会检讨为什么不贴出来?如果没有空,我们帮你贴。

办：方三槐(党)、汪仲元(群)

党支部的右倾到什么时候才改?　编号：1312号

党支部的右倾到什么时候才改?刘支书上次会上说右倾,今天会上又说右倾。那么何时不右呢?

办:黄子锭(团)

官官相护　编号:1313 号　日期:57 年 10 月 16 日

在鸣放中,出现了撕大字报和一些领导干部违反学习纪律,群众非常愤怒,多次提出意见要求党支部对周韵竹、朱两[炳]庚等同志作出管[处]理。可是到目前为止,支部没有任何意见表示。这是什么道理?莫非是领导上因为他的衔头多,她有怕痛偏爱吗?是不是官官相护呢?为了把整风运动搞好,要求组织上作出处理意见,否则运动开展得好坏,这就是支部的责任。

办:胡春来(党)

打招呼　编号:1317 号

我们小组里在学习整风的时候,有陈国英、顾、金、王、周五位同志写大字报没有端正态度。第一个陈国英要向顾课长提意见,首先打好招呼,她说:“顾课长,我要向你提意见啊。”“好!”才能写大字报。顾、王、金、周同样首先打好招呼写大字报。他们五位同志〈老〉写的大字报都是鸡毛算[蒜]皮,向领导提的意见只有皮没有肉。难道你们这样的意见吗?为啥陈国英在平时对厂领导在背后有意见呢?现在党再次要我们向领导提意见,你现在为什么不提呢?你是不是怕报复〈吗〉?所以你就抱着情感来提意见。周韵竹写撕大字报检讨书,给你看看。你说:“写这样多怎[做]啥,写的[几句]就算了。”你这种说法,是不是对呢?尤其你是一个学习小组长,难以组员□见你这种说法,不高兴写大字报。请你快点醒吧!来赶上别的学习小组。

勤务员:方增录[禄](群)

苦闷　编号:1318 号

整风运动是党〈的〉提出的英明措施,在党的领导下开展,通过整风运动消除党群之间、领导与被领导之间的隔阂。可是为什么我们这里竟出现了这种反常现象,群众明明要求整歪风,支部理应公正的[地]给予支持,却变成了群众对党支书有意见?这种现象何时才能扭转?

办:林佩珍(团)

几时不右倾？ 编号：1319号

今天大会上刘支书说：领导落后于群众，确有右倾。照理领导了解到本身有右倾，就应及时纠正，可是在这大会上就体现不出我们的支书有任何变化。我不禁要问我们的党支书，你到底几时才能不右倾？

办：林佩珍(团)

刘厂长你的作风为什么不改？ 编号：1321号 日期：57年10月16日

整风的大鸣大放高潮到今天已经有十天了，群众向你提出了很多意见，尤其是那沉默寡言、知心难相遇的作风到今天还没有改变，因此再一次的[地]要求你马上行动起来迅速转变，多深入听取群众意见，带领我们拆墙拆清整歪风。

审检、财科、拣场小组

领导与右倾 编号：1322号 日期：57年10月16日

刘支书在最近两次大会上报告，落在右倾思想(估计不足)，的确是事实。两次大会的情况，是反映了右倾思想的具体表现。第一次大会，态度不正常，软弱无力；第二次大会对群众要求，仍是一无所关[谈]，软弱无力。在这里我要问一问支书。

1. 近来为什么会产生了右倾？

2. 为什么在这两次大会以前一个时期是那么□□有力？

3. 你一次大会右倾，二[两]次大会右倾，到几时才改没右倾？

群众的热情固然高，领导的鼓励支持也不可少。右倾领导没有力整透，改造谈不到。

办：胡肇贞(群)

刘支书有没有决心整下去？ 编号：1327号 日期：57年10月11日

今日大会上同志们一致认为刘支书存在严重右倾思想。

具体表现：

本月11日下午召开处理周韵竹撕大字报大会表现得软弱无力，不支持群众意见。在今天会议上表现了刘支书右倾思想根本没有克服。昨夜群众要求解决问题：

1. 周韵竹撕大字报大会检查的大字报为什么不见贴出来？

2. 朱丙[炳]庚在运动中歪风处理问题。

3. 顾盘珍小组长拉下来问题。

4. 周韵竹、顾盘珍、陈国英、王文田、金玉名[钰铭]在运动混过关问题。

5. 赵织云违反学习纪律问题。

以上问题要求领导重视，“至今大会上一无所谈，混过去了”。请问党支书有没有决心整下去？如果有决心整下去，就要坚决克服右倾思想，要在公正的立场上处理问题，这样才能整得彻底。

办：郑尧珊(团)

犯了右倾了 编号：1343 日期：57年10月16日

我听了两次大会上刘书记的报告，觉得很奇怪。为什么群众提出的呼声，党不给我们支持呢？历次的运动开展总是党来带头领导我们的，但这次是否例外了？好象[像]党群之间已经隔了鸿沟，为什么会这样呢？

则曰：犯了右倾了。

办：宋伯荣(群)

质问刘支书 编号：1344号 日期：57年10月16日

十月九日，刘支书召集职工大会，鼓励大家鸣放，向阻碍运动的现象提出批评是正确的、及时的，对鼓励运动的开展起到一定的作用。

但是群众所提出，郑尧珊、金玉名[钰铭]二[两]位同志对运动开展都有阻碍现象，刘支书仅批评郑尧珊一人，而对金玉名[钰铭]却一字不提。对周韵竹撕大字报的问题，也没表示意见。是〈值得〉令人发生怀疑的。很明显刘支书有“包庇”行为，并且影响鸣放情绪。

十月十一日，江部长看了大字报。在他的支持下，刘支书又召开了职工大会，对两个组长不能领导，根据群众意见，作了拉下来的处理，也是正确的、及时的。但对周韵竹同志撕大字报的问题，却迟迟不与[予]支持。这是什么道理？刘支书三番二[两]次宣布散会，可是群众不走，提出了叫周韵竹写检讨的要求，但是刘支书仍然默不作声，既不表示支部意见，也不说叫周韵竹去执行，实在令人气愤,对刘支书发[产]生一种领导没力的感觉。难道这不是不听大多数群众意见吗?难道这样不更影响鸣放的热情吗?

在群众的热情要求下,刘支书今天召开了职工大会。虽然指出了鸣放方向和鸣的[得]深、放得透。可是,对眼下能处理而且立即处理的问题(周韵竹、朱丙[炳]庚等问题)却不作处理。

刘支书说:右倾,右倾。到什么时候才不右倾呢?

办:赵登周(群)

不称职的车间主任兼工会主席朱炳庚应该下马　编号:1350号

柯汉钦、赵登周、洪仁山、张逢济、姚庆云、唐志平、汪仲元、黄子锭、耿怀敏、胡春来、方三槐、胡士田、程宗炳、胡通宙、方金石、林佩珍、方涵如、任衡、胡肇贞、方炳钊、徐开明、宋伯荣、蒋士增、张立圻、熊忠谋、吴正中、郑尧珊

严肃纪律　编号:1351号　日期:57年10月11日

要求党支部对在整风运动中不端正态度、违反学习纪律屡教不改者朱炳庚,行政及工会一切职务马上给予停职检查!!

办:柯汉钦(团)

想到就说　编号:1352号

大字报上都对朱炳庚的无能提出了很多意见,说明他是根本不称职的。为什么领导不撤消[销]他车间主任职位?

周韵竹根本不配搞工会脱产工作,应请他[她]仍搞具体工作。

顾盘珍对本身问题不能说真心话。这种软弱无力的人,如何能领导整风?应把她拉下来。

办:林佩珍(团)

为什么对她另眼看待?　编号:1382号

任何人态度不端正,决不姑息。这是刘支书表示的决心和态度。

但对周韵竹撕大字报的行为,既不批评,也不处理,引起了群众愤怒,一致要求处理。虽然也勉强开过大会,群众责令以大字报贴出大会检查。然至今

多日，仍未见到贴出，也仍未见到刘支书表示态度。

刘支书，问问你。周韵竹是不是包括在任何人范围之内？要是包括在任何人范围之内，那你的决心呢？

办：胡肇贞(群)

为什么？ 编号：1390号

为什么我们党支部不支持群众意见，对整风中出现的歪风(如周韵竹撕大字报和朱炳庚骂工人)不及时地严肃地管[处]理？支部为什么在整风时期仍然高高在上，不深入群众听取群众意见？

办：蒋士增(群)

为什么？ 编号：1404号

为什么我们领导同志在各项运动中都是积极热情地走在最前列，带动发动和引导群众前进，更好地完成任务，但是在这次整风运动中，我们领导同志都束手束脚，显得软弱无力？特别是课长一级领导，经常和厂级领导接触，又〈是〉具体掌握和贯彻政策方针，〈无论〉在对厂级领导思想作风和政策方针，比我们一级干部体会更多更深。事实上在大报[放]大鸣中课长写大字报确[却]是不能令人满意。其中究竟什么缘故？提请领导考虑。

办：蒋士增(群)

虎头蛇尾 编号：140□号

整风运动，刘厂长动员鸣放，宣布纪律，动员大家积极投入运动。群众动起来了，而领导者畏缩不前，在整风中东摇西摆，对触犯纪律者不处理。是否这阵风刮得太痛而躺而藏之？

办：汪仲元(群)

刘支书的优点 编号：1415号 日期：57年10月11日

从这两次大会的情况来讲，群众都说刘支书右倾了，刘支书也承认右倾。但是，尽管群众说右，自己也承认右。说归说，做归做。这根本是两回事。依我看，不是支书右倾，而是群众太“右”了，否则，既(然)被人指出是右，自己也承认是右，为什么还是丝毫不转呢?

这就是刘支书“沉默寡言”、“冷静稳重”的优点。

办：耿怀敏(群)

糊涂了　编号：1430号　日期：57年10月11日

刘支书在大字报上写过“任何人态度不端正，决不姑息”，所以拉下了三个学习组长，这表明了支书的决心与魄力。可是对于周韵竹撕大字报的恶劣行为却又迟迟不予解决，表现着软弱无力。为什么呢?这是我糊涂的一点。

从这次整风前人民日报社论讲过“……用和风细雨的办法，从团结的愿望出发，经过批评，达到团结的目的”来看，群众要求周韵竹检讨的做法，似乎又有点过火。但是党支部为什么连批评也没一声?是不是因为群众的要求比较偏激就放松了对态度不端正的人的批评?而过多的[地]放□了群众的情绪是否正常?但是从听到的别的单位的情况(来看)，好象[像]比我们更高涨。那么，这又是怎样说起呢?所以，我糊涂了。

办：耿怀敏(群)

党支部叫人进　步投入党的全面性整风运动，是否过分推向客观了些?编号：1454号

党中央和毛主席英明正确领导之下，提出了全国各地全民性整风运动指示之后，不但在全国各地开展了，同样的在我们苏州茶厂也真[正]在热烈的[地]开展着，都积极热情来帮助党与行政领导同志改进工作作风。

而在我们车间里工人来讲，虽然从工厂开展整风运动以来，在党支部刘书记经过几次动员与坐[座]谈会，而[且]在工人中也提出了一些知心话，愿意通过伟大整风之后，达到共同进步，更使我们在社会主义建设事业发挥更大的热。

而在几次会议中，包括生活在内，就能听到刘支书这样一句话。就是讲，我们车间里生产不同于其它[他]单位。反转来讲也可以讲□同于科[课]室人员。两个(原文如此——编者注)我们只有休息时间来帮助党整风。

我想根据目前茶厂生产情况，党支部这样机械的[地]来执行，是否太过分了些?

警卫：邱云生(群)

11—5 对边改小组的意见

党要除三害　编号：275 号

党要除三害，首先不怕痛。中央下决心，群众大胆鸣。糊铝锁[罐]问题的处理上，要向边改小组意见提。答复：凡职工家属一律暂停。要问你可以把谁的生活好丑贫困分？这样的处理是否还留(想)着人情、面子、个人思想残余存！谁应先照顾，谁还暂不能。人事应掌握，不应有人情分。理当以革命的精神处理内部矛盾，否则相反又将矛盾生。

变相贪污事，责成来检查。过去从宽看，今后不合法。问题须仔细，不能太简单。纪律要严明，是否应从宽。

办：柯汉钦(群)

金玉良言　编号：496 号　日期：57 年

苏州茶厂季节工，帮助党里来整风。意见提了不□少，请你不要(当)耳边风。

工：方重安(群)

胃口太小了　编号：648 号　日期：57 年

大字报！大字报！你的作用真不少，一次高潮几百张，意见几百条。二次高潮更加多，意见以[已]上千余条。领导决心实在大，半个月来改上十几条。一次一次来动员，意见千条再千条。只样[改]当月十几条，到底改(到)那[哪]一年？

办：方三槐(党)

边整边改，改了是什么？　编号：911 号　日期：57 年

整风运动开展到现在已有一个时期了，大字报贴贴也有几百张，提出意见也有成千(上)万条，但是边改的情况怎样呢？可怜得很，只〈有〉改了十多条的意见。对那些有时间性的、马上要改的没改。例如：伙食工作，在整风运动中曾经有两次粥不够吃，每次均有十多人没有吃饱。又如，有的同志过去在工作上有了缺点，写了大字报贴出来，她就去撕掉。这是一种什么态度？难道支部

没有与她谈话吗?今天上午,刘厂长在会议上提出,我们大字报一个高潮一个高潮地来,对边改也掀起一个高潮。所以,我要求边改小组要积极行动起来,响应党的号召来把同志们提出的意见按步逐条的[地]处理。

办:吴元竣[骏](群)

改,改,改! 编号:984 号 日期:57 年

人人都参加整风,个个都说要改。整风,整改,整掉一套歪作风,话是这样讲,这来也更惊。前些时期毛其林等同志批评不关心看门老年工人俞乐丁[亭],今天在厂也产生类似的情景。陈润荐年近花甲,为人忠厚老实,从不叫苦,硬吃硬耿。这二月他的工作时间是早上四点起晚上十二时止,当中要开门,睡了 4 小时,到底不是机器怎能磨得起?

陈国英呀!他[她]在工人队伍里锻炼了多年,怎么还闻不出工人的气息?你要□□□,你已经在床上,你已经甜甜的[地]进入梦乡。遗憾的是,你战友还坚持在不合理的岗位上。你是不是这样横竖不是我事不管理?

办:胡士田(党)

可以答复 编号:1041 日期:57 年

□边改小组,整到现在有相当常[长]的时间了。改进了些啥?好告诉工人们。季节工不久要返乡了。请你初步的[地]答复,便于我们进一步鸣放。

工:凌元金[淦](党)

风前谈之三:风停停!再开船! 编号:1148 号 日期:57 年

这整边改,响得□响。廿天来公布了边改消息十分条。"雷声大,雨点小",形容得太恰当了。说什么人手不够,力量有限。集中力量搞大放,过□来个大大"改"。这是缩手缩脚借口。试述:"井边不要再汰[洗]尿布,伙事[食]员要戴戴口罩,俞乐亭、陈润荐[洁]的工作时间等。"这些与人手不够,力量有限合得上吗?为什么一定要风停停,再开船?在大风浪里怕船打翻吗?就是打翻了,也是你这个舵手不力!

办:吴光森(团)

对边改答复有感 编号：1550号 日期：57年

最近我们厂的各级领导都在作边改答复，可是答复的东西使人难解，都是用“×××号大字报”。在这中间使人看了不能了解是啥人提的，也不知道其中内容是什么，所以很难看懂。自己写的大字报也不知道是多少号，人家写的更不了解其中的号数。虽然在内容上看过，但是谁能记得这许多，因此建议在答复（中）能注明人名。

办：周明（党）

这是辩获[解]还是答案？

厂长室的边改答案上最后一条上有关周连生同志的贪污问题，我觉得答案上是在帮助周连生同志辩获[解]贪污行为。

答案上说：周连生同志私人脚踏车修理费擅自在公家报销，是因为有公文的通知而提出的要求。那么翁课长与周连生同志查对发票时，周连生同志为什么不肯承认说是自己车子的发票？后来他又说“忘记了”、“记不起来”等〈的〉言语。再是第一次的一元八角，既然未经同意批准，为什么第二次又出现了六元九角九分，比前一次大的数目〈字〉？难道说□的通知未经同意，他不知道吗？

请领导同志再作答复。

办：赵织云（团）

边改小组注意 编号：1588号 日期：57年10月31日

说来大字报，白纸黑字。写出一张真不太容易呀！提意见的人想通过它暴露思想、解决思想，可是边改小组，依我看是轻视了。搞出来的大字报中心内容，真是无风难捉影，或者是真叫人难懂的词句。怎样答复？即使答出来，也不能解决提意见人的思想问题，起□□□。现把我所碰到的略举一二。

一、523号大字报洪有顺提的要我答复，但根据边改小组所指的“中心”真叫人难以要原稿后有[又]要存根。金玉名[钰铭]说找不着。现把边改小组□的内容抄下：“为什么工会组织职工游览，其他单有公票？”

二、我对56年工会选举有意见（见□大字报）。可是工会答复的[得]真是牛头（不）对马嘴，叫人怎样解思想问题？

三、我对胡士田提的意见(见 927 号大字报)。可是边改小组搞给他的中心真是笑话。现把它照抄如后:“胡士田对待女工怕,车间领导以及作风问题。”试问:这难道是我提的中心内容吗?令人难解。

办:方三槐(党)

11—6 对组织机构

我们的机构是这样的不合理 □□之九 编号:1141 号 日期:57 年

我们的机构是这样的不合理,在本厂八个部门中有四个是非生产行政部门(人、秘、保、支部)。这些多余的部门中的同志无事可做,度日如年,无可奈何,买沙核桃、香瓜子等小食剥剥吃吃,都以解闷。再看人事部门无事可管,只好去管管麻将、舞票,弄得同志休息时候无牌可打、无舞可跳。这些部门赶快并并吧!过去只有一个秘书部门的时候,工作做得也不错。

再看我们几个生产部门,直接有关的部门是这样。搞计划统计的方股长,统计工作月月喊救兵,计划工作常常不及时,很多具体工作无力去做。为什么不增加些人搞呢?难怪现在计划质量这样低。再看车间办公室吴元俊[骏],他一天到晚忙得马不停蹄,二月份以来差不多天天加班加点,还要加上星期天。领导上对这些同志该同情些。领导上该调整力量,把重点放在生产上。

办:任衡(团)

我厂的科室人员编制是否太大呢? 编号:1426 号 日期:57 年

我算了一算,我厂的人员编制确实太大了一些吧!生产工人与管理人员的比率太不适应,管理人员基本上可以一个管一个快了。在开工期间,生产工人有 80 人(除女工没有算外)。科室人员有 56 人,再加上勤务等 16 人(包括临时工),计 72 人。一个生产工人有管理人员 0.9 人,假如除开拣场科室人员 6 人,也要有 0.815 人。我们淡季时生产工人 20 人,一个生产工人有管理人员 2.8 人,再加勤务等要 3.4 人。这样的编制是否太大了一些吧?

办:毛其林(党)

变得怎样? 编号:703 号 日期:57 年

我厂在 1956 年曾派了同志去兄弟厂吸收先进经验,回来后,厂长、课长们整天忙得居食不能安宁,埋头研究,研究机构调整、人事安排、技术学习〈哪〉等。

他们辛苦的结晶在今年上半年大会上宣布了,其中计划并入财务,生技并车间,原来一个秘书课划出三个课(人事保卫)。这样到底好处有多大?群众还是很难理解。现在不妨把变的情况举例来说明一下:如保卫课只有科[课]长一人,人事课除课长只有二[两]个人,另外财务计划合并后造成了计划力量的削弱。车间方面技术管理混乱、职责不明,还有工段单位人员不能统一调配,使生产上受到了一些损失。再如人员上一个车间四位主任,分工没有按业务人员的特点来按[安]排工作,如王宗庭原是搞计划的能手而把他调到车间去做主任,下面工作的同志一年来调了几个部门,结果业务搞不好,工作不安心,有的无事做。为什么造成这样的结果呢?大概是领导者的教条主义和头脑子发热了吧!

办:胡春来(党)

是精简机构还是增加机构? 编号:810 号 日期:57 年

〈从〉党提出了精简上层充实下层,大力开展增产节约运动号召。

今年城工会议再提出了改善经营管理,解决人民内部矛盾。我们厂里也做了一些工作,但有些工作做得有些不大对路。

一、机构臃肿,领导增多。如原来只有秘书、生技、财务、计划、储运、车间六个课,现在呢?却增多[加]了支部办公室、人事课、保卫课、秘书课、财计课、审检课、储运课、车间办公室、拣场办公室等九个部门。再从领导干部来排,原来只有六个课长,现在呢?却增加多了,由七个增加到十三个。为什么不按精简的精神去考虑问题?

二、秘书课三分天下,生技课改头换面。如秘书课在过去那样情况下,也把行政、人事、保卫工作干了下来,现在业务范围缩小了反而把秘书课三分天下(人事、保卫)。这个算盘又不知领导是怎样打的?另外生技课的工作,在加强企业管理方面又有什么不利的地方?上不知下不晓,把它改头面,它的任务又是那[哪]个部门把它担当了起来?

三、瓜分工作相互混淆。如生技课工作,分别归并财计、审检课在技术管理和财务管理,因此,互相混淆起来。结果弄得执行全国标准样要按照财务执行。请问执行全国标准样还是服从技术?服从财务?

四、责任不明,资料糊涂。如原始纪[记]录、技术纪[记]录、统计纪[记]录表格统计要经财务同意才能进行,有些〈要有〉和生产情况不能结合,造成纪[记]录难、数字乱、资料统计数字不对头。

五、该增的增,该简的简。行政管理机构应精简,生技课应该恢复车间办公室,应精简人员全部充实工段基层。

办:张逢济(党)

醒醒　编号:1360 号　日期:57 年

我们厂里有历史性的现象,干部与工人的比重 83.7%,值得我们□□考虑的。既然工人少而干部多,当然是肯定的,要影响到生产的任务。而领导上老是犯着教条主义,号召群众要过社会主义,要增产节约,而恰恰相反,浪费了人力,拼命的[地]从工人中提升干部很多。这是什么想[现]象?是不是有利于社会主义建设〈吗〉?

结果,月终完不了任务,生产质量搞不高,领导上就召集干部要群众发挥积极性,支援车间,要完成任务。

领导上这种管理工作作风,是否经常考虑到生产质量和完成生产任务的计划?我看你们,这种管理方法是有问题的!

炊:沈凯(群)

想到就写　编号:1219 号　日期:57 年 10 月 14 日

看到大字报谈起财计合并一课,秘书划分人事、保卫、秘书三课一事,引起了我想到一个有名无实的生产技术课,为了生产需要而成立,又是为了简化手续而合并。一九五六年,为了加强生产管理,从业务课划出加工生产业务成立了生产技术课,1957 年又从生产技术课中划出审评检验业务成立了审评检验课。看起来在生产管理上的力量加强了,可是自从审评检验课成立了不久,又认为生产技术课的工作是在生产管理上增加了一个中转环节,因此就与车间办公室合并办公(以车间对外),车间业务性质重新又回到以前工务服的形式那样。目前审评检验课的业务性质也回到去年的生产技术课的一样,使生产技术课成为有名无实的一个课。我认为我厂领导在考虑这个问题上是不够慎重的，或多或少存（在）想到那[哪]里做（到哪里）的一种思想作风。对不对？作考虑。

主任：王宗庭（党）

从今年一年的工作看我们的组织机构和分工 编号：1422号 日期：57年

从57年起，全厂把原来的秘书、人事办公室、储运、生技、财务、计划、一、二车间八个课室调整为人事、保卫、秘书、财计、审检、储运和车间办公室等七个课室。就其一年来的实际工作，提供如下的意见：

1. 人事和保卫可以合并。

2. 秘书仍负责原来的工作。

3. 把审检课〈的〉现在所掌握的原材料、验收定级和在制品和产品的审评工作加以扩大，改为生产企业管理课，负责整个工厂的生产安排和技术管理与产品的审评检验。

4. 把财计分工，财务课单独恢复为1956年的形式，把计划部门归生企课负责。

5. 把储运改变为供销课，只负责组织货源、产品调出、废料回收和购制原物料。调进出原物料仓库部门划给车间。

6. 车间办公室除负责原有的工作外，增加仓储保管工作。

按以上意见，有三个主要变更。变更的理由如下：

1. 人事与保卫合并，因工作的性质密切，合并后干部可以集中互相调用。现一个保卫只有一个课长，在人力上亦有问题，如要增加，亦不符合核算。

2. 成立生企课，将财计分开，把计划部份[分]划给生企课。因为生企课负责工厂的技术管理，对安排生产要比财计一起要优越些。生企课负责生产安排、技术管理和产品出厂审评检验工作，这样对编制和贯彻技术组织措施能够全面，对生产有利。

3. 按我们工厂的实际情况，工场和仓库很难划分（除了二[两]个毛茶仓库、储运管仓库已经是形式。如果把仓库划给车间，车间就可以统一安排，有利生产）。

主任：徐柏林（党）

厂长的主观主义又一表现　编号：827 号　日期：57 年

今年厂长抓生产，要求课室深入车间，结果把计划、生技二[两]个课全部并入财会课，划入二[两]位同志。车间办公室就四个主任，十六个干部。这样从人数上来看是加强了车间管理，但执行结果是怎样呢？财会工作力量削弱，计划搞不好，定额□不了。车间里四个主任分工不明，数字不准确，还出现了建厂以来最大的一次霉变事故。问题出在那[哪]里？除了各部门主管负责外，还在于厂长的工作作风。单凭主观愿望，没有从实际出发，十足表现了主观主义的作风。建议党领导快快改，恢复生技课把计划定额来搞好，车间也就头儿少，分工明确了，工作也就好。

课长：翁世声(群)

知心话(一)　编号：313 号　日期：57 年

本厂工人也不少，算算也有七十零。据说干部七八十，总的说来也不多。不过我们算了算，干部比我工人多。要是一个比一个，算过大概差不多。来到车间无八人，任务贯彻下车间。上旬中旬不检查，到了下旬来检查。任务完成不很多，车间主任召开会。一是任务要完成，弄到工人急煞[杀]人。领导同志高楼坐，车间生产不问情。工人闷头搞生产，一日成果也不明。叫声我的好领导，要把干部分工明。

工：王桂芬(团)

为什么(十九)　编号：1403 号　日期：57 年

为什么我们一次又一次的[地]“精简机构”、“精简节约”、“整编”……不多时又出现了机构庞大、层次重叠、人浮于事的现象？当然不可否认，“整编”是革命的，向不健康的现象进行斗争、克服官僚主义的好办法。但是为什么边改边犯(比犯不改的好)，而不能做到痛改不犯？领导上在建立新机构时，必须要以精简节约为思想指导，克服贪多贪大、追求排场、讲究气魄……

办：蒋士增(群)

我们不同意财务计划，建议人事、保卫合并　编号：988 号　日期：57 年

计划课在工厂中来讲很重要，他[它]统管全厂，计划、统计工作应该独立。在苏州市工厂来看都是分开的，江苏省合作社工厂也是这样。我们为什么要合并？

人事、保卫□□的必要，他[它]们的性质又相近。为什么一个人一个课，二[两]个人一个课摆摆样？

办：熊忠谋(群)、林佩珍(团)

机构臃肿的苏州茶厂　编号：1103 号　日期：57 年 10 月 13 日

本厂主任课室多，每个名目尽包罗。多的一课四主任，少者一人设一课。请问功用又如何？有的有名似虚有。举个例子保卫课，近来贪窃格外多。很多大人高楼座[坐]，始终不愿离一步。不到群众里面去，了解思想工作做。有的相互不通气，你搞你的我归我。今年车间一个列[例]，□□猫多不模式。刚发责任事□件，又来人身事故多。本位主义特发主，连续造成霉烂茶。上级精简来号召，建议内部来调整。专业人员在一起，共同商量把事做。

办：宋伯荣(群)

为什么要增加这样的课？减并了那样的一个课？　编号：412 号　日期：57 年 9 月 28 日

我们厂的确不少，工人二[两]百多，干部五六十，所以要增加人事、保卫科[课]。从过去秘书科[课]划出，独立增设。但又为什么要将来的计划科[课]又归并财务科[课]？计划、统计〈仅〉只一个人包干。不知增两个科[课]合并那一科[课]，是根据什么来确定？怎样来研究的？仅加强车间统计，不要对外汇总，是不是行？

办：熊忠谋(群)、方增良(团)

我对新的机构方案意见　编号：1574 号

1. 在新方案中好像是加强了生产管理，但实际上对改变制造产品原理上还是人少，换句话说，也只是做些计划、统计、保管工作。所以，我认为还必须考虑在改变制造产品方面的业务人员必须加强。

2. 付[副]厂长少不了，应该考虑付[副]厂长。

3. 必须再考虑半脱产工段长和建议增设技术员(此两项人员在业务和管理上接下承方面是桥梁。对产品和现场调深度任务是繁重的，旺季脱产淡季可以和工人一道参加生产，用这种办法来解决)。

4. 机械(机务是现代工厂创办中心)工程管理工作必须考虑建立，必须考虑加强。

办：张逢济（党）

我们小组对调整机构的意见　编号：1542 号

（共计 44 人）

党支书一人　　厂长一人																									
生产管理课 （原车间、审评、储运） 共 19 人（实 18 人——编者注）										经济计划课 （原财务课） 共计 7 人						行政课 （原人事、保卫、秘书） 共计 16 人（实 15 人——编者注）									
课长二人（其中副厂级干部配备一人）	车间统员二人	技术员一人　兼分花	工段长四人	化验员一人	评审一人	仓库保管二人	原料供应二人	拣场工资核算二人	拣场管理一人	课长二人（兼审核兼计划）	出纳一人	成本一人	记帐[账]一人	统计一人	定额一人	课长一人	文书收发档案一人	总务一人	事务一人	人事保卫一人	专职工会干部一人	炊事员四人	通讯员一人	传达三人（一车间二人二车间一人）	公勤员一人

人事、秘书

编号：1541 号

为了克服机构臃肿、人浮于事，我们共同研究，初步提出以下意见：

1. 把我厂划分三个职能科[课]；2. 减少人员 42 人；3. 整顿和重视不脱产基础组织（共计 33 人），不包括炊事员工会干部。

厂长室：

党支书、副厂长

秘书科[课]：

事务一人、总务一人、收款打字一人、保卫一人、人事一人、科[课]长一人

生产技术科[课]：

一车间一人，拣场三人，原料保管一人，成品、物料保管一人，原料调度一

人，统计二人，原料科度（原文如此——编者注）一人，原始记录二人，计划二人，化验一人，技术员二人，成品验收一人，原料半成品一人，科[课]长一人

财务科：

出纳一人，原物料一人，成本一人，总帐[账]一人，科[课]长一人

人事、车间

人员安排名单32人　编号：1581号　日期：57年10月29日

厂长兼支书：刘本清

财务科[课]5人

科[课]长：翁世声

成本：熊忠谋

总帐[账]：林佩珍

出纳：周韵竹

材料：胡肇贞

勤务7人

传 达：周连生

方炳钊

许关泉

通讯员：冯国臣

炊事员：朱小炳

沈凯

顾应根

生技科[课]14人

科[课]长：胡贞禄

徐柏林

审评：赵登周

韩作人

化验：郑竟[尧]珊

计统：王宗庭

计划调度：方葆民

定额统计：吴元骏

物料：程宗炳

原料：任衡

原物料：蒋忠钦

拣场：陈国英

耿怀敏

柯汉钦

行政科[课]5人

科[课]长：单正兰（兼人保）

文印：顾盘珍

总务：蒋士增

事务：宋伯荣

事务：唐志平

翁世声、宋伯荣、方增良、林佩珍、熊忠谋

我们最新的人员安排方案　编号：1589 号

厂长兼党支书：刘本清

行政科[课]7 人

课长：单正兰

总务：蒋士增

事务：宋伯荣(一车间)

事务：吴正中(二车间)

文书：赵织云

人保：顾盘珍

工会干部：陈国英

其他人员 7 人

通讯员：冯国臣

传达：方炳剑、周连生

勤务员：袁金宝

炊事员：朱小炳、沈凯、顾应根

财务课 5 人

课长：翁世声

成本：熊忠谋

材料：胡肇贞

总帐[账]：林佩珍

出纳：施景贤

生产技术课 14 人

课长：胡贞禄

计统：王宗庭

徐柏林

定额：韩作人

成□统计：吴元俊[骏]

原料成品：程宗炳

物料：徐凯明

原物料：蒋忠钦(二车间)

水分检验：周韵竹

审评：赵登周

方葆民

拣场定额：姚庆云

拣场工资：方涵如

拣场统计：毛其林

(以上共计划 34 人)

下车间 20 人

周永水(兼工段长)

方瑞发(兼工段长)

胡林辉(兼工段长)

方三槐

洪仁山

胡春来

朱炳庚

陈凤鸣

邓云生

方增禄

唐志平

柯汉钦

胡士田

胡通宙

方金石

张逢济

巫祥林

许关泉

冯[张]立圻

金钰铭

包装工场 10 人

汪仲元

黄子锭

颜宝书

周明

余尚青

保育员 2 人

唐润洁

郑尧珊

光荣退休人员

俞乐亭

(以上共 35 人)

耿怀敏
方增良
任衡
吴光森
王文田

吴光森、赵登周、洪仁山、方葆民合提

我对新机构人员意见

厂长：刘本清　党支书：单正兰

财务科[课]：

黄子锭（材料），林佩珍（出纳），翁世声（科长），熊忠谋（成本），胡肇贞（总帐[账]）

生产技术科[课]：

方涵如（核算女工工资），徐凯明（二车间原物料保管），郑尧珊（化验），赵登周（审检），程宗炳（物料进出保管），任衡（原料成品进出），吴元俊[骏]（统计定额成箱），王宗庭（计划调度），耿怀敏（计统），韩作人（茶叶技术机械制造科[课]长），徐柏林（生产调度课长）

工会干部：

陈国英

行政科[课]：

周韵竹、方葆民（事务），朱炳庚（人事保卫），顾盘珍（文书收发档案），胡贞禄（科[课]长）

蒋士增（总务）

总务：

炊事员：朱小炳　张立圻　顾应根

通讯员：金钰铭

勤务传达：方增禄、冯国臣、许关泉

生产技术科[课]：

烘印工段：

二车间：

毛其林(记录汇总),胡林辉(技术员兼工段长),董金财(工段长)

一车间:

方增良(记录汇总),方瑞茂(技术员兼工段长),方金石(工段长)

制胚工段:

精制:

胡通宙(记录汇总),张逢济(技术员兼工段长),方金云(工段长)

拣场:

姚庆云(定额兼布置),周永水(技术员兼工段长)

张逢济提

我们的意见　编号:1528号

刘本清:厂长、支书

胡贞禄:付[副]厂长、生技科[课]长

单正兰:付[副]支书、行政科[课]长

顾盘珍:人事干部

陈国英:工会干部

吴应瑜:行政科[课]长

赵织云:打字、收款

王文田:保卫干部

周连生:总务

金钰铭:事务

翁世声:科[课]长、审核

熊忠谋:成本

胡肇贞:物料[账]帐

汪仲元:总帐[账]兼成本核算

宋伯荣:出纳、费用

徐柏林:付[副]科[课]长、劳动调度

王宗庭:计划(总)

蒋士增:统计、定额

程宗炳:物料成品保管

方葆民:原物料半成品验收

朱炳庚:拣场负责人思想教育

方涵如:女工工资核算

姚庆云:定额

唐志平:总务事务

周韵竹:记录

施景贤:记录

唐润洁:记录

林佩珍:记录

蒋忠钦:原物料

韩作人：检验

方增良：计划下作业

赵登周：检验

郑尧珊：化验

耿怀敏：统计、定额

冯国臣提

我们意见　编号：1583 号

党支书兼厂长：刘本清

行政科[课]长：单正兰

人保：顾盘珍

总务：蒋士增

事务：金钰铭

方葆民

文书收费：赵织云

炊事员：张立圻

顾应根

朱小炳

内勤：方增禄

传达：吴正中

方炳钊

财务科[课]长：翁世声

成本：熊忠谋

总帐[账]：汪仲元

出纳：林佩珍

材料：胡肇贞

生技科[课]长：胡贞禄

徐柏林

计划调度：王宗庭

计划统计：方金石

定额成箱：吴元骏

原料成品：颜宝书

物料进出：程宗炳

审评：韩作人

赵登周

化验：郑尧珊

二车间原物料：蒋忠钦

拣场：宋伯荣

耿怀敏

陈国英

冯国臣提

编号：1579 号

我们考虑本单位精简机构的方案在人员要减小[少]50%，在这种情况下一个人要做两个人工作。

本单位精简管理人员在 50%左右，因而一个人要做两个人的工作，经过我

们慎重考虑,挑选下列各同志分别担任各项工作:

厂长:刘本清	定额成箱、原始统计:吴元骏	行政科[课]
党支书:单正兰	计划调度:吴光淼	课长:王宗庭
		人事保卫:顾盘珍
	原料进入:方金石	总务:蒋士增
财务科	物料加工:余尚青	事务:唐志平
科长:翁世声	材料(二车间):毛其林	事务:程宗炳
出纳:林佩珍		文书:赵织云
总帐[账]:汪仲元	化验:周韵竹	通讯员:冯国臣
成本:熊忠谋	拣场:柯汉钦	勤务:方增禄
材料:胡肇贞	拣场:陈国英	传达:宋伯荣
	拣场:耿怀敏	方炳钊
生技科[课]		徐凯明
科[课]长:胡贞禄		炊事员:顾应根
科[课]长:徐柏林		张立圻
审评:赵登周		朱小炳
审评·韩作人		
计统:方增良		

耿怀敏、汪仲元、方增良

职能人员分工　编号:1535号

厂长兼党支书:刘本清

秘书课	记录汇总:吴元骏	二车间(工段)
人事保卫课长:单正兰	仓库保管:周明	事务:唐志平
秘书科[课]长:顾盘珍	仓库运输:徐凯明	炊事员:胡水金
总务:周连生	采购车间经费:程宗炳	守门兼传达:俞乐亭
收费兼打字:赵织云	拣场政治思想劳动组织:王宗庭	勤务小组
工会干部:陈国英	定额员:姚庆云	传达兼计物:陈润洁
	工资核算:方涵如	传达兼计物:王杨林

审检科[课]
科[课]长：韩作人
成品审评：赵登周
毛茶审评：方葆民
半成品审评：吴光淼
化验：郑尧珊

车间办公室
付[副]厂长兼车间主任：胡贞禄
付[副]车间主任：徐柏林
开堆分管、调度：方金石

财务科[课]
科[课]长兼审核：翁世声
总务：汪仲元
成本会计：熊忠谋
燃物原料：林佩珍
计划统计：胡肇贞
经济定额：耿怀敏
出纳记帐[账]：宋伯荣

通讯兼勤务：冯国臣
事务专兼□事员：顾应根
炊事员：沈凯
炊事员：朱小炳

（这是我们几个人的意见仅供参考）
胡士田、洪仁山、方三槐、柯汉钦、姚广云

我的意见　编号：1573 号
厂长：刘本清
党支书：单正兰
工会干部：陈国英

行政科[课]：
科[课]长：吴应瑜
总务：蒋士增
事务：唐志平、吴正中
文书收管档案：顾盘珍
人事保卫：金钰铭

财计科[课]：
科[课]长：翁世声
成本：熊忠谋

出纳：林佩珍
总帐[账]：汪仲元
材料：胡肇贞

生产技术科[课]：
科[课]长：胡贞禄
计统：王宗庭
计划调度：徐柏林
定额统计成箱：耿怀敏、吴元俊[骏]
原料成品仓库：程宗炳
物料进出：方葆民
加工保管：徐凯明
审评：韩作人、赵登周
化验：郑尧珊
拣场：方涵如、朱炳庚、柯汉钦
通讯员：冯国臣
传达勤务：方增禄、周连生、袁金宝
炊事员：顾应根、朱小炳、张立折[圻]

胡春来提

编号：1594 号
党支书待上级调
厂长：刘本清
行政科[课]
科[课]长：吴应瑜
总务：蒋士增
收款文书：赵织云
事务：金钰铭
事务：方葆民
通讯勤务：冯国臣
炊事员：沈凯
炊事员：朱小炳
工会干部：陈国英

财务科
科[课]长：翁世声
成本：熊忠谋
总帐[账]：汪仲元
材料：胡肇贞
科[课]长：徐柏林
计统：王宗庭
审评：赵登周
韩作人
化验：郑尧珊
定额：吴元俊[骏]
原料：程宗炳
物料：徐凯明
二车间：蒋忠钦

传达：方炳钊　　出纳：林佩珍　　拣场：顾盘珍
传达：周连生　　拣场：柯汉钦
传达：方涵如　　生技科[课]　　拣场：周韵竹
炊事员：顾应根　　科[课]长：胡贞禄

方三槐、胡士田、柯汉钦、黄子锭、洪仁山、姚庆云合提

我的意见　编号：1575 号

厂长：刘本清
党支书：单正兰
工会干部：陈国英

财计科[课]
财计课长：翁世声
成本：熊忠谋
出纳：林佩珍
总帐[账]：汪仲元
材料：胡肇贞

二车间□□：程宗炳
拣场：周永水
拣场：方涵如
拣场：朱炳庚

行政科[课]
科[课]长：吴应如
总务：蒋士增
事务：周韵竹
事务：胡通宙
文书、收款：顾盘珍
人事保卫：金钰铭
通讯员：冯国臣
传达：吴正中
传达：周连生
传达：方增禄
炊事员：顾应根
炊事员：朱小炳
炊事员：张立圻

生产科[课]
科[课]长：胡贞禄
计统：王宗庭
计调：徐柏林
定计成箱：吴元骏
定计成箱：耿怀敏
原料成品仓库：柯汉钦
物料加工：余尚青
审评：赵登周
审评：韩作人
化验：洪仁山

胡春平提

编号：1585 号

工会：陈国英　　二车间：蒋忠钦　　包装人员：袁金宝　　车间：毛其林

行政	审评：韩作人	包装人员：周连生	冯国臣
课长：单正兰	审评：赵登周	包装人员：黄子定[锭]	
总务：蒋士增	化验：郑尧珊	包装人员：方增良	拣场：方涵如
事务：林佩珍	定额：方葆民	包装人员：汪仲元	拣场：宋伯荣
事务：唐志平	医务室：赵织云	包装人员：余尚青	拣场：柯汉钦
支书：顾盘珍	退休：俞乐亭		
人事：金钰铭	保育员：唐润洁	车间工人：周永水	
	保育员：施景贤	洪仁山	
财务			
科[课]长：翁世声	炊事员：顾应根	颜宝书	
成本：熊忠谋	炊事员：朱小炳	方瑞发	
原材料：胡肇贞	炊事员：沈凯	吴元骏	
出纳：周韵竹	通讯员：冯国臣	胡通宙	
总帐[账]：耿怀敏	传达：吴正中	胡士田	
	传达：方增禄	方三槐	
	传达：方炳钊	胡春来	
生产			
科[课]长：胡贞禄		巫杨林	
科[课]长：徐柏林	包装：王文田	邓云生	
计统：王宗庭	包装：姚庆云	徐凤鸣	
计划调度：方金石	包装：任衡	许关泉	
原料成品：程宗炳	包装：周明	张立圻	
物料加工：徐凯明	包装：吴光淼	胡林辉	

对今后组织新编的初步意见　编号：1532 号

厂长兼党支部书记

财务计划科[课](共七人)：

出纳收发一人，定额员一人，成本核算一人，科[课]长一人，总帐[账]一人，计划统计一人，费用燃物原料一人车间办公室(共十人)：

车间经费计划采购一人，拣场：工资核算一人、劳动组织一人、定额员一人，记录汇总一人，付[副]车间主任一人，付[副]厂长兼车间主任一人，毛茶开堆劳动调度一人，仓库保管一人，运输兼仓库一人

人事保卫秘书科[课](共十四人)：

收发兼打字一人，人事兼保卫副科[课]长一人：传达警卫二人、通讯员一人，科[课]长一人，总务一人：事务一人、炊事员四人(二车间一人在内)、守门员一人(二车间)

工会干部一人

审评检验科[课](共五人)：

半成品检验一人，毛茶验收□□一人，科长一人，成品审评一人，化验一人

编号：1580 号

	原料成品仓库：程宗炳	赵织云
厂长：刘本清	物料加工保管：毛其林	周连生
支部书记(暂缺)	物料(二车间)：蒋忠钦	方炳钊
工会干部：陈国英	审评：赵登周	方三槐
行政科[课]	审评：韩作人	姚庆云
课长：单正兰	化验：郑尧珊	耿怀敏
总务：蒋士增	拣场：宋伯荣	汪仲元
事务：方葆民	拣场：胡士田	黄子锭
事务：吴正中	拣场：柯汉钦	方增良
文书收款：顾盘珍	通讯员：巫杨林	胡春来
人事保卫：朱炳庚	传达：陈润洁	胡□□
财务科[课]	传达：方涵如	胡林辉
科长：翁世声	内勤：袁金宝	周永水
成本：熊忠谋		洪仁山

出纳：周韵竹	（备注：吴应瑜来当行政科[课]长）	张逢济
总帐[账]：林佩珍		唐志平
材料：胡肇贞		唐润洁
生产技术科		施景贤
科长：胡贞禄		吴光淼
徐柏林		方瑞发
计统：王宗庭		冯国臣
计划调度：方金石		王文田
定额统计成箱：吴元俊[骏]		金钰铭

陈国英、顾盘珍合提

刘	厂长	1	兼支部书记	厂务管理
胡	厂长	1	兼生产技术科[课]长	生产管理
单	行政管理科[课]		兼行政管理科[课]长	党支部日常工作 事保卫工作
	科[课]长	1		负责秘书科[课]日常工作
顾	文书	1		抄写、打字、监印、 档案、收发
周	总务	1		供应行政用品， 发放工费、低值易品， 管理采购房屋日常性 修理,勤务人员管理
林	事务	1		管理伙食
金	人事保卫	1		人事及保卫的 日常工作
	生产技术			
韩	科[课]长	1		技术及审检工作
徐	科长	1		车间管理
赵	审评	1		原料审评
方	审评	1		茶胚及成品

陈	化验	1		原料及成品
金石	劳动科长	1	兼原料调度	负责开堆劳动力安排
唐	总务及事务	1		二车间总务及事务工作
吴	生产报表	1		成箱报表各工段的统计报表
方增良	生产计划	1		负责编制全厂生产计划及检查统计等
方涵如	拣场工资	2		女工工资核算及发放
宋伯荣				
宗庭	拣场管理	1	兼拣制定额检查	拣场管理，劳动力调配
吴	生产技术	1		负责印制拼起
蒋胡	原材料管理员工 2	（1、2 车间各一人）		负责原材料保管帐[账]务及领用处理等
	技术组织科			
颜	科[课]长	1	兼茶花工作	科务及具体茶花调研组织货源
任	调入	1		组织货源
蒋士增	计划	1		原物料及成品的计划编制检查及统计工作
炳钊	保管员	1		原物料仓库保管工作
程	记帐[账]员	1		原物料记帐[账]工作及协助验收工作

组织技术科：

1. 计划和组织原料包装材料及茶花等货源；
2. 负责原物料供应及保管工作；
3. 负责原物料加工工作。

财务计划科：

1. 负责财务计划、成本计划编制及检查工作；

2. 负责企业及成本核算费用核算；

3. 本厂一切经济活动的审查。

厂房规则：

根据我厂现有房地分布划分为生产区、仓库区及生活区，生产区由现大门至新老拣场，之后为仓库区，大马路宿舍为生活区。

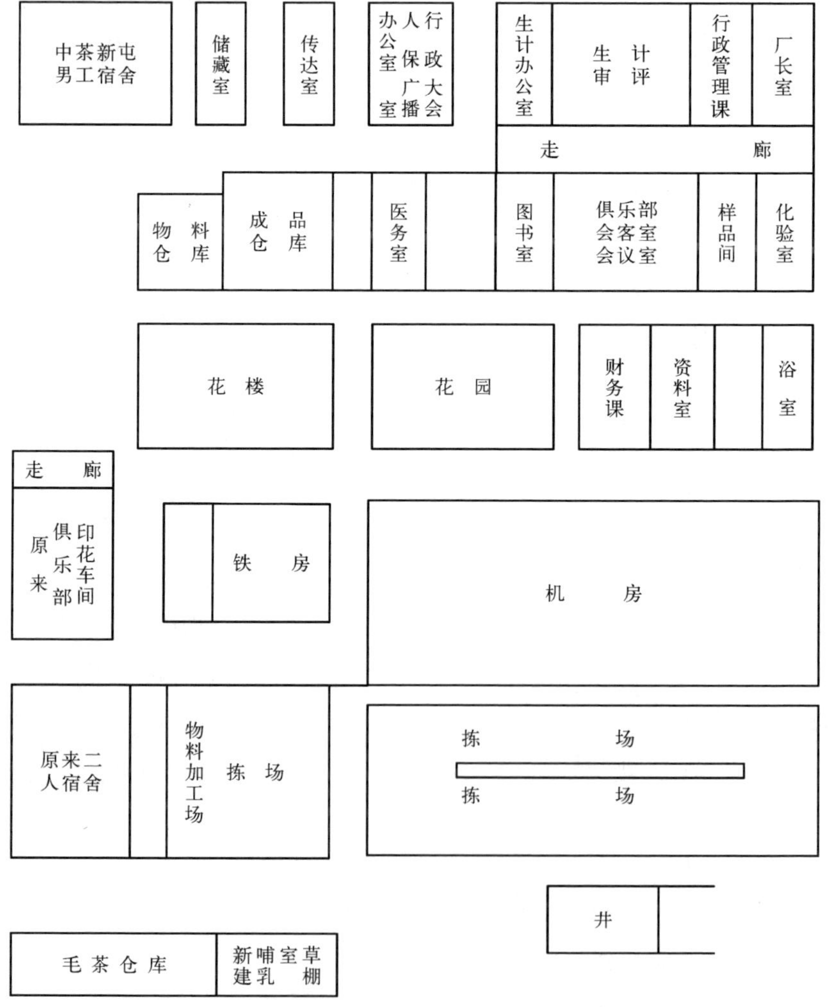

说明：(1) 饭厅及厨房搬大马路楼下。(2) 哺乳室可以在毛茶仓库隔壁造一草棚。(3) 现住中茶新的人员搬大马路楼上或其他地方。(4) 现在的俱乐部改为印花车间。

对外的意见——党委部门

全文：市委组织部郭部长　编号：1238号　日期：57年

由于产假居住在市委党校内，看到了董涛的作风，使我大感不满，始终使人感到这是一个思想麻木不仁，只知拿钱摆老资格，整天向党要地位的人。在他身上难以闻到共产党员的气味，但是居然本身思想极不健康人，组织部却赏识他去搞思想教育。谁都知道我们今天的社会是按劳取酬，评级是按德才，资仅是适当照顾，为什么组织部在一九五五年把他居然也提了级，批评不接受，人们对他意见很大，是否组织部高高在上一些[点]都不知道？因为感到愤概[慨]所以对他也很注意，听说不久为分配工作，地位不合乎他的理想，消极怠工却按月取薪，并未对他任何处理，这样〈还〉是重他的才呢，还是重他的德？诚然他过去对革命有过贡献，但〈终〉不能在今天建设社会主义的时候〈中〉就应由别人劳动来奉养他呀！这样的人使人难以相信他能领导别人把工作搞好，应该把他从领导职位上撤下来。

办事员：林佩珍(团员)

建议：我们要工业部领导，不要财贸部领导　编号：1554号　日期：1957年10月22日

一九五六年以前，中茶苏州支公司和苏州茶厂均由财贸部领导，到五六年九月份中茶苏州支公司奉令撤消[销]后，苏州茶厂仍由财贸部领导。苏州茶厂属于工业生产，财贸部管商业部门，二[两]者已不能适应工作要求。我们建议苏州茶厂应划交工业部领导比较恰当，不要财贸部领导。请上级考虑。

汪仲元等

全文：我主张苏州茶厂坚决不要财贸部领导　编号：1214号

我们是一个工厂。我们的原料供应和产品推销可以由商业部门供应和推销，但是行政和业务应属工业部门。为什么？请看下面的事实：

1. 财贸系统领导的都是些银行和贸易系统。布置工作是如何运用国家的货金,如何安排市场,如何加速商品流转,而我们工厂的工作是如何减低成本,节约原材料。业务根本是两套。

2. 由于他[它]们两个部门的工作性质不同,他[它]们所领导的经营管理方式,亦就根本不同。

3. 记得在一九五五年三、四季度,我们厂里有好些同志去商训班学习,内容要学员检查轻商思想。这简直是笑话,明明是工业干部,〈他〉有什么轻商思想呢?

因此,我坚决反对茶厂属财贸部领导。

车间主任:徐柏林(群)

全文:向市级机关提个意见　编号:9405 号　日期:57 年

原中茶公司在去年三季度已经撤销,我们的业务性质基本上改变,可是我们的顶头上司一直不更。财贸部布置的工作内容都是商品流转,如何对待顾客问题等等。指标生产内容听不到,我们白白坐上两个小时,领导讲得满头汗。这起什么作用呢?

这种牛作马耕的作风应该改变。

办事员:方三槐(党员)

全文:向市级领导上提一个意见　编号:1073 号　日期:57 年 10 月 11 日

工业部何时方能领导我们茶厂生产呢?我们茶厂自从一九五二年建厂以来,在市里一直是属于商业系统领导的。可是,在别个地区的茶厂都是工业部门领导的,如浙江省、福建省、安徽省等的所有茶厂都是属于工业部门领导的,而我们苏州厂呢?主要业务是生产管理工作。几年来,可以说在工业生产知识方面极少得到帮助,日常有关工作上的报告和指示得到的都〈是〉不〈是〉适合业务需要,什么商品流转计划,组织货源迎接旺季,市场旺季更旺淡季不淡,对私改造,淘汰批发商……这方面的报告,在劳动竞赛方面什么推销货、模范管叶[理]员……先进经验介绍。内容真丰富!同志们总是抱着兴致万分的[地]到会场去听报告,又是与我们业务工作上不对头的,败兴而归。再谈谈领导上为了培养干部、提高同志们的业务水平与工作能力，可是学无所用。如到商训班学习商业统计、采购推销供应……对实际工作上一无用处，仅是增进一些普通知识而已了。关于这一个问题曾在一九五三年提过(是与当时工业部周××同志谈的)，回答请带上去市委研究研究……结果是原位不动了。为了今后更好的[地]做好我们生产工作，在此整风运动再次提出。请市领导上重视研究。

车间主任：王宗庭(党员)

11—7　对外的意见——政府机关部门

全文：国务院请转国防部、内务部首长同志：

我们单位里也响应了党的号召，开展了全民性的整风。作为一个共产党员的我来说，毫不例外，应该勇敢〈于〉投入这个伟大的运动，坚定不移地和我们共产党所不能允许存在的“三害”作彻底的斗争，将一切不利于社会主义的歪风给予无情的揭发。

首长同志，在我思想里总是一直认为关于我个人复员后的工资水平是官僚主义的作风造成的。值此整风运动，党号召我们大家说知心话，就把这个问题作为我的肺腑之言，向你们诉一诉吧！

我是一九四八年在东北四平街参加中国人民解放军，一九四九年四月光荣的[地]参加了中国共产党，一九五五年一月复员回乡。在部队生活将近七年，在工作上没有犯过错误，在战斗中没有畏缩过，都是和同志们一起奋勇前进，从东北到广东，始终如此。这是党的正确领导和各级首长对我的教育和培养所得来的，因而得了三次大功，提升为正班长。我原是江南人，复员在苏州孤苦伶仃的只有一个人(现在已经结婚了)，可是复员到地方上来参加祖国的社会主义建设就不同了。表现在复员军人参加工作好像是重新革命一样，把原来部队的级别降掉了，把几年的革命历史丢到九霄云外。请问你们，首长同志，我们吃了10年的苦就算白吃了吗？虽然对革命没有多大的功劳，可是也光着两只脚跑了半个中国。我的复员是响应党中央的号召才下来的，不是自己逃下来的。

我不明白，为什么复员后把我的部队级别降掉呢？难道以前的级别不是党给我的吗？为什么我的工资等级要比新参加革命的低？虽然我的工作能力差,慢慢的可以锻炼的呀!难道工资政策适当照顾资历就完全不考虑了吗?

亲爱的首长同志,这些事情你们都是不知道的。今年二月份中央指示全面检查复员军人的安置工作,可是江苏省下来的检查组,他们不是下马看花,即是跑马观花。我们的真正问题没有得到解决。可想而知,检查组对中央的指示贯彻得如何?现在,我每月工资只有三十九元,一个月的饮食、房金、水电费、工会费、党费要分去我全月的工资百分之五十,怎样能够应付抽香烟、理发、洗澡、日用品消费、穿衣服……更不用说养家活口。这是一个实际生活问题。首长同志,请你们查查看,把我们复员军人的工资级别明确规定一下吧!我等待着你们的好消息。

江苏省苏州茶厂复员军人:周明(党员)

全文:为什么(七)　编号:1391号　　日期:57年

上海移民到江西去垦荒。报纸上一方面介绍移民安家立业,生活如何好……而另一方面又不止一次的[地]报导[道]有很多人回到上海,经过教育和动员后又有一批重新回到江西(最近在本月份就有一批)。究竟垦荒生活好不好?真的好,为什么要回上海?

办事员:蒋士增(群)

全文:为什么(八)　编号:1392号　日期:57年

为什么国家机关工作人员和企业职工在一九五四年曾经推行过休假制度未全面贯彻?半途而废当时没有说明解释,而现在部队军官却有十五天的休假。党和政府出尔反尔,又是两样看待。究竟为什么?

办事员:蒋士增(群)

全文:为什么(十一)　编号:1395号　日期:57年

一九五二年七月二十五日前,中央人民政府政务院《关于劳动就业问题的决定》中说"……对国民党反动统治崩溃时所有旧公教人员,人民政府在接管时采取了全部包下来的政策……"为什么事实上有很多旧公务员解放来一直失业(我父亲即为一例),根本没有全部包下来?

办事员:蒋士增(群)

全文：为什么(十二) 编号：1396 号 日期：57 年

为什么苏州市沧浪区和金阊区人委会在劳动就业政策的执行上各搞一套？采购局棉花仓库职工家属戴玉英(就业人员)介绍来我们厂做保育员，而我的家属江梅芳(失业人员)却不能介绍来。是不是因为戴的丈夫是党员老干部，是党支部介绍来的(据戴雪英自已[己]讲)？

办事员：蒋士增(群)

全文：虎头蛇尾之一 编号：1336 号 日期：57 年

除"四害"在运动开始是[时]热火朝天，日夜捕捉，订出保证，就目前讲，音息多全无。在粮食紧张供应之际，灭鼠灭雀都不问了，并且居民中养鸡鸭现象尤颇多。

办事员：汪仲元(群)

全文：虎头蛇尾之二 编号：1337 号 日期：57 年

城市交通规则严格执行，使人寸步难行，尤其观前街及三个路口令人担心。现在呢？什么交通规则都不管，所以交通事故较多唉。

办事员：汪仲元(群)

全文：虎头蛇尾之五 编号：1340 号 日期：57 年

城市失业工人就业，政府早就讲过，在近几年中完全能够解决城市中失业工人的现象。现在看看，不声不响，消息全无。讲得响，又做得怎样？

办事员：汪仲元(群)

全文：硬性规定 编号：1218 号 日期：57 年 10 月 14 日

我们西中市鼎太粮食店太主观，供应山芋的办法和扣留粮食 7 斤不卖给方法。节约粮食是全国人民应该的，但是在供应方法上是不是中央规定这样做的？

经过情况：每一户需供应山芋，大家早已知道，但是应该在自觉基础上来进行扣除山芋粮不算，再外扣下 7 斤是什么道理(你供应不能卖完)？这个问题请粮食局领导上是不是命令这样做还算节约粮食吗？领导上赶快下基层了解了解情况，不要高高坐在宝座上。听听群众的呼声呢？

11—8　对外的意见——工会

全文：官僚主义　编号：1354号

我厂体育协会在去年成立了。当初根据体协章程规定每人收会费二角作为发会员证的成本费及做体协会会旗用，至今有一年多的时间后，会员证也没有发。经向你会反应[映]过，对这笔款如何处理，至今未曾答复。我厂群众意见很大，大部分工人同志提出要求退还。这种情况不是偶然的，在城工会议上也提到对二角钱应作出处理或退出来的要求。我会又向你会请示到现在从未答复。这种官僚主义作风到何时才能放弃呢？速速答复。

胡春来(党员)、胡通宙(团员)

全文：对福利工作一点意见　编号：1359号　日期：57年

我厂在福利享受方面表面看起来实是不错的，有浴室、哺乳室等设备，可是真正说关心职工福利还是不够的。如我厂浴室是为制茶工人而造的，因此科室干部是享工人的福；原哺乳室是为女工办的，因此科室同志似乎也靠工人的福。但是不是真的解决了我们女职工的困难呢？〈拿〉我厂女同志大多数有了孩子，有的已有二[两]三个，因此家里也缺乏人照顾。要送本厂不够条件，要送托儿所无处送。但一些公司企业属于商业工会的，商业工会就有托儿所，上托儿所还有接送车，的确使妈妈们减轻了许多负担。本来我厂也有享受，后来因为我厂属于粮食工会所以不能享受。我真不明白，〈那末〉粮食工会与商业工会为什么对工人福利享受有二[两]样？说我们是工厂吧！那末[么]为什么我们工厂享受又比其他厂差？是否因为我们是小厂对国家贡献不大？为什么有的厂有疗养所、营养食堂？我厂是不是不够条件，是不是没有这么多福利费？其实不然。领导上是否怕搞起来以后群众要求越来越高？因此请上级领导与本厂领导多关心一下女同志的生活福利与集体福利，再后建议有关部门解决我厂女同志较大小孩的托儿问题，减轻妈妈的负担，更好地为党工作。

科长：顾盘珍(党员)

11—9 对外的意见——共青团

全文：向团市委提〈示〉一个意见

经过肃反运动，在我单位也揭露一个暗藏团内的反革命分子。经定案后，我支部就立即报告团市委，要求研究处理，但团市委的工作作风真是存在问题，拖拖拉拉地经过近一年的时期。我们在这个时期中也一次再次与团市委联系，您是说"等待处理"、"什么政策问题"等等。在团内有很多同志经常向支部提出批评与意见，责问支部为什么反革命分子也参加团的组织生活及一切团的活动？这真是对团的组织影响很大。我认为团市委对这个问题的处理，是应该负完全责任，并应该进行检查。

办事员：毛其林(党员)

11—10 对外的意见——上级主管部门

全文：建议

苏州茶厂是花茶厂，特别是从建厂以来生产的特级茉莉花茶不但〈是〉在国内是著名的产品，而且在招待国际友人、保卫世界和平也起了一些作用。我们为了保持高级产品的质量，请中央给予支持。根据本厂几年来实际工作〈上〉的情况，特级茶的原料逐步减低，硬做出一个特级的产品在保持内质、外形、质量方面都受到影响。为此，我们建议从内销服从外销的基础上，请求中央对今后分配原料方面在数量和质量上都请[给予]支持，以保证特级茉莉花茶的品质，避免迁就复制和年年略显降低的现象。

办事员：方瑞发(党员)、赵登周(群)

全文：变，变，变

我们是江苏省苏州茶厂(现称)一部份[分]工作人员，对自一九五五年以来茶叶系统机构名称、领导关系的屡次变动存在很多想法。因为我们工作在基层单位里，没有听过中央和省级首长的报告，所以一点也不了解究竟是为了什么要作如此大的变动。我们也曾想过，是不是为了适应形势发展的需要？还是由于不去了解实际情况的官僚主义形成？本来我们抱的态度是变了也就算了，好在工作性质没有很大的变化。而现在我们的党开展了伟大的整风运动,号召我们大家讲知心话,有啥说啥。我们认为这个问题是我们思想上弄不通的疙瘩,就当作知心话,像一个问题一样提出来。请你们了解情况的单位向我们作一个解答,究竟是什么原因造成的?为了便于你们解答,我们把江省茶叶系统的变动情况和变动所产生的问题,简单的[地]向你们介绍一下。

(一)变动情况

1. 江苏省茶叶公司一九五六年初宣布撤消[销],并入江苏省农产品采购厅与菸麻叶业合并为第二叶[业]务处,十月份又改为第四叶[业]务处专门处理茶叶业务。一九五七年初,江苏省农产品采购厅又宣布撤消[销],并入江苏省供销合作社,茶叶业务合并在(日)用杂品管理处改称为茶叶制品管理处(在此同时成立了江苏省服务厅,原江苏省供销合作社经营的付[副]食品叶[业]务划归服务厅)。九月份根据江苏省供销合作社服务厅合署办公后的指示,将茶叶杂[制]品管理处与土产废品管理处合并为第三业务处,到目前为止江苏省的茶叶业务归江苏省供销合作社第三叶[业]务处茶叶科负责处理。

2. 中国茶叶公司苏州支公司原与苏州茶厂合署办公,原负责苏州市及专区四个市十二县的供应叶[业]务。在江苏省农产品采购厅成立的同时,苏州市也相应成立了农产品采购局。□茶叶供应业务即划为苏州市农产品采购局下设的茶叶供应站,仍旧负责对四市十二县供应。一九五七年五月份,苏州市农产品采购局又宣布撤消[销],全部业务遗[移]交苏州市供销合作社(在此同时,苏州市与省同样成立了服务局),茶叶业务则由苏州市供销合作社下设的日用杂品经理部的茶叶批发部负责,但供应范围则由原四市十二县改为苏州一市,其余三市十二县则划为江苏省供销合作社茶叶杂品处的无锡批发站供应。现该单位又更名为无锡货栈,负责江苏全省四十个县市的茶叶供应业务。

3. 中国茶叶公司苏州茶厂,原业务领导属江苏省茶叶公司,行政领导属苏州市商叶[业]局。随着省、市农产品采购机构的成立与改变,业务领导先属省采购厅第二业务处而第四业务处,后属省供销社茶叶杂品处而第三业务处。行政领导先属市采购局,后属市供销社。由于领导关系的屡次改变,机构名称也随之屡次变更,原全称为中国茶叶公司苏州茶厂,第一次更名为苏州市农产品采购局苏州茶厂,第二次更名为江苏省苏州茶厂,第三次更名为江苏省供销合作社苏州茶厂,第四次改名为江苏省苏州茶厂(现称)。苏州茶厂原来不仅负责本身加工花茶业务,同时又负责委托公私合营久华茶厂加工花茶业务。

公私合营,久华茶厂于一九五六年初全行业公私合营时由十九户私营茶厂合并组成,一九五六年行政领导属苏州市轻工业局,业务接受苏州茶厂委托加工,七月份苏州市人委改造办公室批准行政领导划为苏州市农产品采购局领导,业务仍接受苏州茶厂委托加工。一九五七年初苏州市农产品采购局决定将公私合营久华茶厂原委托加工为自营(这是与今年三月份国务院指示工商关系维持一九五六年现状不变的精神不符合)(由于久华茶厂无自有资金无法自营,同时人民银行遵照国务院的指示,不改变工商关系不能贷款,因此久华茶厂的自营资金全由苏州市农产采购局向银行贷款后转帐[账]的。待苏州市农产品采购局与苏州市供销合作社合并后,银行发现后,停止了贷款)。苏州市农产品采购局与苏州市供销合作社合并后,久华茶厂的行政领导也随之改变。于七月份开始江苏省供销合作社决定恢复久华茶厂为变委托加工关系,业务接受江苏省供销合作社茶叶杂品处无锡货栈委托。在此同时也将苏州茶厂原自行对外关系的调出部份[分]划为无锡货栈统一掌握,原料调入仍由苏州茶厂按省社对外签订的合同自行组织。

前后到目前为止,一共是二十一个月。江苏省的茶叶系统就是一变再变的[地]变成这个科[课]。当然,还有南京茶厂和江苏省茶叶公司的杨州[扬]、徐州、南通、松江办事处以及南京市公司的屡屡变动情况,我们就不太清楚了。因为省、市的变动与我们苏州茶厂的变动有直接牵连关系,所以我们不得不将省、市的情况拉一些出来,未免噜苏一点。

(二)变动后产生的问题

变,当然有它一定的原因和成绩。这里我们不是总结成绩,就工作中碰到的问题说说:

1. 机构的变动,管理制度也随着在变。例如,原来执行茶叶系统的制度现在又要执行合作社系统的制度,试问贯彻与执行这些制度需要花多么大的精力?

2. 变动一下,在行政费用开支上要浪费多少财力?例如:招牌、铃记、园戳、报表、工作证……。从一个单位来看果然不大,但以全省、全国计则骇人听闻。

3. 随着机构的变动,干部也是〈有〉调来调去。今天在这里,明天在那里,今天做这个,明天又换了行。这样对[不]正确的[地]培养和使用干部将要受到一定损失,充分的[地]发挥干部的工作积极性也要打些折扣。东调西调,对干部的情绪来说,是不是会引起一些思想波动呢?试问,我们的领导上要花多少的力量去做思想工作呀?

4. 茶叶系统原是个专业系统,变成农产品采购系统,经营的业务有棉花、菸、麻、畜产和茶叶,而合作社系统的面〈即〉就更广泛了。原来搞茶叶专业的,现在不搞了,有的是兼搞了。真正的茶叶干部改行了,换上了一批新手,在业务熟练程度上将要受到多少损失?江苏省茶业公司负责全省茶叶工作,变剩[成]了一个茶叶科,只有十三四个人。苏州支公司负责四市二十县供应工作,有[由]十几个干部变剩[成]了两个人。专业干部一日日的[地]少下去,新生的力量又赶不上。这是多么令人痛心的事呀!

(三)最后一句话

茶叶系统有没有变成像一九五一年以前那样自上而下直属专叶[业]的可能?

吴光淼(主搞[稿])、张逢济、周韵竹、顾盘珍、余尚清[青]、黄子锭、颜宝书、方三槐、赵织云、汪仲元、任衡、徐柏林、柯汉钦、熊忠谋、唐润洁、王宗庭、宋炳庚、徐凯明、吴正中、蒋士增、胡肇祯[贞]、陈国英、王文田、程宗炳、方金石、吴元骏、宋伯荣、翁世声、方葆民、胡士田、周明、方炳钊、胡通宙、胡林辉、郑尧珊、林佩珍、洪仁山、赵登周、方增良、唐志平、耿怀敏、毛其林、胡春来、蒋忠钦

全文:请转寄省社　资本主义的经营作风　日期:57 年 10 月 6 日

今年省社无锡货栈对收购的碧螺春没有经过拣剔就调拨出去了,据说这样做是为了降低成本。试问:像这样的降底[低]成本是对人民负责吗?是对名产品负责吗?

又根据为了要超额完成收购任务,就把炒青当碧螺春收进。这样的超额完成任务光荣吗?

什么原因,(使得)今年的碧螺春划归无锡货栈加工?无锡货栈是用手工生产的,这样不仅增加成本而且质量也受到了影响。另一方面,放着原有的苏州、久华两厂的机器设备不加以利用。试问:这样做是否妥当?

办事员:周永水(党员)

全文:为什么对我们苏州茶厂这样不关心?　编号:609 号　日期:57 年

苏州茶厂原来属于采购局,自从采购局与市社合并以后,就属于市社领导,但市社对我们领导不力,有时贯彻制度却把我们忘记了。人家都改夏令时

间,我们却没有接到通知,打电话去问才说是漏掉通知了。我们自己改改吧!原来采购局10号发工资,市社和市社所属机关五号发工资,也是去请示后才执行的。最近国庆节放假也是这样。早就听到别的单位是29号办公,30、1、2号三天放假。我们这里始终没有接到通知,看看日子近了,打个电话到市社,市社反问你们怎么没有接到通知?又叫我们自己执行吧!从以上事情来看,不是偶然一次忘记的问题,而是对我们苏州茶(厂)这个单位不关心。因此希望通过整风加强对我们茶厂的领导。

课长:陈国英(团员)

全文:上级这样掌握制度,叫下级怎样执行? 编号:821号 日期:57年

今年七月份,我厂有二[两]位同志去南通学习,市社也有二[两]位同志去学习,八月底回来后,在报销旅费中发生了这样一个问题。在南通学习时系集体伙食每人十二元一月,这样就发[产]生了伙食差额。因为制度没有决定所以没有报销。后来发现市社范仲安报销了,我就打电话向张林科[课]长请示,张科[课]长答复我说范是根据条件救济的,市社没有权创造制度,假如你们的同志符合救济条件可以救济。当时就结束谈话。后来又发现市社另一个参加学习的张金永也报销了,我〈为〉恐怕张全永也是救济所以没有先向市社联系,而向×××同志了解是按津贴报销,出的附加工资科目。根据这一情况,我又打电话找张科[课]长要求答复,张科[课]长在这样的情况下,就无法答复,只好说了解一下再答复我。过了几天一直没有消息,我又打电话去,结果由乐同志答复说:张金永这笔伙食津贴是因为当时会计负责人不在家而报销的,现在张金永已调到南京无法追回,现已由工会主席批准作为救济处理。试问:上级单位这样掌握制度叫下级怎样执行呢?怎样向同志作介绍呢?

课长:翁世声(群)

全文:对市社人事科[课]一点意见

我现在不明确上级人事科[课]对我们下属人事课的领导到底起什么作用?还是官僚主义,不深入下层。过去上级人事科[课]还经常到基层单位了解工作情况与群众思想动态以及对人事工作进行指导帮助。现在是否因形势发展,仰[抑](或)是没有人事工作可领导?拿我厂来讲,自属市社领导以后,

很少看见市社的人事课同志下来了解工作情况,总算难得有一天人事课的王课长带领了科[课]里大部份[分]人员和我们见见面。另一方面是为了解决我厂季节制茶工人淡季找工作问题,当时我满以为上级人事课来帮助解决我厂问题,因此心里很高兴,可是结果拨[泼]冷水。人事科[课]王科[课]长讲,主要还是依靠你们自己解决,我们只是帮你们办个公文,再后还是打个官腔,根本问题要加强对工人思想教育工作。这一场谈话就此结束,听说要驾临到久华茶厂去了。自此以后,再不见市社人事科[课]同志光临。这种工作作风,还是深入群众还是兜风?因此我有一个感觉上(级人)事科[课]对下级没有什么作用。

课长:顾盘珍(党员)

全文:王局长你为什么不答复?

王局长,我们自从开始学习,你来作报告,我们给你一个信,要求学习工资。你回说,我和厂长联系一下再答复。请想想看,家中放弃工分来学习,来厂无工资,倒贴零用钱真不少,两头损失更加大。我们马上就要回家去,托你快快来答复。

工人:潘政忠(群)

全文:王局长问你一个信

你在我未开工前,时常来把报告作。我们大会意见提了不少,你说与我厂长考虑来答复。今日我来问问你,帮头是□篮抛,请细心想一想。我厂快要结束了,请你赶快来答复。

工人:王桂芬(团员)

全文:请问王局长(现名称王主任) 编号:731 号

苏州茶厂刘本清厂长的前妻来厂吵闹,经公安部门派同人员送其返乡,而我厂生技课徐柏林课长也伴同送行。这笔旅费为什么你竟批准向公家报销?

你是按那[哪]一条制度上规定批准的?你说公安部门同志已由公安局报销,难道你不了解这是公安局的职责范围?因公出差的旅费当然可以报销。在我厂来讲这既不是业务范围,更不是因公出差。你为什么慷公家之慨?是不是因为刘本清是厂长？要是办事员，是不是也能派员送行，旅费给予向公家报销？

办事员：林佩珍（团员）

11—11　对外的意见——个人方面

全文：蒋守信盛气凌人　编号：450 号

蒋守信的态度是叫人怕的。你也是由工人提拔的，是不是做了股长看不起工人了？弄弄就是批评，就要要态度。

工人：方金福（群）

全文：蒋守信对待人的态度　编号：442 号

五五年来厂后（是冬天）我的床铺已经搞好。你为什么要叫我让出来给王渭生住呢？为什么对我们这些由商业局转来的同志这样看待？

工人：方金福（群）

全文：不顾工人死活的蒋守信

五五年八月，生产很紧张。领导不安排，死人他[也]不管。制胚工作完，再去花楼帮。工作将歇手，又赶开会忙。一天无休息，还要夜班上。疲精力又尽，身体难支持。下班深半夜，大家精神完。领导下命令，再过二[两]点钟。开过节粮会，大家来讨论。工人意见大，守信往下压。一付[副]官僚相，当群面前摆。开口就批评，声音如山大。群众都害怕，拼着性命来。天呀，天呀！我已经做了十六个钟头没有休息过。明天六时还要上班。难道说领导要我们工人做死吗？

工人：方金云（群）

全文：给江流同志的一封公开信　编号：1179 号　日期：57 年 10 月 12 日

江流同志：

你调出苏州茶厂已经二[两]年了。在这个期间，你的咆哮、急噪[躁]性情脾气改了没有？不改是人家不原[愿]不接近你的，就是接近，也是敬而远之。回忆我们过去坐在一张台上办公将（近）三年多，隔阂相当深。除你的个性突出外,我老是存在一个迷[谜],就是我们以前领导与被领导的关系上始终搞得不好,是否有人在其中搞鬼?时值轰轰烈烈的全国整风运动,可以将几年来的迷[谜]揭开一下。到底是什[怎]么一回事?你不妨深入我厂看看大字报,可以戳穿这个迷[谜],并可以进一步的[地]揭发问题。最后你要改变对待同志的态度,脾气要改,作风更要改,形势也不允许你这样"家长式"的[地]对待同志,这是我的忠言。

此致

敬礼

你的战友:汪仲元(办事员)(群)

全文:所谓干部政策　编号:920号　日期:57年

(二)如此干部作风

鲍清和同志确实工作很热情,也很积极,但是在作风上、思想意识上是有问题的。你看他过去奉承经理、帐[账]房,现在奉承厂长、支部领导。如果真正接受了社会主义教育,那么更应该接近的是群众,可是他却不然。做工作要做在领导面前,什么一点小事都向刘厂长汇报。难怪刘厂长对他偏爱,因此工会改选时提议我们要挖后备力量,推荐鲍清和可以做工会宣传工作。也难怪我这个非党员的代理负责人请他搞工作,接受起来冷冰冰。照理讲他是个党员,我是〈个〉新搞这工作,应该协助我把工作做好,可是逼[适]得其反。你看他平时和刘厂长、吴应瑜多接近,吃饭在一个桌子,不要说吃小菜总要省点给领导吃,就是饭也是常常在砂锅里来一块塞给刘厂长或吴课长吃。我认为当时也要节约粮食,你经常吃不下为何不减少定量呢?偏偏要以吃不下为名省给领导吃。这样做法,我觉得有些过分的[地]体贴领导,好像有些肉麻。

工会主席:陈国英(团)

全文:鲍清和与胡贞禄反领导集团的宣传员　编号:1191号

鲍清和是苏州茶厂五六年工会的宣传委员。他搞的黑板报不是报导厂内生产和厂内活动,是宣传胡贞禄的个人崇拜。特别是在刘厂长外出访问时期,胡贞禄左一个报告右一个报告,他强要人家守听胡厂长报告感(刘厂长做[作]报告倒默默无声)。长篇累牍无人看,奉承妙计看黑板报签名。请你检查你当宣传委员期内宣传方面是什么?

办事员：张逢济(党)

全文：快板：青云直上 编号：649号

鲍清和，来厂二[两]年多，先做收发后人事，再把宣教委员做。原来的入团通不过，到此却是一下通。入了团就入党，调到市局又把干事做来(注党总支干事)书记当(团总支书记)。你看，你的“运气”足不足来足不足?

刘厂长，大会批评别人表扬你，说你思想好来工作强，样样都比他人事[强]。忆昔当年，原单位那[哪]个不识你的妙花样，阿谀老板、奉迎经理、欺假同事你最强。到如今老调未改一个样，奉承领导、欺假同志是你的老名堂。有次急办文件发不出，咆哮如雷说我误辰光，想把责任往我身推，暗箭伤人真利[厉]害。为啥归[学]习仍未改?问题在于领导太“宠爱”来太“宠爱”。

办事员：方增良(团)

全文：我对鲍清和的心里话 编号：860号 日期：57年

我和你本来是一个店里工作，那时相处得比较好，是后来中茶后，也是分配在一个科内工作。本应初来时其他同志不认识，而我们更应该亲热一点，但是恰恰相反，如像我是你的眼中钉。来不久业务有点熟悉，就更傲慢起来，更是目中无人，同时对一起来的人也是如此。你用各种手法向股长(吴应瑜)献殷勤来骗取领导对你的信任，特别是专做那些容易被领导们看出来的事，而那些看不出的事就不愿意去做，并且在领导面前说我怎样……〈并〉挑拨我与领导关系，并在同志之间〈也在〉挑拨，因此吴股长找我谈话，讲我对你有意见，当时把我搞得莫明[名]其妙，不知从何说起。主观的吴应瑜并说我对你有忌心，这更使我想不通。我也问过自己，为什么一个同志的业务能力提高、觉悟提高，要去起仇意呢?但是天晓得，我根本没有那样的想法。这不是祸从天降吗?因此使我有一度[段]时期苦得很闷得很，我要问你，说我对你有忌心根据何在?用心何在呢?我实不知!

办：胡春来(党)

吴明德的工作作风　编号：1299号

吴明德是参加(工作)很早的老干部。照理来讲,应该是身经严重考验的老干部,对党的事业当然勤勤恳恳、无比忠诚。可是事实怎样呢?吴明德在苏州市茶叶支公司批发部当主任时,工作不够负责,〈上〉办公时间浇浇菊花,高兴起来骑了自行车到观前街上兜一圈,到旧货市场去看看有否合适的东西买点回去。在另一方面,吴明德对党是有意见的。尤其党对他过去所犯错误得到处分,经常不满发发牢骚,党对他的处分是不应该的。再看吴明德是个十足地道理说、脱离实际的人,你看他学习是多么认真,办公时间也在看历史唯物主义矛盾论、什么逻辑、哲学、斯大林传等很多著名的理论又非常深豪[奥]的作品。可是吴明德同志阅读了这些作品,有否领会呢?有否贯彻到实践当中去呢?照样工作不做,牢骚照发,个人利益蛮重。因此通过整风,这些作风赶快改掉!

课长：顾盘珍(党)

吴明德主任"德不明"　编号：837号

想当年中茶成立批发部,吴明德是当的主任。我调去是搞出纳、管库存。因为我不善趋奉是本性,他对我向存着异心肠。新工作,调去同志都陌生。初创时期上级要求未熟悉,一切工作存在忙乱现象,又逢市场存少要货量大,可[所]以旧常[账]进出很是频繁。有一次钞票汇解时间到,求主任帮忙点数解银行。他却是双手乱摇来回绝,怕的是银钱多少他有责,尽[情]愿到自辟小花园中去,优闲地裁[栽]花种竹把时消。调外地茶叶当时有困难,因有的价格省里还未批,有的价我们厂里还未评,有的茶业[叶]国内或暂停供应,都要等上级批下来执行。他要我先调价到最(后)通知,但到对方无价他不能供应。我想同他商量其他办法想或者先调一部份[分]有价的去,其他待价到再调也无防。一句话说我工作不负责任,还汇报(给)当时朱德正厂长,听一面之词当然会相信,就此经常对我有不良形(象)。有次批唛相近挂错了牌(原因覆□我已作过检查),威协[胁]说相相[信]这人处理轻,不相信这人处理就要重。结果党正确处理,我心安。办公时间,你借公去济私,骑了自由车出去兜兜圈,寄售商店里去寻心爱物,便宜货塌[摊]此也是乐团团。银行存款不用借库存金,满意时对党说些漂亮话,不满意时把党来批评。贪小便宜是你特有本性,晚上睡一觉醒未明，小便不向厕所同[门]去，而由楼门上浇向天井。潺潺之声直把人来吵醒，日久生臭天热很觉难闻。被领导不以思想来教育，而发动小组斗争作敌人(原文如此——编者注)。在此整风时期向你提出，如果认为有百分之五准，希望你很好的[地]接受批评，决心把它改正。

办：宋伯荣(群)

向[问]原苏州茶厂厂长朱德正关于陈妈的处理当吗？ 日期：57年11月6日

陈妈很早就是中茶公司苏州窨花工作组的炊事员，不过原先是临时工，照理按规定后来是应该转正的，但于一九五三年把她从炊事员的工作岗位上调动到拣场去拣茶叶。这个事情当时劳动局并不详细解决，只是说如果是工作调动，本单位可以决定，如果是解雇则是不同意的，那么劳动局是同意工作上的调动。但拣茶叶一般要从小时候学起。陈妈是寡妇，虽有个女婿，只能维持自己生活。陈妈自从到拣场以后，依靠拣茶叶不能生活，只好替人家洗洗衣服，名为调动工作实际工资显著下降，与解雇相差无几。我不是说拣茶叶不能生活，而是认为陈妈不会拣茶叶，使生活发生困难。陈妈去拣场后，常常哭。当然，陈妈做大单位炊事员，要她独领一面重生活是有困难的，但要她做此轻生活则是节俭的。领导上对这样的人应该照顾，而不应该踢开不管。长期以来我一直认为这个问题处理不当，现在提出来希望苏州茶厂领导上重新研究一下。并请将研究处理结果告诉我。

蔬菜公司：文牧

朱德正的宗派主义一例 编号：628号

三反运动后，查出的伙食贪污案件，其中三个人的处理就不同。二[两]个系农工队员，一个不是农工队员，结果不是农工队的就撤职，其他二[两]个同志一个警告，一个大会检讨。而在厂务会议上，很多人认为一个撤职，一个降级，一个警告。撤职有为了贪污一百多元，降级的是因情节恶劣假帐[账]，一个是挪用所以警告。结果朱德正不同意，只对第一个撤职是这样做的，其余二[两]个农工队员就从轻发落了。而且有一次检讨大会前，朱德正找我谈话说可能不是造假帐[账]，是弄错的，但我不能这样讲。因为帐[账]可能弄错，那末[么]钱为什么不多？难道帐[账]错了，钱也会少的吗？这次谈话，朱德正的用意何在（目的何在）？是否也要我包庇下抹杀事实吗？这算不算宗派主义的其中一个？瞿恒后来又贪污了，也没有处理。

课长：翁世声（群）

瞿恒贪污为什么不处理？　编号：1120 号　日期：57 年 10 月 12 日

瞿恒在管伙食时贪污，把公家的被子作为已[己]有，结果均未作出处理。什么原因？朱经理作何感想？是不是因为瞿恒也是农工队的人？

课长：韩作人（党）

我们受到不同的待遇

记得五二年，市里曾将没收反革命分子的物资拍卖过几次。当时，在我们这个单位不公开，只有个别权威人士暗中去买到东西，然而在别的单位都可以买。我不知道这是市里的规定呢，抑或是朱厂长的偏见呢？

课长：韩作人（党）

积在内心的小问题

我在五三年到苏州协助工作，一次在股里闲谈。某人说："为了货源的事，我去上海未办妥。朱厂长去了一次，华东区公司就批准了！"我说："这是用旧观点来处理问题。有威信的人去了，问题能解决，没有威信的人去，问题就不能解决。"这话有人汇报给厂长，他怎样汇报的我不知道，后来朱德正厂长在大会上批评说："有人公开说他没威信！"这是从那[哪]里说起呢？真叫人莫明[名]其妙？到现在想起来还是不通，请汇报的人想想是怎样汇报的。

办：赵登周（群）

揭开吕金凯深处来看看　编号：1247 号

我和吕金凯结婚快过五个年头了，已生有了二[两]个小孩，照理来说家庭应该很幸福，然不是这样。近二[两]年来波折很多。吵吵闹闹的情况是什么呢？是为了我以前和吴宜章接近密切。这个问题有没有缺点呢？有的。我曾几次向吕金凯检查这样的接近是不正常的，要克服。自[且]组织上也检查了这个问题，但吕金凯对我仍怀恨在心。为了这个问题折(磨)过我、骂过我，并更对我向组织上回[汇]报有意见，因而在这二[两]年中对我是冷淡、不真诚，在外面另找新欢。更可怕的是由于资产阶级思想的兹[滋]长，对党的事业不是勤勤恳恳，而是要讲究吃得好、穿得好。因此为了党的事叶[业]，为了帮助吕金凯同志坚决克服过去那种姑息迁就、保持所谓威信的缺点，勇敢地在整风运动中揭发一切不利于厂的事业的歪风。限于话长例短，就最近几个事例揭发。

“另找新欢”

〈在〉一九五六年吕金凯在苏州市对私改造工作队工作时，经常不回家找市五中学生□荣妹(以前私营茶厂女工)到观前街去荡马路，一起跳舞，并寄信要求恢复以前的关系，言下之意要与我离婚的。后来因□荣妹表示要读大学，结果拒绝未成。

“闺房谈心”

吕金凯怀着非常痛苦的心情回到家中，冷若如冰的气氛他受不了，因此(跟)他所认为对他尊敬的人去谈心。因此，吕金凯每天回家先至赵××窗口(看)有否灯光，然而登楼找他[她]谈心。内容无非倾吐内心的苦闷，诉说自己的爱人不活跃，不会跳舞，不会蹓[溜]冰，态度不和蔼，什么不好什么不好等等问题。

“深夜漫步”

吕金凯丢下了自己的妻子与孩子，怀着初恋的心情，在国庆节前几天的一个晚上，一个人独自在贵门街后面走来走去等待着一个人。原来赵××去泡水，在等她，邀请她去新民桥，说有事等他[她]。实际是从新民桥—钱万里桥—火车站—平门—人民路，散步谈心，问赵你国庆节可到木□去，几时来？要两日来！要这么长，我还买好了戏票，请你看戏呢！不知不觉已至深夜，吕金凯怕赵走不动，身体又不好，很体贴问她，坐三轮车回家吧！结果未乘，那时已是深夜十点半了。

“难过的国庆三天”

国庆放假三天，照理每个人都兴高采烈难得的假期，然吕金凯内心异常苦闷。因自己的爱人那种讨厌腔儿叫人也够心烦，走出去也不大方，真是走在一起也感到耻辱，因此不得已只得消磨在舞场中安慰自己内心的苦闷。

“这是什么用意?”

吕金凯同志对赵说：我们结婚基础差，谈恋爱只有几个月。那时结婚，我不是主动的。也不知怎么搞的，我会与她结婚。是她主动。目前家中没有幸福，没有温暖……回来，是看二[两]个小孩有安慰些。我与顾盘珍的个性始终是难和好的，我与她的关系也始终不会好起来的。

吕金凯同志，试问你讲这些话什么意思?用意何在呢?既然你不原[愿]与我和好，那又为什么不对我讲呢?

“你是这样关心我的吗?”

吕金凯同志有时对我说：小顾，老实说，我对你是有隔阂的，是有成见。你要我怎么样的[地]关心您对你好，是不可能的。我们各方面个性都不相投。我看我们还是客客气气的[地]离婚好。这是为了双方的幸福。离了婚以后，你年纪又轻，政治条件又不差，可以找到对象。否则，不离也确以[实]难以白头到老。吕金凯同志你是多么的[地]关心我啊！谢谢你！

以上表现在思想意识与生活作风方面。在另方面看，吕金凯同志的工作态度也不是那么勤恳，尤其是调至沧浪区商叶[业]科工作后，工作上也不安心，因此也谈不上对工作积极钻研，切实地负责起来，只考虑到个人名义。最后，同志你醒醒吧！这样下去是危险的，资产阶级思想将会使你走上危险的道路上去。

课长：顾盘珍(党)

不能容忍　编号：727 号

近几年来，吕金凯同志由股员、工会主席、股长、经理(提为)党支书。党对你的提拨[拔]和培养不算差。但是要问问他的党性和待人的作风做得如何?令人愤恨。他的封建夫权相当浓厚。随心所欲的[地]欺压爱人，打骂齐来，打了爱人还不许爱人哭。这种作风和过去统治人物有什么两样?大会提讨过后忘，一次二[两]次又三次。大家可以想想对待爱人是何等样?还有例如他的爱人顾盘珍同志在 1955 年冬天生了小孩。那时天气很冷，家中被头很□。他往党校去学习，他要二[两]件大衣，爱人叫他留一件家中。他狠心的[地]说：一件我要穿，一件皮的被你们盖了要坏的。毫不留情的[地]拿了二[两]件大衣去了。同志们看不过去，抽出一条棉被支持顾盘珍同志御寒。身为党员干部和单位负责人，能够在这个社会中目无法纪吗？这是不能容忍的。不能让他这样随便。要严厉的[地]责备他痛心的[地]改，狠狠收改，再不允许他这样称□下去。

办：林佩珍(团)

抗议！抗议！愤怒的[地]抗议！

我们以无比愤怒来揭发沾染国民党残余作风、无耻之徒吕金凯。身为共产党员的吕金凯动手乱毒打自己的爱人顾盘珍，情节是极端恶劣的无耻的。早在1955年8月，苏州茶厂党支部曾责令吕金凯在大会公开检讨殴打爱人的错误，吕就在当夜怒打顾盘珍，并威胁说："你会向组织反映，我就会打。"从此顾屡遭毒打，只得忍气含气，逆来顺受。吕在毒打之后，还不准顾有哭声，藉[借]此掩盖恶劣的犯罪行为。

我们再看看虐待爱人、毫无人性的吕金凯和有夫之妇的赵××(茶厂干部)之间的关系。在蔬菜公司党支书任内，差通讯员送信给赵溜冰……常常溜入赵的单身宿舍切切私语……或双双逛逛马路，直到深更半夜。真是"话尽知己无可不谈"！体贴照料，情意绵绵，行为恶劣，令人揭发。整风运动期间，吕金凯理应认识错误，痛改前非，而(他)竟在10月12日又一次的[地]毒打顾盘珍，激起了我们的义愤。一致要求沧浪区区委会对失去党员品质的吕金凯给予党纪围[违]法的处理，以平民愤。

办：吴光森、林佩珍(团)

乱汇报 编号：1349号

俞祖发做仓库工作的时候是苦干的，只[这]一点值得我们学习〈的〉。可是后来提升到办事员了，自己以为高人一等，在工作上、(与)同志们的关系上骄傲自满，自高自大，眼角上看人等。作风最要[恶]劣的，有以下几点：

(1) 打击同志，抬高自己。在五四年委托私营茶厂加工，在那个阶段不管政治上、业务上都包含着对私改造的政策的。违反国家的政策是要受到处分的，我就是负责私营厂的业务上一些工作，钱茂栋是负责私营厂的抽磅工作。有一批玉兰三角装箱了，上午钱茂栋去抽磅有二[两]个箱子数量上少二两，就没有同意他人打包。〈在〉下午钱茂栋又找我，同他一起去抽磅，一共抽的四只。二[两]只是不少，有两只少一两多点，在当时就没有同意他人打包。在第二天上午私营厂打电话来问我是不是能打包？我就把电话放下去请示，钱茂栋同意了。我就在电话里告诉私营厂打包了。可是俞祖发为了要到领导面前来表现自己的积极和功劳，大汗如流的[地]跑到厂长面前乱汇报一套：某批茶叶数字不对，方瑞茂决定叫私营厂打包了。怎样长这样短。真是凑巧遇到官僚主义朱厂长，一帆风顺来决定，急时[忙]把我传到厂长室。一顿批评不算少，还要向[问]我知道不知道？大家看这种作风不得了。

(2) 装腔作势俞祖发。自己不懂，假装内行，最突出的歪风时时刻刻〈的〉都想到领导面前表现自己的积极。不到厂长室去头上没有汗，要到厂长室去那[哪]怕做一根鸡毛的工作积极苦干，想一切办法和妙计来得到领导上的信任。

(3) 自从提升股长后，自己以为一步登天了不起，捧上压下，谈起工作就是领导上怎样……更突出的是，领导上与他一起研究工作以及谈工作，他机会来了，杨入辉坐宫院一五一十一大编。若是与[遇]到吃饭的时候，他连饭都不吃，使领导同志看他是积极吧。

办：方瑞茂(党)

送给陆忠琪的礼物　编号：1331 号

我在西园仓库工作的时候，我们警卫的工资多数是廿八元。工资改革后，变化相当大，有十级的，十一级、十二级、十三级的。我就是最低的一级，也就是十三级，还有位同志叫周长保，他连最低的工资标准都不够，仍旧拿廿八元。请问陆课长，我们的工作是一样而工资的比效[较]为什么怎[这]样大？请你答复。

警卫员：巫杨林(团)

整风送与李教师的礼物　编号：1515 号　日期：57 年 10 月 15 日

在九月十号开学的第二天晚上，我问李老师预订两本书(一本语文，一本算术)。当时给我一本算术，语文没有给我。他说要到市城去拿来给我，后他把书拿来给了另一个同学。我问他二[两]次，他没有给我。我又请本班级教师屈老师代问李老师要，至今结果还是没有拿到那本语文。我在上课时看到同学们有书看，我觉得似乎像听书。我看老师对同学是有防[妨]碍的。再说我们交了书费拿不到书，这又是何道理呢？

警：巫杨林(团)

狠狠的[地]整

车间严主任，自命不凡人。工作蒙混过，乱谈有一套。应会称好手，塞责更还能。胡调鼎[顶]呱呱，饱食终日过。歪风样样全，权力大厂长。零星小检修，干脆拖拖拖。既不谈估工，又不谈估价。能谈交货期，大批加工货。坐下来谈谈，再谈吸香烟。拉拉旧关系，天涯海角谈。□情够其融，估工又估价。规格交货期，样样有保证。再谈苏州厂，检修几只机。零件杂而繁，眉头皱不停。划区来修配，不接受那[哪]行。你们都不懂，自命技术精。经验又丰富，办事能力强。如此不凡人，处处有杰作。坏掉金铜钻，坏掉砂轮石。按[安]装工具费，再加修理金。计算千金价，全向茶厂花。铁厂工具坏，根据何政策？要茶厂赔偿。敲坏机器轮，根据何政策？不赔偿茶厂。相形对比下，要找其中因。身为严主任，歪风件件足。一手遮无[天]事，苏州报揭发。从此恨在心，刻骨难忘仇。不与不[茶]厂计，那[哪]里肯罢休。今天恍然晤[悟]，原因是报复。整风大鸣放，当面来揭发。吵嚷要辞职，又是啥原因？社会主义关，端正何态度。

办：方金石(群)、胡通宙(团)

苏州机械厂 编号：1181号 日期：57年10月13日

苏州机械厂，名叫朱腾飞。对人像老虎，对事像黄牛。工作马虎事，啥说鼎有劲。到底为了啥，请听说分明。苏州茶叶厂，机器来检修。送来无收据，修理无规格。台数也不点，交货无日期。敷衍了事修，零件满场丢。机器缺零件，强说没有收。身为干部当，责任踢皮球。我们找支部，要求来说明。腾飞知道了，事情就一推。表面不知道，存心来报复。机器修坏了，应该不赔偿。修掉千金价，不能少一文。机器拉回厂，失去原效能。工人天天怨，你是不知闻。整风大鸣放，首次敬[进]一言。

办：方金石(群)、胡通宙(团)

请宋鹤岑的官架子赶快放下来吧！ 编号：1277号

我在五五年五月间租到北厂家巷12号灶披间一间小房间，言定房租三元,另加电灯费五角。当时,我就感到房租为什么这样大?在九月里该房子合[公]私合营了。二房东汤××把房租的折子交给我,才知道这是二房转租的。再打听一下,原整个房子有六间,全部只要八元的租金(每月计数)。那末[么]我的这个灶披间一间应该按照六间平均分摊才对,但是单我租的这一间就要三元租金,显见二房东剥削得大厉害了。因为至见公私合营了,当然不会让这种剥削和不合理的房租存在下去。我当时就把这不合理的情况反映给你们,由你处一位朱鹤岑同志接谈。她说:这是不合理,我们一定替你解决调整。但是(话不兑现)过了二[两]个月也没有消息。我曾寄过申请书请你们把不合理的房租给予调整,但是也不见回音。今年三月里实在不能等下去了,就亲自到你处请求调整房租而你们总是敷衍说要调整的。我问什么时间?你们又回答时间不能肯定。这分明是逼迫人家要缴纳这种不合理的租金吗?我们异乡人没有房子住,只好一月月的受压迫,缴不起房租也是要缴,不缴房租你就搬场,也只能忍气吞声继续出这不合理的房租。我想像你们这种拖拉作风,对人家不合理的负担不及时解决使我非常不满。你们也想到没有,你们这种官僚主义害得我每月要多负担多少血汗钱?是不是反正钱又不是出在你们头上,死活不管,你们就漠不关心了吗?你们这种作风又和资本家有什么不同呢?另外房子漏了,报告你们,打电话给你们请你们派人修理,你们也置之不理。是不是又不是漏在你们头上,你们就不加过问?最后还是我自己来动手化[花]了半个工,把它修理好。难道这就白白化[花]工夫不出一分钱吗?我要请问你们,你们吃人民的饭却不给人民办事。请问你们对得起人民吗?请你们答复我,这不合理的房租叫我出到那[哪]一天为止?

办:姚广云(群)

革命队伍里的败类——吕金凯　编号:1258号

全民性的整风运动开展了,是我们伟大的共产党为了在革命队伍里克服三大主义,彻底清除国民党作风残余的英明措施。我们表示衷心的[地]拥护,我们要把革命队伍里的败类——吕金凯种种恶劣行为予以无情的揭露。请求党委部门给予严肃的党纪处分,以平民愤。

吕金凯于一九五一年十二月由苏南煤建公司调来苏州茶厂任办事员,一九五三年二月提拨[拔]为工务股长,一九五六年□月提拨[拔]为第一付[副]

厂长，一九五六年一月调作苏州市蔬菜公司付[副]经理兼党支部书记，现任沧浪区商叶[业]科科[课]长。

吕金凯在婚姻问题上、男女关系上作风殊为恶劣。请看以下事例：

吕金凯在苏南煤建公司时，原与南京王××谈过恋爱，到了苏州仍有书信往来，理应继续发展，但吕金凯却在私营茶厂里开始重新物色对象。先与唐素娥谈恋爱，唐原有未婚夫在塘沽，吕金凯叫她不必去塘沽，并经常约她逛马路、看绍兴戏，弄得唐素娥心挂二[两]头。不久，吕金凯对找□荣妹谈恋爱，虽然未谈成，但与□仍然是藕断丝连，现在还通信吃饭。吕金凯〈又〉找□荣妹未谈成后，又找本厂女干部陆银娥同志谈恋爱。陆也有对象在福州，并准备结婚，而吕金凯对她威胁，要〈叫〉她在五分钟内答复，弄得陆银娥哭笑不得。此后才与顾盘珍（现爱人）谈恋爱，并于一九五三年元旦结婚。这就是吕金凯婚前的一段丑恶恋爱史。他物色对象的手段如何？由此可见。

他们夫妻二人是在平等互爱的基础上结合起来的，照理应该互相体贴、相互帮助，但婚后并不如此。吕金凯欲望已经达到，即嫌顾盘珍爱穿好吃，屡次毒打顾盘珍（在此期间，当然顾也有缺点，暂且不谈），引起群众愤愤不平。一九五五年八月，苏州茶厂党支部责令吕金凯大会检讨，当时吕金凯敷衍了事的[地]讲了几句，就在当天晚上又将顾盘珍毒打一顿，并且对顾盘珍说："你会反映，我会打。"吓得顾盘珍不敢讲，不敢反映。吕金凯又跟人家说："顾盘珍爱哭，我就要弄得她哭。"更是聒[恬]不知耻的[地]毒打了顾盘珍，还要百般地使弄各种手法叫顾盘珍哭，因此吕金凯又背后对人家说："顾盘珍是哭笑无常的人。"意图达到其□无打骂的目的。吕金凯对顾盘珍冷淡，不真诚是常常。平时天天回家，星期六不愿回家，反在外面跳舞、溜冰，寻欢作乐。这就是吕金凯对待爱人的一付[副]丑脸嘴。

我们再看看吕金凯在毒打、冷淡顾盘珍的后面又进行着什么勾当。吕金凯在蔬菜公司时，利用职权上的便利打发通讯员送信约我厂女干部赵织云去溜冰。上班的时候，经常在观前街逛马路。每天晚上回家，只要见赵织云宿舍有亮光，总是先要到赵织云的宿舍里讲得深更半夜。国庆节的前一天晚上，吕金凯约赵织云去荡马路，荡到半夜十二时半才回家。赵织云同志是有丈夫有孩子的人，吕金凯这样做不是企图破坏人家的家庭和睦吗？

整风运动开始后，吕金凯有些震动。恶劣的是，本月九日和十二日晚上又将顾盘珍毒打二[两]次,企图以打骂来威胁达到顾盘珍不敢揭发其真像[相]的目的。用心之险恶,□为悲惨。这种人配做一个共产党员吗?他沾染了严重的资产阶级剥削意识,已经丧失了一个革命干部的应有品质,成为我们革命队伍里的败类。如果不给予党纪处分,将不足以教育人民。

办:吴光森(团)、林佩珍(团)

11—12 其　他

送刘本清、胡贞录[禄]同志整风留念

三害俱全

沉默寡言低头行,知心难相近;

志[趾]高气昂目视天,亲者望生畏。

吴光森(撰)、汪仲元(书)

送党支部副〈支〉书记单正兰同志整风留念

小宿舍鸡鸭成群饱食终日料理琐碎家务;

办公室门禁森严无所用心何谈思想教育。

吴光森(撰)、汪仲元(书)

送工会主席朱炳庚同志整风留念

整风蒙混关游手好闲活像二流子;

工作敷衍塞思想欺汉赛似马大哈。

吴光森(撰)、汪仲元(书)

送共青团苏州市供销合作总支第二付[副]书记鲍清和同志

一戴半来会拍更会捧身怀二绝世无双;

十二月内入团又入党威风八面人间稀。

江苏省苏州茶厂共青团员:吴光森　黄子锭　方炳钊　任　衡

吴正平　方□□　胡通宙　唐润洁

林佩珍　郑尧珊　洪仁山(赠)

汪仲元(书)

单大支书正兰
吴大课长应瑜
歧视中老年革命忘其本如此领导安得平天下？
但凭印象饱食打瞌睡媚上欺下难服群众心。

宋伯荣敬书

翁世声同志整风之喜
捧上压下骗取领导信任手段真高明；
吹牛拍马窃得先进称号本清也光荣。

茶供站敬

苏州茶厂刘本清厂长整风之喜
弃旧迎新黑良心赛过陈世美；
主观武断小官僚胜似过于执。

茶供站同人敬贺

苏州茶厂单正兰同志整风纪念
工作办法诉斥人横眉弹眼似老虎；
四脚朝天乾饭进名徐其实叫真懒。

茶供站会人敬

送党支部单正兰、秘书课长吴应瑜同志留念
怕近群众思想懒有名无实党支书；
决策单统凭印象抹杀中社热心人。

柯汉钦撰开书

十三不搭

得意忘形胡贞禄，自高自大唯我尊。弃旧迎新刘本清，腐朽思想劣根性。饱食终日单正兰，执行政策勿来讪。二面三刀翁世声，向上拍马暗伤人。作风粗暴朱炳庚，开口骂人滚滚滚。四脚朝天王文田，保卫工作是挂名。

人小嘴老顾盘珍，担任课长不相称。阳奉阴违韩作人，言行不一空理论。

唯唯喏喏颜宝书，得过且过保自身。自私自利陈国英，自已[己]救济自己评。

脾气怪僻王宗庭，主观主义害杀人。阿弥陀佛徐柏林，糊里糊涂办事情。

耀武扬威胡林辉，独断独行是才能。如今整风帮领导，趁此良机莫错过。

一切歪风纠正，轻松愉快过好关。

漫画

不认前妻，弃旧迎新。唯我独尊，滚滚滚。救济自批。四脚朝天，饱食终日。耀武杨威。阿弥陀佛。唯唯喏喏，服从命令听指挥。言行不符。二[两]面三刀。脾气怪僻。年小嘴老。

苏州市供销事作社：阿更、唐崇仪、吴寿倍、周权

电影说明书：东厢记简介

国营苏茶制片厂荣誉出品（故事片）

内容简解[介]：

国营苏州茶厂，审检课长韩作人为了追求对象，不择手段软硬兼施，甚则大要[耍]无赖，睡下求婚，致使女方不满，坚决拒绝。此乃罕见奇闻之事。

具体内容请看东厢记本事

国营苏茶厂制片摄制

职员表：	演员表：	扮演者：	职务：
编制：耿怀敏	韩生——	韩作人——	审检课长
导演：钱立木	天华——	李天华——	托儿所保育员
摄影：姚庆云	红娘——	钱立木——	车间拣场
录音：耿怀敏	红娘——	胡林辉——	二车间主任
任衡	红娘——	徐柏林——	车间办公室主任
制片主任：胡林辉	领导——	胡贞录——	茶厂付[副]厂长
剪辑：颜宝书	领导——	刘本清——	茶厂厂长
方葆民	党支书——	单正兰——	茶厂支部书记
熊忠谋	工会干部——	周韵竹——	工会脱产干事

方三槐　　　　群众——　本厂群众剧团全体演员
黄子锭

历史性的闹对立　编号：1122 号　日期：57 年

从建厂到目前为止，我们厂里存在着一个严重的问题，就是闹对立。这种闹对立是什么样人？都是些领导及相等于领导的人。他们相互排挤，互相歧视。这种怪现象的确影响到整个厂的工作和团结。他们闹对立的形式是面对(面)争吵，勾心斗角，面和心不和，背后挖墙脚……总的目的是争权取名，争夺领导权。

我揭开来看：

朱德正—彭□　　　　胡贞禄—吕金凯
王宗庭—张景海　　　翁世声—江流
朱炳庚—钱木栋　　　朱炳庚—张致人
胡林辉—朱炳庚　　　朱炳庚—陈国英
胡贞录[禄]—刘本清　……

领导干部这样闹对立，叫一般干部向你们学习吗？人民托付你们的事业。谁叫你们来争权夺名？要深思。

办：汪仲元(群)

浪费了时间，苦坏了双腿　编号：983 号　日期：57 年

现在过生活，十九要排队。一个换一个，等得人好苦。耳闻目所见，约略排一拓：(1) 买粮食要排队。(2) 吃阳春面要排队。(3) 买大饼油条要排队。(4) 买肉要排队。(5) 买小菜要排队。(6) 买食糖要排队。(7) 乘公共气车要排队。(8) 买车票、船票要排队。(9) 买煤球要排队。(10) 食堂吃饭(要)排队。(11) 剃头、洗浴要排队。(12) 看病就医要排队。(13) 买呢绒要排队。(14) 买丝棉要排队。(15) 买年糕要排队。(16) 买饺馅要排队。(17) 买戏票要排队。(18) 大便小便要排队。(19) 买□纸要排队。(20) 买五香豆要排队。

排队，排队！浪费了多少时间？

排队，排队！排到那[哪]一天为止？

办：方保民(群)、洪仁山(团)

□□　编号：873号　日期：57年

原则领导的刘长厂。　宗派主义的胡长厂。

纪律松驰[弛]的单支书。　自由主义的顾课长。

吃吃午饭的王课长。　命令主义的徐主任。

迎上压下的王主任。　狂妄自大的朱主任。

独立王国的胡主任。　自私自利的陈主席。

不近人情的吴课长。　教条主义的韩课长。

黄牛肩架的颜课长。　大权独揽的翁课长。

课长：翁世声(群)

十八条好汉　编号：1222号　日期：57年10月14日

1. 行路头向天，目中太无人。万事不称心，动轧怒气发。宗派搞某团，一心反领导。思想忘了本，就是胡春来。

2. 头衔真不小，平步上青云。思想成懒汉，游手多好闲。整风高潮中，侮辱工人群。妄想骑头上，就是朱炳庚。

3. 一手遮满天，独揽操大权。万事都要管，权威胜厂长。二[两]面又三刀，作风勿正派。搬弄花样镜，就是翁世声。

4. 平步青云升，一跃变主任。张牙又舞爪，心胸忘了本。与众不一样，靠山后台硬。厂长获身将，就是胡林辉。

5. 人小权威大，欢喜奉承他。鲍胡来入党，鱼肉请她尝。办事勿公平，到处欺善人。主观强又强，就是吴应瑜。

6. 对上能奉承，对下官架搭。指手又划脚，真像江湖客。硬把婚姻谈，夜探天华房。巧使苦肉计，就是韩作人。

7. 整天高楼坐，饱食无所思。歧视中老年，制度不管它。保证又拍胸，官僚兼主观。领导少主张，就是单正兰。

8. 专制又独裁，自充小国王。满脸仁慈相，腹内暗计藏。主观理论强，工人疾病苦。漠视冷心肠，就是徐柏林。

9. 面孔象[像]铜板，群众少攀谈。理论搬出来，擅长训人家。自充内行人，处处做勿灵。像煞有介事，就是王宗庭。

10. 卑鄙又无耻，到处为自己。救济轧一脚，迎上又压下。百般把己抬，权力不算差。假仁又假义，就是陈国英。

11. 身无轻飘飘，作风不端正。嫁吕又爱章，遭受丈夫打。人事当课长，做事无主张。铜丝课长执，就是顾盘珍。

12. 沉默又寡言，领导原则性。终年心事重，群众少接近。深入了解少，出发凭影[印]象。骄傲成习气，就是刘本清。

13. 大将拣场登，年老勿关心。广播一开始，就是八项训。肖顾婚姻事，硬要轧一份。缺德不应该，就是胡士田。

14. 自充小聪明，盛气真凌人。万事来讨好，领导来奉承。敞嘴又弄舌，小事化大事。造成勿团结，就是周韵竹。

15. 车荡西又闲，走马不看花。自在真逍遥，一天做点啥。失窃你不管，事故更不变为。苏北巡按史，就是王文田。

16. 威势象老常，形状吓煞[杀]人。彼此各一时，变成煨灶猫。过去整别人，肃反轮自身。错误未真识，就是颜宝书。

17. 落好开花枪，弹为连珠发。神气多凌人，训人利利叫。能知领导意，自充勤务兵。活象[像]无头蝇，就是金钰铭。

18. 劳动当模范，人人不称赞。家乡有爱妻，喜新乱谈爱。效法陈世美，花钱上海滩。违法又乱纪，就是方瑞茂。

办：汪仲元(群)

新闻风报

1957年10月15日，星期二，今日整风日。今天天气预报　天气：忽阴忽晴；风向：歪曲不定；风力：十二级；最高温度：C1800—2000；最低温度：零下32—48；地区：苏州茶厂。

一九五七年九月十七日创刊，第28号，地址：苗园马路二号，发行者：储运车间整风小组。

玫瑰多刺[刺]终难摘，郁君腿断失情人

群众社拣场十月十四日讯：据可靠方面消息，顾惠敏的玫瑰已经从第五位的身上衰退。据透露，第五位多情公子名为郁任权，在苏州农业药械厂任职。二[两]人一见倾心，爱情发展甚快，已双携手同赴无锡叙情。最近郁氏不幸在游锡途中乐极生悲，无意中跌伤脚拐，急行就医。据医院表示，要休养二[两]月。郁至今犹在医院养伤。但据接近顾惠敏者表示，顾已与郁之感情日渐疏远，顾拟另找如意郎君，匹配佳耦[偶]，谁能雀屏中选，玫瑰将愿为第六位幸福青年再度盛开。

周明（供稿）

编者按：惠敏如此多情，殊为少见。玫瑰一年谢而复开一次，何故此玫瑰轻浮欲放？受玫瑰者，一时温柔欢乐；失玫瑰者，终日换来颓殂[沮]。玫瑰外来多刺，不易触碰，然此玫瑰外表无刺，内心则冷酷无情。奉劝幸福青年遇此玫瑰，以前五位失玫瑰者为训，应提高警惕。此玫瑰终有一日谢而衰败，不能复开。

本报编辑部

图书在版编目(CIP)数据

中国当代民间史料集刊.4/ 华东师范大学中国当代史研究中心编. —上海：东方出版中心，2011.10(2025.3 重印)
ISBN 978-7-5473-0282-8

Ⅰ.①中… Ⅱ.①华… Ⅲ.①中国-现代史-史料
Ⅳ.①K270.6

中国版本图书馆 CIP 数据核字(2010)第 247873 号

中国当代民间史料集刊.4

出版发行：东方出版中心
地　　址：上海市仙霞路 345 号
电　　话：021-62417400
邮政编码：200336
经　　销：全国新华书店
印　　刷：上海万卷印刷股份有限公司
开　　本：710×1020 毫米　1/16
字　　数：385 千
印　　张：25
插　　页：2
版　　次：2011 年 10 月第 1 版　2025 年 3 月第 2 次印刷
ISBN 978-7-5473-0282-8
定　　价：78.00 元